Objektorientierte
Systementwicklung

Java für IT-Berufe
von Wolf-Gert Matthäus

Middleware in Java
von Steffen Heinzl und Markus Mathes

Profikurs Eclipse 3
von Gottfried Wolmeringer und Thorsten Klein

IT-Projekte strukturiert realisieren
von Ralph Brugger

Grundkurs Geschäftsprozess-Management
von Andreas Gadatsch

Grundkurs Relationale Datenbanken
von René Steiner

Grundkurs JAVA
von Dietmar Abts

Aufbaukurs JAVA
von Dietmar Abts

Grundkurs Java-Technologien
von Erwin Merker und Dietmar Abts

Programmieren lernen mit Java
von Erwin Merker und Roman Merker

Objektorientierte Systementwicklung
von Karl-Heinz Rau

Karl-Heinz Rau

Objektorientierte Systementwicklung

Vom Geschäftsprozess zum Java-Programm

Mit 162 Abbildungen

Bibliografische Information Der Deutschen Nationalbibliothek
Die Deutsche Nationalbibliothek verzeichnet diese Publikation in der Deutschen Nationalbibliografie;
detaillierte bibliografische Daten sind im Internet über <http://dnb.d-nb.de> abrufbar.

Das in diesem Werk enthaltene Programm-Material ist mit keiner Verpflichtung oder Garantie irgendeiner Art verbunden. Der Autor übernimmt infolgedessen keine Verantwortung und wird keine daraus
folgende oder sonstige Haftung übernehmen, die auf irgendeine Art aus der Benutzung dieses
Programm-Materials oder Teilen davon entsteht.

Die Wiedergabe von Gebrauchsnamen, Handelsnamen, Warenbezeichnungen usw. in diesem Werk
berechtigt auch ohne besondere Kennzeichnung nicht zu der Annahme, dass solche Namen im Sinne
von Warenzeichen- und Markenschutz-Gesetzgebung als frei zu betrachten wären und daher von
jedermann benutzt werden dürfen.

Höchste inhaltliche und technische Qualität unserer Produkte ist unser Ziel. Bei der Produktion und
Auslieferung unserer Bücher wollen wir die Umwelt schonen: Dieses Buch ist auf säurefreiem und
chlorfrei gebleichtem Papier gedruckt. Die Einschweißfolie besteht aus Polyäthylen und damit aus
organischen Grundstoffen, die weder bei der Herstellung noch bei der Verbrennung Schadstoffe
freisetzen.

1. Auflage März 2007

Alle Rechte vorbehalten
© Friedr. Vieweg & Sohn Verlag | GWV Fachverlage GmbH, Wiesbaden 2007

Lektorat: Günter Schulz / Andrea Broßler

Der Vieweg Verlag ist ein Unternehmen von Springer Science+Business Media.
www.vieweg.de

Umschlaggestaltung: Ulrike Weigel, www.CorporateDesignGroup.de
Umschlagbild: Nina Faber de.sign, Wiesbaden
Druck- und buchbinderische Verarbeitung: MercedesDruck, Berlin
Printed in Germany

ISBN 978-3-8348-0245-3

Vorwort

Das Ziel dieses Lehrbuches ist, ein durchgängiges Konzept zur Entwicklung objektorientierter Anwendungs-Software vorzustellen. Ausgangspunkt ist der Geschäftsprozess im Unternehmen, der durch Anwendungs-Software unterstützt werden soll. Dem Leser werden Methoden vorgestellt, die eine systematische Ableitung von Anforderungen erlaubt, welche Schritt für Schritt in lauffähige Software überführt werden.

Das Buch ist aufgrund mehrjähriger Erfahrung im Rahmen einer vierstündigen Lehrveranstaltung im Hauptstudium der Wirtschaftsinformatik entstanden. Das didaktische Konzept geht davon aus, dass sich das Buch sowohl zum Selbststudium eignet, als auch mit einer Präsenzveranstaltung kombiniert werden kann. Die besten Erfahrungen habe ich damit gemacht, dass die Studierenden jeweils die Kapitel vor der Lehrveranstaltung lesen und damit bereits fachlich gut vorbereitet in die Lehrveranstaltung kommen. In der Lehrveranstaltung werden die wichtigsten Inhalte dialogorientiert vertieft und vor allem an einem einfachen durchgängigen Beispiel angewandt.

Lernzuwachs

Phase 1:	Phase 2:	Phase 3:
Individuelles	Lernen im	Lernen in der
Lernen	Unterricht	Kleingruppe

Im Sinne eines dreistufigen Lernmodells bearbeiten die Studierenden begleitend zu den Präsenzveranstaltungen eine überschaubar komplexe Projektaufgabe in Teams von zwei bis drei maximal drei Studierenden. In dieser Phase werden den Studierenden viele Fragestellungen erst bewusst. Dabei dient das Buch als Nachschlagewerk. Gemäß der obigen Abbildung wird bei diesem Vorgehen ein hohes Maß an Lernzuwachs erreicht und das Buch leistet in allen Phasen einen Beitrag.

Jedes Kapitel wird durch einen Überblick mit Lernzielen eingeleitet und durch Wiederholungsfragen und Aufgaben abgeschlossen. Damit wird das individuelle Lernen nachdrücklich unterstützt. Den Ausführungen liegt ein durchgängiges Beispiel zugrunde, an dem die Methoden und Konzepte erläutert werden. Die programmtechnische Umsetzung ausgewählter Anwendungsfälle und weiterer Beispiele erfolgt in Java. Im Text werden die Programme auch erläutert und damit für den Leser nachvollziehbar. Ergänzend zu den abgedruckten Listings wird der gesamte Programmcode über den Online-Service zum Buch auf der Webseite des Verlags (www.vieweg.de) zum Herunterladen bereitgestellt. Primäre Zielgruppe dieses einführenden Lehrbuches sind Bachelor-Studierende der Wirtschaftsinformatik im Hauptstudium an Universitäten, Fachhochschulen und Berufsakademien. Auch Praktiker in der Anwendungsentwicklung, die sich in die objektorientierte Systementwicklung einarbeiten wollen, sind angesprochen. Unweigerlich reflektiert die Auswahl und Darstellung der Inhalte die Anschauung, Erfahrung und Meinung des Autors. Der Leser dieses Buches darf vor diesem Hintergrund nicht erwarten, dass hinsichtlich der existierenden Methoden, Vorgehensweisen und Techniken Vollständigkeit angestrebt wird. Vielmehr wurde eine Auswahl aktueller Ansätze derart getroffen, dass sich der Lernende mit einer durchgängigen Vorgehensweise vertraut machen kann.

Zum Zustandekommen dieses Buches haben viele beigetragen. Insbesondere möchte ich meinen Studierenden der letzten Jahre für ihre konstruktive Kritik danken. Insbesondere bei der drucktechnischen Aufbereitung des Manuskripts hat mich Johannes Meier als studentischer Mitarbeiter tatkräftig unterstützt, wofür ich mich bedanke. Besonderen Dank möchte ich Frau Sybille Thelen vom Lektorat IT des Vieweg Verlages sagen. Für die angenehme Zusammenarbeit möchte ich mich bei Herrn Guenter Schulz als dem zuständigen Programmleiter ausdrücklich bedanken. Meiner lieben Familie möchte ich für ihr Verständnis im Laufe dieses Buchprojektes ganz herzlich danken. Bereits jetzt möchte ich mich bei Ihnen, lieber Leser, für Anregungen, Hinweise oder Kritik bedanken (E-Mail: karl-heinz.rau@hs-pforzheim.de).

Und nun viel Freude und Erfolg beim Lesen, Üben und Lernen.

Böblingen, im Januar 2007   Karl-Heinz Rau

Inhaltsverzeichnis

Überblick und Vorbemerkungen 1

1 Objektorientierte Software-Entwicklung 5

  1.1 Überblick und Lernziele 5

  1.2 Ausgangssituation und Ziele in der Software-Entwicklung 5

  1.3 Das iterative, inkrementelle Vorgehensmodell 8

  1.4 Vertrag zwischen Auftrag- und Auftragnehmer 13

  1.5 Vorstellung des Fallbeispiels 16

  1.6 Resümee und Ausblick 18

  1.7 Wiederholungsfragen und Aufgaben 19

2 Geschäftsprozessmodellierung und Anforderungsanalyse 21

  2.1 Überblick und Lernziele 21

  2.2 Grundlagen zur Vorbereitungsphase 22

  2.3 Analyse der Geschäftsprozesse eines Unternehmens 23

    2.3.1 Identifikation der Unternehmensziele 23

    2.3.2 Identifikation und Beschreibung von Geschäftsprozessen 24

    2.3.3 Identifikation und Beschreibung von Geschäftsanwendungsfällen .. 30

    2.3.4 Glossar und Vision aus betriebswirtschaftlicher Sicht 34

    2.3.5 Ergebnisse der Analyse von Geschäftsprozessen 39

  2.4 Anforderungsanalyse im Rahmen der Vorbereitungsphase 39

    2.4.1 Qualitätsmerkmale als Anforderungskategorien an Software-Systeme ... 39

    2.4.2 Grundlagen zu Systemanwendungsfällen 42

    2.4.3 Identifikation und Beschreibung von Systemanwendungsfällen 43

    2.4.4 Prototyp für die Benutzungsschnittstelle zur Unterstützung der Anforderungsanalyse 50

    2.4.5 Beschreibung ergänzender Anforderungen 51

    2.4.6 Ansätze zur Aufwandschätzung und Nutzenbewertung in der Vorbereitungsphase 53

2.5 Resümee zur Anforderungsanalyse in der Vorbereitungsphase 55

2.6 Wiederholungsfragen und Aufgaben 58

3 Anforderungsanalyse **65**

3.1 Überblick und Lernziele 65

3.2 Charakterisierung und Planung der Spezifikationsphase 66

3.3 Fachkonzept-Klassenmodell 67

    3.3.1   Grundlagen zum Klassenmodell des Fachkonzepts 67

    3.3.2   Vorgehen zum Identifizieren von Fachklassen 68

    3.3.3   Validierung identifizierter Fachklassen 72

    3.3.4   Identifikation und Modellierung von Attributen 73

    3.3.5   Identifikation und Modellierung von Assoziationen 76

    3.3.6   Identifikation und Modellierung von Generalisierungs-Spezialisierungsbeziehungen 82

    3.3.7   Analysemuster als Hilfsmittel zur Erstellung eines Klassenmodells 83

3.4 System-Sequenzdiagramme 89

3.5 Spezifikation von System-Operationen 90

3.6 Resümee zur Anforderungsanalyse in der Spezifikationsphase 93

3.7 Wiederholungsfragen und Aufgaben 97

4 Analyse und Entwurf in der Spezifikationsphase **101**

4.1 Überblick und Lernziele 101

4.2 Grundlagen zu Analyse und Entwurf 102

4.3 Anwendung von Mustern zur Modellierung von Operationen 105

    4.3.1   Anwendung des Experten-Musters 105

    4.3.2   Anwendung des Polymorphismus-Muster 109

    4.3.3   Anwendung des Erzeuger-Musters 110

    4.3.4   Anwendung des Controller-Musters 113

4.4 Realisierung von Anwendungsfällen am Beispiel 116

    4.4.1   Einführung 116

    4.4.2   System-Operation: *anlegenNeueDozentenabrechnung()* 117

    4.4.3   System-Operation: *erfassenAbrechnungspositionFuerLehrveranstaltungstermin()* 119

4.4.4   System-Operation: *erfassenAbrechnungspositionFuerReisekosten()* 120

4.4.5   System-Operation: *freigebenAbrechnung()* 122

4.4.6   Auswirkungen auf das Klassenmodell 124

4.4.7   Entwurf des Start-Anwendungsfalls 126

4.5 Sichtbarkeit und Ergänzungen des Klassenmodells.........................127

    4.5.1   Sichtbarkeit zwischen Objekten 127

    4.5.2   Ergänzungen im Klassenmodell 129

4.6 Resümee zu Analyse und Entwurf in der Spezifikationsphase 132

4.7 Wiederholungsfragen und Aufgaben...134

5 Gestaltung der Mensch-Computer-Interaktion 137

5.1 Überblick und Lernziele 137

5.2 Grundlagen zur Mensch-Computer-Interaktion.............................138

5.3 Grundsätze der Dialoggestaltung 140

5.4 Elemente der Dialoggestaltung 147

    5.4.1   Grundlagen 147

    5.4.2   Fenster 148

    5.4.3   Menüs 150

    5.4.4   Interaktionselemente 152

    5.4.5   Entwicklungsschritte zur Dialog-Schnittstelle 154

5.5 Resümee zur Gestaltung der Mensch-Computer-Interaktion 157

5.6 Wiederholungsfragen und Aufgaben...159

6 Computer Aided Software Engineering (CASE) und Model Driven Architecture (MDA) 163

6.1 Überblick und Lernziele 163

6.2 Grundlagen zu CASE 164

6.3 Allgemeine Anforderungen an CASE-Umgebungen 165

6.4 Überblick zu CASE-Umgebungen 167

6.5 Grundzüge der Model Driven Architecture (MDA).........................169

6.6 Charakterisierung einer speziellen CASE-Umgebung 174

6.7 Wiederholungsfragen und Aufgaben 176

7 Entwurf der Systemarchitektur 179

7.1 Überblick und Lernziele 179

7.2 Gegenstand und Ziele des Software-Entwurfs 180

    7.2.1   Ziele für den Software-Entwurf 180

    7.2.2   Das Schichtenmodell als grundsätzliches Architekturprinzip 181

7.3 Entwurfsmöglichkeiten für die Fachkonzeptschicht 184

7.4 Entwurfsmöglichkeiten für die Dialogschicht 186

    7.4.1   Komponenten des Model View Controller Musters 186

    7.4.2   Entwurfsmöglichkeiten bei Web-Anwendungen 188

7.5 Entwurfsmöglichkeiten für die Datenhaltungsschicht 191

    7.5.1   Zusammenwirken zwischen Geschäftslogik und Datenhaltung 191

    7.5.2   Verhaltensorientierte Aspekte des Entwurfs der Datenhaltung 194

    7.5.3   Abbildung des Klassenmodells auf das Tabellenschema 196

    7.5.4   Metadaten Mapping 202

7.6 Zusammenfassung 203

7.7 Wiederholungsfragen und Aufgaben 206

8 Ausgewählte Entwurfsmuster mit Beispielen 209

8.1 Überblick und Lernziele 209

8.2 Allgemeine Grundlagen zu Entwurfsmustern 209

8.3 Ausgewählte Erzeugungsmuster 212

    8.3.1   Erzeugungsmuster Fabrikmethode 212

    8.3.2   Erzeugungsmuster Abstrakte Fabrik 214

    8.3.3   Erzeugungsmuster Singleton 217

8.4 Beschreibung und Anwendung ausgewählter Strukturmuster 219

    8.4.1   Strukturmuster Fassade 219

    8.4.2   Strukturmuster Adapter 221

    8.4.3   Strukturmuster Kompositum 224

8.5 Ausgewählte Verhaltensmuster 231

    8.5.1   Verhaltensmuster Beobachter 231

    8.5.2   Verhaltensmuster Schablonenmethode 233

8.5.3   Verhaltensmuster Zustand...239

8.6 Zusammenfassung 243

8.7 Wiederholungsfragen und Aufgaben..244

9 Annotierter Code am Anwendungsbeispiel...255

9.1 Überblick und Lernziele...255

9.2 Entwurf des Anwendungsbeispiels...255

9.3 Implementierung des Anwendungsbeispiels..268
  9.3.1   Grundlagen und vorbereitende Maßnahmen 268
  9.3.2   Implementierung des Start-Anwendungsfalls.................................270
  9.3.3   Implementierung der System-Operation
            anzeigenAbrechenbareLehrveranstaltungen()................................272
  9.3.4   Implementierung der System-Operation
            anlegenDozentenabrechnung() 277
  9.3.5   Implementierung der System-Operation
            erfassenAbrechnungspositionFuerHonorar()..................................281
  9.3.6   Implementierung der System-Operation
            erfassenAbrechnungspositionFuerReisekosten().............................284
  9.3.7   Implementierung der System-Operation
            loeschenAbrechnungsposition() 287
  9.3.8   Implementierung der System-Operation *freigebenAbrechnung()*.......290

9.4 Zusammenfassung 296

9.5 Wiederholungsfragen und Aufgaben..298

Anhang 1 Ausgewählte Elemente der Unified Modeling Language (UML) 301

A1.1 Überblick 301

A1.2 Grundlagen zur Unified Modeling Language (UML)..............................302

A1.3 Strukturmodellierung..304
  A1.3.1   Klassendiagramm (class diagram)...305
  A1.3.2   Paketdiagramm (package diagram)..321
  A1.3.3   Weitere Strukturdiagramme im Überblick 323

A1.4 Verhaltensmodellierung..326
  A1.4.1   Überblick zur Verhaltensmodellierung..326

A1.4.2   Anwendungsfall-Diagramm (use-case-diagram)................................ 326

A1.4.3   Aktivitätsdiagramm (activity diagram).. 329

A1.4.4   Zustandsautomat (state machine) 335

A1.4.5   Interaktionsdiagramme 338

A1.4.6   Kommunikationsdiagramm.. 341

Literaturverzeichnis...**343**

Stichwortverzeichnis...**347**

Überblick und Vorbemerkungen

Wie bereits im Vorwort angedeutet, ist dieses Buch zum Selbststudium und als Grundlage für eine klassische Lehrveranstaltung geeignet.

Das erste Kapitel motiviert die Notwendigkeit, sich mit Methoden und Vorgehensweisen zur systematischen Software-Entwicklung auseinanderzusetzen. Insbesondere wird das iterative und inkrementelle Vorgehensmodell entsprechend dem Unified Process vorgestellt. Weiterhin wird das Fallbeispiel eingeführt, das den nachfolgenden Kapiteln zugrunde liegt.

Das zweite Kapitel beschäftigt sich mit der Geschäftsprozessmodellierung und der Anforderungsanalyse im Rahmen der Vorbereitungsphase. Ausgehend von der Geschäftsprozessmodellierung werden Anwendungsfälle abgeleitet, welche die funktionalen Anforderungen an das zu entwickelnde System wiedergeben. Zur Anwendung kommen das Aktivitätsdiagramm und das Anwendungsfalldiagramm der Unified Modeling Language (UML) sowie strukturierte Beschreibungen. Darüber hinaus werden das Visionsdokument, das Glossar und ergänzende (nicht-funktionale) Anforderungen vorgestellt.

Das dritte Kapitel behandelt Modelle und Methoden der Anforderungsanalyse in der Spezifikationsphase. Im Mittelpunkt steht das Klassenmodell nach UML für das Fachkonzept hinsichtlich der Klassen, deren Attribute und deren Beziehungen untereinander im Sinne von Assoziationen sowie Generalisierungs-Spezialisierungsbeziehungen. Zur Modellierung immer wieder auftretender Strukturen werden ausgewählte Analyse-Muster vorgestellt. Mit Hilfe des System-Sequenzdiagramms und einer strukturieten Beschreibung von System-Operationen wird das Kapitel abgeschlossen.

Das vierte Kapitel ist mit Analyse und Entwurf in der Spezifikationsphase überschrieben. Auf der Basis der spezifizierten System-Operationen werden Operationen in einzelnen Klassen festgelegt, die für die Realisierung der System-Operationen verantwortlich sind. Dabei stellen die traditionellen Ziele 'geringe Kopplung' bzw. 'hohe Bindung' Leitlinien dar. Zur Anwendung kommen Prinzipien bzw. Muster, welche begründete Entwurfsentscheidungen erlauben. Im Endergebnis führt diese Entwurfsarbeit zu einer systematischen Erweiterung des Klassenmodells hinsichtlich der Operationen und ergänzender Klassen.

Das fünfte Kapitel widmet sich der Gestaltung der Mensch-Computer-Interaktion. Während bereits im zweiten Kapitel Dialog-Prototypen eine Rolle gespielt haben, werden hier grundsätzliche Gestaltungsregeln, Gestaltungselemente und Vorgehensweisen zur Dialoggestaltung vorgestellt. Die Dialoggestaltung ist einerseits durch die Anforderungen des Anwenders bestimmt, andererseits werden bereits Rahmenbedingungen von geplanten Implementierungsplattformen wirksam.

Das sechste Kapitel gibt einen Überblick zu Computer Aided Software Engineering (CASE) und dem Konzept des Model Driven Architecture (MDA). Die UML-Modelle des Buches wurden mit der CASE-Umgebung Innovator der Firma MID entwickelt. Vor diesem Hintergrund werden Merkmale von CASE-Werkzeugen vorgestellt. Der MDA-Ansatz ist eng mit der Nutzung von CASE-Werkzeugen verknüpft. Daher werden die einzelnen Modellsichten mit ihren Eigenschaften und ihren Beziehungen dargestellt.

Das siebte Kapitel beschäftigt sich mit dem Entwurf der Systemarchitektur im Rahmen der Spezfikationsphase. Ausgehend vom Schichtenmodell als grundsätzliches Architekturprinzip werden Entwurfsmöglichkeiten für die Fachkonzeptschicht, die Dialogschicht und die Datenhaltungsschicht vorgestellt und anhand von Beispielen verdeutlicht.

Das achte Kapitel ergänzt das siebte Kapitel mit einer Darstellung ausgewählter Entwurfsmuster. Als Erzeugungsmuster werden die Fabrikmethode, die Abstrakte Fabrik und das Singelton Muster anhand von Beispielen erläutert. Das Fassaden-, Adapter- und Kompositum-Muster verdeutlichen die Funktionsweise von Strukturmustern. Aus der Menge der Verhaltensmuster werden der Beobachter, die Schablonenmethode und das Zustandsmuster vorgestellt.

Mit dem neunten Kapitel wird der Kreis geschlossen. Ein Anwendungsfall des Anwendungsbeispiels, das bereits im ersten Kapitel beschrieben wurde, wird mit den vorgestellten Entwurfsansätzen spezifiziert und mit Hilfe von Java implementiert. Die einzelnen System-Operationen mit ihren Dialogschritten werden detailliert beschrieben und anhand von Code-Beispielen erläutert.

Die neun Kapitel werden noch durch einen Anhang ergänzt. Dieser gibt eine Einführung und detaillierte Darstellung ausgewählter Elemente der Unified Modeling Language (UML). Für den unerfahrenen Leser dient dieser Anhang zur systematischen Einarbeitung in einzelne UML-Diagramme, der erfahrene Leser kann diese Ausführungen zum Wiederholen oder Nachschlagen verwenden. Die Programmiererfahrung mit Java kann bei Studierenden unterschiedlich ausgeprägt sein. Vor diesem Hintergrund ist auf der Webseite zum Buch ein Übungsbeispiel bereitgestellt. Dieses Übungsbeispiel setzt Grundwissen in Programmierung mit Java voraus, ist jedoch so einfach, dass es dem wenig programmiererfahrenen Leser die Grundlagen für die Implementierung im Kapitel 9 liefert. Ebenfalls auf der Webseite zum Buch befinden sich die Lösungshinweise zu den Fragen und Aufgaben der einzelnen Kapitel. Darüber hinaus findet der Leser auf der Webseite alle Programmbeispiele und Werkzeuge zur Implementierung zum Herunterladen.

Die Programmierbeispiele wurden mit NetBeans, Java 5, Tomcat 5 und MySQL 4.1 umgesetzt. Ursprünglich wurde NetBeans 4.0 eingesetzt, allerdings sind die Beispiele unter NetBeans 5.0 lauffähig und auch die Beschreibungen beziehen sich auf NetBeans 5.0. Nachdem kürzlich NetBeans 5.5 freigegeben wurde, kann auch diese Version grundsätzlich eingesetzt werden.

1 Objektorientierte Software-Entwicklung

1.1 Überblick und Lernziele

Zusammenfassung

Nur ein Drittel der Software-Entwicklungsprojekte werden erfolgreich abgeschlossen. Die Ursachen sind sicherlich vielfältig. Eine Grundvoraussetzung für eine erfolgreiche Software-Entwicklung ist jedoch eine effektive Vorgehensweise. Um die Effektivität beurteilen zu können, müssen Ziele formuliert werden. Im Rahmen der Software-Entwicklung sind sowohl Ziele des Geschäftsprozesses, des Systementwicklungsprozesses als auch Qualitätsziele der Software relevant. Aus der großen Menge unterschiedlicher Vorgehensmodelle werden die Grundzüge eines iterativen und inkrementellen Konzeptes (Unified Process) als Basis für die weiteren Kapitel vorgestellt. Abschließend wird das Fallbeispiel, das den folgenden Kapiteln zugrunde gelegt ist, charakterisiert.

Wichtige Teilgebiete sind:

- Ausgangssituation der Software-Entwicklung
- Ziele der Software-Entwicklung
- Iteratives und inkrementelles Vorgehensmodell (Unified Process)

Lernziele

Der Leser soll:

- Die Aufgaben und Ziele des Software-Engineerings kennen lernen.
- Den Aufbau des iterativen und inkrementellen Vorgehensmodells verstehen.
- Eine Vorstellung von dem verwendeten Fallbeispiel bekommen.

1.2 Ausgangssituation und Ziele in der Software-Entwicklung

Die Standish Group International, Inc. zeigt in der Veröffentlichung ihres CHAOS Forschungsberichts für das Jahr 2003, dass sich die Quote der erfolgreichen EDV-Projekte gegenüber 1994 um 100 % verbesserte und dass sich der Anteil gescheiterter Projekte halbierte (vgl. Abb. 1.1). Erfolgreich waren Projekte, wenn die geforderte Funktionalität und Qualität in der geplanten Zeit und zu den geplanten Kosten bereitgestellt wurden. Entsprechend sind gestörte Projekte solche, bei denen eine geringere Funktionalität bzw. Qualität als gefordert und/oder später als geplant und/oder mit einem höheren finanziellen Aufwand geliefert wurden. Gescheiterte Projekte sind solche, die mehr oder weniger spät abgebrochen wurden und damit nur Kosten verursachten und keinen Nutzen hervorbrachten. Vor diesem Hintergrund wollen wir uns mit Vorgehensweisen, Methoden und Techniken zur Software-Entwicklung beschäftigen, die uns befähigen sollen, den zukünftigen Erfolg von Software-Projekten noch zu steigern. Im Rahmen der Untersuchungen der Standish Group wurden die folgenden fünf wichtigsten Faktoren für den Erfolg von Software-Projekten identifiziert (vgl. Standish Group, 1999, S. 4):

- Einbeziehung der Benutzer,
- Unterstützung durch die Unternehmungsleitung,
- Formulierung klarer Geschäftsziele,
- erfahrene Projektleiter und
- kleine Meilensteine.

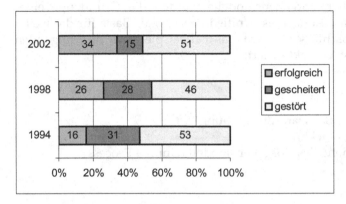

Abb. 1.1: Projekterfolg (vgl. Standish Group, 2003)

Als ein Startpunkt des Bemühens um erfolgreiche Software-Projekte werden u.a. die Software-Engineering Konferenz der Nato 1968 in Garmisch Partenkirchen gesehen (vgl. Naur/Randel, 1969). Dabei wird unter **Software Engineering** oder Software-Technik die "zielorientierte Bereitstellung und systematische Verwendung von Prinzipien, Methoden und Werkzeugen für die arbeitsteilige, ingenieurmäßige Herstellung und Anwendung von Software-Systemen" verstanden. Dieses Begriffsverständnis postuliert, dass es nicht darum geht, Software künstlerisch zu entwickeln, sondern etablierte und bewährte Vorgehensweisen, Prinzipien sowie Methoden anzuwenden (vgl. Balzert, 2000a, S. 36). Die Effektivität der Prinzipien und Methoden lässt sich an ihrem Beitrag zur Erreichung der angestrebten Ziele beurteilen. Grundsätzlich lassen sich drei Zielkategorien unterscheiden:

- Geschäftsprozessziele,
- Ziele des Systementwicklungsprozesses und

– Ziele im Sinne von Software-Qualitätsmerkmalen, die sich auf das Software-Produkt beziehen.

Software-Systeme im betriebswirtschaftlichen Umfeld dienen i.d.R. dazu, Geschäftsprozesse (z.B. Produktentwicklung oder Auftragsabwicklung) zu unterstützen. Typische **Geschäftsprozessziele** sind:

– Reduzierung der Durchlaufzeiten und
– Reduzierung der Prozesskosten

Wesentliche Ziele des **Systementwicklungsprozesses** sind beispielsweise:

– Termintreue,
– Budgettreue und
– Fehlerrate.

Die **Termintreue** drückt den Grad der Übereinstimmung geplanter und tatsächlich eingehaltener Termine aus, somit ist die Termintreue gleich 1 wenn eine absolute Übereinstimmung gegeben ist, sie ist kleiner 1, wenn der Ist-Termin später als der geplante Termin ist usw. Entsprechend drückt die **Budgettreue** den Grad der Übereinstimmung zwischen Plankosten und Istkosten aus. Sind die Istkosten größer als die Plankosten, so ist die Budgettreue kleiner als 1. Die **Fehlerrate** (vgl. Abb. 1.2) betrachtet die Anzahl der Fehler (F_1), die während formeller Qualitäts-Reviews während des Entwicklungsprozesses gefunden wurden und die Anzahl der Fehler (F_2), die nach der Produktauslieferung von Anwendern gefunden werden. Die Fehlerrate ergibt sich als Verhältnis von F_1 zur Summe aus F_1 und F_2. Ist diese Fehlerrate nahe 1 ist der Systementwicklungsprozess hinsichtlich des Qualitätsmanagements als positiv zu bewerten. Dabei kann für F_2 natürlich auch eine kürzere Periode gewählt werden.

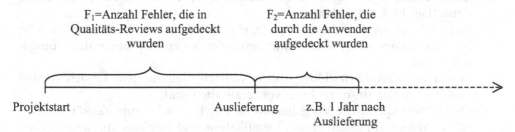

Abb. 1.2: **Fehlerrate zur Beurteilung des Qualitätsmanagements**

Produktziele im Sinne von **Software-Qualitätsmerkmalen** sind nach DIN ISO 9126 (vgl. Balzert, 1998, S. 258 ff.):

- Funktionalität: Vorhandensein von Funktionen mit festgelegten Eigenschaften, welche die definierten Anforderungen erfüllen,
- Zuverlässigkeit,
- Benutzbarkeit,
- Effizienz,
- Änderbarkeit und
- Übertragbarkeit.

Der Erfolg von Software-Projekten wird durch unterschiedliche Faktoren bestimmt. Neben den angewandten Methoden und Prinzipien hat das Prozess- oder Vorgehensmodell einen wesentlichen Einfluss.

1.3 Das iterative, inkrementelle Vorgehensmodell

Der Unified Software Development Process oder kurz **Unified Process** (UP) hat seine Ursprünge in den Arbeiten von Ivar Jacobson in den Jahren 1987 bis 1995 in Form des so genannten Objectory Prozesses (vgl. Jacobson, 1992; Jacobson/Booch/Rumbaugh, 1999). Der UP folgt dem Grundmuster des inkrementellen Vorgehensmodells. Dieses Vorgehensmodell steht in unmittelbarem Zusammenhang mit der objektorientierten Software-Entwicklung und eignet sich daher als Leitfaden für die weiteren Darstellungen. Der UP ist eine Konsequenz von Erfahrungen, die in den letzten Jahrzehnten mit dem **Wasserfallmodell** und dessen Weiterentwicklungen gemacht wurden. Es zeigten sich bei großen Projekten in der Realität folgende Probleme (vgl. Kruchten, 1999, S. 53 ff.):

- Anforderungen können nicht bereits am Projektanfang vollständig festgehalten und eindeutig niedergeschrieben werden, so dass diese eine stabile Grundlage bilden würden.
- Es ist schwer, wenn nicht unmöglich, eine korrekte Spezifikation vollständig auf dem Papier zu entwerfen und beurteilen zu können bevor diese umgesetzt wird.
- In der Software-Entwicklung treten vielfach Neuerungen, Unsicherheiten und Risiken auf, die nur schwer vorherzusehen sind.
- Durch die sequentielle Vorgehensweise ergeben sich lange Zeiträume zwischen Anforderungsdefinition, Spezifikation und Implementierung so dass Unzulänglichkeiten erst spät entdeckt werden.
- Vielfach ist es wichtig eine verbesserte Lösung schnell zu bekommen statt eine perfekte Lösung zu spät zu bekommen.

Vor diesem Hintergrund verfolgt der UP einen iterativen Ansatz. Eine **Iteration** ist ein Mini-Projekt mit fester zeitlicher Begrenzung (z.B. vier oder sechs Wochen). Das Ergebnis einer Iteration ist grundsätzlich ein getestetes, integriertes und ausführbares aber noch unvollständiges System. Jede Iteration umfasst ihre eigenen Aktivitäten in Form der Anforderungsanalyse, des Entwurfs, der Implementierung und des Tests.

Der iterative Entwicklungsprozess ist charakterisiert durch zunehmende Erweiterung und Verfeinerung des Systems in mehreren Iterationen. Dabei sind ein zyklisches Feedback und kontinuierliche Anpassungen die Erfolgsfaktoren zur Annäherung an eine angemessene Gesamtlösung. Damit wächst das System im Zeitablauf inkrementell von Iteration zu Iteration. Das bedeutet, dass das Ergebnis einer Iteration kein experimenteller Wegwerf-Prototyp ist, sondern eine Teilmenge des endgültigen Software-Systems. Solch ein iteratives Vorgehen ist u.a. durch folgende Eigenschaften geprägt, die vielfach als Vorteile gesehen werden (vgl. Larman, 2002, S. 17; Balzert, 2000a, S. 57):

- frühzeitiges Abschwächen großer Risiken, z.B. Risiken hinsichtlich technischer Aspekte oder Missverständnissen hinsichtlich der Anforderungen und/oder Ziele usw.,
- frühzeitiger, sichtbarer Fortschritt,
- frühzeitiges Feedback, Einbeziehen der Benutzer und Anpassung führt i.d.R. dazu, dass die wirklichen Anforderungen aller Betroffenen und Nutznießer (stakeholder) berücksichtigt werden können,
- Komplexität ist beherrschbar, da die Teams nicht durch überlange Analysen überschüttet werden,
- Lernzuwachs von Iteration zu Iteration.

Diese Eigenschaften adressieren z.T. die im CHAOS Forschungsbericht herausgehobenen Faktoren für erfolgreiche Software-Projekte (vgl. Abschnitt 1.2). Die Gefahr, dass in späteren Iterationen die gesamte Systemarchitektur überarbeitet werden muss, weil Kernanforderungen übersehen wurden, wird dadurch gemildert, dass in so genannten vorläufigen Iterationen im Rahmen der vorbereitenden Planungsphase das Ziel verfolgt wird, die grundsätzliche Machbarkeit sicherzustellen, die Risiken sowie den Anwendungsbereich mit den grundsätzlichen Anwendungsfällen zu identifizieren.

Aus der Sicht des Projektleiters ist es notwendig, dass auf der Zeitachse klare Kriterien definiert werden, mit Hilfe derer sichergestellt werden kann, dass das Projekt nicht orientierungslos von Iteration zu Iteration dahin dümpelt. Hierzu sieht der UP Meilensteine vor, die sich an Phasen orientieren. Insgesamt handelt es sich um die folgenden vier Phasen (vgl. Kruchten, 1999, S. 61):

- **Vorbereitungsphase** (inception): Erarbeiten der Vision des endgültigen Software-Produkts mit den wichtigsten Anwendungsfällen und der Definition des Projektumfangs. Bei Neuentwicklungen steht die Identifikation von Risiken und deren Beherrschbarkeit im Vordergrund. Bei Weiterentwicklungen kann diese Phase recht kurz sein. Diese Phase schließt mit dem so genannten 'Life-Cycle-Objective'-Meilenstein (LCO) ab. Zu diesem Zeitpunkt sollte ein Überblick über das Gesamtprojekt erarbeitet sein. Dabei handelt es sich um einen groben Überblick, dessen Detaillierung nur soweit gehen sollte, dass eine Priorisierung der Anwendungsfälle möglich ist.
- **Spezifikationsphase** (elaboration): Ausarbeitung der grundsätzlichen Architektur, Finden von Lösungen für die risikoreichen Aspekte, Identifikation der meisten Anforderungen sowie Abschätzung des Zeit- und Ressourcenbedarfs. Die Basis-Architektur wird aus der Betrachtung der wichtigsten Anforderungen entwickelt. Diese Phase wird komplexitätsabhängig in mehrere Iterationen entsprechend der Prioritäten aus der Vorbereitungsphase unterteilt und schließt mit dem 'Life-Cycle-Architecture'-Meilenstein (LCA) ab.
- **Konstruktionsphase** (construction): Larman beschreibt diese Phase damit, dass das Skelett mit Fleisch angefüllt wird. Im Einzelnen bedeutet dies, dass die Anwendung fertiggestellt wird, Alpha-Tests stattfinden, die Software-Verteilung vorbereitet wird, die Online-Hilfen und Benutzeranleitungen erstellt werden. Diese Phase wird ebenfalls abhängig vom Projektumfang in mehrere Iterationen aufgeteilt und schließt mit dem 'Initial Operational Capability'-Meilenstein (IOC) ab.
- **Einführungsphase** (transition): Übergabe des Software-Produkts an die Anwender. In diesem Rahmen sind Beta-Tests durchzuführen, Maßnahmen der Markeinführung (bei Standard-Software) oder Produktivsetzung (bei Individual-Software) zu ergreifen. Schulung von Anwendern und Hotline einrichten sowie Einsatzunterstützung gehören in diese Phase. Diese Phase schließt mit dem 'Product Release'-Meilenstein.

Die Verteilung des Zeit- und Ressourcenaufwands in den einzelnen Phasen variiert und ist sicherlich von der Projektkategorie abhängig. Praktische Erfahrungen geben als Anhaltspunkt für fachlich komplexe Projekte folgende Verteilung an (vgl. Abb. 1.3). Neben der Dimension 'Phasen' und damit Zeit weist das Modell des UP auch noch die Dimension 'Aktivitäten' (disciplines) auf (vgl. Abb. 1.4).

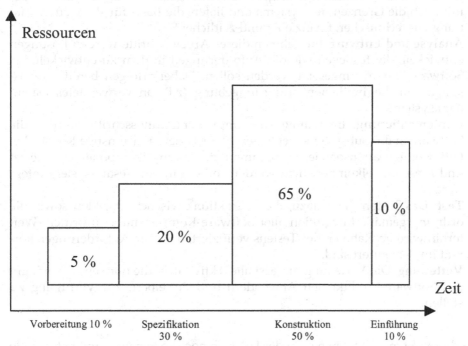

Abb. 1.3: Ressourcen- und Zeitaufwand (vgl. RUP)

Zuerst sollen die so genannten Kern-Aktivitäten hinsichtlich ihrer wichtigsten Zielsetzungen kurz charakterisiert werden:

- **Geschäftsprozessmodellierung**: Durch diese Tätigkeit wird gewährleistet, dass die anstehenden Probleme des Anwendungsbereichs klar und Verbesserungspotentiale aufgedeckt werden. Weiterhin werden die Auswirkungen von Organisationsänderungen abgeschätzt. Durch die Abbildung des Geschäftsprozessmodells soll erreicht werden, dass Auftraggeber, Benutzer, Entwickler und sonstige Beteiligte ein gemeinsames Verständnis von dem Projektgegenstand haben. Im Rahmen der Geschäftsprozessmodellierung werden die Anforderungen an das Software-System abgeleitet. Darüber hinaus soll ein gemeinsames Verständnis darüber erreicht werden, wie das zukünftige Anwendungssystem in die Organisation eingefügt werden soll.
- **Anforderungsanalyse**: Im Rahmen dieser Aktivitäten soll eine Einigung mit den Auftraggebern und allen Beteiligten darüber erzielt werden, was das zu entwickelnde Software-System leisten soll. Insbesondere wird auch die Benutzungsschnittstelle hinsichtlich der Anforderungen und Ziele der Benutzer definiert. Damit bekommen auch die Entwickler ein besseres Verständ-

11

nis über die Systemanforderungen. Die Anforderungsanalyse definiert damit auch die Grenzen des Systems und liefert die Basis für die weitere Planung aus technischer, finanzieller und zeitlicher Sicht.

- **Analyse und Entwurf**: Im Rahmen dieser Arbeitsschritte werden Lösungen entwickelt, die festlegen wie die Anforderungen in dem zu entwickelnden Software-System umgesetzt werden sollen. Dabei erfolgen bereits Anpassungen an die Implementierungsumgebung (z.B. an verwendetes Datenbanksystem).
- **Implementierung**: Im Rahmen der Implementierungsschritte werden die Software in die Subsysteme gegliedert, die Klassen und sonstige Konstrukte (z.B. Konfigurationsdateien) programmiert, als Einzelkomponenten getestet und diese Einzelkomponenten werden sodann in ein Gesamtsystem integriert.
- **Test**: Das Testen dient dazu, die Interaktion zwischen Objekten sowie die ordnungsgemäße Integration aller Software-Komponenten zu prüfen. Weiterhin wird im Rahmen des Testens verifiziert, dass alle Anforderungen korrekt implementiert sind.
- **Verteilung**: Die Verteilung umfasst alle Aktivitäten, die notwendig sind, um das Software-Produkt den Anwendern und Betreibern zur Verfügung zu stellen.

Neben diesen Kern-Aktivitäten sieht der UP auch noch so genannte unterstützende Aktivitäten vor:

- **Konfigurations- und Änderungsmanagement**: Das Konfigurationsmanagement beschreibt und identifiziert Konfigurationen von Produktteilen (z.B. Dokumente, Modelle, lauffähige Programme), die als konsistente Versionen vorliegen. Durch das Änderungsmanagement wird gewährleistet, dass Änderungswünsche (z.B. Fehlerbeseitigung, neue Features, erweiterte oder veränderte Anforderungen) in geordneter und systematischer Weise bewertet, geplant und umgesetzt bzw. verworfen werden.
- **Projektmanagement**: Das Projektmanagement beschäftigt sich mit den planenden, kontrollierenden und steuernden Aufgaben mit dem Ziel einer erfolgreichen Projektrealisierung.
- **Umgebungsmanagement**: Das Umgebungsmanagement stellt sicher, dass alle Projektbeteiligten die gültigen Richtlinien, die organisatorischen Rahmenbedingungen kennen und die einzusetzenden Entwicklungswerkzeuge zur Verfügung haben.

Betrachtet man die Abbildung 1.4, so symbolisieren die Kurvenverläufe das typische Aufwandsprofil über die Zeit hinweg. Beispielsweise wird deutlich, dass zwar Analyse- und Entwurfs-Aktivitäten schwerpunktmäßig in der Spezifikationsphase stattfinden, allerdings auch schon in der Vorbereitungsphase und auch noch in der Implementierungsphase eine Rolle spielen. Eine einzelne Iteration stellt einen Schnitt durch sämtliche Aktivitäten dar und weist in Abhängigkeit ihrer zeitlichen Positionierung unterschiedliche Aktivitätsschwerpunkte dar.

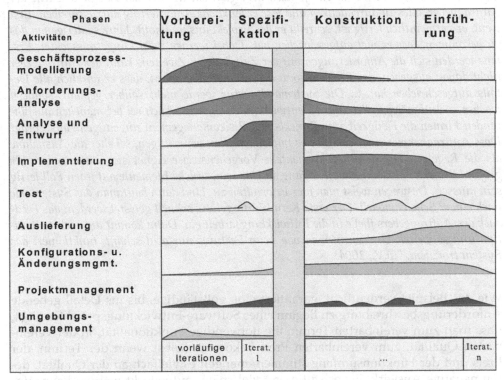

Abb. 1.4: Modell des Unified Process (vgl. Kruchten, 1999, S. 23; Balzert, 2000b, S. 223)

1.4 Vertrag zwischen Auftrag- und Auftragnehmer

Das klassische Wasserfallmodell und dessen Weiterentwicklungen haben die angenehme Eigenschaft, dass der Projektumfang feststeht, bevor ein Auftrag für das Projekt erteilt wird. Im Sinne eines Werkvertrages ist dies formal auch notwendig. Das bedeutet, dass der Auftraggeber vollständig festlegt, was er haben möchte und der Auftragnehmer genau weiß, was von ihm erwartet wird. Soweit klingt die theoretische Betrachtung ja ganz plausibel. Zur kritischen Reflektion soll folgender Bericht über Erfolg und Misserfolg eines Software-Entwicklungsprojektes dienen:

"Vertragsgestaltung geht an der Realität vorbei: ... Ein Beispiel aus dem öffentlichen Bereich ist das Projekt Fiscus, das eine einheitliche Lohnsteuersoftware für die deutschen Finanzämter anstrebte. Nachdem 900 Millionen Euro statt der geplanten 170 Millionen in das Projekt geflossen waren, drohte Bundesfinanzminister ... jüngst mit dem Ausstieg. ... So laufen staatliche IT-Vorhaben oft nach dem gleichen Muster ab: Zuerst versucht der Auftraggeber, alles zu durchdenken und jede erdenkliche Anforderung aufzuschreiben. Erst wenn er vermeintlich fertig ist, schreibt er das Projekt aus und hofft, Jahre später genau das zu bekommen, was er mal aufgeschrieben hat. Dabei werden zwei Dinge missachtet: Erstens werden sich die Anforderungen mit der Zeit ändern. Zweitens kann der Auftraggeber nicht davon ausgehen, das Problem so weit verstanden zu haben, dass er wirklich alle Details aufgeschrieben hat. ... Die Systemarchitektur werde nicht sauber geplant, sondern wachse evolutionär parallel zum zu entwickelnden System. Auch sei bei manchen ausführenden Firmen die Fähigkeit zum Projekt- und Risikomanagement ungenügend ausgeprägt. Dass Auftragnehmer eine schrittweise Implementation vorschlügen, sei eher die Ausnahme als die Regel. ... Die iterativ-inkrementelle Vorgehensweise eignet sich insbesondere für größere Projekte. ... Es muss von Anfang an klar sein, welche Elemente auf jeden Fall fertig sein müssen. Deswegen weist man hier Prioritäten zu. Und dann baut man das System wie nach einem Schalenmodell. Der erste Kern könnte relativ schnell getestet werden, das Feedback des Auftraggebers fließe in die Entwicklungsarbeit ein. Dann kommt die nächste Iteration und so weiter. Und wenn man von neun Features nur acht schafft, funktioniert das System trotzdem. "(o.V., 2004)

Wie das Beispiel verdeutlicht, garantiert eine vollständige, bis ins Detail gehende Anforderungsbeschreibung zu Beginn eines Software-Entwicklungsprojektes nicht, dass man zum vereinbarten Termin die notwendige Funktionalität, in der vereinbarten Qualität, zum vereinbarten Preis bekommt. Selbst wenn der Termin, der Preis und der Funktionsumfang stimmen, mangelt es vielfach an der Qualität, deren negative Auswirkungen häufig erst viel später aufgedeckt werden kann. Vor diesem Hintergrund stellt sich die Frage, wie ein iterativ, inkrementelles Vorgehen mit einer externen Auftragsvergabe und den damit notwendigen vertraglichen Vereinbarungen vereinbar ist. Eine Möglichkeit stellen die so genannten ‚Optional Scope Contracts' dar. Die Vorbereitungsphase liefert als Ergebnis einen groben Überblick über das Gesamtprojekt. Auf der Basis festgelegter Prioritäten lässt sich das Gesamtprojekt in kleine Teilprojekte zerlegen, welche in aufeinander folgenden Iterationen abgearbeitet werden können. Somit bietet es sich an, dass z.B. ein erster Vertrag über einen begrenzten Zeitumfang (z.B. zwei Monate bei einer grob geschätzten Gesamtlaufzeit von zwölf Monaten) abgeschlossen wird, bei dem das Kostenbudget und die geforderte Qualität festgelegt werden. Der Inhalt ist durch eine erste grobe Anforderungsbeschreibung fixiert. Dabei mag es zwar sein, dass der Auftraggeber nicht zu 100 % sicher sein kann, was er am Ende vom Auftragnehmer geliefert bekommt. Die Wahrscheinlichkeit, dass der Auftragnehmer nur ein Minimalergebnis liefert, ist jedoch relativ gering. Der Auftragnehmer hat i.d.R.

ein natürliches Interesse, auch die Folgeaufträge zu bekommen und wird sich somit eher anstrengen, den Auftraggeber von seiner Leistung zu überzeugen. Nach überschaubar kurzer Zeit kann der Auftraggeber mit einem Teilsystem schon arbeiten und daraus Nutzen ziehen sowie Erfahrungen sammeln, welche in spätere Iterationen einfließen können. Selbst wenn das Ergebnis nicht zufriedenstellend sein mag, dann war das Risiko des Auftraggebers auf einen überschaubaren Betrag beschränkt. Diese vertragliche Gestaltung eröffnet die Flexibilität, dass der Auftraggeber neu entsehende Anforderungen dynamisch einbringen kann, aber auch Anforderungen streicht, die gar nicht mehr notwendig sind. Damit kann der Auftraggeber eher sicher sein, dass er am Ende des Gesamtprojektes das bekommt, was er zu diesem Zeitpunkt auch benötigt und nicht das bekommt, was er zu Projektbeginn als notwendig erachtete. Da bei den Einzelvereinbarungen zwar Kosten, Zeit und Qualität festgelegt sind, der Inhalt jedoch im Vorhinein nicht detailliert festgelegt ist, kann zum geplanten Projektende durchaus die Situation eintreten, dass der Auftraggeber nur 80 % der beabsichtigten Ergebnisse erhält. Allerdings weisen diese 80 % ein definiertes Qualitätsniveau auf, und aufgrund des prioritätsgesteuerten Vorgehens bekommt der Auftragnehmer auf jeden Fall die geschäftlich wichtigen Teile. Zusammenfassend sollen folgende Eigenschaften dieses Vorgehens genannt werden:

- der Auftragnehmer hat die Möglichkeit seine Anforderungen an die sich wandelnden Bedingungen anzupassen,
- der Auftragnehmer wird nicht dazu ermutigt, die Qualität wegen eventuell auftretender Schwierigkeiten zu vernachlässigen,
- die Interessen von Auftraggeber und Auftragnehmer sind vertraglich abgestimmt,
- die Erkenntnisse, die beide Seiten während des Gesamtprojektes gewinnen, können das Endergebnis wirksam beeinflussen und
- der Zwang frühzeitig schon über Details entscheiden zu müssen, die noch gar nicht ausreichend klar sind, wird vermieden.

Diese Ausführungen sollen aufgezeigt haben, dass ein iteratives, inkrementelles Vorgehen durchaus mit einer externen Auftragsvergabe mit entsprechender Vertragsgestaltung vereinbar ist. Die diskutierte Vorgehensweise lässt sich nicht nur für externe Auftragnehmer anwenden, sondern kann analog auch im Verhältnis zu internen Auftragnehmern (z.B. IT-Abteilung) praktiziert werden.

Bevor wir uns im zweiten Kapitel exemplarisch mit der Vorbereitungsphase beschäftigen, soll im nächsten Abschnitt das im weiteren Verlauf verwendete konstruierte Fallbeispiel kurz charakterisiert werden.

1.5 Vorstellung des Fallbeispiels

Die Weiterbildungs-Akademie-Betriebswirtschaft (WAB) existiert schon seit über 50 Jahren. 'Lebenslanges Lernen' ist das Credo der Kunden der WAB. Es handelt sich dabei um Berufstätige, die sich berufsbegleitend im kaufmännisch/- betriebswirtschaftlichen Bereich weiterbilden wollen. Das Produktangebot der WAB ist in folgende Geschäftsfelder gegliedert:

- Studiengang zum Betriebswirt (WAB),
- Studiengänge zum Fachkaufmann (IHK),
- Aufbau- und Kontaktstudiengänge sowie Berufsbildungsprogramme
- Seminare für Wirtschaft und Verwaltung.

Die Geschäftsfelder lassen sich über Unterrichtseinheiten (45 Min.) und Teilnehmer quantitativ bewerten:

Tabelle 1.1: Zahlen aus dem letzten Geschäftsjahr

	Unterrichtseinheiten	Teilnehmer	Durchschnittliche Teilnehmerzahl
Betriebswirt (WAB)	3.000	3.500	200
Fachkaufmann (IHK)	5.700	1.300	30
Aufbaustudium	6.400	730	20
Seminare	10.000	20.000	30
Summe	25.100	25.530	-

Der Betriebswirt (WAB) stellt das Flaggschiff dar. 96 % der Absolventen empfehlen das Studium nach Abschluss weiter. Dieses Studium wird am Abend bzw. Wochenende an mehreren Akademie-Standorten angeboten. Das gleiche gilt auch für die Studiengänge zum Fachkaufmann und die Aufbaustudiengänge. Die Seminare finden grundsätzlich ganztägig während der Woche statt.

Die WAB hat keine eigenen Referenten, sondern akquiriert diese als nebenberufliche Dozenten aus Hochschulen, Unternehmungen und Verwaltungen. Die Finanzierung erfolgt über Teilnehmergebühren, die in der Regel von den Teilnehmern selbst und im Ausnahmefall bzw. bei den Tagesseminaren vielfach vom Arbeitgeber getragen werden. Die Veranstaltungen finden in einer begrenzten Zahl eigener Unterrichtsräume statt, ansonsten werden die Räume von Hochschulen, Gemeinden und Seminarhotels angemietet.

In der Zentrale sind derzeit 42 Mitarbeiter Vollzeit angestellt, die mit dem Produktmanagement (Produktmanager), der Organisation der Veranstaltungen (Organisationsassistenten) sowie der Verwaltung (z.B. Rechnungswesen und EDV) beschäftigt sind. An den fünf weiteren Akademiestandorten sind nebenamtliche Akademieleiter und Geschäftsführer mit Organisations- und Verwaltungsaufgaben betraut.

Der Erfolg der WAB wird im Kern durch die inhaltliche Qualität der Bildungsangebote und durch die Qualität der Organisation der Veranstaltungs- und Prüfungsdurchführung bestimmt. Damit sind die qualifizierte Akquisition und Betreuung der Dozenten sowie die serviceorientierte Information und Betreuung der Teilnehmer durch die Mitarbeiter der WAB die Schlüssel zum Erfolg. Ein wesentlicher Einfluss hat in diesem Zusammenhang die aktuelle, schnelle und kundenfreundliche Verarbeitung und Bereitstellung von Informationen durch entsprechende EDV Systeme. Die WAB hat schon sehr früh begonnen, ihre Geschäftsprozesse durch EDV-Anwendungen zu unterstützen. Hierzu wurde parallel mit dem Wachstum der Geschäftätigkeit ein EDV-System als Individualsoftware von einem freiberuflich beschäftigten Mitarbeiter entwickelt. Hinsichtlich seiner zukunftsfähigen Weiterentwicklung stößt dieses System aufgrund seiner evolutionären Entstehungsgeschichte an seine Grenzen. Weiterhin steht der freiberufliche Entwickler altershalber in absehbarer Zeit nicht mehr zur Verfügung. Darüber hinaus beruht das System auf einer Technologie (z.B. Programmiersprache „Cobol" ohne Datenbanktechnologie, mit zeichenorientierter Benutzungsoberfläche sowie mangelnder Internetfähigkeit), die den heutigen Ansprüchen nicht mehr genügt. Eine Expertengruppe einschließlich der Akademieleitung hat unter der Leitung eines externen Beraters Anforderungen an eine neue EDV-Infrastruktur formuliert.

Eine erste Marktanalyse zusammen mit einem erfahrenen Berater hat ergeben, dass es mehrere Anbieter von Standardsoftware gibt, die in der Lage sind, erprobte Lösungen für das klassische Seminargeschäft anzubieten, die auch weitestgehend den Anforderungen der WAB entsprechen. Für die Studiengänge, welche in hohem Maße zum Geschäftserfolg der WAB beitragen, gibt es aufgrund der spezifischen Ausgestaltungen keine fertige Lösung. Vor diesem Hintergrund wurde folgende vorläufige Entscheidung getroffen: Im Rahmen einer ersten Stufe sollten die Anforderungen zur Unterstützung der Planung und Durchführung des Studiengangs Betriebswirt analysiert und erste Lösungsansätze konzipiert werden. Vor dem Hintergrund dieser Erkenntnisse sollte geprüft werden, ob die anderen Anforderungen durch Zukauf einer Standardlösung oder durch umfassende Eigenentwicklung abgedeckt werden sollen.

1.6 Resümee und Ausblick

Anhand empirischer Erkenntnisse über den Erfolg bzw. Misserfolg von System-entwicklungsprojekten haben wir uns bewusst gemacht, dass ein strukturiertes, systematisches und methodisches Vorgehen bei der Software-Entwicklung not-wendig ist. Zur Beurteilung des Vorgehens haben wir die Zielkategorien 'Ziele des Geschäftsprozesses', 'Ziele des Systementwicklungsprozesses' und 'Qualitätsziele für Software-Produkte' kennen gelernt. Da wir den folgenden Kapiteln den Unified Process als ein iteratives, inkrementelles Vorgehensmodell zugrunde legen, haben wir die Phasen und Aktivitäten dieses Modells näher gekennzeichnet. Dabei hat sich gezeigt, dass es sinnvoll sein, komplexe Projekte in einzelne Iterationen aufzu-spalten, so dass von Iteration zu Iteration das System inkrementell wächst. Vor diesem Hintergrund sind wir auf die Problematik der Vertragsgestaltung im Zu-sammenhang mit solch einem iterativen Vorgehensmodell eingegangen. Das itera-tive und inkrementelle Vorgehensmodell des Unified Process deckt den gesamten Systementwicklungsprozess ab. In den folgenden Kapiteln orientieren wir uns an diesem Vorgehensmodell. Dabei sollen sowohl die methodischen Grundlagen vermittelt als auch auf das skizzierte Fallbeispiel angewendet werden.

1.7 Wiederholungsfragen und Aufgaben

Die Lösungen zu den nachfolgenden Fragen und Aufgaben finden Sie auf der Webseite zum Buch.

Frage 1.1

Welcher Faktor wurde im Rahmen der Untersuchungen der Standish Group, für den Erfolg von Softwareprojekten als einer der fünf wichtigsten identifiziert?

a) hohes Kapital
b) schnelle Projektentscheidungen
c) Unterstützung durch die Unternehmensleitung
d) Realisierung von Anwendungsfällen
e) Lernzuwachs von Iteration zu Iteration

Frage 1.2

Welcher Zielinhalt ist dem Systementwicklungsprozess zuzuordnen?

a) Reduzierung der Prozesskosten.
b) Termintreue
c) Benutzbarkeit
d) Übertragbarkeit
e) Änderbarkeit

Frage 1.3

Welcher Begriff beschreibt eine Phase des Unified Process?

a) Implementierung
b) Spezifikation
c) Projektmanagement
d) Test
e) Anforderungsanalyse

Aufgabe 1.1

Zwei Studienkollegen (Matthias und Steffen) des Studiengangs Wirtschaftsinformatik treffen sich nach einigen Jahren wieder und unterhalten sich über ihre Praxiserfahrungen:

Matthias:

Über ein EDV-Projekt bei der Bundesagentur für Arbeit (BA) habe ich neulich folgendes gelesen: "Für die Aufrüstung der Online-Börse und die Modernisierung der EDV Systeme ... waren anfangs 65 Millionen eingeplant, im Dezember 2003 war plötzlich von 77 Millionen Euro die Rede. Jetzt rechnet der BA-Vorstand mit 165 Millionen Euro. Wegen dieses Finanzrisikos hat Weise das Projekt erst einmal gestoppt. Branchenkenner behaupten, ein solches System lasse sich mit einem Bruchteil der Kosten errichten." Wir machen ja auch viele Projekte, aber so etwas ist uns noch nie passiert. Unsere Software-Projekte werden strikt nach dem Wasserfall-Modell abgewickelt, so wie wir es bei Professor Jacob 1988 gelernt haben, und das klappt hervorragend. Wir liefern zur vereinbarten Zeit, zum vereinbarten Budget den gewünschten Funktionsumfang.

Steffen:

Nun dann seid Ihr wohl in einer glücklichen Situation. Wir haben in den letzten Jahren einige Projekte in den Sand gesetzt. Unsere Auftraggeber wissen vielfach nicht so genau, was sie konkret wollen. Wenn wir dann die Software ausliefern, fängt das große Geschrei an und keiner ist zufrieden. Unsere Projekte laufen allerdings in der Regel 3 bis 5 Jahre. Vielfach wird das Budget und/oder der vereinbarte Termin überschritten. Wir denken darüber nach, den Unified Process einzuführen.

- Nehmen Sie bitte zu den obigen Aussagen Stellung. Versuchen Sie mögliche Erklärungen für die positiven Erfahrungen von Matthias zu geben. Skizzieren Sie, wie der Unified Process im Fall von Steffen u.U. eine Verbesserung bringen könnte.

Aufgabe 1.2

- Zur Beurteilung des Qualitätsmanagements im Systementwicklungsprozess kann die so genannte Fehlerrate herangezogen werden. Erläutern Sie, warum eine Fehlerrate von 1 auf ein gutes Qualitätsmanagement schließen lässt.
- Erläutern Sie, wie die Kern-Aktivität „Analyse und Entwurf" mit den Phasen Spezifikation und Konstruktion im Unified Process zusammenhängen.
- Zeigen Sie beispielhaft auf, wie ein iteratives Vorgehen mit einer vertraglichen Vereinbarung zwischen Auftraggeber und Auftragnehmer vereinbar ist.

2 Geschäftsprozessmodellierung und Anforderungs-analyse

2.1 Überblick und Lernziele

Zusammenfassung

Auf der Zeitachse des Unified Process Modells stellt die Vorbereitungsphase den ersten Zeitabschnitt innerhalb eines Systementwicklungsprojektes dar (vgl. Abb. 1.4). Am Ende dieses Zeitabschnitts sollen soviel Informationen vorliegen, dass eine fundierte Entscheidung darüber getroffen werden kann, ob es sich lohnt, das Projekt im Detail zu analysieren und damit im beabsichtigten Umfang weiterzuführen. Für diesen Zweck analysieren wir in einem ersten Schritt das geschäftliche Umfeld. Dabei konzentrieren wir uns auf die Identifikation, Beschreibung und Analyse von Geschäftsprozessen. Vor diesem Hintergrund werden die Teilaspekte sogenannter Geschäftsanwendungsfälle aufgegriffen, die durch eine EDV-technische Unterstützung zu verbessern sind. Diese Aufgaben werden in Form von Systemanwendungsfällen bzw. kurz Anwendungsfällen strukturiert beschrieben. Diese Anwendungsfallbeschreibungen stellen den Kern der funktionalen Anforderungsbeschreibung für das zu entwickelnde System dar. Darüber hinaus wird für das Fachvokabular ein Glossar angelegt, das die wichtigen Begriffe möglichst eindeutig festlegt. Das Visionsdokument spiegelt die Erwartungen des Managements an die Systemlösung wieder und gibt die wichtigsten Ziele und Eckpunkte vor. Neben den funktionalen Anforderungen werden die nicht-funktionalen Anforderungen in einer ergänzenden Anforderungsspezifikation festgehalten. Zur Unterstützung der notwendigen Entscheidungen werden noch der erwartete Aufwand und der erwartete Nutzen des Systems abgeschätzt.

Wichtige Teilgebiete sind:

- Ausgestaltung und Bedeutung der Vorbereitungsphase
- Methoden zur Beschreibung und Analyse von Geschäftsprozessen
- Methoden der Anforderungsanalyse im Rahmen der Vorbereitungsphase

Lernziele

Der Leser soll

- Zweck und notwendigen Umfang der Vorbereitungsphase für unterschiedliche Entwicklungsprojekte verstehen und abschätzen können,
- Geschäftsprozesse beschreiben und mit Hilfe von Aktivitätsdiagrammen darstellen können,

- Geschäftsanwendungsfälle strukturiert beschreiben können,
- ein Glossar und ein Visions-Dokument in strukturierter Weise erstellen können,
- Anwendungsfallmodelle mit Anwendungsfalldiagrammen und strukturierten Anwendungsfallbeschreibungen aufstellen können,
- die Zweckmäßigkeit von Prototypen von Benutzungsoberflächen verstehen,
- Kategorien nicht-funktionaler Anforderungskriterien an Software-Systeme kennen sowie
- einen exemplarischen Überblick über Ansätze der Aufwandsschätzung und Nutzenermittlung bekommen.

2.2 Grundlagen zur Vorbereitungsphase

Die Vorbereitungsphase kann in vielen praktischen Fällen sehr kurz sein. Das gilt, wie bereits oben erwähnt, im Falle von Weiterentwicklungen bestehender Systeme. Dies kann für neue Anwendungssysteme gelten, wenn folgende Eigenschaften zutreffen:

- wohldefinierte Anwendungsfälle und solche mit begrenzter Tragweite,
- Anwendungsfälle deren DV-technische Unterstützung unabwendbar ist (z.B. wegen rechtlicher Vorschriften, geschäftlichem Zwang durch Kunden oder Lieferanten) und
- technologische, organisatorische sowie wirtschaftliche Risiken sind gering.

Im Rahmen dieses Buches wollen wir von einer komplexen Neuentwicklung ausgehen. Damit soll sicherlich nicht die Erwartung aufkommen, dass wir auch ein komplexes Gesamtsystem vollständig entwerfen werden. Vielmehr wollen wir einzelne Teilausschnitte herausgreifen, um aus didaktischen Gründen einen möglichst umfassenden Einblick in die methodischen Grundlagen anhand von Beispielen zu bekommen. Vor diesem Hintergrund wollen wir uns kurz mit der Analyse und Modellierung des Unternehmens aus wirtschaftlicher Sicht beschäftigen.

Der primäre Zweck der Vorbereitungsphase besteht darin, eine Entscheidung darüber herbeizuführen, ob das Projekt weitergeführt wird oder nicht. Daraus leitet sich auch ab, worüber Informationen am Ende dieser Vorbereitungsphase vorliegen (vgl. Larman, 2002, S. 108):

- Die wichtigsten Ziele des Projektes sind spezifiziert.
- Die meisten Anwendungsfälle liegen in Kurzform beschrieben vor. Für ca. 10-20 % der Anwendungsfälle liegen ausführliche Beschreibungen (vgl. Tab. 2.1) vor. Damit sollte ein Überblick über den Projektumfang und die Projektkomplexität gewonnen werden.
- Die meisten Qualitätsanforderungen sind identifiziert.

- Erste Versionen eines Visionsdokuments und ergänzender Anforderungs-
  beschreibungen liegen vor.
- Prototypen, welche die technische Machbarkeit spezieller Anforderungen
  nachweisen, liegen vor.
- Prototypen für Benutzungsoberflächen, welche die Vorstellungen über die
  Funktionalität konkretisieren, liegen vor.
- Erste Empfehlungen, welche Komponenten als Standardsoftware beschafft
  und integriert werden sollen, liegen vor.
- Erste Ideen über die mögliche Systemarchitektur sind erarbeitet, z.B. Java-
  Swing Anwendung für die zentrale Verwaltung und Web-Anwendung für
  direkten Zugriff der Interessenten/Teilnehmer bzw. dezentralen Verwal-
  tungsfunktionen an den Akademiestandorten.
- Durchführungsplan für die erste Iteration im Rahmen der Spezifikations-
  phase ist erarbeitet.

Damit wird deutlich, dass die Vorbereitungsphase den Charakter einer Vorstudie
hat, welche insbesondere die Machbarkeit prüfen soll. In diesem Kapitel werden
wir nicht auf alle oben aufgeführten Punkte eingehen. Als Basis eines gemeinsamen Verständnisses aller beteiligten Parteien gehen wir auf die Modellierung von
Geschäftsprozessen und Geschäftsanwendungsfällen ein (vgl. Oesterreich u.a.,
2003). Auf dieser Basis werden auch ein Visionsdokument und ein Glossar aus
fachlicher Sicht erarbeitet und beispielhaft vorgestellt. Durch die sogenannten
Systemanwendungsfälle werden die funktionalen Anforderungen an das zu entwickelnde Software-System aus Anwendersicht beschrieben. Ergänzend werden
Prototypen der Benutzungsoberflächen zur Verdeutlichung und Verifikation der
funktionalen Anforderungen entwickelt. Weiterhin wird beispielhaft eine Liste
nichtfunktionaler Anforderungen für das Anwendungsbeispiel vorgestellt. Abschließend wird ein Ansatz zur Aufwandsschätzung skizziert, der lediglich Anwendungsfallbeschreibungen voraussetzt.

2.3 Analyse der Geschäftsprozesse eines Unternehmens

2.3.1 Identifikation der Unternehmensziele

Um die wirtschaftliche Situation und Ansatzpunkte für Verbesserungen zu identifizieren, ist es notwendig, die Ziele des Unternehmens zu kennen. Ein pragmatischer Ansatzpunkt ist, auf folgende Leitfragen Antworten zu geben (vgl. Oesterreich u.a., 2003, S. 37 ff.):

- Was ist der Zweck des Unternehmens?
- Wie möchte das Unternehmen von seinen Kunden gesehen werden? Dieses
  Leitbild sollte möglichst in nur einem Satz formuliert werden!

– Was möchte das Unternehmen grundsätzlich erreichen? Auch dieses Leitziel (Vision) sollte möglichst in einem Satz ausgedrückt werden.

In unserem Beispiel werde der **Unternehmenszweck** z.B. wie folgt charakterisiert: 'Die WAB bietet Weiterbildungsangebote mit kaufmännischer Ausrichtung an, welche die berufliche Qualifikation ihrer Teilnehmer nachhaltig steigert.' Das **Leitbild** sei: 'Die WAB ist ein verlässlicher Bildungspartner, dessen qualifizierte Weiterbildungsprodukte ein attraktives Preis-/Leistungsverhältnis aufweisen.' Als **Leitziel,** als Vision wurde festgelegt: 'Die WAB will ihren Marktanteil halten und langfristig die Existenz des Unternehmens in einem dynamischen wirtschaftlichen Umfeld sichern.' Dabei muss angemerkt werden, dass die WAB ein gemeinnützig anerkannter eingetragener Verein ist, dessen Vereinsmitglieder Wirtschaftsunternehmen und Körperschaften des öffentlichen Rechts sind. Das klassische Ziel der Gewinnerwirtschaftung steht damit nicht im Vordergrund.

Strategische und operative Ziele stehen in einer Mittel-Zweck-Beziehung zum Unternehmensleitziel. In unserem Beispiel seien u.a. folgende Zielinhalte relevant, die mit konkretem zeitlichem Bezug in Form von Kennzahlen festzulegen sind: direkte Kosten je Teilnehmerstunde, Solldeckungsbeitrag je Teilnehmer oder notwendige Vorlaufzeit zur Abwicklung einer Prüfung.

2.3.2 Identifikation und Beschreibung von Geschäftsprozessen

Die Analyse einzelner Geschäftsprozesse gibt Anhaltspunkte für detaillierte Zielvorstellungen. Das generische Prozessmodell (vgl. Krüger, 1993, S. 124) liefert eine Hilfestellung zur Strukturierung von Geschäftsprozessen eines Unternehmens (vgl. Abb. 2.1). Die folgenden Prozesse kommen in jedem Unternehmen in der einen oder anderen Form, Abwandlung oder Spezialisierung vor. Produktentwicklung, Akquisition, Auftragsabwicklung und After Sales Service sind die sogenannten Kernprozesse. Die Ressourcenbereitstellungs- und Managementprozesse sind sogenannte Unterstützungsprozesse. Während diese Prozesse in Abbildung 2.1 das Unternehmen aus interner Sicht repräsentieren, deuten die Lieferanten- und Kundenprozesse an, dass die Prozessoptimierung nicht an den rechtlichen Grenzen eines Unternehmens endet, sondern unternehmensübergreifende Prozesse zur Optimierung der Leistungserstellung beitragen können. Die Kernprozesse sind dadurch charakterisiert, dass sie einen hohen Grad an Kundenorientierung aufweisen und damit aufgrund ihrer Außenwirkung eine hohe Priorität besitzen. Vor diesem Hintergrund sollten diese stets den Ausgangspunkt von Optimierungsüberlegungen darstellen. Diesem Grundsatz wollen auch wir in unserem Fallbeispiel folgen.

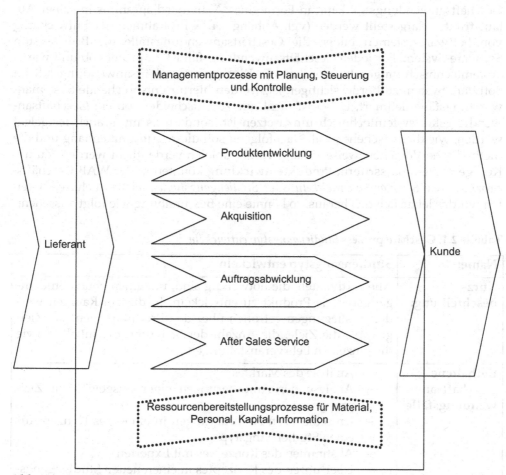

Abb. 2.1: Generisches Prozessmodell

Aus formaler Sicht ist ein **Geschäftsprozess** charakterisiert durch die sachliche und zeitliche Abfolge von Geschäftsanwendungsfällen, die zu einem wohldefinierten und messbaren Ergebnis führt. Dabei wird ein Geschäftsprozess durch ein Ereignis ausgelöst und endet mit einem Ergebnisereignis. Ein **Geschäftsanwendungsfall** ist eine Aktivitätsfolge, die im Rahmen eines Geschäftsprozesses ebenfalls zu einem verwertbaren Teilergebnis führt. Ein Geschäftsprozess umfasst somit mehrere Geschäftsanwendungsfälle. Sowohl ein Geschäftsprozess als auch ein

Geschäftsanwendungsfall kann in Form eines Aktivitätsdiagramms in seiner Ablaufstruktur dargestellt werden (vgl. Anhang 1.4.3). Im Rahmen der Entwicklung von Softwaresystemen bilden die Geschäftsanwendungsfälle die Brücke zum Software-System. Für jeden Geschäftsanwendungsfall ist zu prüfen, ob und wie er systemtechnisch umgesetzt werden soll. Wenn ein Geschäftsanwendungsfall im Software-System zu berücksichtigen ist, werden hierfür entsprechende Systemanwendungsfälle definiert. Dabei ist nicht nur zu entscheiden, ob ein Geschäftsanwendungsfall systemtechnisch umzusetzen ist, sondern es muss auch festgelegt werden, wie dies geschehen soll. Nachfolgend soll dieser Zusammenhang und die methodische Vorgehensweise anhand von Beispielen verdeutlicht werden. Zu der Kerngeschäftsprozessrubrik **Produktentwicklung** könnten in der WAB Geschäftsprozesse wie *Seminartyp entwickeln* oder *Studiengangstyp entwickeln* gehören. Greifen wir das letzte Beispiel heraus, so könnte eine Beschreibung wie folgt aussehen:

Tabelle 2.1: Geschäftsprozess *Studiengangstyp entwickeln*

Name:	Studiengangstyp entwickeln
Kurz-beschreibung:	Alle Aktivitäten, die notwendig sind, um einen neuen Studiengangstyp als Produkt zu entwickeln. In diesem Rahmen werden Festlegungen getroffen über den Produktnamen, die Zielgruppe, die Ziele, die Anzahl der Semester, die Inhalte sowie die einzelnen Lehrveranstaltungen.
Enthaltene Geschäftsan-wendungsfälle:	– Analyse des Marktes – Analyse der Anforderungen einer ausgewählten Zielgruppe – Umsetzen von Anforderungen in ein erstes Konzept für einen Studiengangstyp – Abstimmen des Konzeptes mit Experten – Überführen des Konzeptes in einen neuen Studiengangstyp – Genehmigen des Studiengangstyps – Implementieren des Studiengangstyps
Verantwortlich:	Produktmanager
Beteiligte:	Geschäftspartner: Dozenten, Prüfungsausschuss als Experten Mitarbeiter der WAB: Produktmanager, Geschäftsleitung (zentral und dezentral), Organisationsassistenten

Geschäftsprozesse können hinsichtlich ihres zeitlichen und sachlogischen Ablaufs auch als Ablaufdiagramm in Form eines Aktivitätsdiagramms dargestellt werden (vgl. Abb. 2.2). Dieser Geschäftsprozess *Studiengangstyp entwickeln* hat in hohem Maße kreativen und kommunikativen Charakter und ist durch einen relativ geringen Formalisierungsgrad gekennzeichnet. Weiterhin wird dieser Geschäftsprozess nicht regelmäßig, sondern eher selten realisiert. Daraus ergibt sich, dass die enthaltenen Geschäftsanwendungsfälle in eher geringem Maß durch Systemanwendungsfälle softwaretechnisch umgesetzt werden. Eine Ausnahme ist sicherlich der Geschäftsanwendungsfall *Implementieren des Studiengangstyps*, der systemtechnisch zu unterstützen sein wird.

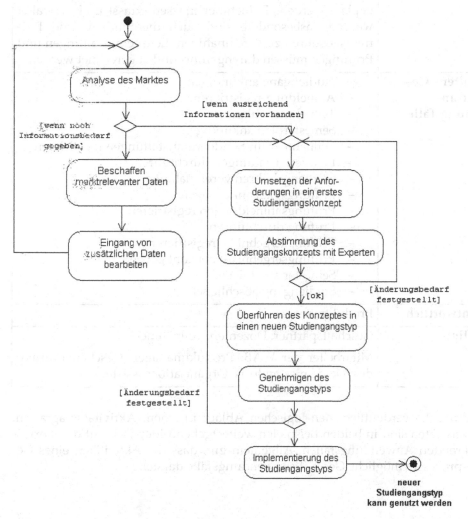

Abb. 2.2: Geschäftsprozess *Studiengangstyp entwickeln*

Im Sinne der Auftragsabwicklung (vgl. Abb. 2.1) zählt der Geschäftsprozess *Studiengang durchführen* zu den wichtigen Kerngeschäftsprozessen. Im Einzelnen lässt sich dieser wie folgt beschreiben:

Tabelle 2.2: Geschäftsprozess *Studiengang durchführen*

Name:	Studiengang durchführen
Kurzbeschreibung:	Alle Aktivitäten, die notwendig sind, um einen Studiengang an einem Akademieort durchzuführen. Hierzu ist es notwendig, dass Termine, Räume, Dozenten und Prüfungen geplant werden. Teilnehmer müssen erfasst und verwaltet werden, insbesondere sind auch die Studien- und Prüfungsgebühren zu vereinnahmen. Lehrveranstaltungen und Prüfungen müssen durchgeführt und abgerechnet werden.
Enthaltene Geschäftsanwendungsfälle:	– Studiengang ankündigen – Anmeldung registrieren – Teilnehmer zulassen – Semesterplan ankündigen – Teilnehmer für Sonderveranstaltungen registrieren – Lehrveranstaltungen durchführen – Studiengebühren vereinnahmen – Prüfungsplan ankündigen – Prüfungsanmeldungen registrieren – Prüfung durchführen – Prüfungsergebnisse registrieren – Prüfungsergebnisse bekannt geben – Semester abschließen – Studiengang abschließen
Verantwortlich:	Produktmanager
Beteiligte:	Geschäftspartner: Dozenten, Teilnehmer Mitarbeiter der WAB: Produktmanager, Geschäftsführung des Akademiestandorts, Organisationsassistenten

Abbildung 2.3 verdeutlicht den logischen Ablauf in einem Aktivitätsdiagramm. Die Aktivitäten sind in beiden Beispielen weitestgehend identisch mit den korrespondierenden Anwendungsfällen. Allgemein gilt, dass die Aktivitäten eines Geschäftsprozesses mögliche Geschäftsanwendungsfälle darstellen.

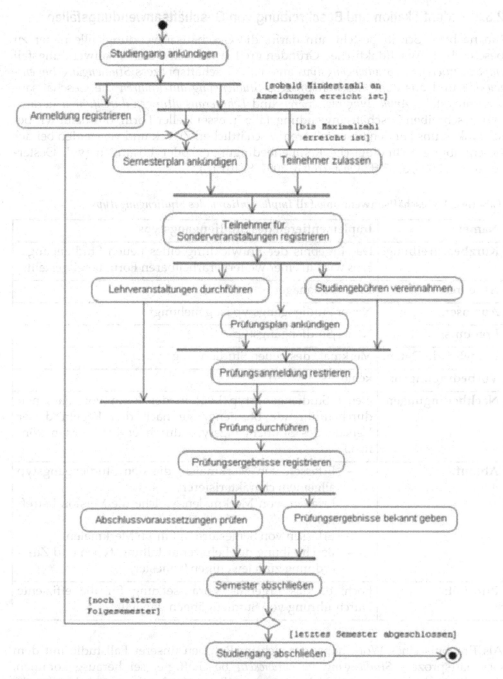

Abb. 2.3: Geschäftsprozess: *Studiengang durchführen*

2.3.3 Identifikation und Beschreibung von Geschäftsanwendungsfällen

Ein nächster Schritt besteht nun darin, die Geschäftsanwendungsfälle näher zu beschreiben. Aus didaktischen Gründen greifen wir den Geschäftsanwendungsfall *Implementieren des Studiengangstyps* aus dem Geschäftsprozess *Studiengangstyp entwickeln* und aus dem Geschäftsprozess *Studiengang durchführen* die Geschäftsanwendungsfälle *Anmeldung registrieren* und *Lehrveranstaltungen durchführen* heraus. Wir beschreiben Geschäftsanwendungsfälle in essenzieller Form, das heißt wir beschränken uns auf den unmittelbaren geschäftlichen Zweck und vermeiden bei der Beschreibung technologische Rahmenbedingungen oder Lösungen (vgl. Oesterreich u.a., 2003, S. 87 ff., Oesterreich, 2001, S. 101 ff.).

Tabelle 2.3: Geschäftsanwendungsfall *Implementieren des Studiengangstyps*

Name:	Implementieren des Studiengangstyps
Kurzbeschreibung:	Das Ergebnis der Entwicklung eines neuen Studiengangstyps wird in einer weiterverarbeitbaren Form bereitgestellt.
Akteure:	Produktmanager
Auslöser:	Neuer Studiengangstyp ist genehmigt
Ergebnis:	Neuer Studiengangstyp
Eingehende Daten:	Merkmale des neuen Studiengangstyps.
Vorbedingungen:	keine
Nachbedingungen:	Neuer Studiengangstyp liegt in der Form vor, dass neu durchzuführende Studiengänge nach den Regeln dieser Version des Studiengangstyps durchgeführt werden können.
Ablauf:	– Erfassen von Merkmalen, die den Studiengangstyp allgemein charakterisieren, – Erfassen von Merkmalen, welche die Version betreffen, – Erfassen von Semestern mit ihren Merkmalen, – Beschreibung der Lehrveranstaltungstypen und Zuordnung zum jeweiligen Semester.
Priorität:	hoch, da das Ergebnis Voraussetzung für die effiziente Durchführung von Studiengängen darstellt

Als Ergebnis eines Workshops, der sich im Rahmen unserer Fallstudie mit dem Geschäftsprozess *Studiengangstyp entwickeln* beschäftigte, sei herausgekommen, dass dieser Anwendungsfall bisher im wesentlichen in der Form realisiert wurde, dass ein neues Dokument erstellt wurde, das den Personen verteilt wurde, die dies für Ihre Aufgabenerfüllung benötigten, z.B. Organisationsassistenten, Geschäftsführer der Akademiestandorte, Dozenten usw. Eine effiziente und fehlerarme Abwicklung von Studiengängen setzt das Vorhandensein der Studiengangsdaten mit allen relevanten Regeln im EDV-System voraus. Ein Problem besteht bisher darin, dass viele Informationen gar nicht EDV-technisch zur Verfügung stehen und die EDV-technische Umsetzung von Änderungen vielfach aufwändige Programmänderungen notwendig macht.

Nachfolgend sollen die Geschäftsanwendungsfälle *Anmeldung registrieren* und *Lehrveranstaltungen durchführen* nach demselben Schema beschrieben werden.

Tabelle 2.4: Geschäftsanwendungsfall *Anmeldung registrieren*

Name:	Anmeldung registrieren
Kurzbeschreibung:	Ein Interessent wird für die Zulassung zu einem Studiengang angemeldet.
Akteure:	Interessent, Organisationsassistent
Auslöser:	Interessent hat den Wunsch an einem Studiengang teilzunehmen
Ergebnis:	Anmeldebestätigung
Eingehende Daten:	Persönliche Daten des Interessenten, evtl. Angaben über Arbeitgeber, Dokumente zum Nachweis der Zulassungsvoraussetzungen
Vorbedingungen:	Studiengang ist angekündigt und Anmeldeschluss ist noch nicht erreicht
Nachbedingungen:	Alle für die Zulassung und die teilnehmerorientierte organisatorische und finanzielle Abwicklung des Studienbetriebs sind registriert.
Ablauf:	– Anmeldewunsch aufnehmen – Prüfen ob Anmeldung möglich – Personendaten neu erfassen bzw. schon vorhandene prüfen/ergänzen – zulassungsrelevante Daten aufnehmen – Dokumente zum Nachweis der Zulassungsvoraussetzungen registrieren bzw. anfordern – Anmeldung bestätigen
Priorität:	hoch

Tabelle 2.5: Geschäftsanwendungsfall *Lehrveranstaltung durchführen*

Name:	Lehrveranstaltung durchführen
Kurzbeschreibung:	Aufgrund des angekündigten Semesterplans werden die Lehrveranstaltungen durch die Dozenten durchgeführt.
Akteure:	Dozent, Teilnehmer und Organisationsassistent
Auslöser:	Vereinbarte Lehrveranstaltungstermine sind eingetreten.
Ergebnis:	Lehrveranstaltungen sind gehalten und abgerechnet.
Eingehende Daten:	Daten über Lehrveranstaltungen und Lehrveranstaltungstermine sowie über Dozenten
Vorbedingungen:	Lehrveranstaltung wurde im Rahmen des Semesterplanes zeitlich, räumlich und hinsichtlich des verantwortlichen Dozenten geplant.
Nachbedingungen:	Über die Abrechnung ist im System erfasst, welche Lehrveranstaltungen gehalten wurden.
Ablauf:	– Die einzelnen Lehrveranstaltungen werden zu den vereinbarten Terminen gehalten. – Nach Abschluss aller oder eines Teils der Lehrveranstaltungstermine erfolgt die Abrechnung durch den Dozenten. – Die Dozentenabrechnung wird überprüft und ausbezahlt. – Die Dozentenabrechnung und deren Bezahlung wird verbucht.
Priorität:	hoch

Zur Abrundung der Geschäftsanwendungsfall-Beschreibung sollen die einzelnen Beschreibungskriterien in allgemeiner Form kurz charakterisiert werden.

Tabelle 2.6: Erläuterung des Beschreibungsschemas für einen Geschäftsanwendungsfall

Name:	Bezeichnung des Geschäftsanwendungsfalls möglichst mit Objekt und Verrichtung
Kurzbeschreibung:	Die Beschreibung sollte wirklich kurz sein, Sachverhalte, die aus anderen Beschreibungsmerkmalen hervorgehen sollten nicht aufgezählt werden.
Akteure:	Grundsätzlich handelt es sich um personenunabhängige Rollen, die zum Unternehmen gehören oder aber Außenstehende (z.B. Kunden) sein können.

Auslöser:	Es sollte hier nicht auf technische Hilfsmittel eingegangen werden. Es spielt hier keine Rolle, ob z.B. eine Anmeldung per Telefon, Briefpost oder Fax eingeht.
Ergebnis:	Es handelt sich um eine Auflistung von Ergebnissen, die im Verlauf des Anwendungsfalls an die Akteure geliefert werden.
Eingehende Daten:	Daten, die im Verlauf des Anwendungsfalls von den Akteuren geliefert werden.
Vorbedingungen:	Beschreiben den Zustand, der vor dem Start des Anwendungsfalls eingetreten sein muss.
Nachbedingungen:	Beschreiben den Zustand, der nach dem Beenden des Anwendungsfalls eingetreten sein wird.
Ablauf:	Der Ablauf sollte stichwortartig so abstrakt wie möglich und so konkret wie nötig für den positiven Standardfall beschrieben werden. Auflistungen einzelner Attribute (z.B. Name, Wohnort usw.) sollten vermieden und durch abstraktere Bezeichnungen zusammengefasst werden.
Priorität:	Die Priorität bestimmt sich aufgrund des Beitrags des Anwendungsfalls zur angestrebten Zielerreichung.

Die Geschäftsanwendungsfall-Beschreibungen sind das komprimierte Ergebnis von Workshops mit den Anwendern. Zusammen mit den übergreifenden Geschäftsprozessbeschreibungen bilden sie die Grundlage für die Identifikation von Systemanwendungsfällen, welche durch das zu entwickelnde EDV-System umgesetzt werden sollen. Zwischen der Menge der Geschäftsanwendungsfälle und der Systemanwendungsfälle besteht eine optionale 1:n-Beziehung. Welche Systemanwendungsfälle näher zu analysieren sind, hängt auch davon ab, wie hoch ihr Potenzial ist, zur Erreichung der unternehmerischen Ziele beizutragen. So wurde oben bereits angedeutet, dass der Anwendungsfall *Implementieren des Studiengangstyps* bisher nur eingeschränkt zur Informationsverfügbarkeit beiträgt und die bisherige EDV-technische Umsetzung zeitaufwändig und teuer ist. Führt die mangelnde Informationsverfügbarkeit zu langen Bearbeitungszeiten, Fehlern und notwendigen Korrekturen, so wird der unmittelbare wirtschaftliche Nutzen einer verbesserten EDV-technischen Unterstützung des Anwendungsfalls deutlich. Diese kurzen Anmerkungen hinsichtlich der Prozessverbesserung mögen genügen, da unser Schwerpunkt nicht auf dem Gebiet der Geschäftsprozessoptimierung liegt. Vielmehr geht es darum, die Verknüpfung zwischen Prozessoptimierung und Software-Entwicklung aufzuzeigen. Dies wurde ja bereits deutlich im Rahmen der Diskussion von Zielkategorien der Software-Entwicklung (vgl. Abschnitt 1.2). Im Sinne der Zielsetzung der Vorbereitungsphase, soll durch die Geschäftsprozessmodellierung insbesondere ein gemeinsames Verständnis bei Auftraggeber und Auftragnehmer hinsichtlich des Geschäftszweckes und der anstehenden Problemstellungen gefördert werden.

2.3.4 Glossar und Vision aus betriebswirtschaftlicher Sicht

Bei der Beschreibung der Geschäftsprozesse und Anwendungsfälle wird deutlich, dass ein Anwendungsgebiet durch eine Vielzahl von Fachbegriffen charakterisiert ist. Jeder Praktiker hat sicherlich schon erlebt, dass selbst im eigenen Unternehmen Begriffe nicht einheitlich verwendet werden. Fatal wird dies, wenn im Rahmen eines zu entwickelnden Software-Systems die Fachbegriffe nicht eindeutig und einheitlich verwendet werden. Vor diesem Hintergrund ist es zweckmäßig, dass bereits in dieser Vorbereitungsphase ein Glossar angelegt wird. In der Vorbereitungsphase hat das **Glossar** die einfache Struktur: Begriff und Erklärung. In der Spezifikationsphase kann das Glossar zu einem Datenkatalog ('Data Dictionary') ausgebaut werden. Für unsere Fallstudie sollen einige Fachbegriffe beispielhaft in ein Glossar eingetragen werden:

Tabelle 2.7: Beispiel für ein Glossar (in Ausschnitten)

Begriff	Erklärung
Produktmanager	Ist verantwortlich für die Entwicklung und Durchführung von Studiengängen. Bei der Durchführung wird der Produktmanager durch Organisationsassistenten unterstützt.
Seminar	Einzelveranstaltung, deren zeitliche Ausdehnung von wenigen Stunden bis zu mehreren Tagen reichen kann. Ein Seminar kann wiederholt angeboten werden. Für ein Seminar sind Ziele und Inhalt definiert. Ein Seminar wird von einem oder mehreren Dozenten durchgeführt.

Studiengang	Weiterbildungsangebot, das sich über ein oder mehrere Studienabschnitte (z.B. Semester) erstreckt. Für einen Studiengang existiert eine Studien- und Prüfungsordnung. Ein Studiengang findet an einem bestimmten Akademieort statt, hat einen festgelegten Start- und Endtermin. Der Studiengang schließt mit einem definierten Abschlussgrad ab und dient der beruflichen Qualifizierung. Zu einem Studiengang gehören mehrere Fächer. Für die einzelnen Fächer sind Lehrveranstaltungen definiert, die sich i.d.R. über mehrere Termine erstrecken, die von einem Dozenten betreut werden und mit einer Prüfung abschließen können.
Studiengangstyp	Die Merkmale, die für alle Studiengänge immer wieder gleich sind, werden einmal im Studiengangstyp festgelegt. Dies betrifft beispielsweise die Anzahl und Dauer der Semester (Studienabschnitte), die Anzahl der Unterrichtseinheiten eines Studiengangs, eines Semesters und einer Lehrveranstaltung. Auch die Beschreibung von Zielen und Inhalten einer Lehrveranstaltung wird einmal im Studiengangstyp festgelegt.
Semester	Zeitlicher Abschnitt eines Studiengangstyps, der durch die Anzahl von Wochen und Unterrichtseinheiten beschrieben wird. Einem Semester werden Lehrveranstaltungstypen zugeordnet.
Lehrveranstaltung	Eine Veranstaltung im Rahmen eines Studiengangs, die dazu dient, den Teilnehmern Wissen bzw. Kompetenzen zu vermitteln. Eine Lehrveranstaltung wird durch Zielgruppe, Lernziele und Inhalte beschrieben. Eine Lehrveranstaltung wird i.d.R. durch einen Dozenten angeboten, setzt sich in der Regel aus mehreren Lehrveranstaltungsterminen zusammen und kann auch eine Prüfungsleistung umfassen. Die Durchführung einer Lehrveranstaltung findet bisher fast ausschließlich als Präsenzveranstaltung statt, kann jedoch auch unter Nutzung von Fernstudienmaterial und modernen Techniken des elektronisch unterstützen Lernens durchgeführt werden.

Lehrveranstaltungstyp	Der Lehrveranstaltungstyp beschreibt Ziele und Inhalte einer Lehrveranstaltung, ist einem Semester zugeordnet und gibt die Anzahl der abzuhaltenden Unterrichtseinheiten vor. Der Lehrveranstaltungstyp wird durch eine eindeutige Nummer und eine Bezeichnung beschrieben.
...	...
Teilnehmer	Teilnehmer sind natürliche Personen, die einen Studienabschluss im Rahmen eines Studiengangs anstreben bzw. an einem Seminar teilnehmen und sich damit beruflich weiterqualifizieren wollen. Aus der Sicht der WAB sind Teilnehmer die Kunden.

Aus Managementsicht fasst das sogenannte **Visions-Dokument** die Gründe (das 'Warum') und den Inhalt (das 'Was') des Software-Projektes zusammen und stellt für die weiteren Entwicklungsschritte eine Vorgabe dar, an der anstehende Entscheidungen beurteilt werden können und sollten. Für das Visions-Dokument wollen wir in Anlehnung an den Unified Process (vgl. Balzert, 2000CD) folgende Struktur verwenden:

- Einführung mit Zweck und Umfang des Projekts, Begriffsdefinitionen und Überblick,
- Problembeschreibung und Verbesserungsmöglichkeiten,
- Kennzeichnung der Beteiligten (Betroffene und Anwender und deren spezielle Anforderungen),
- Kennzeichnung der Projektziele mit Prioritäten(z.B. Zeit, Kosten, Qualität) sowie
- sonstige Anforderungen (z.B. rechtliche Vorgaben, einzusetzende Standards, Infrastruktur).

Ein Beispiel für unsere Fallstudie soll zur Verdeutlichung dienen:

Tabelle 2.8: Beispiel für ein Visions-Dokument (in Ausschnitten)

Einführung:	Die WAB sieht sich einem zunehmend dynamischen Wettbewerb gegenüber. Dies erfordert einerseits ein kundengerechtes Produktangebot und andererseits ein Höchstmaß an Flexibilität und Kundenorientierung. Vor diesem Hintergrund wurde von der Geschäftsführung entschieden, dass die Geschäftsprozesse zu optimieren sind. Die Geschäftsprozesse der WAB sind durch zwei Faktoren gekennzeichnet: – durch persönliche Kommunikation zwischen der WAB und ihren Kunden sowie Lieferanten und – durch einen reibungslosen, effektiven und effizienten Informationsfluss. Im Mittelpunkt dieses Projektes steht die Optimierung des Informationsflusses durch eine optimale Nutzung organisatorischer und EDV-technischer Gestaltungsmöglichkeiten. Grundsätzlich ist kein Bereich der WAB ausgenommen, darüber hinaus sollen auch Möglichkeiten der unternehmensübergreifenden Optimierung geprüft werden. Dabei sollten Möglichkeiten des Internets auf ihre Zweckeignung geprüft werden.
Problem-Beschreibung und Verbesserungsmöglichkeiten:	Der bisherige Informationsfluss ist stark manuell geprägt. Die EDV-technische Unterstützung beschränkt sich vornehmlich darauf, dass Daten zum Zwecke der Verwaltung und der Verteilung gespeichert werden. Z.B. erfolgt die Terminvereinbarung für Lehrveranstaltungen mit Dozenten rein manuell und das Ergebnis wird im EDV-System zum Ausdrucken und Verteilen eines Semesterplans gespeichert. Aufgrund unzulänglicher Integration existieren viele Daten redundant, so hat beispielsweise ein Dozent, dessen Adresse sich änderte und in mehreren Geschäftssegmenten als Dozent eingesetzt war, über mehrere Monate falsch adressierte Post bekommen, da die Adressänderung nicht überall durchgeführt wurde. Ein weiteres Beispiel betrifft die Abwicklung von Prüfungen: Die Teilnehmer tragen sich in manuelle Anmeldelisten ein, die im EDV-System durch Organisationsassistenten erfasst werden (Fehlerrisiko). Die Prüfer bewerten die Prüfungen, machen sich manuelle Notenlisten und die Organisationsassistenten erfassen die Noten. Die wenigen Beispiele machen deutlich, dass Prozesszeiten verkürzt, Prozessqualität (z.B. weniger Fehler) verbessert und damit Prozesskosten gesenkt werden können und müssen.

Beteiligte:	Die wichtigsten externen Beteiligten sind die Teilnehmer an Weiterbildungsveranstaltungen in der Rolle der Kunden und die nebenberuflichen Dozenten in der Rolle der Lieferanten. Als interne Beteiligte treten weitestgehend alle Mitarbeiter auf. Die Kommunikation der Kunden mit der WAB erfolgt über Telefon, E-Mail, Briefpost und Formulare. Ein direkter Zugriff auf Daten des EDV-Systems ist nicht möglich. Das gleiche gilt für die Dozenten. Die Mitarbeiter müssen Informationen vielfach mehrfach erfassen und übertragen. Dies ist mit Arbeitsteilung und einer damit einhergehenden Notwendigkeit von wertschöpfungsfreien Rückfragen und Kontrollen verbunden. Dies führt zwar durchaus zu qualitativ hochwertigen Arbeitsergebnissen, jedoch auch zu hohen Kosten und bei den Mitarbeitern zu hoher Arbeitsbelastung, unnötigem Stress und teilweiser Unzufriedenheit.
Projektziele:	Als grundsätzliche Leitziele für das Projekt hat die Geschäftsleitung zusammen mit Experten folgende generellen Ziele formuliert: – Reduzierung der Durchlaufzeiten, – Erhöhung der Flexibilität und Reaktionsgeschwindigkeit hinsichtlich der Konzeption neuer Produkte, – Erhöhung der Verfügbarkeit von Informationen sowie – Reduzierung des Aufwands zur Datenpflege Diese Ziele müssen für die einzelnen Prozesse jeweils analysiert und möglichst quantifiziert werden. Hinsichtlich der Priorisierung gilt die allgemeine Regel, dass Ziele mit hoher Außenwirkung auf die Kunden (Umsatz) einen grundsätzlichen höheren Stellenwert haben, als Ziele, die primär nach innen (Kosten) wirken.
Sonstige Anforderungen:	Die organisatorische und EDV-technische Lösung sollte zwar primär der Optimierung der WAB dienen. Allerdings ist beabsichtigt, insbesondere die EDV-Lösung auch Partner-Unternehmen in anderen Regionen, die Mitglied des bundesweiten WAB-Verbandes sind, anzubieten und zu vermarkten. Vor diesem Hintergrund ergibt sich die Notwendigkeit, die Lösung möglichst adaptierbar zu gestalten.

2.3.5 Ergebnisse der Analyse von Geschäftsprozessen

Die Analyse der Geschäftsprozesse als Aktivität innerhalb des Vorgehensmodells ist innerhalb eines Software-Entwicklungsprojektes insbesondere dann notwendig, wenn es sich um eine Problemstellung handelt, die ein gesamtes Unternehmen bzw. einen größeren Bereich des Unternehmens betrifft und die Zielsetzung der Verbesserung der Geschäftsprozesse im Mittelpunkt steht. In solchen Fällen sind diese Aktivitäten essentiell. Auf dieser Ebene wird insbesondere erreicht, dass sich das obere Management äußert, mitwirkt und identifiziert, was der Unterstützung von IT-Projekten durch die Unternehmensführung förderlich ist (vgl. Abschnitt 1.2). Bei einer Vielzahl von Software-Projekten nimmt diese Aktivität jedoch eine untergeordnete Rolle ein. Dies gilt insbesondere dann, wenn das Softwareprojekt durch externe Zwänge (z.B. Anforderungen des Gesetzgebers, von Kunden oder Lieferanten) unabwendbar ist.

Als wesentliche Arbeitsergebnisse wurden Geschäftsprozessmodelle und Beschreibungen von Geschäftsanwendungsfällen sowie ein Glossar und ein Visions-Dokument vorgestellt. Das Glossar dient einerseits der terminologischen Klarheit und andererseits wird durch die Beschreibung von Geschäftsobjekten auch eine Basis für die spätere Identifikation von Klassen für das Software-System gelegt. Die Beschreibung und Analyse der Geschäftsanwendungsfälle liefert die Ansatzpunkte zur Beantwortung der Frage inwieweit ein Anwendungsfall durch ein Software-System zu unterstützen ist. Im Text wurde zwar mit den Geschäftsprozessen angefangen und mit dem Visions-Dokument aufgehört. Damit sollte keine Reihenfolge methodisch vorgegeben werden. Im Realfall kann es durchaus zweckmäßig sein, mit der Vision als Überblicksdokument anzufangen.

2.4 Anforderungsanalyse im Rahmen der Vorbereitungsphase

2.4.1 Qualitätsmerkmale als Anforderungskategorien an Software-Systeme

Eine Anforderung ist eine Aussage über eine zu erfüllende qualitative und/oder quantitative Eigenschaft eines Software-Systems. Anforderungen werden vom Auftraggeber an ein System gestellt und müssen im Rahmen der Anforderungsanalyse detailliert und operationalisiert werden. Anhaltspunkte für eine Kategorisierung von Anforderungsmerkmalen liefert u.a. das sogenannte FURPS-Modell. Die Buchstaben stehen für *functionality*, *usability*, *reliability*, *performance* und *supportability*. Wir wollen die Software-Qualitätsmerkmale nach DIN ISO 9126 näher betrachten (vgl. Balzert, 1998, S. 258 ff.).

Funktionalität

Vorhandensein von Funktionen mit festgelegten Eigenschaften. Diese Funktionen erfüllen die definierten Anforderungen. Diese fachlichen Anforderungen werden in der Regel mit Hilfe von Anwendungsfällen beschrieben. Als allgemeine Anforderungen sind darüber hinaus zu nennen:

- Richtigkeit
- Liefern der richtigen oder vereinbarten Ergebnisse oder Wirkungen, z.B. die benötigte Genauigkeit von berechneten Werten.
- Angemessenheit
- Eignung der Funktionen für spezifizierte Aufgaben, z.B. aufgabenorientierte Zusammensetzung von Funktionen aus Teilfunktionen.
- Interoperabilität
- Fähigkeit, mit vorgegebenen Systemen zusammenzuwirken.
- Ordnungsmäßigkeit
- Erfüllung von anwendungsspezifischen Normen, Vereinbarungen, gesetzlichen Bestimmungen und ähnlichen Vorschriften.
- Sicherheit
- Fähigkeit, unberechtigten Zugriff, sowohl versehentlich als auch vorsätzlich, auf Programme und Daten zu verhindern

Zuverlässigkeit

Fähigkeit der Software, ihr Leistungsniveau unter festgelegten Bedingungen über einen festgelegten Zeitraum zu bewahren.

- Reife
  Geringe Versagenshäufigkeit aufgrund von Fehlzuständen.
- Fehlertoleranz
  Fähigkeit, ein spezifiziertes Leistungsniveau bei Software-Fehlern oder Nicht-Einhaltung ihrer spezifizierten Schnittstelle zu bewahren, z.B. Fehleingaben oder Fehler im Datenbanksystem werden kontrolliert behandelt.
- Wiederherstellbarkeit
  Fähigkeit, bei einem Versagen das Leistungsniveau wiederherzustellen und die direkt betroffenen Daten wiederzugewinnen. Zu berücksichtigen sind die dafür benötigte Zeit und der benötigte Aufwand.

Benutzbarkeit

Aufwand, der zur Benutzung erforderlich ist, und individuelle Beurteilung der Benutzung durch eine festgelegte oder vorausgesetzte Benutzergruppe.

- Verständlichkeit
  Aufwand für den Benutzer, das Konzept und die Anwendung zu verstehen.

- Erlernbarkeit
  Aufwand für den Benutzer, die Benutzung der Anwendung zu erlernen (z.B. notwendige Schulungstage).
- Bedienbarkeit
  Aufwand für den Benutzer, die Anwendung zu bedienen.

Effizienz

Verhältnis zwischen Leistungsniveau der Software und dem Umfang der eingesetzten Betriebsmittel unter festgelegten Bedingungen.

- Zeitverhalten
  Antwort- und Verarbeitungszeiten sowie Durchsatz bei der Funktionsausführung.
- Verbrauchsverhalten
  Anzahl und Dauer der benötigten Betriebsmittel für die Erfüllung der Funktionen (z.B. Speicherplatzbedarf)

Änderbarkeit

Die Änderbarkeit wird beurteilt am Aufwand, der zur Durchführung vorgegebener Änderungen notwendig ist. Änderungen können Korrekturen, Verbesserungen oder Anpassungen an Änderungen der Umgebung, der Anforderungen und funktionalen Spezifikation einschließen.

- Analysierbarkeit
  Aufwand, um Mängel oder Ursachen von Versagen zu diagnostizieren oder um änderungsbedürftige Teile zu bestimmen.
- Modifizierbarkeit
  Aufwand zur Ausführung von Verbesserungen, zur Fehlerbeseitigung oder Anpassung an Umgebungsänderungen.
- Stabilität
  Wahrscheinlichkeit des Auftretens unerwarteter Wirkungen von Änderungen.
- Prüfbarkeit
  Aufwand, der zur Prüfung der geänderten Software notwendig ist.

Übertragbarkeit

Eignung der Software, von einer Umgebung in eine andere übertragen zu werden. Die Umgebung kann die organisatorische Umgebung, Hardware- oder Software-Umgebung einschließen.

- Anpassbarkeit
  Möglichkeiten, die Software an verschiedene, festgelegte Umgebungen an-

zupassen, wenn nur Schritte unternommen oder Mittel eingesetzt werden, die für diesen Zweck für die betrachtete Software vorgesehen sind (z.B. Parametereinstellungen).

– Installierbarkeit
Aufwand, der zum Installieren der Software in einer festgelegten Umgebung notwendig ist.

– Konformität
Grad, in dem die Software Normen oder Vereinbarungen zur Übertragbarkeit erfüllt.

– Austauschbarkeit
Möglichkeit, diese Software anstelle einer spezifizierten anderen in der Umgebung jener Software zu verwenden, sowie der dafür notwendig Aufwand.

Welche funktionalen Anforderungen das zu entwickelnde Software-System zu erfüllen hat, wird mit Hilfe sogenannter Systemanwendungsfälle analysiert und strukturiert. Die anderen, sogenannten nicht funktionalen Anforderungen, werden in einem gesonderten Dokument *Ergänzende Anforderungen* festgehalten. Zuerst gehen wir auf die Systemanwendungsfälle und anschließend auf die ergänzenden Anforderungen ein.

2.4.2 Grundlagen zu Systemanwendungsfällen

Ein **Systemanwendungsfall**, im Nachfolgenden kurz Anwendungsfall oder Use Case genannt, definiert funktionale Anforderungen an das zu entwickelnde Software-System. Dabei steht die Frage im Mittelpunkt:

'Wie kann die Benutzung des Systems dem Anwender einen sichtbaren Beitrag zur Erfüllung seiner Aufgaben leisten?'

Diese Aufgabenorientierung soll verhindern, dass der Systementwickler die funktionalen Anforderungen als eine mehr oder weniger sinnvolle Auflistung von Funktionen versteht. Bei der Anforderungsanalyse mit Hilfe von Anwendungsfällen ist vielfach das Problem der Abgrenzung des Umfangs gegeben. Also die Frage: Wie groß oder wie klein (wie granular) soll ein Anwendungsfall sein? Wir wollen einen **Anwendungsfall** als eine elementare Geschäftstransaktion verstehen.

Eine elementare Geschäftstransaktion wird i.d.R. durch einen Akteur ohne zeitliche Unterbrechung als Reaktion auf ein Ereignis ausgeführt. Dadurch wird ein messbarer Beitrag zur Aufgabenerfüllung erzielt und die Konsistenz der betroffenen Daten gewährleistet.

Ein häufiger Fehler bei der Abgrenzung von Anwendungsfällen ist, dass einzelne Arbeitsschritte als Anwendungsfälle verwendet werden, die für sich genommen nur einen Teil der Aufgabenerfüllung darstellen. Ein weiterer Fehler kann darin bestehen, das zuviel Funktionalität zu einem Anwendungsfall zusammengefasst wird (der Anwendungsfall ist zu 'groß'). Im Zweifel könnte ja das gesamte System als ein Anwendungsfall definiert werden. Dies lässt sich vielfach daran erkennen, dass mehrere unterschiedliche Akteure auftreten. Ein **Akteur** (actor) ist außerhalb des zu modellierenden Systems und interagiert aktiv mit diesem. Der Akteur benutzt das System zur Unterstützung seiner Aufgabenerfüllung. Damit kann der Akteur durch eine Person oder ein anderes System konkretisiert sein. In kaufmännischen Anwendungsgebieten haben wir es in der Regel mit Personen zu tun. Dabei wird jedoch zwischen Benutzer und Akteur unterschieden. Der Benutzer ist die konkrete Person, wohingegen der Akteur eine Rolle repräsentiert, die der Benutzer wahrnehmen kann. In der Unified Modeling Language (UML) wir der Anwendungsfall als ein Oval repräsentiert (vgl. Anhang 1.4.2). Das sogenannte Anwendungsfalldiagramm fasst alle Anwendungsfälle eines Systems bzw. Subsystems mit ihren interagierenden Akteuren zusammen. Im Einzelfall kann es sinnvoll sein, dass ein Anwendungsfall die Anforderung, eine elementare Geschäftstransaktion zu sein, nicht erfüllt. Dies gilt insbesondere, wenn in mehreren Anwendungsfällen eine gleiche Schrittfolge auftritt, die dann in einen separaten Anwendungsfall ausgelagert werden kann. Im Anwendungsfalldiagramm wird der Basisanwendungsfall mit solch einem Anwendungsfall über eine *inlcude*-Beziehung verbunden. Damit wird Redundanz in der textlichen Spezifikation vermieden. Mit Hilfe einer *extend*-Beziehung wird beispielsweise ein Anwendungsfall, der den Normalfall repräsentiert, um einen Anwendungsfall erweitert, der nur in speziellen Situationen (im Ausnahmefall) zur Anwendung kommt. Grundsätzlich sollte sich der Anwendungsfall erst mal auf den Standardfall beziehen. Über die Beschreibung von alternativen Abläufen bei bestimmten Situationen bzw. die Beschreibung von Erweiterungen kann den speziellen Situationen Rechnung getragen werden. Solche Alternativen bzw. Erweiterungen führen dazu, dass es zu einem Anwendungsfall mehrere Szenarien geben kann.

2.4.3 Identifikation und Beschreibung von Systemanwendungsfällen

Überall dort wo sich in Geschäftsprozessen bzw. deren Geschäftsanwendungsfällen zeigt, dass Arbeitsschritte formalisierbar sind, insbesondere Informationen nach festen Regeln bearbeitet werden und Informationen mehrfach verwendet werden, ist zu prüfen, ob es Sinn macht, eine systemtechnische Unterstützung bereitzustellen. Arbeitsschritte, die eher einmaligen bzw. kreativen Charakter haben, bieten i.d.R. weniger Potenzial für den Einsatz eines Software-Systems. In einem ersten Schritt greifen wir unsere Geschäftsprozesse *Studiengangstyp entwickeln* (vgl. Tab. 2.1) und *Studiengang durchführen* (vgl. Tab. 2.2) heraus.

Der Geschäftsanwendungsfall *Implementieren des Studiengangstyps* (vgl. Tab. 2.3) dient dazu, Daten (Daten zum Studiengang, zum Semester usw.) zu erfassen. Diese Daten werden vielfach, das heißt bei jeder Durchführung eines Studiengangs, verwendet. Vor diesem Hintergrund wollen wir exemplarisch für die beiden Systemanwendungsfälle *Studiengangstyp erfassen* und *Studiengangstyp publizieren* herausgreifen, die den Geschäftsanwendungsfall *Implementieren des Studiengangstyps* EDV-technisch unterstützen sollen. Im Anwendungsfalldiagramm *Studiengangstyp entwickeln* sollen alle Systemanwendungsfälle des gleichnamigen Geschäftsprozesses zusammengefasst werden. Abbildung 2.4 gibt den von uns ausgewählten Ausschnitt wieder.

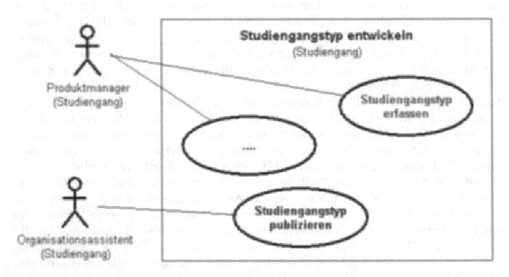

Abb. 2.4: Anwendungsfalldiagramm *Studiengangstyp entwickeln* (ausschnittsweise)

Das Anwendungsfalldiagramm gibt zwar einen leicht erfassbaren Überblick, allerdings besteht die Anforderungsanalyse nicht im Anfertigen von Anwendungsfalldiagrammen. Anforderungsanalyse bedeutet primär Schreiben und nicht Zeichnen (vgl. Larman, 2002, S. 48). Nachfolgend soll der Anwendungsfall *Studiengangstyp erfassen* beschrieben werden.

Tabelle 2.9: Anwendungsfall *Studiengangstyp erfassen*

Anwendungsfall:	Studiengangstyp erfassen
Ziel:	Erfassen aller Merkmale eines Studiengangstyps.
Vorbedingungen:	keine

Nachbedingung Erfolg:	Es liegt ein vollständiger Studiengangstyp vor. Die im System erfasste Version kann den Status 'in Bearbeitung' oder 'freigegeben' bekommen.
Nachbedingung Fehlschlag:	Der Benutzer bricht die Bearbeitung ab, ohne dass Daten gespeichert werden.
Akteure:	Produktmanager
Auslöser:	Ein neuer Studiengangstyp liegt in genehmigter Form vor.
Beschreibung:	1. Erfassen der spezifischen Merkmale eines Studiengangstyps (z.B. Bezeichnung, Anzahl Semester und Anzahl Unterrichtseinheiten) sowie Festlegen des Versionsstatus. 2. Hinzufügen der Semester mit Bezeichnung, Anzahl Wochen und Anzahl Unterrichtseinheiten. 3. Zu jedem Semester werden die Lehrveranstaltungen erfasst. Dabei wird eine Nummer und eine Bezeichnung festgelegt. Weiterhin werden die Anzahl der Unterrichtseinheiten, die maximale Teilnehmerzahl und Ziele sowie Inhalt der Lehrveranstaltung erfasst.
Alternativen:	-
Erweiterungen:	-
Priorität:	Hoch, da die Gesamtheit aller Festlegungen für einen Studiengangstyp ein wesentlicher Teil der Studienordnung darstellt, die Voraussetzung zur wiederholten Abwicklung von Studiengängen ist.
Häufigkeit:	Selten, da Studiengangstypen als Produkte über eine längere Zeit verwendet werden.
Offene Punkte:	Die Details der Abschlussanforderungen müssen noch in einem gesonderten Workshop geklärt werden.
Sonstiges:	Dem Entwicklerteam wurde ein ausgedrucktes Exemplar einer gültigen Studienordnung zur Verfügung gestellt, die beispielhaft die Details verdeutlicht.

Vor dem Hintergrund dieses Beispiels sollen die einzelnen Aspekte der Anwendungsfallbeschreibung allgemein erläutert werden. Dabei ist zu berücksichtigen, dass das Beschreibungsschema einen Checklisten-Charakter aufweist, was bedeutet, dass das Schema im konkreten Einzelfall angepasst werden kann (vgl. Cockburn, 1998; Larman, 2002, S. 54 ff.).

Tabelle 2.10 Erläuterungen zum Beschreibungsschema für einen Anwendungsfall

Anwendungsfall:	Kurzer prägnanter Name mit Objekt (Substantiv) und Verrichtung (Verb)
Ziel:	Falls notwendig, eine ausführlichere Zielformulierung, die auf das geschäftliche Umfeld Bezug nimmt.
Vorbedingungen:	Voraussetzungen, die im System erfüllt sein müssen, bevor der Anwendungsfall ausgeführt werden kann, z.B. muss vorher ein anderer Anwendungsfall ausgeführt sein bzw. bestimmte Objekte/Daten im System vorhanden sein.
Nachbedingung Erfolg:	Status des Systems nach erfolgreicher Ausführung des Anwendungsfalls. Dieser Status muss den Anforderungen der Anwender entsprechen.
Nachbedingung Fehlschlag:	Status des Systems nach erfolgloser/abgebrochener Ausführung des Anwendungsfalls
Akteure:	Rollenname oder Beschreibung des Akteurs, der das System benutzt, um seine Aufgaben zu erfüllen.
Auslöser:	Ereignis im Umfeld des Systems, das die Ausführung des Anwendungsfalls erforderlich macht. Dient insbesondere auch zur Beurteilung der Häufigkeit des Auftretens.
Beschreibung:	Szenario der einzelnen Schritte, die zur Ausführung des Anwendungsfalls notwendig sind, so dass die Ziele des Anwenders erreicht werden. Die Ablaufbeschreibung kann zwar auch Bedingungen und damit Verzweigungen enthalten, besser ist es jedoch, solche Schritte unter den Alternativen aufzuführen, so dass diese Beschreibung den normalen Standardfall beschreibt. In der Regel handelt es sich um Interaktionen zwischen dem Akteur und dem System, Gültigkeitsprüfungen durch das System oder Zustandsänderungen mit Hilfe von Algorithmen.
Alternativen:	Unterschiedliche Verzweigungen im Ablauf des Anwendungsfalls, die in der Regel alternativ zu den Schritten im Standardablauf sind. In der Regel umfasst die Beschreibung damit auch die Bedingung bei der

	die Alternative zum Tragen kommt. Alternativen führen vielfach zu unterschiedlichen Szenarien eines Anwendungsfalls.
Erweiterungen:	Ähnlich den Alternativen, nur dass es sich nicht nur um alternative Schritte handelt, sondern zusätzliche Anforderungen zum Ausdruck gebracht werden, die in bestimmten Fällen relevant sein können. Auch Erweiterungen können zu unterschiedlichen Szenarien eines Anwendungsfalls führen.
Nicht-funktionale Anforderungen:	Falls für einen Anwendungsfall spezielle nicht-funktionale Anforderungen existieren, sind diese hier aufzulisten, z.B. Interaktion über berührungssensitiven Monitor bei einem Navigationssystem in einem Museum.
Priorität:	Wichtigkeit vor dem Hintergrund geschäftlicher Erfordernisse.
Häufigkeit:	Wie oft dieser Anwendungsfall pro Periode ausgeführt wird.
Offene Punkte:	Aspekte, die noch zu klären sind, z.B. in der nächsten Iteration.
Sonstiges:	z.B. noch fehlende Informationen oder noch zu klärende Fragen oder Nennung von verwendeten Informationsquellen.

Der Anwendungsfall *Studiengangstyp erfassen* hat einen besonderen Charakter, den man als Datenpflege einordnen kann. Im Rahmen unseres Projektes ist ein Studiengangstyp im Wesentlichen ein systemtechnisches Abbild der Studienordnung, die für die DV-technisch unterstützte Durchführung von konkreten Studiengängen verwendet wird. Wird z.B. im September 2007 ein neuer Studiengang am Akademiestandort Stuttgart gestartet, so wird dieser Studiengang mit einer gültigen Version eines Studiengangstyps verbunden und alle Beschreibungen und Regeln dieser Version werden somit auf den neuen Studiengang angewandt. Die Beschreibung des Anwendungsfalls in Tab. 2.9 weist auf eine Vielzahl von notwendigen Objekten hin, z.B. *Studiengangstyp, Semester, Lehrveranstaltungstyp* usw., die wir im Rahmen der Spezifikationsphase in einem Fachklassenmodell aufgreifen werden.

Aus dem Geschäftsprozess *Studiengang durchführen* (vgl. Tab. 2.2 bzw. Abb. 2.3) lässt sich ein Anwendungsfalldiagramm ableiten (vgl. Abb. 2.5). Im Gegensatz zu der Beschreibung in Tab. 2.9 sollen die ausgewählten Systemanwendungsfälle in Kurzform beschrieben werden. Dies soll gleichzeitig beispielhaft aufzeigen, dass auch in der realen Projektpraxis unterschiedliche Detaillierungsgrade für die Anwendungsfallbeschreibung angewandt werden können (vgl. Larman, 2002, S. 49).

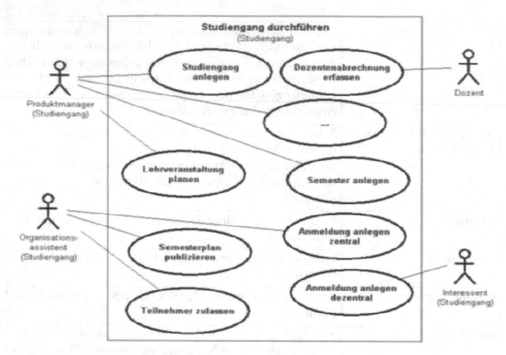

Abb. 2.5: Anwendungsfalldiagramm: *Studiengang durchführen* **(in Ausschnitten)**

Tabelle 2.11: Beispiele für Kurzfassungen von Anwendungsfällen

Studiengang anlegen:
Abgeleitet aus dem Geschäftsanwendungsfall *Studiengang ankündigen*. Der Produktmanager hat die Grunddaten für die Durchführung eines neuen Studiengangs und will diesen im System anlegen. Der Produktmanager wählt eine freigegebene Version eines Studiengangstyps aus und erfasst die Bezeichnung des Studiengangs, das Startdatum, den Ort sowie die minimale und maximale Teilnehmerzahl und die Überbuchungsquote.
Studiensemester anlegen:
Abgeleitet aus dem Geschäftsanwendungsfall *Semesterplan ankündigen*. Der Produktmanager hat das Startdatum und das Endedatum für das Studiensemester festgelegt. Er wählt den Studiengang und das korrespondierende Semester im System aus und legt ein neues Studiensemester an. Dabei werden auch die typischen Zeiten für die Lehrveranstaltung festgelegt, z.B. Mo, Mi, Fr von 18.00-21.15.

Das System kennzeichnet das Studiensemester mit dem Statuskennzeichen 'in Planung'.

Lehrveranstaltung planen:

Abgeleitet aus dem Geschäftsanwendungsfall *Semesterplan ankündigen*. Der Produktmanager wählt den Studiengang und das betreffende Semester aus. Das System zeigt die hinterlegten Lehrveranstaltungstypen zur Auswahl an. Der Produktmanager ordnet den Dozenten der Veranstaltung zu. Das System unterstützt den Produktmanager bei der Festlegung der Einzeltermine, in dem ein Kalender bereitgestellt wird, der die verfügbaren Termine unter Berücksichtigung anderer Lehrveranstaltungen, evtl. anderer Verpflichtungen des Dozenten bei der WAB sowie von Feiertagen aufzeigt.

Anmeldung anlegen dezentral:

Entspricht dem Anwendungsfall *Anmeldung anlegen zentral* allerdings unterscheidet er sich dadurch, dass der Interessent die Anmeldung über das Internet selbst vornehmen kann. Falls bereits eine Registrierung bei WAB vorliegt, ist eine Anmeldung über die Benutzeridentifikation möglich, ansonsten wird mit der Anmeldung eine Registrierung vorgenommen. Bei diesem Anwendungsfall entfällt die Kennzeichnung hinsichtlich der Nachweisdokumente und alle Nachweisdokumente müssen nachgereicht werden.

Anmeldung anlegen zentral:

Abgeleitet aus dem Geschäftsanwendungsfall *Anmeldung registrieren*. Der Interessent übermittelt über ein Formular bzw. im Dialog (Telefon, persönliches Gespräch) sein Interesse an einem Studiengang. Der Organisationsassistent prüft, ob für den gewünschten Studiengang noch Anmeldungen möglich sind. Durch Eingabe von Name, Wohnort und Geburtsdatum wird geprüft, ob bereits persönliche Daten vorliegen. Entsprechend werden die Daten entweder ergänzt oder neu angelegt. Neben den persönlichen Daten wie Name, Vorname, Adresse, Telefon und E-Mail-Adresse werden auch Daten zum Arbeitgeber und Daten zur Abwicklung des Zahlungsverkehrs im System hinterlegt. Dabei prüft das System auf der Basis von hinterlegten Datenbanken über Postleitzahlen und Bankleitzahlen die entsprechenden Datenelemente auf Plausibilität. Entsprechend den notwendigen Voraussetzungen für die Teilnahme an einem Studiengang (z.B. abgeschlossene Berufsausbildung, praktische Erfahrung usw.) werden die notwendigen Daten erfasst. Falls die Nachweisdokumente (z.B. Zeugniskopien) schon vorliegen, wird dies im System entsprechend gekennzeichnet. Am Ende der Transaktion generiert das System eine Benutzeridentifikation und ein Passwort, das dem Interessenten automatisch per E-Mail zugesandt wird. Dabei wird auch auf die evtl. Notwendigkeit des Nachreichens von Nachweisdokumenten hingewiesen. Diese Mitteilung dient auch zur Anmeldebestätigung.

Dozentenabrechnung erfassen:

Abgeleitet aus dem Geschäftsanwendungsfall *Lehrveranstaltung durchführen*. Nach Abschluss aller oder eines wesentlichen Teils der vereinbarten Lehrveranstaltungstermine einer Lehrveranstaltung übermittelt der Dozent die Abrechnungsdaten. Neben der Angabe der gehaltenen Lehrveranstaltungen gibt er auch noch seine Reisekosten an. Reisekosten können in Form von gefahrenen Kilometern oder Auslagen für Fahrkarten bzw. Übernachtungen angegeben werden.

2.4.4 Prototyp für die Benutzungsschnittstelle zur Unterstützung der Anforderungsanalyse

Das Finden, Erarbeiten und Beschreiben von Systemanwendungsfällen findet zusammen mit dem Auftraggeber zumeist in Form von Workshops statt. Anwendungsfalldiagramme und strukturierte Beschreibungen sind zwar brauchbare Hilfsmittel, sind jedoch vielfach nicht ausreichend. Die Vorstellungskraft des Auftraggebers wird deutlich unterstützt, wenn nach ersten Gesprächen Entwürfe von Dialogen erstellt werden. Diese können einerseits zur Klärung von Problemen beitragen und andererseits ein Teil der Produktdefinition werden (vgl. Balzert, 1998, S. 114 ff.). Dies kann in Form einfacher Skizzen geschehen. Eine andere Möglichkeit ist, bereits Prototypen von Dialogen auf dem Rechner zu entwickeln. Dabei kann es sich um ein provisorisches, ablauffähiges Software-System handeln, das nach Erfüllung seiner Aufgaben weggeworfen wird (sog. Wegwerf-Prototyp). Im Sinne eines iterativ/inkrementellen Vorgehens ist es jedoch zumeist zweckmäßig, die Prototypen in der Zielumgebung des zu entwickelnden Software-Systems zu erstellen, so dass die Bennutzungsschnittstelle inkrementell weiterentwickelt werden können. Im Rahmen der Prototyp-Erstellung entstehen vielfach auch Fragen auf der Seite des Analytikers, die frühzeitig mit dem Auftraggeber geklärt werden können, womit das Risiko von Missverständnissen und Fehlinterpretationen reduziert wird.

Abbildung 2.6 zeigt einige Dialogentwürfe für den Anwendungsfall *Studiengangstyp erfassen* (vgl. Tab. 2.9). Diese wurden mit dem Form-Editor der Java-Entwicklungsumgebung *NetBeans* erstellt. Im Rahmen der detaillierten Anforderungsanalyse in der Spezifikationsphase werden wir auf die in den Dialogentwürfen implementierten Zusammenhänge zurückkommen.

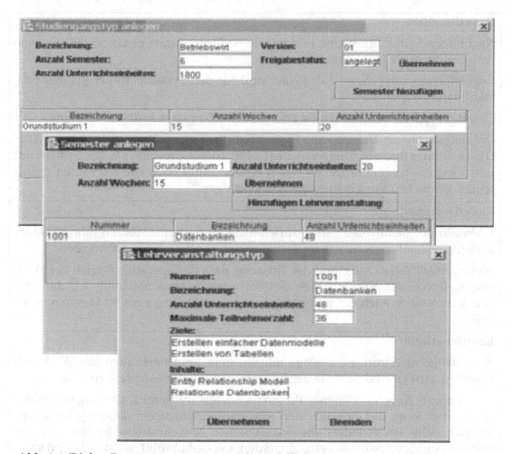

Abb. 2.6: Dialog-Prototypen zum Anwendungsfall: *Studiengangstyp erfassen*

2.4.5 Beschreibung ergänzender Anforderungen

In der Regel reicht es nicht aus, Anwendungsfälle zu beschreiben. Neben den aufgabenspezifischen funktionalen Anforderungen, ist zu analysieren, welche weiteren Merkmale das Software-System aufzuweisen hat bzw. welche Rahmenbedingungen einzuhalten sind. Folgendes Beispiel soll der Veranschaulichung dienen:

Tab. 2.12: Beispiel für ergänzende Anforderungen (in Auszügen)

Einführung:
In diesem Dokument werden all die Anforderungen aufgelistet, die nicht durch Anwendungsfälle bereits erfasst wurden.

Funktionalität:

Nachfolgend sind allgemeine funktionale Anforderungen genannt, die für viele Anwendungsfälle Gültigkeit haben.

Protokollierung von Fehlern: Alle Fehler sind für den Systembetreuer in einer Protokolldatei zu speichern.

Sicherheit: Jede Systembenutzung erfordert eine Benutzer-Authentifizierung.

Ordnungsmäßigkeit: Das gesamte System hat den Grundsätzen ordnungsgemäßer DV-gestützter Buchführungssysteme (GoBS) zu entsprechen. Da das System mit sehr vielen personenbezogenen Daten arbeitet, sind auch alle relevanten datenschutzrechtlichen Vorschriften zu berücksichtigen.

Zuverlässigkeit:

Fehlertoleranz: Benutzereingaben dürfen nicht zu Systemabstürzen führen. Fehler anderer Systemkomponenten müssen durch die Software erkannt werden.

Wiederherstellbarkeit: Aufgrund der Tatsache, dass der operative Betrieb der WAB essentiell von der Verfügbarkeit des Software-Systems abhängig ist, darf das Wiederherstellen nach einem Systemversagen nicht länger als 30 Minuten benötigen.

Benutzbarkeit:

Verständlichkeit: Sämtliche Dialoge müssen dem Sprachgebrauch der WAB entsprechen. Auf eine konsistente Begriffsverwendung ist besonders zu achten.

Erlernbarkeit: Aufgrund öfteren Personalwechsels im Bereich der Organisationsassistenten muss das Erlernen der Anwendung durch ein 'learning by doing' möglich sein. Insbesondere die webbasierten Anwendungsteile, die z.B. von Teilnehmern/Interessenten benutzt werden, müssen absolut selbsterklärend sein.

Effizienz:

Zeitverhalten: Normalerweise dürfen die Antwortzeiten nicht über drei Sekunden liegen. Bei Transaktionen, die aufgrund des Datenvolumens länger brauchen muss die Möglichkeit gegeben sein, die Transaktion im Hintergrund ablaufen zu lassen.

Änderbarkeit:

Zwei Aspekte stellen relativ hohe Anforderungen an die Änderbarkeit. Zum einen ist davon auszugehen, dass im ersten Jahr der Nutzung noch viele Änderungswünsche kommen werden, da viele Geschäftsprozesse erstmalig durch ein Softwaresystem zu unterstützen sind und damit auch die Erfahrung bei den Anwendern fehlt. Zum anderen werden sich aufgrund der zunehmenden Konkurrenz und Dynamik der Nachfrage die Anforderungen vielfach ändern, so dass immer wieder Anpassungen notwendig werden.

Übertragbarkeit:

Da in einer zweiten Stufe beabsichtigt ist, dass das Software-System auch bei Partnerunternehmen eingesetzt werden soll, sollte die Software mit möglichst wenig Aufwand an abweichende organisatorische sowie Hardware- und Software-Umgebungen angepasst werden können (vgl. Tab. 2.8).

2.4.6 Ansätze zur Aufwandschätzung und Nutzenbewertung in der Vorbereitungsphase

Die Vorbereitungsphase endet mit einem Meilenstein (lifecycle objective milestone). Zu diesem Zeitpunkt sollen alle Beteiligten in der Lage sein, einerseits die Reichweite des Projektes aufgrund der bisher erfassten Anforderungen einzuschätzen und andererseits auch eine brauchbare Vorstellung vom notwendigen Ressourcenaufwand, der mit dem Projekt verbunden ist, zu bekommen. Auf dieser Basis ist die Entscheidung zu treffen, ob das Projekt mit einer Detaillierung der Anforderungsanalyse im Rahmen der Spezifikationsphase fortgeführt wird. Die bisher vorgestellten Ansätze (Geschäftsprozessanalyse, Analyse der Geschäftsanwendungsfälle, Analyse der Systemanwendungsfälle sowie Glossar, Visions-Dokument sowie die Übersicht zu ergänzenden Anforderungen) sind grundsätzlich dazu geeignet, die sachliche Reichweite des Projektes zu konkretisieren. Die Herausforderung besteht nun darin, eine brauchbare Abschätzung des **Ressourcenaufwandes** zu einem frühen Zeitpunkt vorzunehmen. Im Kern geht es darum die Größe des Software-Produktes zu bestimmen und mit Hilfe von Produktivitätskennziffern auf den personellen sowie sonstigen und letztlich finanziellen Aufwand zu schließen. Verfahren hierfür sind etwa das Function-Point-Verfahren (vgl. IFPUG) oder das Constructive Cost Model (COCOMO bzw. COCOMO 2.0). Die **Function-Point-Methode** geht von funktionalen Anforderungen und ordnet nach wohl definierten Kriterien den Anforderungen Funktionspunkte zu. Über Gewichtungen werden Unterschiede in den Anforderungen abgebildet. Über empirische Erfahrungen werden sodann den Funktionspunkten notwendige Entwicklerzeiten zugeordnet, die über Kostensätze bewertet werden. Die **COCOMO-Methode** misst die Größe von Software in Lines of Code (LOC), wobei die CO-COMO 2.0 Methode auch mit Funktionspunkten und Objektpunkten (object points) arbeitet. Diesen Verfahren haftet das Problem an, dass die verwendeten Maßgrößen in frühen Phasen der Projektentwicklung vielfach schwer abzuschätzen sind.

Ein Versuch auf der Basis von Anwendungsfällen eine Aufwandschätzung durchzuführen stellt das sogenannte **Essenzschritt-Verfahren** dar (vgl. Vigenschow/Weiss, 2003). Die These dieses Verfahrens besteht darin, dass es eine Korrelation zwischen der Anzahl der sogenannten Essenzschritte eines Anwendungsfalls und seinem Realisierungsaufwand gibt. Ein essenzieller Anwendungsfall ist gekennzeichnet durch:

- keine fachlich vorgesehene Unterbrechung,
- genau einen fachlichen Auslöser und
- am Ende stehe mindestens ein Ergebnis von fachlichem Wert.

Ein essenzieller Anwendungsfall wird durch die fachlich wesentlichen (essenziellen) Ablaufschritte beschrieben, die abstrakt und technologieunabhängig die eigentlichen geschäftlichen Intentionen beschreiben. Bei dem Beispiel 'Kfz reservieren' in einer Autovermietung könnten dies folgende Essenzschritte sein:

- Kunde identifizieren
- Reservierungswunsch aufnehmen
- Reservierungsmöglichkeit prüfen
- Kfz reservieren
- Reservierung bestätigen.

Die Unterschiedlichkeit der Essenzschritte wird über standardisiert ermittelte Komplexitätsfaktoren berücksichtigt. Über empirische Schätzkurven werden den Essenzschritten und damit den Anwendungsfällen Aufwandsgrößen zugeordnet. Da noch nicht ausreichende Erfahrungswerte aus abgeschlossenen Projekten vorliegen, ist das geschilderte Verfahren beim derzeitigen Stand der Erkenntnis noch nicht praktisch einsetzbar. Allerdings passt sich der Ansatz sehr gut an das geschilderte Vorgehen an, in dem an den Anwendungsfällen angeknüpft wird.

Neben der Abschätzung des Aufwandes ist auch eine finanzielle Bewertung des Nutzens eines Software-Projektes notwendig. Bei vermarktungsfähiger Software ergibt sich der **Nutzen** aus den erwarteten Erlösen. Bei selbstgenutzter Software lässt sich der Nutzen durch eine Reduzierung vorhandener Kosten, Vermeidung zukünftig zu erwartender Kosten und/oder durch eine Erhöhung der Erlöse aufgrund des Einsatzes der Software bestimmen (vgl. Rau, 1997). Neben der rein finanziellen Bewertung lassen sich auch noch die Auswirkungen auf qualitative Maßgrößen wie Flexibilität, Kundenzufriedenheit, Servicefähigkeit bestimmen, deren finanzielle Konsequenzen schwieriger abzuschätzen sind

2.5 Resümee zur Anforderungsanalyse in der Vorbereitungsphase

Die Vorbereitungsphase ist nicht gleichzusetzen mit dem Abschluss der Anforderungsanalyse. Es ist vielmehr ein erster Schritt, in dem die grundsätzliche Machbarkeit geprüft, der Projektumfang festgelegt und am Ende entschieden wird, ob es Wert ist, das Projekt in der Spezifikationsphase detailliert weiter zu bearbeiten. Die aufzuwendende Zeit sollte möglichst kurz sein, Craig Larman (vgl. Larman, 2002, S. 108) spricht in einem seiner Beispiele von einer Woche. Solche Absolutangaben können immer nur Beispielcharakter haben. Peter Hruschka (vgl. Hruschka, 2003, S. 13 ff.) weist darauf hin, dass bereits 1984 Steve McMenamin und John Palmer in Veröffentlichungen gefordert haben, dass jedes Projekt innerhalb von 18-24 Monaten ein lauffähiges System abliefern muss. Die Begründung bestand darin, dass sonst Einflüsse von außerhalb des Projektes zum Tragen kommen, die selbst ein perfekter Projektleiter nicht im Griff habe. Betrachtet sich allein die damals vorhandene Technologie für den Systementwickler auf der Basis von Großrechnern im Vergleich zum heutigen Komfort integrierter Entwicklungsumgebungen im Java- oder C++-Umfeld, so scheint eine pragmatische Aussage, man solle versuchen, die bisher üblichen Zeiten zu halbieren oder zu dritteln zumindest überlegenswert. Waren also z.B. Entwicklungszyklen von 12 Monaten üblich, so sollte man heute eher vier bis sechs Monate anstreben. Daraus ergibt sich zwangsläufig ein Zeitrahmen für die Vorbereitungsphase, der sich zwischen drei und fünf Wochen bewegt (vgl. Abb. 1.3).

Eine Vorbereitungsphase sollte folgende Aktivitäten bzw. Ergebnisse umfassen (vgl. Larman, 2002, S. 108):

- einen kurzen Workshop zur Anforderungsermittlung,
- die wichtigsten Akteure, Ziele und Anwendungsfälle sollten benannt sein,
- die meisten Anwendungsfälle sollten in einer Kurzform (vgl. Tab. 2.11) beschrieben sein und 10-20% der Anwendungsfälle sollten ausführlich (vgl. Tab. 2.9, 2.10) beschrieben sein, so dass das Verständnis für den Projektumfang und die Komplexität entsteht,
- die weitreichenden und risikoreichen Qualitätsanforderungen sollten identifiziert sein,
- die Version eins des Visions-Dokuments und der Beschreibung weiterer Anforderungen sollte vorliegen,
- Liste der bisher erkannten Projektrisiken,
- falls notwendig ein Nachweis der technischen Machbarkeit mittels Prototypen,
- Prototypen von Benutzerschnittstellen (Dialogen) zur Klärung der funktionalen Anforderungen,

- erste Empfehlungen darüber, welche Komponenten selbst entwickelt, zuge-
  kauft (Standardsoftware) oder aus der vorhandenen Software wiederverwendet werden sollen,
- erste Vorschläge für die Systemarchitektur, z.B. Java-Anwendung ohne Ap-
  plikations-Server mit einer relationalen Datenbank sowie für einzelne Funktionen eine Web-basierte Lösung unter Verwendung von Java Server Pages
  (JSP) der J2EE-Technologie sowie
- ein Plan für die erste Iteration in der Spezifikationsphase.

Die Abb. 2.7 fasst die wesentlichen methodischen Schritte und Arbeitsergebnisse,
mit denen wir uns detailliert im Rahmen der Vorbereitungsphase beschäftigt haben, zusammen. Ausgehend vom geschäftlichen Umfeld und den unternehmerischen Zielsetzungen werden Geschäftsprozesse identifiziert, beschrieben und hinsichtlich ihrer Zielwirksamkeit analysiert. Auf die Details der Geschäftsprozess-
Optimierung sind wir zwar nicht eingegangen, allerdings sollte gezeigt werden,
dass über die Identifikation von Geschäftsanwendungsfällen und deren strukturierte Beschreibung zum einen Transparenz erzeugt werden kann und zum anderen die Grundlage geschaffen wird, sogenannte Systemanwendungsfälle zu identifizieren. Diese Systemanwendungsfälle repräsentieren die funktionalen Anforderungen an das zu entwickelnde Software-System und werden i.d.R. kurz als Anwendungsfälle bzw. use cases bezeichnet. Zusammen mit den übergeordneten
Zielsetzungen im Visions-Dokument, das auch den Umfang des zu entwickelnden
Systems abgrenzt und den Klarstellungen im Glossar lassen sich die Anwendungsfälle strukturiert und detailliert beschreiben. Dabei können Prototypen für die
Benutzerdialoge hilfreich sein, um Missverständnisse zu vermeiden. Neben diesen
funktionalen Anforderungsbeschreibungen werden auch noch ergänzende Anforderungen, die i.d.R. nicht-funktionale Anforderungen bzw. einzuhaltende Rand-
bedingungen spezifizieren, festgelegt. Vor diesem Hintergrund ergibt sich ein
mehr oder weniger konkretes Bild, was das System leisten soll. Zur Unterstützung
der Entscheidungen für das weitere Vorgehen werden noch Schätzungen über
Aufwand und Nutzen des Systems erstellt. Auf dieser Basis kann dann im Sinne
des *lifecycle objective milestone* entschieden werden, ob das Projekt frühzeitig abgebrochen wird, in seinem geplanten Umfang eingeschränkt oder ausgeweitet
oder aber wie geplant fortgeführt werden soll.

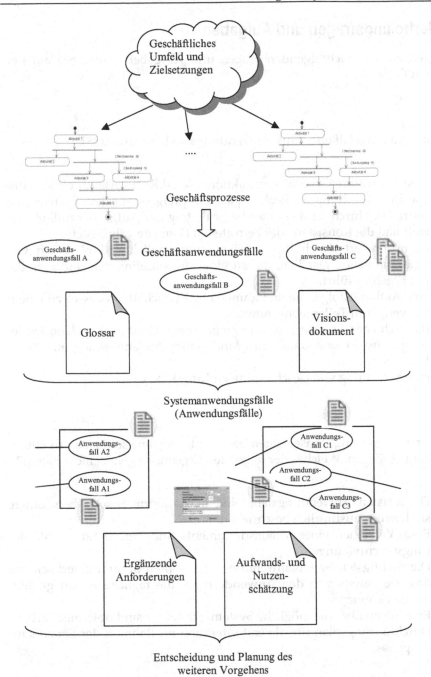

Abb. 2.7: **Wesentliche Vorgehensschritte und Ergebnisse der Vorbereitungsphase**

2.6 Wiederholungsfragen und Aufgaben

Die Lösungen zu den nachfolgenden Fragen und Aufgaben finden Sie auf der Webseite zum Buch.

Frage 2.1

Ein Systemanwendungsfall oder kurz Anwendungsfall bzw. use case ist

a) eine elementare Geschäftstransaktion, die i.d.R. ein Akteur ohne zeitliche Unterbrechung als Reaktion auf ein Ereignis mit dem System ausführt. Hierdurch wird ein messbarer Beitrag zur Aufgabenerfüllung erzielt und die Konsistenz der betroffenen Daten gewährleistet.

b) charakterisiert durch die sachliche und zeitliche Abfolge von Geschäftsanwendungsfällen, die zu einem wohldefinierten und messbaren Ergebnis führt.

c) eine Aktivitätsfolge, die im Rahmen eines Geschäftsprozesses zu einem verwertbaren Teilergebnis führt.

d) dadurch charakterisiert, dass er einen hohen Grad an Kundenorientierung aufweist und damit aufgrund seiner Außenwirkung eine hohe Priorität hat.

e) eine Sammlung von Geschäftsanwendungsfällen.

Frage 2.2

Am Ende der Vorbereitungsphase sollten bestimmte Ergebnisse für das zu entwickelnde System vorliegen. Welches der folgenden Ergebnisse gehört nicht hierzu?

a) Die meisten Anwendungsfälle sind in Kurzform beschrieben. Einige sind bereits ausführlich beschrieben.

b) Erste Versionen eines Visionsdokuments und ergänzender Anforderungsbeschreibungen.

c) Die wichtigsten Systemanwendungsfälle sollten programmiert sein, so dass sie bereits von den Anwendern für die tägliche Arbeit genutzt werden können.

d) Erste Ideen über die mögliche Systemarchitektur sind dokumentiert.

e) Durchführungsplan für die erste Iteration im Rahmen der Spezifikationsphase.

Frage 2.3

Welcher Aspekt ist nicht Bestandteil des Visionsdokuments?

a) Einführung mit Zweck und Umfang des Projektes sowie Begriffsdefinitionen und Gesamtüberblick.
b) Problembeschreibung und Verbesserungsmöglichkeiten.
c) Kennzeichnung der Projektziele mit Prioritäten.
d) Kennzeichnung der Beteiligten im Sinne von Anwendern und Betroffenen mit deren speziellen Anforderungen.
e) Ablaufbeschreibung mit auslösendem Ereignis und angestrebten Nachbedingungen.

Aufgabe 2.1

In nachfolgender Tabelle 2.13 ist der Geschäftsprozess *Beschaffung durchführen* beschrieben.

Tabelle 2.13: Geschäftsprozess *Beschaffung durchführen*

Name:	Beschaffung durchführen
Kurzbeschreibung:	Alle Aktivitäten, die notwendig sind, um einen Bedarf an fremdbeschafften Gütern zu befriedigen. Basis der Bestellung ist einerseits ein Bedarf und andererseits ein gültiges Angebot. Abgeschlossen wird der Beschaffungsvorgang durch das Bearbeiten des Wareneingangs, der Rechnungsprüfung und der Bezahlung der Rechnung.
Enthaltene Geschäftsanwendungsfälle:	– Erstellen einer Bedarfsmeldung – Angebot einholen (nur in 5 % der Fälle) – Angebot erfassen – Bestellung erstellen mit Angebotsbezug – Wareneingang bearbeiten – Eingangsrechnung prüfen – Eingangsrechnung reklamieren – Eingangsrechnung bezahlen
Verantwortlich:	Abteilungsleiter Beschaffung ist Prozessverantwortlicher
Beteiligte:	beliebiger Mitarbeiter als Bedarfssteller, Einkäufer für Angebote und Bestellung bearbeiten, Lagermitarbeiter, Kreditorenbuchhalter für Eingangsrechnung bearbeiten

Im nachfolgenden Aktivitätsdiagramm (Abb. 2.8) ist der zeitliche und sachlogische Ablauf dokumentiert. Dabei ist zu berücksichtigen, dass ein Angebot nur dann eingeholt und erfasst werden muss, wenn nicht bereits ein gültiges Angebot vorliegt. Wenn die Originalrechnung eingeht wird diese geprüft, ob die in Rechnung gestellte Menge mit der gelieferten Menge und der in Rechnung gestellte Preis mit dem Bestellpreis übereinstimmen. Ist dies nicht der Fall, wird die Rechnung reklamiert, was dazu führt, dass eine berichtigte Rechnung eingeht, die dann wiederum geprüft werden muss.

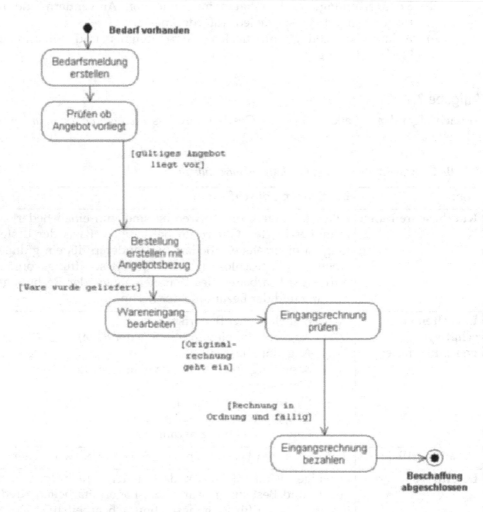

Abb. 2.8: Geschäftsprozess *Beschaffung durchführen*

- Offensichtlich ist obiges Aktivitätsdiagramm unvollständig bzw. fehlerhaft. Berichtigen Sie das Modell entsprechend den oben aufgeführten Beschreibungen.

Aufgabe 2.2

Im Geschäftsprozess *Beschaffung durchführen* der Aufgabe 2.1 ist der Geschäftsanwendungsfall Eingangsrechnung prüfen modelliert.

Tabelle 2.14: Geschäftsanwendungsfall *Eingangsrechnung prüfen*

Name:	Eingangsrechnung prüfen
Kurzbeschreibung:	Eingangsrechnung wird auf sachliche und rechnerische Richtigkeit geprüft.
Akteure:	Kreditorenbuchhalter
Auslöser:	Lieferantenrechnung geht ein
Ergebnis:	geprüfte Rechnung (ok oder nicht ok)
Eingehende Daten:	Rechnung sowie zugehörige Bestellung und Wareneingangsdaten
Vorbedingungen:	Bestellung ist im System erfasst
Nachbedingungen:	Im positiven Fall ist die Lieferantenrechnung für in Ordnung befunden und in der Kreditorenbuchhaltung gebucht. Im negativen Fall ist die Lieferantenrechnung mit Anmerkungen versehen und nicht verbucht.
Ablauf:	– Auswahl der zugehörigen Bestellung – Auswahl der zugehörigen Wareneingänge – Abgleich der Rechnungsdaten mit Bestellpreis und gelieferter Menge – Kennzeichnung der Rechnung als ok bzw. nicht ok – bei ok, Verbuchung der Rechnung
Priorität:	hoch, wegen Buchhaltungspflicht und Erfüllung von Zahlungsverpflichtungen

– Ergänzen Sie folgende Spezifikation des Systemanwendungsfalls, der aus dem Geschäftsanwendungsfall Eingangsrechnung prüfen abgeleitet wurde.

Tabelle 2.15: Anwendungsfall Eingangsrechnung prüfen

Anwendungsfall:	Eingangsrechnung prüfen
Ziel:	Ordnungsgemäße Verbuchung der Eingangsrechnung
Vorbedingungen:	
Nachbedingung Erfolg:	Rechnung ist im System erfasst, Bestellung als fakturiert gekennzeichnet sowie Rechnung in der Kreditorenbuchhaltung erfasst und zur Zahlung freigegeben.
Nachbedingung Fehlschlag:	Differenzen zwischen Bestellung bzw. Wareneingang und Rechnung sind identifiziert und stehen zur Reklamation der Rechnung zur Verfügung.
Akteure:	Kreditorenbuchhalter
Auslöser:	
Beschreibung:	1. Suche der zugehörigen Bestellung über Bestellnummer 2. 3. Eingabe der in Rechnung gestellten Menge und des Preises sowie Abgleich mit Bestell- und Wareneingangsdaten 4. Verbuchen der Rechnung
Alternativen:	2a) Abbruch, wenn keine Bestellung vorliegt. Weiter mit 4b. 3b) Abbruch, wenn kein Wareneingang vorliegt. Weiter mit 4b. 4b) Abbruch, wenn Abweichung größer als Abweichungstoleranz
Erweiterungen:	1a) Suche über Lieferantennummer bzw. Artikelnummer, falls Bestellnummer nicht auf Rechnung vermerkt.
Priorität:	
Häufigkeit:	bth, mehrere hhdert Eingangsrechnungen im Monat
Offene Punkte:	zulässige Abweichungstoleranzen sind noch zu klären
Sonstiges:	-

- Ergänzen Sie folgendes Anwendungsfalldiagramm. Es enthält die Systemanwendungsfälle, die aus dem Geschäftsprozess *Beschaffung durchführen* abgeleitet wurden.

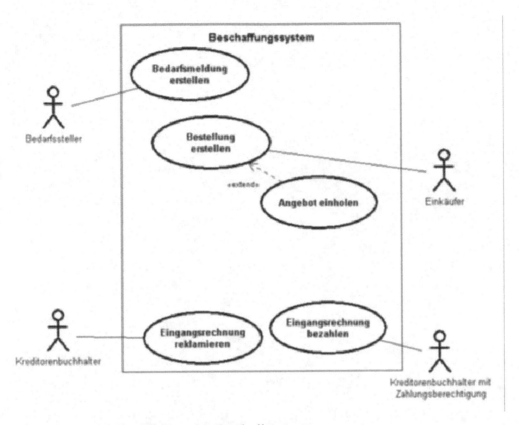

Abb. 2.9: Anwendungsfalldiagramm *Beschaffungssystem*

63

3 Anforderungsanalyse

3.1 Überblick und Lernziele

Zusammenfassung

Auf der Zeitachse des Unified Process Modells stellt die Spezifikationsphase den zweiten Zeitabschnitt innerhalb eines Systementwicklungsprojektes dar. In diesem Kapitel beschränken wir uns auf die Fortführung der Anforderungsanalyse. Im Vergleich zur Vorbereitungsphase steht eine tiefergehende Durchdringung der Anwendung im Vordergrund. Vor diesem Hintergrund widmen wir uns der Erarbeitung des Klassenmodells auf der Ebene des Fachkonzepts. Dabei stehen die methodischen Aspekte im Vordergrund. Damit werden die Voraussetzungen geschaffen, um zu einem guten Fachklassenmodell zu kommen. Die formalen Aspekte der Notation der UML-Modelle werden im Anhang 1 gesondert behandelt. Neben der Entscheidung ob ein Attribut oder eine Klasse modelliert werden soll, beschäftigen wir uns mit Assoziationen, Generalisierungs-Spezialisierungsbeziehungen sowie mit Analyse-Mustern. Analyse-Muster stellen bewährte Modellierungsansätze für immer wieder auftretende Konstellationen dar. Durch das Aufstellen des Fachklassenmodells wird die fachliche Architektur des Systems festgelegt. Ein weiterer Aspekt der Anforderungsanalyse in dieser Phase ist das Identifizieren von System-Operationen. Diese werden in Form von System-Sequenzdiagrammen visualisiert. Für komplexe System-Operationen werden strukturierte Spezifikationen erstellt. Sowohl die System-Sequenzdiagramme als auch die Spezifikation der System-Operationen ergänzen die Anwendungsfallmodellierung der Vorbereitungsphase.

Wichtige Teilgebiete sind:

- Methoden zur Erstellung eines Fachkonzept-Klassenmodells
- System-Sequenzdiagramme zur Modellierung von System-Operationen
- Strukturierte Spezifikation von komplexen System-Operationen

Lernziele

Der Leser soll

- Methoden zur Identifikation von Fachkonzeptklassen anwenden können.
- Unterschiedliche Arten von Assoziationen identifizieren und modellieren können.
- Generalisierungs-Spezialisierungsbeziehungen identifizieren und modellieren können.
- Analyse-Muster bei der Erstellung von Klassenmodellen anwenden können.

- System-Sequenzdiagramme zur Modellierung von System-Operationen anwenden können.
- System-Operationen strukturiert beschreiben können.

3.2 Charakterisierung und Planung der Spezifikationsphase

In der Spezifikationsphase stehen zum einen die detaillierte Anforderungsanalyse und zum anderen die Aktivität 'Analyse und Entwurf' im Mittelpunkt (vgl. Abb. 1.4). Diese Phase wird vielfach in zwei bis vier Iterationen unterteilt. Vor dem Hintergrund der Gefahr von Zeitverzögerungen haben praktische Erfahrungen gezeigt, dass man der zeitlichen Begrenzung einer Iteration den Vorrang einräumt, das bedeutet, dass der Endtermin absolut fest ist (timeboxed). Werden aus irgendwelchen Gründen damit die ursprünglich gesetzten inhaltlichen Ziele nicht erfüllt, werden diese auf die nächste Iteration verschoben. Im Vordergrund steht, dass zum vereinbarten Termin ein stabiles und geprüftes Ergebnis vorliegt. Neben diesem Grundsatz sollten folgende Prinzipien in der Spezifikationsphase berücksichtigt werden:

- beginnen Sie früh zu programmieren,
- entwerfen Sie das System so, dass es leicht anpassbar ist,
- entwickeln und testen Sie den Kern sowie die risikoreichen Teile des Systems,
- passen Sie das Modell aufgrund der Rückmeldungen der Benutzer an,
- beschreiben Sie die überwiegende Zahl der Anwendungsfälle und die sonstigen Anforderungen im Detail auf der Basis von Workshops.

Der Hinweis auf das frühzeitige Anfangen mit dem Programmieren sollte nicht zu 'quick-and-dirty'-Lösungen animieren, sondern dahinter steht vielmehr die Erkenntnis, dass beim Programmieren vielfach Probleme und Fragestellungen erst erkannt werden.

Generell sollen nach Abschluss der Spezifikationsphase 80% - 90% der Anforderungen erhoben und beschrieben sein. Für die Bewältigung der meisten Risiken sollten Lösungsansätze entwickelt sein und die Kernelemente der Architektur sollten implementiert und damit hinsichtlich ihrer Zweckmäßigkeit geprüft sein. In einer ersten Iteration steht in den nachfolgenden Ausführungen der Anwendungsfall *Studiengangstyp erfassen* im Mittelpunkt. Die Begründung ergibt sich daraus, dass die meisten Anwendungsfälle auf den Festlegungen des Studiengangstyps aufbauen. Zur Definition eines Studiengangstyps sind Objekte und damit Klassen notwendig, die auch für viele weitere Anwendungsfälle Voraussetzung sind. Damit wird in dieser Iteration ein Teil der Basisarchitektur aus fachlicher Sicht erarbeitet, was sich vor allem im Fachkonzept-Klassenmodell (Domänenmodell) äußert.

3.3 Fachkonzept-Klassenmodell

3.3.1 Grundlagen zum Klassenmodell des Fachkonzepts

Das Anwendungsgebiet des zu entwickelnden Systems ist u.a. durch die Begriffe charakterisiert, die im Glossar zusammengestellt sind. Damit ist auch eine wichtige Quelle für die Identifikation relevanter Objekte und damit von Fachklassen für die objektorientierte Analyse genannt. Dabei sei besonders darauf hingewiesen, dass die bisherige Anforderungsanalyse mit Hilfe von Anwendungsfallmodellen rein funktionalen Charakter hatte und keine Konzepte der Objektorientierung verwendete. Die Klassen des Klassenmodells der objektorientierten Analyse (OOA) entsprechen Phänomenen des realen Anwendungsgebiets und sind damit nicht grundsätzlich mit Software-Klassen gleichzusetzen. Damit ist jedoch nicht ausgeschlossen, dass Fachkonzeptklassen ein brauchbarer Ausgangspunkt für die spätere Identifikation von Software-Klassen darstellen.

Zur grafischen Darstellung des Klassenmodells verwenden wir die Notation für Klassendiagramme nach UML (vgl. Anhang 1.3.1). Dabei beschränken wir uns in einem ersten Schritt auf die Darstellung von Klassen, Beziehungen zwischen den Klassen und Attributen der Fachklassen. Insofern stellt das Klassenmodell eine Abstraktion des Anwendungsgebiets dar. An diesem Beispiel wird deutlich, dass das Klassenmodell eine Form der Dekomposition des Anwendungsbereichs darstellt. Im Gegensatz zur klassischen 'Strukturierten Analyse' bei der das System in Funktionen zerlegt wird, folgt die objektorientierte Analyse dem Prinzip, dass das System in Objekte zerlegt wird. Allgemein folgt dieses Vorgehen zur Komplexitätsbeherrschung dem Paradigma 'divide et impera' ('divide-and-conquer'), das schon auf Julius Cäsar zurückgeht. In diesem Sinne repräsentiert das Modell in Abb. 3.1 eine Version eines Studiengangstyps, die in ihre einzelnen Bestandteile (Semester und Lehrveranstaltungen) zerlegt wurde.

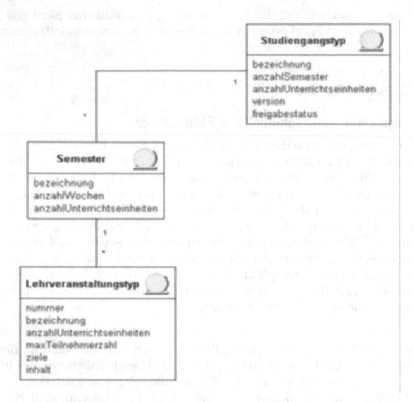

Abb. 3.1: Erstes Fachkonzept-Klassenmodell (abgeleitet aus dem Anwendungsfall *Studiengangstyp erfassen***)**

3.3.2 Vorgehen zum Identifizieren von Fachklassen

Die Frage stellt sich, wie kommt man zu den Fachklassen. Im Sinne einer methodischen Vorgehensweise wollen wir einzelne Schritte betrachten. Im Rahmen des iterativen Ansatzes entwickelt sich das Fachklassenmodell über mehrere Iterationen. Dabei sind die betrachteten Szenarien von Anwendungsfällen der Ausgangspunkt. In unserem Beispiel beschränken wir uns auf das Standardszenario des Anwendungsfalls *Studiengangstyp erfassen* (vgl. Abb. 3.1). Grundsätzlich sollten wir im Rahmen der Erstellung eines Fachklassenmodells eher detaillierter vorgehen, als frühzeitig zu entscheiden, dass eine Klasse nicht notwendig ist. Im Rahmen der klassischen Datenmodellierung werden insbesondere dann Objekttypen (Entitäten) wieder aus dem Modell genommen, wenn es sich zeigt, dass keine Daten dauerhaft gespeichert werden müssen. Dieses Kriterium trifft für eine OOA-Klassenmodell grundsätzlich nicht zu, da Klassen nicht nur unter Datenaspekten (Attribute), sondern auch unter dem Aspekt von Operationen (Funktionen) interessant sein können.

Es lassen sich grundsätzlich drei konstruktive Ansätze zum Finden von Fachklassen unterscheiden (vgl. Balzert, 1999, S. 146; Larman, 2002, S. 133 ff.):

1. Welche Klassen lassen sich mit Hilfe einer Dokumentenanalyse identifizieren?
2. Welche Klassen lassen sich aus der Beschreibung von Anwendungsfällen identifizieren?
3. Gibt es im Anwendungsgebiet relevante Phänomene, die sich bestimmten Klassenkategorien zuordnen lassen?

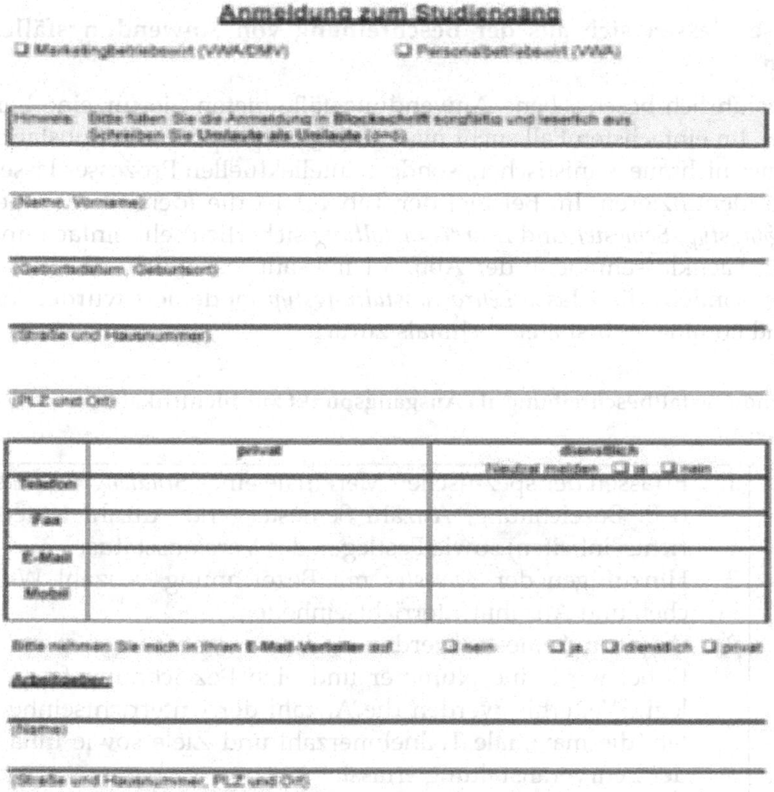

Anmeldung zum Studiengang

☐ Marketingbetriebswirt (VWA/DMV) ☐ Personalbetriebswirt (VWA)

Hinweis: Bitte füllen Sie die Anmeldung in Blockschrift sorgfältig und leserlich aus. Schreiben Sie Umlaute als Umlaute

(Name, Vorname)

(Geburtsdatum, Geburtsort)

(Straße und Hausnummer)

(PLZ und Ort)

	privat	dienstlich Neutral melden ☐ ja ☐ nein
Telefon		
Fax		
E-Mail		
Mobil		

Bitte nehmen Sie mich in Ihren E-Mail-Verteiler auf ☐ nein ☐ ja, ☐ dienstlich ☐ privat

Arbeitgeber:

(Name)

(Straße und Hausnummer, PLZ und Ort)

(Position im Unternehmen)

Abb. 3.2: Formular als Ausgangspunkt zur Identifikation von Klassen

1. Welche Klassen lassen sich mit Hilfe einer Dokumentenanalyse identifizieren?

Dabei werden insbesondere Formulare, Erfassungsmasken und evtl. vorhandene Dateibeschreibungen vorhandener Vorgängersysteme hinsichtlich relevanter Attribute untersucht. Die gefundenen Attribute werden in einem zweiten Schritt nach ihrer Zusammengehörigkeit strukturiert, womit sich mögliche Klassen ergeben können. Wendet man diese Vorgehensweise auf das Beispiel in Abb. 3.2 an, so werden bei dieser Anmeldung einerseits Daten über den zukünftigen Teilnehmer und andererseits über Arbeitgeber erfasst. Dabei handelt es sich um grundsätzlich verschiedene Objekte der Realität, so dass es nahe liegt eine Fachklasse *Teilnehmer* und eine Fachklasse *Arbeitgeber* zu definieren.

2. Welche Klassen lassen sich aus der Beschreibung von Anwendungsfällen identifizieren?

Insbesondere ausführlich beschriebene Anwendungsfälle bieten hierfür eine herausragende Basis. Im einfachsten Fall sucht man nach Wortgruppen mit Substantiven. Im Sinne eines nicht mechanistischen, sondern intellektuellen Prozesses lassen sich Fachklassen identifizieren. Im Beispiel der Tab. 3.1 ist die Identifikation der Klassen *Studiengangstyp*, *Semester* und *Lehrveranstaltung* sicherlich sehr einfach und offensichtlich. Im Fachklassenmodell der Abb. 3.1 fällt auf, dass nicht die Klasse *Lehrveranstaltung*, sondern die Klasse *Lehrveranstaltungstyp* modelliert wurde. Auf diesen Tatbestand kommen wir später nochmals zurück.

Tabelle 3.1: Anwendungsfallbeschreibung als Ausgangspunkt zur Identifikation von Klassen

Beschreibung:	1.	Erfassen der spezifischen Merkmale eines *Studiengangstyps* (z.B. Bezeichnung, Anzahl Semester und Anzahl Unterrichtseinheiten) sowie Festlegen des Versionsstatus.
	2.	Hinzufügen der *Semester* mit Bezeichnung, Anzahl Wochen und Anzahl Unterrichtseinheiten.
	3.	Zu jedem Semester werden die *Lehrveranstaltung*en erfasst. Dabei wird eine Nummer und eine Bezeichnung festgelegt. Weiterhin werden die Anzahl der Unterrichtseinheiten, die maximale Teilnehmerzahl und Ziele sowie Inhalt der Lehrveranstaltung erfasst.

3. Gibt es im Anwendungsgebiet relevante Phänomene, die sich bestimmten Klassenkategorien zuordnen lassen?

Die beiden obigen Ansätze lassen sich mit der Anwendung einer Checkliste von möglichen Klassenkategorien (vgl. Tab. 3.2) kombinieren. Dabei ist stets die Frage zu beantworten, ob Phänomene der Realität, die in eine der Kategorien fallen, für das zu modellierende System relevant sind. In diesem Sinne können von einer derartigen Kategorienliste anregende Impulse für das Finden von Klassen ausgehen. Ergänzende Hilfestellung können noch Analysemuster liefern. Auf diese wollen wir erst eingehen, wenn wir uns noch detaillierter mit Assoziationen in Klassenmodellen beschäftigt haben.

Tabelle 3.2: Kategorien von Fachklassen

Fachklassenkategorie	Beispiele
körperliche bzw. konkrete Gegenstände	Buch, Fahrzeug
Beschreibung von Dingen	Studiengangstyp, Lehrveranstaltungstyp
Orte	Veranstaltungsort, Veranstaltungsraum
Vorgang oder Transaktion	Studiengangsanmeldung, Prüfungsanmeldung
Vorgangsposition	Prüfungsanmeldeposition, Rechnungsposition
organisatorische Rolle	Produktmanager, Organisationsassistent
Behälter	Seminarkatalog, Teilnehmerverzeichnis
Gegenstände im Behälter	Seminar, Teilnehmer
andere Softwaresysteme	Buchhaltungssystem, Banksystem zur Zahlungsverkehrsabwicklung
abstrakte Begriffe	Weiterbildungsbedarf, Wissen
Organisationseinheiten	Geschäftsleitung, Verwaltung
Ereignis	Lehrveranstaltung (an einem bestimmten Tag), Stornierung
Regeln/Verfahrensweisen	Prüfungsordnung
Prozesse	Studiengangstypfreigabe, Teilnehmerzulassung
Rechtsangelegenheit	Quittung, Vertrag

3.3.3 Validierung identifizierter Fachklassen

Nachdem eine Liste von Klassenkandidaten aufgestellt ist, ist das Ergebnis zu validieren. Ein wichtiger Aspekt bezüglich der Aussagefähigkeit und Verständlichkeit des Modells ist die Wahl des Klassennamens. Beim Erstellen des Fachklassenmodells sollte die Fachterminologie des Anwendungsbereichs verwendet werden. Wenn in unserem Fallbeispiel in der WAB der Hörer einer Lehrveranstaltung nicht als Student, sondern als Teilnehmer bezeichnet wird, so sollte auch die korrespondierende Klasse mit *Teilnehmer* bezeichnet werden. Formal sollte eine Klasse mit einem Substantiv im Singular bezeichnet werden. Der Klassenname steht stellvertretend für die Gesamtheit der Attribute. Im Rahmen der Validierung ist somit auch zu prüfen, ob die Abgrenzung zwischen Klasse und Attribut zweckmäßig ist. Grundsätzlich handelt es sich um eine Klasse X und kein Attribut, wenn X nicht nur ein Text oder eine Zahl repräsentiert. Unser obiges Beispiel mit der Studiengangstyp und dessen Aufteilung in Semester und Lehrveranstaltungstyp machte dies deutlich. Die Entscheidung ob eine Klasse notwendig ist oder nicht kann allgemein nicht beantwortet werden. Wenn in der WAB ein Teilnehmer ein Tagesseminar gebucht hat und an diesem auch teilnahm, stellt sich die Frage, ob die Rechnung als Klasse zu modellieren ist. Formal gesehen werden in der Rechnung Attribute aus den Klassen *Teilnehmer*, *Buchung* und *Seminar* verwendet, so könnte man *Rechnung erstellen* als eine Operation der Klasse *Buchung* ansehen, die auf Papier ausgedruckt und an den Teilnehmer geschickt wird. Aus der Sicht des Geschäftsprozesses *Seminar abwickeln* ist die Rechnung jedoch mehr als ein spezifischer Ausdruck unterschiedlicher Attribute. Es handelt sich um eine rechnungslegungsrelevante Transaktion, die als solche z.B. die Basis für die Verbuchung von Seminarumsätzen dient. Vor diesem Hintergrund ist es notwendig, dass eine Klasse *Rechnung* modelliert und später auch implementiert wird. Anders verhält es sich beispielsweise mit einer Teilnehmerliste, die aus der Menge der angemeldeten Teilnehmer eines Seminars dem Dozenten zur Information ausgedruckt wird. Hierdurch wird kein Ereignis generiert, das für den weiteren Prozessablauf im betrachteten System Relevanz mit Dokumentations-Charakter besitzt, es ist vielmehr eine reine Auswertung, für die es ausreichen wird, eine Operation zu modellieren.

Bei dieser Gelegenheit soll auch auf den Zusammenhang zwischen **Fachmodell** und **Entwurfsmodell** hingewiesen werden. Eine Fachklasse repräsentiert ein Phänomen des realen Anwendungsgebiets. Eine Entwurfs- oder Designklasse stellt eine Spezifikation einer **Softwareklasse** dar, die im Rahmen der Implementierung in C++, *Java* oder C# zu programmieren ist. Fachklassen stellen den Ausgangspunkt für die Bildung von Entwurfsklassen des fachlichen Teils einer Anwendung dar. In unserem Beispiel wird es sicherlich auch eine Entwurfsklasse *Studiengangstyp* geben, welche die gleichen Attribute beinhaltet. Die Attribute werden in der Entwurfsklasse u.U. noch durch ihre Typen spezifiziert und es werden nach zweckmäßigen Regeln die Inhalte der Systemoperationen auf Operationen einzelner Klassen verteilt (vgl. Abschnitt 4.4).

Im Rahmen unseres Fallbeispiels wurden auf der Basis des Anwendungsfalls *Studiensystemtyp erfassen* und der Anwendungsfälle des Geschäftsprozesses *Studiengang durchführen* folgende Fachklassen identifiziert (vgl. Abb. 3.3).

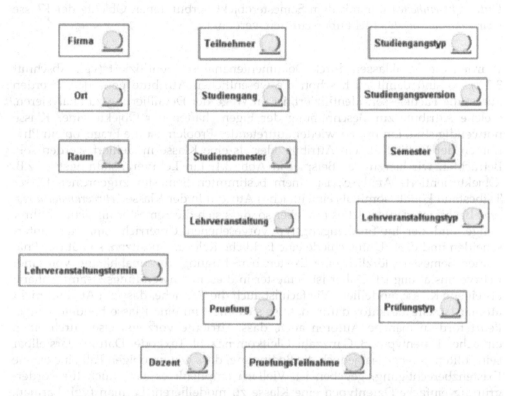

Abb. 3.3: Vorläufig identifizierte Fachklassen

3.3.4 Identifikation und Modellierung von Attributen

Attribute beschreiben die Eigenschaften von Objekten, die im Anwendungszusammenhang relevant sind und deren Ausprägungen zur Geschäftsprozessabwicklung verfügbar sein müssen. Sie werden über ihren Namen im Kontext der Klasse eindeutig identifiziert. Im Fachmodell sollte der Attributname dem Wortschatz des Anwendungsbereichs entstammen. Abkürzungen sollten nur verwendet werden, wenn diese im Anwendungsbereich üblich und allgemeine verständlich sind, z.B. PLZ (für Postleitzahl) oder BLZ (Bankleitzahl). Neben dem Namen

73

können weitere Charakteristika zur Spezifikation von Attributen verwendet werden. Mögliche Angaben sind: der Typ, ein eventueller Anfangswert, die Festlegung als Muss-/oder Kannattribut, eine inhaltliche Beschreibung und eventuelle Angaben über zu berücksichtigende Abhängigkeiten. So könnte beispielsweise im Beispiel der Abb. 3.1 beim Attribut *anzahlUnterrichtseinheiten* in der Klasse Semester festgehalten werden, dass der dort fixierte Wert durch die Summe der *anzahlUnterrichtseinheiten* der mit dem Semesterobjekt verbundenen Objekte der Klasse *Lehrveranstaltungstyp* nicht überschritten werden darf.

Wurden die Fachklassen durch Dokumentenanalyse identifiziert (vgl. Abschnitt 3.3.2), so sind damit auch schon die wesentlichen Attribute gefunden. Werden zuerst die Fachklassen identifiziert, ist im Wege der Detaillierung zu analysieren, welche Attribute zur Beschreibung der Eigenschaften der Objekte einer Klasse notwendig sind. Ein immer wieder auftretendes Problem ist die Frage, ob ein Phänomen der Realität als ein Attribut oder als eine Klasse modelliert werden soll. Betrachten wir hierzu das Beispiel in Abb. 3.1. Ein Lehrveranstaltungstyp, z.B. 'Objektorientierte Analyse', ist einem bestimmten Semester zugeordnet. Dieser Tatbestand könnte somit als ein einfaches Attribut in der Klasse *Lehrveranstaltungstyp* abgebildet werden. Ist es nun aber so, dass sich die Semester hinsichtlich ihrer Länge und der im Studiengangstyp vorgesehenen Unterrichtseinheiten unterscheiden und diese Unterschiede eine fachliche Relevanz besitzen, so hat das Phänomen Semester plötzlich eine Existenzberechtigung, die unabhängig von einer Lehrveranstaltung ist. Daher ist Semester in diesem Anwendungszusammenhang als eigene Klasse modelliert. Vielfach ist auch die Tatsache, dass ein Attribut **nicht atomar** ist, ein Indikator dafür, dass es sich eher um eine Klasse handelt. Umgekehrt fordern manche Autoren auch, dass Attribute vorzugsweise durch einen einfachen Datentyp (z.B. Ganzzahl, Gleitkommazahl, Text oder Datum) darstellbar sein sollten. Strenger ist jedoch die Bedingung, dass wie im obigen Fall eine eigene Existenzberechtigung, gegeben ist. Vielfach empfiehlt es sich, auch für vordergründig einfache Datentypen eine Klasse zu modellieren. Larman (vgl. Larman, 2002, S. 170 f.) gibt hierfür folgende Beispiele:

- Das Attribut setzt sich aus unterschiedlichen Teilen zusammen, z.B. Adresse mit Straße, Hausnummer, Postleitzahl.
- Das Attribut hat einen komplexen Aufbau, so dass eine Validierungsoperation/Zugriffsoperation für einzelne Attributteile notwendig ist, z.B. die EAN (mit 2 Ziffern für das Land, 5 Ziffern für den Hersteller, 5 Ziffern als Artikel-ID und einer Prüfziffer) oder die bundeseinheitliche Sozialversicherungsnummer.
- Ein Attribut hat weitere Attribute, z.B. Einführungspreis für ein neues Seminar mit Anfangs- und Endedatum.
- Das Attribut ist eine Menge mit Einheit, z.B. Preis mit Währungseinheit.

Solche nicht-primitiven Datentyp-Klassen können entweder als Assoziation oder als Attribut mit entsprechender Typangabe im Klassenmodell spezifiziert werden.

Neben den normalen Attributen gibt es auch noch besondere Kategorien. **Klassen-attribute** beschreiben Eigenschaften, die für alle Objekte eine identische Ausprägung aufweisen bzw. eine Eigenschaft der Klasse selbst darstellen (z.B. Anzahl der erstellten Objekte einer Klasse). Eine weitere Sonderform von Attributen sind so genannte abgeleitete Attribute. **Abgeleitete Attribute** lassen sich über Operationen aus anderen Attributen des eigenen Objektes bzw. durch Zugriff auf Attribute assoziierter Objekte ermitteln. Ein typisches Beispiel ist der Positionsbetrag in einer Rechnungsposition, der sich als das Produkt von Menge und Preis je Einheit ermitteln lässt, in gleicher Weise ist die Rechnungssumme zu sehen, die sich als Summe der Positionsbeträge ermittelt. Im Fachmodell wird die semantische Aussagekraft des Modells vielfach erhöht, wenn auch abgeleitete Attribute modelliert werden. Die Notation nach UML ist /attribute, z.B. /positionsbetrag (vgl. Anhang 1.3.1). In späteren Schritten der Implementierung muss unter Zweckmäßigkeitsgesichts-punkten, z.B. Performanz, entschieden werden, ob Datenredundanz in Kauf genommen wird oder der Wert jeweils über eine Operation ermittelt wird. Ein typisches Beispiel, bei dem sich eine separate Speicherung wohl nicht anbietet ist etwa das Alter eines Mitarbeiters oder die Betriebszugehörigkeit, da dieser Attributwert einer ständigen Veränderung unterliegt. Die Rechnungssumme könnte jedoch unter dem Aspekt von Statistikauswertungen über den Umsatz sehr wohl redundant gespeichert werden.

Insbesondere aus der Datenmodellierung sind die so genannten **Schlüsselattribute** bekannt. Schlüsselattribute werden grundsätzlich nur dann modelliert, wenn sie unabhängig von ihrer identifizierenden Eigenschaft, eine fachliche Bedeutung im Anwendungsgebiet aufweisen. So ist es in vielen Unternehmen üblich, dass Mitarbeiter auch durch eine Personalnummer gekennzeichnet werden. Im Beispiel der Abb. 3.1 ist beim Lehrveranstaltungstyp ein Attribut *nummer* eingetragen. Dabei sei unterstellt, dass jeder Lehrveranstaltungstyp durch eine systematisch aufgebaute Nummer charakterisiert sei, die unabhängig von der Anwendung eines Softwaresystems vorhanden ist. Insbesondere erfahrene Datenmodellierer neigen dazu, Attribute mit so genanntem Fremdschlüsselcharakter in Klassen zu modellieren. Damit soll die Beziehung zwischen Objekten ausgedrückt werden. Dies ist jedoch grundsätzlich **falsch**, da Beziehungen zwischen Objekten über Assoziationen modelliert werden (vgl. Abschnitt 3.3.5).

3.3.5 Identifikation und Modellierung von Assoziationen

Eine **Assoziation** ist eine Beziehung zwischen Objekten unterschiedlicher Klassen. Mit einer Assoziation zwischen den Klassen A und B wird ausgedrückt, dass z.B. im Rahmen eines Geschäftsprozesses das Objekt A1 der Klasse A irgendetwas vom Objekt B1 der Klasse B benötigt. Dabei kann es sich darum handeln, dass in der Klasse B Attribute definiert sind, die zur näheren Beschreibung eines Objektes der Klasse A dient. Dies trifft etwa für unser Fallbeispiel zu (vgl. Abb. 3.4), da der Studiengangstyp Attribute enthält, die für alle korrespondierenden Studiengangsversionen relevant und identisch sind (vgl. Abb. 3.1). Weiterhin kann es sein, dass ein operationaler Zusammenhang zwischen Objekten unterschiedlicher Klassen existiert. Das bedeutet, dass ein Objekt A1 der Klasse A Operationen der Klasse B benötigt, um seine eigene Funktionalität zu gewährleisten. Zum Beispiel benötigt die Klasse Dozentenabrechnung zur Ermittlung der Abrechnungssumme die Operation *ermittelnPositionsbetrag()* der Klasse *Abrechnungsposition*, in der die Unterrichtseinheiten eines Lehrveranstaltungstermins mit dem dozentenspezifischen Abrechnungssatz multipliziert wird.

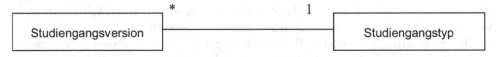

Abb. 3.4: Assoziationen

Analog zu den Kategorien von Klassen (vgl. Tab. 3.2) können auch Assoziationskategorien dazu beitragen, beim Modellieren des Anwendungsbereichs konkrete Fragen zu stellen. Craig Larman (vgl. Larman, 2002, S. 156 f.) nennt u.a. folgende Kategorien von Assoziationen zwischen den Objekten zweier Klassen A und B (vgl. Tab. 3.3).

Tabelle 3.3: Kategorien von Assoziationen

Assoziationskategorie	Beispiele
A ist physische Komponente von B	Beamer – Raum
A ist logische Komponente von B	Teilnehmer – Studiengang
A ist eine Beschreibung von B	Lehrveranstaltungstyp – Lehrveranstaltung
A ist eine Position eines Vorgangs B	Anmeldeposition – Prüfungsanmeldung
A ist ein Mitglied von B	Mitarbeiter – Unternehmung
A ist eine organisatorische Einheit von B	Abteilung – Unternehmung

A benutzt/verwaltet B	Organisationsassistent – Anmeldung
A steht in Beziehung zu einem Vorgang	Teilnehmer – Anmeldung
A besitzt B	Teilnehmer – Schulabschuss

Multiplizitäten/Kardinalitäten

Die Assoziation wird grundsätzlich als ungerichtete Kante dargestellt. In dieser Darstellung spricht man auch von einer bidirektionalen Beziehung, d.h. nicht nur jeder Studiengangstyp kennt seine Studiengangsversionen, sondern auch jede Studiengangsversion kennt ihren Studiengangstyp. Die Assoziation wird durch Multiplizitäten näher beschrieben. Die Multiplizität beschreibt die Wertigkeit im Sinne der Anzahl beteiligter Objekte an einer Assoziation. In der klassischen Datenmodellierung wird diese Wertigkeitsangabe i.d.R. als Kardinalität bezeichnet, drückt jedoch grundsätzlich den gleichen Tatbestand aus. In der Abb. 3.4 gibt die Multiplizität '1' bei der Klasse *Studiengangstyp* an, dass es zu einem beliebigen Objekt vom Typ *Studiengangsversion* mindestens ein und höchstens ein Objekt vom Typ *Studiengangstyp* gibt. Die Multiplizität '*' bei der Klasse *Studiengangsversion* zeigt an, dass es zu einem beliebigen Objekt vom Typ *Studiengangstyp* entweder kein oder viele Objekte vom Typ *Studienversion* gibt. Die grundsätzlich möglichen Multiplizitätsausprägungen sind in Abb. A1.11 dargestellt.

Assoziations- und Rollennamen

Assoziationen können auch mit Namen versehen werden. Ein Name beschreibt im Allgemeinen nur eine Richtung der Beziehung, wobei ein schwarzes Dreieck die Leserichtung angibt (vgl. Abb. 3.5).

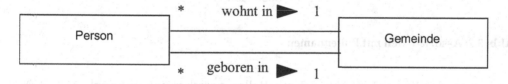

Abb. 3.5: Assoziationen mit Assoziationsnamen

Assoziationsnamen sind insbesondere dann wichtig, wenn zwischen zwei Klassen mehr als eine Assoziation besteht. Während der **Assoziationsname** die Semantik der Assoziation zum Ausdruck bringt, erlauben so genannte **Rollennamen** Informationen über die Bedeutung des Objektes einer Klasse in der Assoziation zu beschreiben. In Abb. 3.6 soll eine Organisationsstruktur in Form eines Einliniensystem modelliert sein. Es handelt sich um eine Assoziation über einer Klasse, d.h. ein

Mitarbeiter-Objekt wird mit einem anderen *Mitarbeiter*-Objekt über eine Assoziation verbunden, die ein Über-/Unterstellungsverhältnis zum Ausdruck bringt. Bei solchen reflexiven Assoziationen ist es unerlässlich Rollennamen zu vergeben, da ansonsten eine Multiplizitätsfestlegung gar nicht sinnvoll erfolgen könnte. Vergleicht man Assoziationsname und Rollenname, so wird deutlich, dass die Angabe einer Rolle i.d.R. mehr Semantik ausdrücken lässt als der Assoziationsname. Der Rollenname entspricht stärker dem objektorientierten Ansatz, da ausgedrückt wird, welche Rolle Objekte einer Klasse in der Beziehung spielen.

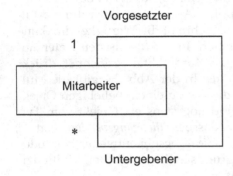

Abb. 3.6: Reflexive Assoziation mit Rollennamen

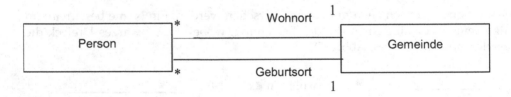

Abb. 3.7: Assoziationen mit Rollennamen

So könnte das Beispiel in Abb. 3.5 mit Rollen versehen werden (vgl. Abb. 3.7). Grundsätzlich gilt, dass nicht jede Assoziation mit Assoziations- bzw. Rollennamen versehen werden sollte. Solche Namen sind nur dann zu verwenden, wenn Sie die Aussagekraft des Modells erhöhen, triviale Namen sind unnötig. So erfordert das Beispiel in Abb. 3.4 sicherlich weder einen Assoziations- noch Rollennamen, da dem fachkundigen Leser die Bedeutung der Assoziation klar ist.

Aggregation und Komposition

Grundsätzlich besteht zwischen den Objekten der beteiligten Klassen einer Assoziation keine Rangordnung. Gilt jedoch, dass die Objekte der Klasse B ein Teil von einem Objekt A1 der Klasse A ist bzw. A1 aus Objekten der Klasse B besteht, so sprechen wir von einer **Aggregation**. Die Aggregation ist somit eine besondere Art der Assoziation. Ein Beispiel für E-Mail-Adresse und E-Mail-Verteiler zeigt die Abb. 3.8.

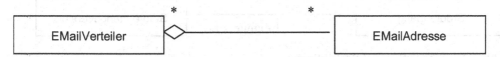

Abb. 3.8: Beispiel für eine Aggregation

Eine strengere Ganz-Teil-Beziehung stellt die so genannte **Komposition** dar. Während ein *EMailAdresse*-Objekt in Abb. 3.8 zu mehreren *EMailVerteiler*-Objekten gehören kann, gehört z.B. ein Objekt vom Typ *Abrechnungsposition* nur zu einem Objekt vom Typ *Dozentenabrechnung* (vgl. Abb. 3.9). Weiterhin existiert eine Existenzabhängigkeit, was bedeutet, dass etwa beim Löschen des Objektes vom Typ *Dozentenabrechung* auch alle Objekte vom Typ *Abrechnungsposition* zu löschen sind.

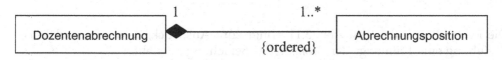

Abb. 3.9: Beispiel für eine Komposition

Während sich im Fachklassenmodell Aggregation und Komposition von einer normalen Assoziation durch eine besondere Semantik auszeichnen, werden wir im Rahmen des Entwurfs sehen, dass diese Beziehungsarten zwischen Software-Objekten Implikationen dafür haben, dass die 'Ganz'-Klasse verantwortlich sein wird für das Erzeugen von 'Teil'-Objekten. Einige Autoren, (vgl. Larman, 2002, S. 417), verweisen darauf, dass man im Zweifel auch auf die Modellierung von Aggregationen im Fachmodell verzichten kann, da der Gewinn an Aussagekraft begrenzt sei.

Restriktionen

In Abb. 3.9 wurde die Assoziation noch mit der Restriktion {ordered} versehen. Damit soll z.B. zum Ausdruck gebracht werden, dass die Abrechnungspositionen nach Datum sortiert gehalten werden sollen. Andere Restriktionen könnten angeben, dass eine Beziehung nur für bestimmte Konstellationen gültig ist, z.B. dass eine Assoziation zwischen Studiengang und Studiengangsversion nur für freigegebene Studiengangsversionen hergestellt werden kann (vgl. Abb. 3.10). Weitere typisch Restriktionen für Assoziationen sind beispielsweise {or} oder {subset} (vgl. Abb. 3.11).

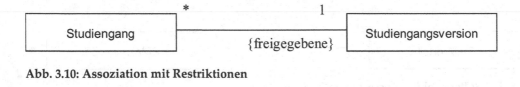

Abb. 3.10: Assoziation mit Restriktionen

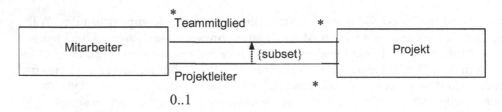

Abb. 3.11: Assoziationen mit Restriktion

Die Restriktion {subset} in Abb. 3.11 bringt zum Ausdruck, dass die *Projektleiter*-Beziehung eine Teilmenge der *Teammitglied*-Beziehung darstellt.

Assoziationsklasse

Betrachten wir in Abb. 3.3 die beiden Klassen Teilnehmer und Studiengang, so liegt es nahe, dass zwischen beiden eine Beziehung besteht, welche durch eine Anmeldung entsteht und damit diese Anmeldungsbeziehung durch eine Assoziation modelliert wird. Nun könnte eine konkrete Person ja auch gleichzeitig oder zeitlich nacheinander an unterschiedlichen Studiengängen teilnehmen. Wenn nun die einfache Anforderung besteht, dass bei einer Anmeldung auch das Anmeldedatum festgehalten werden soll, so stellt sich die Frage, wo dieses Attribut eigentlich zu modellieren ist. Es ist ja weder eine Eigenschaft des *Teilnehmer*-Objektes noch eine Eigenschaft des Objektes vom Typ *Studiengang*, sondern eine Eigenschaft der Assoziation. In solch einem Fall modellieren wir eine so genannte Assoziationsklasse bzw. ersetzen die Assoziation durch eine Klasse mit zwei Assoziationen (vgl. Abb. 3.12).

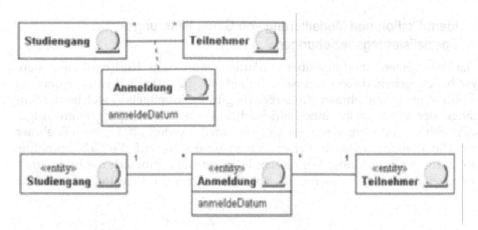

Abb. 3.12: Assoziation mit Attributen

Qualifizierte Assoziationen

Die Qualifikationsangabe ist ein spezielles Attribut einer Assoziation, dessen Wert ein oder mehrere Objekte auf der anderen Seite der Assoziation selektiert. Im Beispiel der Abb. 3.13 bewirkt die Qualifikationsangabe *Studiengangsld*, dass über die Assoziation ein Objekt vom Typ *Studiengang* selektiert wird. Dies wird auch mit der Multiplizität 1 beim Studiengang ausgedrückt. Ohne die Qualifikationsangabe wäre die Multiplizität beim Studiengang 1..*, d.h. in einem *Weiterbildungskatalog*-Objekt sind ein oder mehrere Objekte vom Typ *Studiengang* enthalten. Damit liefert die Qualifikationsangabe dem Betrachter des Modells ein höheres Maß an Information.

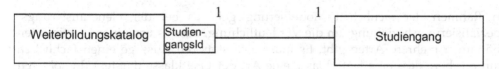

Abb. 3.13: Qualifizierte Assoziation

3.3.6 Identifikation und Modellierung von Generalisierungs-Spezialisierungsbeziehungen

Abb. 3.3 liefert einen Überblick über vorläufig identifizierte Klassen. Eine nähere Analyse habe ergeben, dass es einerseits Teilnehmer gibt, die als Privatpersonen an einem Studiengang teilnehmen. Andererseits gibt es Arbeitgeber, welche die Studiengänge der WAB in ihr innerbetriebliches Weiterbildungsprogramm aufgenommen haben. Teilnehmer solcher Unternehmen werden als Firmenteilnehmer geführt. Die Besonderheiten beziehen sich insbesondere auf die Gebührenhöhe und die Zahlungsabwicklung. Vor diesem Hintergrund ergibt sich die Erkenntnis, dass es zwei Arten von Teilnehmern gibt. Zum einen die Privatteilnehmer und

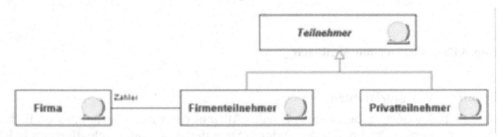

Abb. 3.14: Beispiel für Generalisierungs-Spezialisierungs-Beziehung

zum anderen die Firmenteilnehmer, die sich durch Gemeinsamkeiten und Unterschiede auszeichnen. Im Fachklassenmodell lässt sich dies durch eine Spezialisierung ausdrücken. Wir modellieren eine abstrakte Oberklasse (Superklasse) *Teilnehmer* und eine konkrete Unterklasse (Subklasse) *Privatteilnehmer* sowie eine konkrete Unterklasse *Firmenteilnehmer* (vgl. Abb. 3.14).

Im Rahmen der fachlichen Modellierung geht es bei der Generalisierungs-Spezialisierungsbeziehung um die Verdeutlichung, dass es von einem bestimmten Phänomen mehrere Arten gibt. Es muss also stets die Aussage einen fachlichen Sinn machen, dass eine Unterklasse eine Art der Oberklasse darstellt. In späteren Schritten des Entwurfs und insbesondere der objektorientierten Programmierung kann die Anwendung der Vererbungsmechanismen der jeweiligen Programmiersprache auf solche Generalisierungs-Spezialisierungsbeziehungen zu eleganten Softwarelösungen führen. Während die Assoziation eine Beziehung zwischen Objekten unterschiedlicher Klassen ausdrückt, handelt es sich bei der Generalisierungs-Spezialisierungsbeziehung um eine Beziehung zwischen Klassen. Auf der Objektebene bedeutet dies, dass ein Objekt einer Unterklasse auch immer ein Objekt der Oberklasse ist und damit über alle Eigenschaften, die in der Oberklasse und in der Unterklasse definiert sind, verfügt. Grundsätzlich können sich Generalisierungs-Spezialisierungsbeziehungen über mehrere Ebenen erstrecken und somit eine Beziehungshierarchie bilden. Oberklassen können, wie im obigen Beispiel der Abb. 3.14 als abstrakte Klassen modelliert werden. Damit wird ausgedrückt, dass es von dieser Klasse keine konkreten Objekte gibt. Die abstrakte Klasse dient damit dazu, Gemeinsamkeiten der Unterklassen zu modellieren. In der UML werden abstrakte Klassen durch das kursive Schriftbild des Bezeichners identifiziert. Eine zusätzliche Kennzeichnung kann durch die Spezifikation {abstract} erfolgen. Dies empfiehlt sich insbesondere bei handschriftlich erstellten Modellen. Wie bereits erwähnt werden Generalisierungs-Spezialisierungsbeziehungen auch als Vererbungsbeziehungen bezeichnet. Über eine Vererbungsbeziehung werden Attribute und Operationen der Oberklasse auf die Unterklassen vererbt. Das gleiche gilt auch für Assoziationen, die zwischen der Oberklasse und einer anderen Klasse modelliert werden. Diese Assoziationen werden auf die Unterklassen vererbt. Die Unterklassen können darüber hinaus natürlich zusätzliche Assoziationen aufweisen (siehe Beispiel in Abb. 3.14), ebenso zusätzliche Attribute sowie Operationen und können auch die Operationen der Oberklassen überschreiben. Das obige Beispiel stellt eine so genannte Einfachvererbung dar, d.h. eine Unterklasse ist eine Spezialisierung nur einer Oberklasse. Denkbar ist auch eine Mehrfachvererbung, die sich dadurch auszeichnet, dass es zu einer Unterklasse auf gleicher Stufe mehrere Oberklassen gibt. Im Rahmen des Fachklassenmodells verzichten wir auf die Mehrfachvererbung.

Im obigen Beispiel wurde das Prinzip der Spezialisierung angewandt. Neben diesem Vorgehen ist es natürlich auch denkbar, dass in einem ersten Ansatz die speziellen Klassen identifiziert werden und dazu eine Generalisierung definiert wird. In diesem Fall werden alle gemeinsamen Attribute und Operationen in die Oberklasse extrahiert. Bei der Bildung von Generalisierungs-Spezialisierungsbeziehungen sollte bedacht werden, dass eine zu tiefe Hierarchie nicht unbedingt zur Klarheit beiträgt. Die Erfahrung zeigt, dass bei einer Tiefe bis zu drei Stufen normalerweise keine Verständnisprobleme auftreten (vgl. Balzert, 1999, S. 163).

3.3.7 Analysemuster als Hilfsmittel zur Erstellung eines Klassenmodells

In der Realität treten immer wieder ähnliche Konstellationen von fachlich relevanten Phänomenen auf. Zur Steigerung der Effizienz in einem Systementwicklungsprojekt ist es in solchen Fällen sinnvoll, auf bereits vorhandene Lösungsansätze zurückzugreifen. Solche Lösungsansätze werden im Rahmen der objektorientierten Analyse als Analysemuster bezeichnet. Ein Analysemuster ist eine Gruppe von Klassen mit festgelegten Beziehungen. Ein Muster ist durch seinen Anwendungsbereich und seinen Modellansatz beschrieben. In Anlehnung an Balzert sollen nachfolgend einige Analysemuster vorgestellt werden (vgl. Balzert, 1999, S. 90 ff).

Analysemuster: Liste

In Abb. 3.9 wurden die Klassen Dozentenabrechnung und Abrechnungsposition als ein Beispiel für eine Komposition vorgestellt. Wenn wir uns dieses Beispiel verdeutlichen, so zeigt sich, dass es sich dabei um eine oftmals beobachtbare Konstellation handelt.

Dozentenabrechnung				
Dozent: Max Lehrer				30.10.2003
Lehrveranstaltung: Kostenrechnung I			Studiengang: Betriebswirt (WAB)	
Zeitraum: 15.09.-15.10.2003			Studienort: Ulm	
Position	Tag	Zeit	Anzahl Unterrichts- einheiten	Betrag
01	22.09.2003	17.45-21.00	4	200,00
02	27.09.2003	08.00-13.00	6	300,00
...				...
Summe			24	1.200,00

Abb. 3.15: Anwendungsbeispiel für Analysemuster: Liste

Abb. 3.15 macht deutlich, dass sich die Dozentenabrechnung aus den einzelnen Abrechnungspositionen zusammensetzt, deren Struktur mit den Eigenschaften Position, Tag, Zeit, Anzahl Unterrichtseinheiten und Betrag stets gleich ist. Gleichermaßen gilt, dass für alle Positionen die Attributwerte für Dozent, Abrechnungsdatum, Lehrveranstaltung usw. identisch sind. In Abb. 3.16 ist der entsprechende Ausschnitt aus dem Klassenmodell wiedergegeben. Im kaufmännischen Anwendungsbereich findet dieses Muster eine Vielzahl von Anwendungssituationen. Beispiele sind Formulare wie Auftrag, Bestellung, Lieferschein, Rechnung, Kontoauszug, aber auch Lager mit Lagerplätzen, Gebäude mit Räumen usw. Die allgemeinen Eigenschaften sind:

- Es liegt eine Komposition vor.
- Ein Aggregat besteht aus gleichartigen Teilen.
- Die Teilobjekte bleiben einem Aggregat fest zugeordnet. Sie können allerdings gelöscht werden, bevor das Aggregat gelöscht wird.
- Die Attributwerte des Aggregatobjektes gelten auch für die zugehörigen Teilobjekte.
- Das Aggregatobjekt enthält im Allgemeinen mindestens ein Teilobjekt, somit ist die Multiplizität meist 1..*.

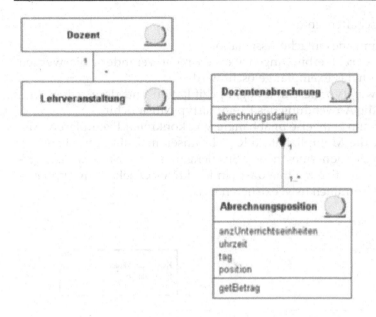

Abb. 3.16: Beispiel für das Analysemuster Liste

Analysemuster: Exemplartyp

In unserem Fallbeispiel spielen Lehrveranstaltungen eine zentrale Rolle. Eigenschaften von Lehrveranstaltungen sind die Bezeichnung, die Anzahl der Unterrichtseinheiten (Umfang), Ziele, Inhalt usw. Weiterhin haben Lehrveranstaltungen auch die Eigenschaften, dass sie von einem Dozenten gehalten werden und dass sie an bestimmten Terminen stattfinden. An diesem Beispiel sieht man relativ rasch, dass sich die zuletzt genannten Eigenschaften grundsätzlich von den zuerst genannten unterscheiden. So ist die Bezeichnung, der Umfang, die Ziele und der Inhalt wohl immer gleich, unabhängig davon, wer die Lehrveranstaltung hält und an welchen Terminen die Lehrveranstaltung stattfindet. Damit bietet sich an, dass man die Attribute, die immer wieder gleich sind zu einer extra Klasse zusammengeführt werden. In unserem Fall bezeichnen wir diese Klasse als *Lehrveranstaltungstyp*. Die Eigenschaften, welche in Abhängigkeit von der konkreten Durchführung der Lehrveranstaltung variieren können, werden der Klasse *Lehrveranstaltung* zugeordnet (vgl. Abb. 3.17). Warum *Dozent* und *Lehrveranstaltungstermin* nicht als Attribute, sondern als Klassen modelliert werden, wird im Abschnitt 3.5 erläutert. Ein weiteres typisches Anwendungsbeispiel für das Exemplartyp-Muster ist etwa Publikation (mit bibliographischen Angaben) und Buchexemplar in einer Bibliothek.

Die allgemeinen Eigenschaften sind:

- Es handelt sich um eine einfache Assoziation.
- Einmal erstellte Objektverbindungen werden nicht verändert. Sie werden nur gelöscht, wenn das Exemplar gelöscht wird.
- Bezeichnungen wie Typ, Beschreibung, Spezifikation und dergleichen weisen vielfach auf die Anwendung des Exemplartyp-Musters hin.
- Die Typ-Klasse kann zeitweise unabhängig von konkreten Exemplaren existieren. Daher ist die Multiplizität i.d.R. *. In unserem Fallbeispiel kann im Rahmen der Konzeption eines neuen Studiengangs ein *Lehrveranstaltungstyp*-Objekt bereits existieren, ohne dass ein konkretes Objekt vom Typ *Lehrveranstaltung* mit Terminen usw. existieren muss.

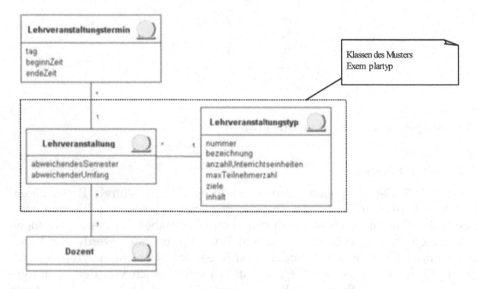

Abb. 3.17: Beispiel für das Analysemuster Exemplartyp

Analysemuster: Stückliste (Kompositum)

In unserem Fallbeispiel sei folgende Regelung in der Prüfungsordnung für die Zulassung zur Abschlussprüfung festgelegt:

'Eine Zulassungsvoraussetzung für die Abschlussprüfung ist, dass

a) *im Studiengebiet Betriebswirtschaftslehre mindestens drei zweistündige Klausuren, wovon eine Klausurleistung im Hauptstudium erbracht wurde, mindestens mit ausreichend bewertet wurden und*

b) in den Studiengebieten Volkswirtschaftslehre und Rechtswissenschaft je zwei mindestens zweistündige Klausuren, wovon jeweils eine Klausurleistung im Hauptstudium erbracht wurde, mindestens mit ausreichend bewertet wurden sowie

c) in den Studiengebieten Volkswirtschaftslehre und Rechtswissenschaft je zwei mindestens zweistündige Klausuren, wovon jeweils eine Klausurleistung im Hauptstudium erbracht wurde, mindestens mit ausreichend bewertet wurden sowie

d) ein Fachvortrag mit mindestens ausreichend bewertet wurde.'

Eine Analyse dieser Regelung führt zu der Erkenntnis, dass sich die formulierte Zulassungsvoraussetzung aus erfolgreich absolvierten Einzelprüfungen und aus Kombinationen von absolvierten Einzelprüfungen zusammensetzt. Wir können somit allgemeiner formulieren, dass wir Zulassungsvoraussetzungen haben, die entweder einfach oder zusammengesetzt sein können. Daraus lässt sich folgendes Klassenmodell ableiten (vgl. Abb. 3.18).

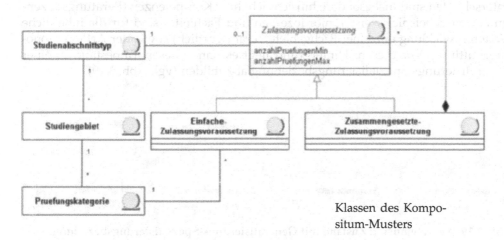

Klassen des Kompositum-Musters

Abb. 3.18: Beispiel für das Analysemuster Kompositum

Die Klassen *Studienabschnittstyp*, *Studiengebiet* und *Prüfungskategorie* gehören im engeren Sinne nicht zum Kompositum-Muster, sondern ergeben sich aus dem oben dargestellten Beispiel. Weitere Beispiele für die Anwendung des Kompositum-Musters sind die Erzeugnisstruktur (Stückliste) in der Materialwirtschaft mit Fremdbeschaffungsteil als einfache Komponente und Eigenfertigungsteil als zusammengesetzte Komponente oder die Abbildung einer Organisationsstruktur mit

Organisationseinheiten in der Form von Stelle und Stellenmehrheiten (z.B. Abteilungen, Hauptabteilungen usw.).

Die allgemeinen Eigenschaften sind:

- Ganz-Teil-Hierarchien sollen durch das Zusammenfügen von Objekten zu Baumstrukturen repräsentiert werden.
- Sowohl Aggregat-Objekte als auch Teil-Objekte sollen von außen betrachtet gleich behandelt werden können, z.B. gibt ist es für den Studienabschnittstyp grundsätzlich irrelevant, ob es sich um eine einfache oder zusammengesetzte Zulassungsvoraussetzung handelt.

Analysemuster: Zustand (Wechselnde Rollen)

In unserem Fallbeispiel sei unterstellt, dass es unterschiedliche Arten von Dozenten gibt. Insbesondere werde zwischen Juniordozenten, Stammdozenten, Beratungsdozenten und Fachleitern unterschieden. Die einzelnen Dozentenkategorien unterscheiden sind insbesondere hinsichtlich ihrer Kompetenzen (Beratungsdozenten betreuen beispielsweise Juniordozenten und Fachleiter sind für die inhaltliche Weiterentwicklung einzelner Fachgebiete verantwortlich) sowie der Art der Honorarermittlung. Vor diesem Hintergrund liegt es nahe, diesen Tatbestand in einer Generalisierungs-Spezialisierungsbeziehung abzubilden (vgl. Abb. 3.19).

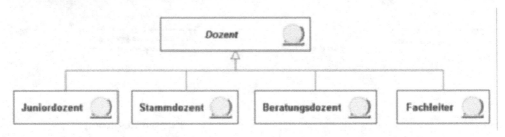

Abb. 3.19: Analysemuster: Zustand mit Generalisierungs-Spezialisierungsbeziehung

Tritt nun der Fall ein, dass ein Dozent aufgrund seiner mehrjährigen Lehrtätigkeit vom Juniordozenten zum Stammdozenten wird, so wirft das obige Modell ein Problem auf. Das Objekt vom Typ *Juniordozent* müsste zerstört werden und es müsste ein neues Objekt vom Typ *Stammdozent* erstellt werden. Mit solch einer Zerstörung wären natürlich auch alle Assoziationen zu löschen und später wieder herzustellen. An diesem Beispiel wird deutlich, dass Juniordozent, Stammdozent, Beratungsdozent usw. gar keine Arten von Dozent sind, sondern dass vielmehr ein Dozent im Zeitablauf unterschiedliche Zustände haben bzw. unterschiedliche Rollen wahrnehmen kann. Darüber hinaus ist sogar denkbar, dass ein konkreter Dozent sowohl Stammdozent als auch Fachleiter sein kann. Aufgrund dieser Erkenntnis bietet sich eine andere Modellierung an, bei der einem Dozenten unterschiedliche Rollen zugeordnet werden können (vgl. Abb. 3.20). Weitere Beispiele für die Anwendung dieses Musters sind Geschäftspartner und Partnerrolle mit den Spezialisierungen Kunde und Lieferant oder Mitarbeiter und Vertragsstatus mit den Spezialisierungen Arbeiter, Angestellter, Führungskraft.

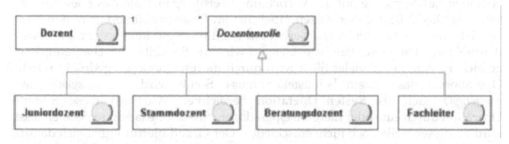

Abb. 3.20: Beispiel für das Analysemuster Zustand

Die allgemeinen Eigenschaften sind:

- Ein Objekt der realen Welt kann zu verschiedenen Zeitpunkten verschiedene Rollen spielen. In jeder Rolle kann es unterschiedliche Eigenschaften im Sinne von Attributen und Assoziationen bzw. Operationen besitzen.
- Der Bezug zwischen dem Objekt und seinen Rollen wird durch den Aufbau eine Assoziation hergestellt.

3.4 System-Sequenzdiagramme

Im Rahmen der Anforderungsanalyse in der Vorbereitungsphase wurden Anwendungsfalldiagramme entwickelt und die Anwendungsfälle verbal beschrieben. Nachfolgend geht es darum, den Schwerpunkt der Analyse auf die funktionalen Systemanforderungen zu legen. Ein Anwendungsfall beschreibt, wie ein externes Handlungsobjekt mit dem zu entwickelnden Software-System interagiert. Während dieser Interaktion werden durch das Handlungsobjekt Ereignisse generiert, die Reaktionen im Sinne von Ergebnissen vom System anfordern. Dabei wird das System als 'black box' betrachtet, das heißt es wird lediglich zum Ausdruck gebracht **was** das System tun soll und nicht wie es dies tut. Ein **System-Sequenzdiagramm (SSD)** beschreibt einen Ablauf als Folge von Ereignissen innerhalb eines Anwendungsfalls. Dabei werden der Akteur und das System sowie die Ereignisse in ihrer typischen zeitlichen Abfolge modelliert. Das nachfolgende Beispiel gibt das Standardszenario für den Anwendungsfall *Studiengangstyp erfas-*

sen wieder. Formale Details zum Sequenzdiagramm gemäß der UML-Spezifikation werden im Anhang 1.4.5 behandelt.

Der Bezug zum Anwendungsfall und dessen Beschreibung (vgl. Tab. 2.9) wird unmittelbar deutlich. In diesem Sinne sind die System-Sequenzdiagramme ein Teil des Anwendungsfallmodells, das nun ergänzt wird. Die Bezeichner der Ereignisse beginnen üblicherweise mit der Verrichtung (Verb) ergänzt um das relevante Objekt. Die Objekt-Bezeichner sollten möglichst im Glossar definiert sein, damit ein konsistentes Verständnis gewährleistet ist. Die Ereignisse können wie im obigen Beispiel auch Parameter beinhalten. Damit wird die Semantik des Diagramms angereichert. Aus funktionaler Sicht wird durch die Ereignisse ausgedrückt welche Operationen das System bereitstellen muss. Somit wird z.B. *anlegenStudiengangstyp()* auch als **System-Operation** bezeichnet. Wie sich diese System-Operation durch eine oder mehrere Operationen einzelner Klassen realisieren lässt, wird an dieser Stelle noch nicht entschieden. Der Grund hierfür ergibt sich daraus, dass dies dem Anwender im Rahmen der Anforderungsanalyse auch weitestgehend gleichgültig sein kann.

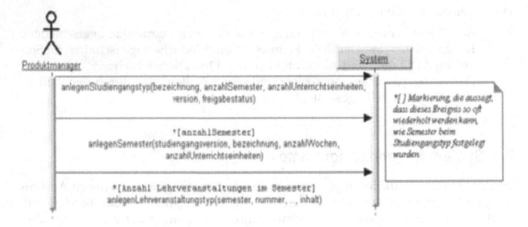

Abb. 3.21: System-Sequenzdiagramm: *Studiengangstyp erfassen*

3.5 Spezifikation von System-Operationen

Zur Beschreibung des Systemverhaltens dienen primär die Anwendungsfallbeschreibungen (vgl. Tab. 2.9). Die System-Sequenzdiagramme für einzelne Anwendungsfälle bzw. Szenarien von Anwendungsfällen erlauben eine kompakte Darstellung unter Berücksichtigung der zeitlichen Abfolge (vgl. Abb. 3.21). Handelt es sich nun um komplexe System-Operationen, so empfiehlt sich, diese detaillierter zu beschreiben. Larman schlägt für diesen Zweck so genannte 'contracts' vor (vgl. Larman, 2002, S. 177 ff.). Solch eine Spezifikation könnte für die System-Operation *anlegenStudiengangstyp* wie folgt aussehen (vgl. Tab. 3.4):

Tabelle 3.4: Beispiel für die Spezifikation einer System-Operation

Operation	*anlegenStudiengangstyp(bezeichnung: String, anzahlSemester: integer, anzahlUnterrichtseinheiten: integer, version: integer, freigabestatus: String)*
Verwendungsnachweis:	Anwendungsfälle: *Studiengangstyp erfassen*
Vorbedingungen:	keine
Nachbedingungen:	1. Ein Objekt *einStudiengangstyp* vom Typ *Studiengangstyp* wurde erzeugt. Die Attribute *bezeichnung*, *anzahlSemester* und *anzahlUnterrichtseinheiten* wurden mit den korrespondierenden Parameterwerten initialisiert. 2. Ein Objekt *eineStudiengangsversion* vom Typ *Studiengangsversion* wurde erzeugt. Die Attribute *version* und *freigabestatus* wurden mit den korrespondierenden Parameterwerten initialisiert. 3. *einStudiengangstyp* wurde mit *eineStudiengangsversion* verbunden.

Nachfolgend sollen die einzelnen Elemente der Spezifikation kurz erläutert werden. Die **Operation** wird durch ihren Bezeichner sowie die Parameter beschrieben. Bei den Parametern können auch die Typen angegeben werden. Der Verwendungsnachweis ist optional und zeigt an, in welchen Anwendungsfällen die Operation verwendet wird. Die Vorbedingungen beschreiben Voraussetzungen, die im System bzw. bei einzelnen Objekten des Systems erfüllt sein müssen, bevor die Operation ausgeführt wird. Im obigen Beispiel (vgl. Tab. 3.4) müssen keine besonderen Vorbedingungen erfüllt sein. Bei der System-Operation *anlegenSemester()* müsste etwa als Vorbedingung angegeben sein, dass das zugehörige Objekt der Klasse *Studiengangsversion* existiert. Das wichtigste Beschreibungselement sind die Nachbedingungen. Es werden in deklarativer Weise Zustandsveränderungen beschrieben, die im Einzelnen folgende Ausprägungen haben können:

- Objekt wurde erzeugt oder gelöscht,
- Attributwerte wurde verändert und/oder
- Beziehungen wurden aufgebaut oder gelöst.

Das Spezifizieren der System-Operationen erzwingt ein genaueres Überdenken der Zusammenhänge und kann zur Identifikation neuer Fachklassen, Attribute und Assoziationen führen. In unserem Beispiel haben wir in Abwandlung zum Klassendiagramm in Abb. 3.1 die Entscheidung getroffen, die Studiengangsversion nicht durch Attribute, sondern durch eine eigene Klasse abzubilden (vgl. Abb. 3.22). Da sich die Versionen insbesondere durch eine veränderte Semester- und Lehrveranstaltungsstruktur ergeben, die Attributwerte des Studiengangstyps jedoch i.d.R. gleich bleiben, müssten ohne eine separate Klasse für die Studiengangsversion die Attributwerte des Studiengangstyps redundant geführt werden. Dieses Beispiel zeigt auf, dass bei der Klassenmodellierung immer wieder die Frage zu beantworten ist, ob ein bestimmter Tatbestand als Attribut oder als eigene Klasse abgebildet werden soll.

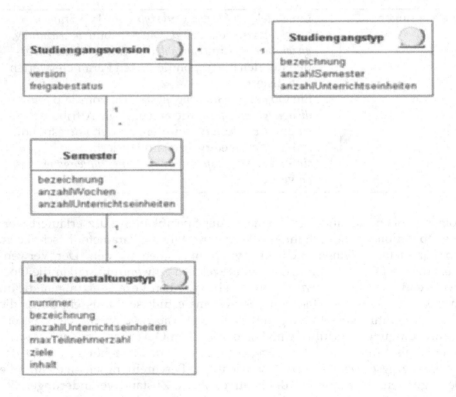

Abb. 3.22: Modifiziertes Fachklassenmodell aufgrund der Spezifikation von System-Operationen

Grundsätzlich stellt sich die Frage, ob solche Spezifikationen von System-Operationen notwendig sind. Im Prinzip stellen sie Ergänzungen zum Anwendungsfallmodell dar und vermeiden ein Überfrachten der Anwendungsfallbe-schreibungen was unnötige Komplexität vermeidet und damit die schnelle Erfass-barkeit erleichtert. Sicherlich sind solche Spezifikationen von System-Operationen dann hilfreich, wenn es sich um entsprechend komplexe Operationen handelt. In solchen Fällen fördert insbesondere die systematische Struktur der Nachbedin-gungen eine sehr genaue, analytische und erhöhte Gründlichkeit der Anforde-rungsbeschreibung. Sicherlich sind die System-Operationen des Anwendungsfalls *Studiengangstyp erfassen* (vgl. Tab. 2.9 und Abb. 3.21) nicht so komplex, dass eine gesonderte Spezifikation notwendig wäre. Insofern ist das Beispiel eher aus didak-tischen Gründen verwendet worden.

3.6 Resümee zur Anforderungsanalyse in der Spezifikationsphase

Ein wesentliches Ergebnis der Anforderungsanalyse im Rahmen der Spezifikati-onsphase ist die Erfassung der fachlichen Struktur in Form eines Klassenmodells auf Fachkonzeptebene. In Ausschnitten ist in Abb. 3.23 ein Klassenmodell wieder-gegeben, das auf der Klassensammlung der Abb. 3.3 grundsätzlich aufbaut und insbesondere durch Attribute und Beziehungen ergänzt wurde. Im Mittelpunkt dieses Kapitels stand die methodische Unterstützung der Modellerstellung. In Abb. 3.24 ist die Vorgehensweise im Überblick visualisiert. Neben den Regeln und Hin-weisen zum Identifizieren von Klassen, zum Validieren der Zweckmäßigkeit ge-fundener Klassen, den Regeln zum Finden von Attributen und der Entscheidung ob Attribut oder Klasse, wurde ausführlich auf die Modellierung von Beziehungen im Sinne von Assoziationen und Generalisierungs-Spezialisierungsbeziehungen eingegangen.

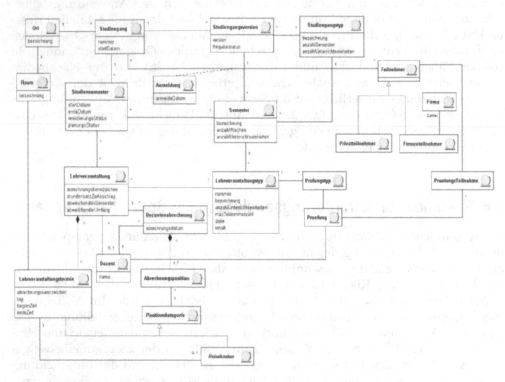

Abb. 3.23: Vorläufiges Klassenmodell (in Ausschnitten)

Die Vorstellung von Analyse-Mustern zeigte, dass es effektiv ist, für bestimmte Situationen bereits erprobte Modellkonstrukte zu verwenden. Dies vereinfacht einerseits die Modellerstellung und andererseits auch die Kommunikation, da dem beteiligten Experten durch die Nennung des Musters der Zusammenhang gleich klar ist. Das heißt jeder Experte weiß, was er sich unter 'wechselnde Rollen' vorzustellen hat. Darüber hinaus erwachsen daraus auch Vorteile in der späteren Umsetzung, da es für Analyse-Muster vielfach auch Entwurfs-Muster gibt, für die entsprechende Implementierungen beschrieben sind. In dieser Entwicklungsphase sind in dem Klassenmodell so gut wie keine Operationen modelliert. Dies liegt im wesentlichen darin begründet, dass es im Rahmen der Anforderungsanalyse darum geht, die Anforderungen aus der Sicht des zukünftigen Anwenders zu modellieren. Dies bedeutet auch, dass dieser Prozess durch eine intensive Kommunikation mit dem zukünftigen Anwender charakterisiert ist. Mit dem Anwender können einerseits die Anforderungen hinsichtlich der Eigenschaften von Geschäftsobjekten im Sinne von Attributen diskutiert werden und andererseits die funktionalen Anforderungen in Form der Anwendungsfälle. Welche Klasse für welche Funktionalität verantwortlich sein soll, ist für den Anwender sicherlich nicht von primärem Interesse. Daher beschränkten wir uns im Rahmen der Anforderungsanalyse auf die Detaillierung der funktionalen Anforderungen in Form von System-Sequenz-diagrammen und detaillierten, strukturierten Spezifikationen von komplexen System-Operationen. In den System-Sequenzdiagrammen werden die System-Operationen in ihrer zeitlichen Reihenfolge entsprechend der Anwendungsfallspezifikation visualisiert und die Spezifikation der System-Operationen beschreibt die Anforderungen von der Außensicht in Form von Vor- und Nachbedingungen. Diese Modellierungsschritte ergänzen die Anwendungsfall-Modellierung der Vorbereitungsphase. Handelt es sich um beschränkt komplexe Anwendungsfälle, reicht u.U. auch die vorliegende Anwendungsfallbeschreibung aus. In jedem Fall ist damit die Grundlage gelegt, um in einem nächsten Schritt Entscheidungen darüber zu treffen, wie die System-Operationen in Form von klassenspezifischen Operationen umzusetzen sind. Dies bildet den Schwerpunkt des nächsten Kapitels 4.

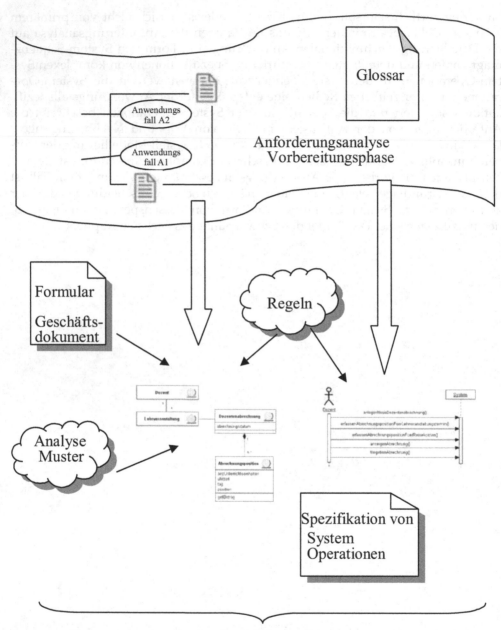

Abb. 3.24: Anforderungsanalyse in der Spezifikationsphase

3.7 Wiederholungsfragen und Aufgaben

Die Lösungen zu den nachfolgenden Fragen und Aufgaben finden Sie auf der Webseite zum Buch.

Frage 3.1

In welchem Fall ist es zweckmäßig, statt einer Klasse ein einfaches Attribut zu modellieren?

a) Das Attribut setzt sich aus unterschiedlichen Teilen zusammen, z.B. Bankverbindung mit Kontonummer, Bankleitzahl und Bankname.

b) Zahl, die als atomarer Wert z.B. die Bestellmenge eines Artikels, wobei die Mengeneinheit bereits beim Artikel festgelegt ist.

c) Das Attribut hat einen komplexen Aufbau, so dass Validierungs- und Zugriffsoperationen auf Attributteile notwendig sind.

d) Das Attribut ist eine Menge mit Einheit.

e) Ein Attribut hat weitere Attribute, z.B. Preis mit Gültigkeit.

Frage 3.2

Welche Aussage über Assoziationen ist falsch?

a) Eine Assoziation ist eine Beziehung zwischen Klassen.

b) Assoziationen sollten nur dann mit einem Namen versehen werden, wenn der Name nicht trivial und damit unnötig ist.

c) Multiplizitäten beschreiben Assoziationen dadurch, dass sie die Anzahl der beteiligten Objekte an einer Assoziation spezifizieren.

d) Rollennamen sind insbesondere bei reflexiven Assoziationen notwendig.

e) Eine Komposition ist eine besondere Form der Assoziation.

Frage 3.3

Welche Aussage über Analysemuster ist richtig?

a) Das Analysemuster 'Liste' wird insbesondere bei Vorliegen einer Generalisierungs-Spezialisierungsbeziehung angewandt.

b) Das Analysemuster 'Exemplartyp' wird insbesondere angewandt, um die Beziehung zwischen einer Klasse und der von ihr erzeugten Exemplare (Objekte oder Instanzen) angewandt.

c) Das Kompositum-Muster eignet sich zur Modellierung von Erzeugnisstrukturen oder Organisationsstrukturen.

d) Das Zustands-Muster erlaubt die Beschreibung unterschiedlicher Zustandsausprägungen mittels spezieller Attribute.

e) Analysemuster geben Handlungshilfen für das Vorgehen bei der Analyse funktionaler Anforderungen.

Aufgabe 3.1

Mit Bezug zur Aufgabe 2.1 soll für das Beschaffungssystem ein Klassendiagramm entwickelt werden. Aufgrund der Prozessbeschreibung der Beschreibung von Anwendungsfällen und weiterer Erkenntnissen aus Gesprächen und Workshops mit den Anwendern aus dem Beschaffungsbereich hat sich ergeben, dass im Klassendiagramm folgende Struktur zu berücksichtigen ist: Für eine Bedarfsmeldung ist festzuhalten, wer den Bedarf gemeldet hat, wobei eine Bedarfsmeldung mehrere Positionen umfassen kann, die sich jeweils auf einen Artikel bezieht. Eine Bedarfsposition kann entweder zu einer oder zu mehreren Bestellpositionen führen, wobei eine Bestellung eine oder mehrere Bestellpositionen umfasst. Eine Bestellung richtet sich an einen Lieferanten. Auch der Wareneingang hat einen Bezug zum Lieferanten und umfasst einen oder mehrere Wareneingangspositionen. Dabei bezieht sich eine Wareneingangsposition auf eine oder mehrere Bestellpositionen. Die Rechnung des Lieferanten umfasst ebenso eine oder mehrere Rechnungspositionen, die einen Bezug zu der/den Bestellposition/en und Wareneingangsposition/en aufweisen. Das nachfolgend aufgeführte Klassenmodell (vgl. Abb. 3.25) enthält die Klassen und Beziehungen mit Angabe der Multiplizitäten. Attribute und Operationen sind noch nicht modelliert. Dem Entwickler passierte das Missgeschick, dass er Kaffee auf sein Modell verschüttete. Ihre Aufgabe besteht nun darin, die nicht mehr sichtbaren Teile zu ergänzen.

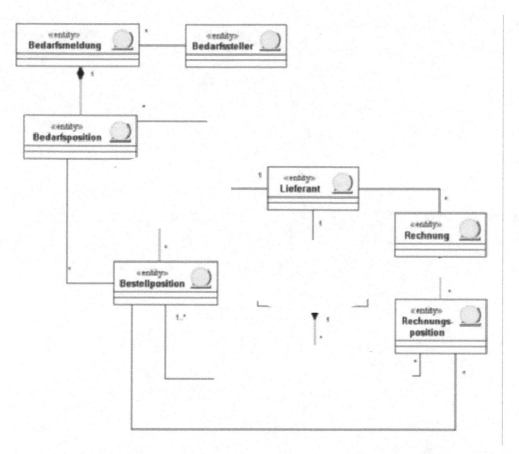

Abb. 3.25: Klassendiagramm *Beschaffungssystem*

Aufgabe 3.2

– Bezugnehmend auf den Anwendungsfall *Eingangsrechnung prüfen* (vgl. Tab. 2.14) soll ein System-Sequenzdiagramm entwickelt werden.

4 Analyse und Entwurf in der Spezifikationsphase

4.1 Überblick und Lernziele

Zusammenfassung

Bestandteil des Vorgehensmodells nach dem Unified Process ist die Aktivität 'Analyse und Entwurf'. Am Anfang dieses Kapitels erfolgt eine Abgrenzung zwischen Analyse und Entwurf (bzw. Design). In diesem Zusammenhang wird eine Differenzierung zwischen Fachkonzeptklassen, Entwurfsklassen (bzw. Softwareklassen) und Implementierungsklassen vorgenommen. Im Rahmen der objektorientierten Analyse beschränken wir uns schließlich auf die Teile eines Systemmodells, die sich mit den fachlichen Aspekten beschäftigen. Im Gegensatz zur Anforderungsanalyse werden jedoch in diesem Kapitel bereits Entscheidungen getroffen, welche sich an Kriterien orientieren, die darauf abzielen, dass ein Software-System entstehen soll, das auch bestimmten Qualitätsmerkmalen genügt. Vor diesem Hintergrund werden die Prinzipien der 'hohen Bindung' und der 'geringen Kopplung' vorgestellt. Diese Prinzipien finden u.a. ihre Anwendung in den von Larman vorgeschlagenen Mustern zur Festlegung der Verantwortlichkeit der einzelnen Klassen des zu entwickelnden Systems. Im Einzelnen werden das Experten-, Polymorphismus-, Erzeuger- und Controller-Muster vorgestellt und deren Funktion erläutert. Damit kann in begründeter Weise entschieden werden, wie die System-Operationen umgesetzt werden. Vor diesem Hintergrund erfolgt die Zuordnung von Operationen auf einzelne Klassen anhand eines ausgewählten Anwendungsfalls unserer Fallstudie. Zur Visualisierung kommen vor allem Interaktionsdiagramme in Form so genannter Sequenz- und Kommunikationsdiagrammen zum Einsatz. Aus dieser Modellierung auf Objektebene ergeben sich entsprechende Erweiterungen des Klassenmodells. Ergänzend hierzu wird noch auf Modellierungsentscheidungen eingegangen, die im Wesentlichen von den Anforderungen des Anwenders bestimmt sind. Beispiele hierfür sind das Festlegen der Sichtbarkeit von Objekten, die Entscheidung über die Navigierbarkeit von Assoziationen sowie die Entscheidungen über Typangaben. Am Ende steht letztlich ein ergänztes Fachklassenmodell, wobei diese Fachklassen bereits den Charakter von Entwurfsklassen aufweisen.

Wichtige Teilgebiete sind:

- Grundlagen zum Verständnis von Analyse und Entwurf
- Muster zur Unterstützung von Entscheidungen zur Modellierung von Operationen im Fachklassenmodell
- Umsetzung von Anwendungsfällen am Beispiel
- Entscheidungen zur Ergänzung des Fachklassenmodells

Lernziele

Der Leser soll

- die Grundprinzipien 'geringe Kopplung' und 'hohe Bindung' verstehen und anwenden können,
- Experten-, Polymorphismus-, Erzeuger- und Controller-Muster zur Umsetzung von Anwendungsfällen anwenden können,
- einen Start-Anwendungsfall entwerfen können,
- über die Navigationsrichtung von Assoziationen entscheiden können sowie
- Regeln kennen, welche Operationen nicht zu modellieren sind und wann Typangaben notwendig bzw. vernachlässigbar sind.

4.2 Grundlagen zu Analyse und Entwurf

Im Rahmen der objektorientierten Systementwicklung wird zwischen objektorientierter Analyse (**OOA**, object oriented analysis) und objektorientiertem Entwurf (**OOD**, object oriented design) unterschieden. Grundsätzlich geht es bei einer **Analyse** allgemein darum, durch die Untersuchung der einzelnen, elementaren Bestandteile eines Ganzen Erkenntnisse zu gewinnen. Bei einem **Entwurf** geht es darum, dass eine Vorlage, ein Plan für die Lösung eines Problems ausgearbeitet wird. Die Ausführungen zur Anforderungsanalyse haben deutlich gezeigt, dass durch das Zerlegen und Detaillieren von Geschäftsprozessen, Geschäftsanwendungsfällen, (System-)Anwendungsfällen, System-Sequenzdiagrammen, Fachklassenmodellen und Spezifikationen von System-Operationen Erkenntnisse über die fachlichen Anforderungen an das zu entwickelnde Software-System gewonnen werden können. Die Frage stellt sich nun, was die objektorientierte Analyse eigentlich beinhaltet. Heide Balzert (vgl. Balzert, 1999, S. 8 ff.) stellt fest, dass das OOA-Modell (Analysemodell) die fachliche Lösung des zu realisierenden Systems bildet. Demgegenüber setzt Larman (vgl. Larman, 2002, S. 7) Analyse gleich mit 'do the right thing' und Entwurf (Design) mit 'do the thing right'. Insgesamt muss gesagt werden, dass die Trennlinie zwischen OOA und OOD nicht immer in gleicher Weise gezogen wird. Jacobson führt in seinem Buch 'Object Oriented Software Engineering – A Use Case Driven Approach' aus dem Jahr 1992 aus, dass es keine allgemeingültige Antwort auf die Frage 'Wann ist die Analyse abgeschlossen?' gibt. Für Jacobson ist die Grenze dort, wo die Eigenschaften der Implementierungsumgebung (z.B. Datenbankmanagementsystem, Dialog-Framework usw.) Änderungen an dem Modell notwendig machen würde (vgl. Jacobson, 1992, S. 140). In unserem Zusammenhang wollen wir im Rahmen der objektorientierten Analyse insbesondere unser Fachklassenmodell um die Operationen ergänzen. Dabei stellen die System-Operationen den Ausgangspunkt dar. Sie drücken nichts anderes aus als die funktionalen Anforderungen des Anwenders an das System. Im nächsten Schritt geht es nun darum, dass Entscheidungen darüber getroffen werden, über welche Operationen die Klassen unseres Fachklassenmodells verfügen müssen, damit die System-Operationen auch umgesetzt werden können. Die dafür notwendigen Entscheidungen müssen sich an zweckmäßigen Kriterien orientieren. Bei der Aufstellung des Fachklassenmodells im Rahmen der Anforderungsanalyse (vgl. Abschnitt 3.5), waren grundsätzlich die real existierenden Phänomene des Anwendungsbereichs der Ausgangspunkt und zumeist haben wir eine Entsprechung von Realphänomen und Fachklasse, z.B. Studiengang, Teilnehmer, Lehrveranstaltung. Allerdings hat sich jedoch bei der Entscheidung ob es sich um ein Attribut oder eine Klasse handelt auch schon gezeigt, dass eher DV-technische Aspekte ausschlaggebend waren. Dies zeigte sich beispielsweise bei der Festlegung, dass die Studiengangsversion als eine Klasse und nicht als Attribut des Studiengangstyps modelliert wurde (Grund: Vermeidung von Redundanz). Verstärkt tritt dies bei der Frage auf, welche Operationen welcher Klasse zugeordnet werden sollen. Aus der Sicht des Anwenders (Auftraggebers) ist dies relativ belanglos. Er ist nur daran interessiert, dass das System die System-Operationen bereitstellt, so dass die betreffenden Geschäftsprozesse in effektiver Weise unterstützt werden.

Während die bisher notwendigen Entscheidungen hinsichtlich Klassen, Attributen und Beziehungen zwischen Klassen somit weitgehend an den Gegebenheiten der Realität und damit in Abstimmung mit dem Anwender getroffen werden konnten, sind für die Festlegung der Verantwortlichkeiten der Klassen für Operationen spezielle Kriterien notwendig. Diese Kriterien haben weniger einen fachlichen Bezug, als vielmehr eine softwaretechnische Begründung. Typische Kriterien sind 'geringe Kopplung' und 'hohe Bindung' (vgl. Larman, 2002, S. 229 ff.; Balzert, 1998, 496 f.). Die **Kopplung** drückt aus, in welchem Umfang ein Objekt Wissen über ein anderes Objekt braucht, auf andere Objekte angewiesen bzw. mit wie viel anderen Objekten verbunden ist. Eine Klasse mit hoher Kopplung ist grundsätzlich nicht wünschenswert, da folgende Schwachstellen auftreten können:

– Änderungen in verbundenen Klassen erfordern Änderungen bei den betreffenden Klassen.
– Bei isolierter Betrachtung sind solche Klassen schwerer verständlich.
– Die Wiederverwendbarkeit ist eingeschränkt, da das Vorhandensein der verbundenen Klassen notwendig ist.

Die **Bindung** oder genauer gesagt funktionale Bindung ist ein Maß dafür, wie eng zusammengehörig Operationen in einer Klasse sind. Eine Klasse mit geringer Bindung ist für viele nicht zusammengehörende Aufgaben verantwortlich, solche Klassen sind nicht wünschenswert und führen vielfach zu folgenden Problemen:

– Klasse ist schwer verständlich
– Klasse ist nur begrenzt wiederverwendbar.
– Klasse lässt sich schwer warten bzw. pflegen.

– Klasse ist empfindlich, da sie u.U. von ständigen Änderungen betroffen ist.

Die beiden Kriterien sind nicht unabhängig voneinander. Schlechte, sprich geringe, Bindung hat vielfach eine schlechte, sprich hohe, Kopplung zur Folge. Bindung und Kopplung kann als das Yin und Yang des Software Engineering angesehen werden. Vor diesem Hintergrund konzipierte Craig Larman (vgl. Larman, 2002, S. 215 ff.) grundsätzliche Prinzipien für den Objekt- bzw. Klassenentwurf und die Zuordnung von Verantwortung, die er in Mustern umsetzte. Er nennt diese GRASP, was für **G**eneral **R**esponsibility **A**ssignment **S**oftware **P**atterns steht. Mit dieser Namensgebung wird deutlich, dass es bei der Anwendung dieser Muster schon darum geht Software-Klassen zu entwickeln. Bei dieser Gelegenheit soll der Zusammenhang unterschiedlicher Klassenkategorien kurz klargestellt werden:

– **Fachklassen** bilden Phänomene der realen Welt ab. Im Rahmen der fachlichen Anforderungsbeschreibung (Fachkonzept) nennen wir diese auch **Fachkonzeptklassen**. Damit wird ausgedrückt, dass noch keine DV-technischen Aspekte berücksichtigt sind. Das Fachkonzept-Klassenmodell ist wesentlicher Bestandteil des OOA-Modells.

– **Entwurfsklassen** oder auch **Softwareklassen** stellen eine Vorgabe für die Implementierung eines Software-Systems dar. Neben den Fachklassen, gibt es auch noch Dialogklassen zur Umsetzung der Benutzungsoberfläche, Datenbankklassen zur Umsetzung der Persistenz, Steuerungsklassen und sonstige softwaretechnische Klassen. Das Entwurfs-Klassenmodell ist ein wesentlicher Bestandteil des OOD-Modells. Für die Fachklassen des Entwurfsmodells bilden die Fachkonzeptklassen i.d.R. die Ausgangsbasis, welche um Details ergänzt werden.

– **Implementierungsklassen** sind Klassen, die mit einer objektorientierten Programmiersprache, z.B. *Java*, *C++* oder *C#* realisiert sind.

Die Anwendung der GRASP-Muster (sprachlich korrekt GRAS-Muster) führt zur Ergänzung der Fachkonzeptklassen um Operationen. Die Kriterien zur Zuordnung von Operationen sind jedoch schon darauf ausgerichtet, dass diese Fachklassen Qualitätsanforderungen erfüllen, welche an Fachklassen im OOD-Modell unter dem Aspekt der DV-technischen Umsetzung gestellt werden.

4.3 Anwendung von Mustern zur Modellierung von Operationen

4.3.1 Anwendung des Experten-Musters

Das Experten-Muster postuliert, dass die Verantwortlichkeit für eine Operation dem so genannten **'Informations-Experten'** zugeordnet werden soll. Das ist die Klasse, die über die Informationen (Attribute) verfügt, welche zum Ausführen der Operation notwendig sind. Anhand eines Ausschnitts aus unserer Fallstudie soll die Anwendung des Experten-Musters erläutert werden. Im Rahmen des Geschäftsprozesses *Studiengang durchführen* gibt es einen Geschäftsanwendungsfall *Lehrveranstaltung durchführen*. In diesem Kontext wurde der Anwendungsfall *Do-*

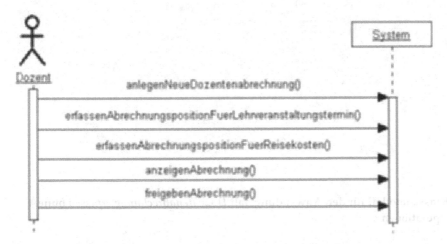

Abb. 4.1: System-Sequenzdiagramm für den Anwendungsfall *Dozentenabrechnung erfassen*

zentenabrechnung erfassen identifiziert (vgl. Abb. 2.5 bzw. Tab. 2.11). Für diesen Anwendungsfall lässt sich ein System-Sequenzdiagramm erstellen (vgl. Abb. 4.1).

Nun geht es darum, die dafür notwendigen Operationen in den betroffenen Klassen zu definieren. Dabei sind die Auswahl- und Erfassungsoperationen erst mal weniger interessant, als die notwendigen Operationen zur Ermittlung der Abrechnungsbeträge und der Abrechnungssumme, die im Rahmen der System-Operation *anzeigenAbrechnung()* ermittelt werden müssen. Auf der Basis dieses Anwendungsfalls wurde ein Klassenmodell für diesen Anwendungsausschnitt entwickelt (vgl. Abb. 4.2).

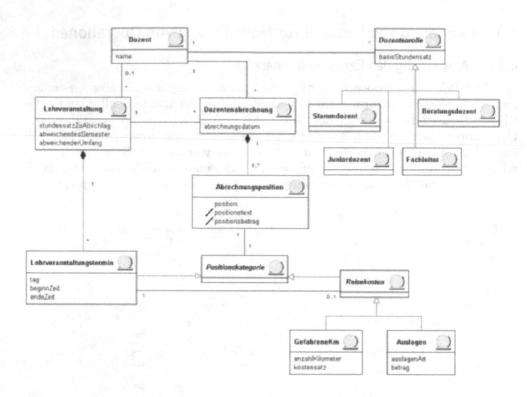

Abb. 4.2: Klassenmodell für den Anwendungsfall *Dozentenabrechnung erfassen* ohne Operationen

In dieses Klassenmodell sind die auszugsweise bereits diskutierten Klassenmodelle aus den Abb. 3.16, 3.17 und 3.20 in angepasster Form eingegangen. Ergänzt wurden noch Klassen für die Abbildung der Reisekosten. In diesem Zusammenhang wurde die Entscheidung getroffen, dass es im Prinzip zwei Arten von Abrechnungspositionen gibt, nämlich Reisekosten und Lehrveranstaltungstermine. Bei den Reisekosten kann es sich laut der Anwendungsfallbeschreibung um die Abrechnung von Fahrtkilometern, die mit dem eigenen Fahrzeug zurückgelegt wurden, handeln oder aber um Auslagen, z.B. für Fahrkarten oder Übernachtungskosten. Daher wurde hierfür eine Generalisierungs-Spezialisierungsbeziehung modelliert. In der Klasse Abrechnungsposition wurden die Attribute *positionstext* und *positionsbetrag* als ableitbare Attribute modelliert.

Zum Anzeigen der erfassten Abrechnung soll der Gesamtbetrag, mit dem der Dozent zu rechnen hat, angezeigt werden. Die Frage stellt sich nun, in welcher Weise diese Funktionalität erfüllt werden soll. Es lässt sich die Frage stellen: 'Wer soll für die Ermittlung des Gesamtbetrags der Dozentenabrechnung verantwortlich sein?'. Die generelle Antwort lautet: 'Das Objekt, welches über die dafür notwendigen Informationen verfügt!'. Eine Dozentenabrechnung kennt ihre Abrechnungspositionen, damit ist der Klasse *Dozentenabrechnung* eine Operation *getGesamtbetrag()* zuzuordnen. Der Zusammenhang lässt sich auf einfache Weise in einem Kollaborations- bzw. **Kommunikationsdiagramm** darstellen (vgl. Abb. 4.3). Details zu diesem UML-Diagramm sind in Anhang 1.4.5 beschrieben.

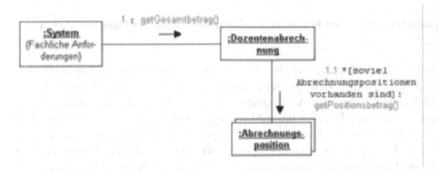

Abb. 4.3: Kommunikationsdiagramm zum Ermitteln des Gesamtbetrags einer Dozenten-
 abrechnung

Eine semantisch reichhaltigere Alternative zur Veranschaulichung der Interaktion von Objekten stellen Sequenzdiagramme dar. Diese haben wir ja schon als einfache System-Sequenzdiagramme kennen gelernt. Nun verwenden wir das **Sequenzdiagramm** zur Illustration komplexer zeitlich strukturierter Abläufe (vgl. Abb. 4.4). Details zu diesem UML-Diagramm sind in Anhang 1.4.5 beschrieben.

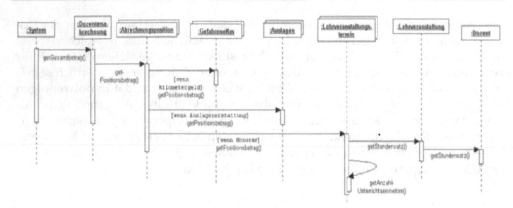

**Abb. 4.4: Sequenzdiagramm zum Ermitteln des Gesamtbetrags einer Dozentenabrech-
nung**

Die Operation *getGesamtbetrag()* in der Klasse *Dozentenabrechnung* benötigt den
Zugriff auf die Abrechnungsbeträge der einzelnen Abrechnungspositionen. Diese
Zugriffsmöglichkeit ist über die Assoziation zwischen Dozentenabrechnung und
Abrechnungsposition im Klassendiagramm (vgl. Abb. 4.2) gewährleistet. Die
Nachricht *getPositionsbetrag()* wird durch die Operation *getGesamtbetrag()* an das
betreffende Abrechnungspositionsobjekt geschickt. Da die Abrechnungsposition
unterschiedlicher Kategorie sein kann, wurde ein **Zustandsmuster** (vgl. Abschnitt
3.2.7) verwendet. Das heißt das Objekt vom Typ *Abrechnungsposition* ist mit einem
Objekt vom Typ *Positionskategorie* verbunden, das im konkreten Fall entweder ein
Lehrveranstaltungstermin- oder ein *GefahreneKm*-Objekt bzw. ein *Auslagen*-Objekt
sein kann. Im Sequenzdiagramm der Abb. 4.4 geschieht das über eine alternativ
formulierte Nachricht in Abhängigkeit vom speziellen Typ des Objektes der Oberklasse *Abrechnungsposition*. Im ergänzten Klassenmodell der Abb. 4.5 wird deutlich,
dass dies recht elegant über die abstrakte Klasse *Abrechnungsposition* und die Nutzung des **Polymorphismus** gelöst werden kann. Eine detaillierte Diskussion des
Polymorphismus-Muster erfolgt im nächsten Abschnitt. Die Klasse *Abrechnungsposition* verfügt über die Operation *getPositionsbetrag()*, die in den konkreten Unterklassen der Klasse *Positionskategorie* unterschiedlich implementiert wird. In den
Reisekosten-Klassen verfügen die entsprechenden Objekte über alle Informationen
(Attributwerte), die zur Ermittlung des Positionsbetrags notwendig sind. So einfach ist es beim Lehrveranstaltungstermin nicht. Die Klasse *Lehrveranstaltungstermin* kann über ihre Attribute die Anzahl der Unterrichtseinheiten ermitteln. Der
anzuwendende Stundensatz ist jedoch abhängig von der Lehrveranstaltung und
dem Dozenten. Aufgrund der Assoziation zwischen *Lehrveranstaltungstermin* und
Lehrveranstaltung bzw. *Lehrveranstaltung* und *Dozent* besorgt sich das *Lehrveranstaltungstermin*-Objekt über die Nachricht *getStundensatz()* den Stundensatz, der zur
Ermittlung des Positionsbetrags notwendig ist. Aufgrund dieser Überlegungen

wird das Klassenmodell aus Abb. 4.2 um die notwendigen Operationen ergänzt (vgl. Abb. 4.5).

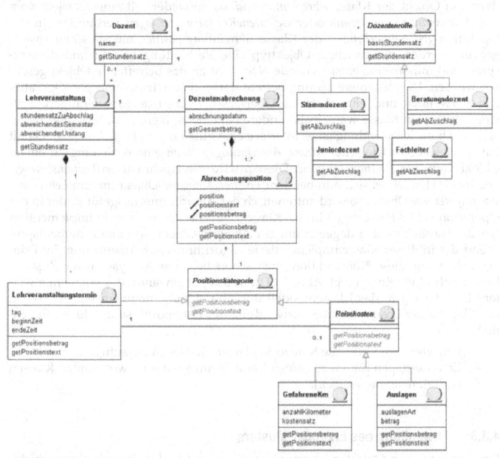

Abb. 4.5: Klassenmodell für den Anwendungsfall 'Dozentenabrechnung erfassen' mit einigen Operationen

4.3.2 Anwendung des Polymorphismus-Muster

Vielfach tritt die Situation auf, dass es von Objekten einer Klasse unterschiedliche Kategorien gibt. In Abhängigkeit von der Kategorie wird darüber hinaus vielfach eine unterschiedliche Verarbeitung gefordert. Eine klassische Lösung besteht darin, dass die Kategorien aufgrund eines entsprechenden Kennzeichens spezifiziert werden und die Verarbeitung kennzeichenabhängig unterschiedlich erfolgt. In einer objektorientierten Lösung könnte ein erster Schritt sein, für jede Kategorie eine eigene Klasse zu definieren. In unserem obigen Beispiel (vgl. Abb. 4.5) wäre dann ein Objekt der Klasse *Abrechnungsposition* entweder mit einem Objekt vom Typ *Lehrveranstaltungstermin* oder *GefahreneKm* bzw. *Auslagen* verbunden. In der Operation *getPositionsbetrag()* der Klasse *Abrechnungsposition* müsste somit jeweils geprüft werden, mit welchem Objekttyp eine Verbindung besteht und dementsprechend müsste eine entsprechende Nachricht an das betreffende Objekt gesendet werden. Die elegantere Lösung besteht darin, dass wir polymorphe Operationen verwenden und eine abstrakte Oberklasse *Positionskategorie* einfügen. Statt einer abstrakten Klasse wäre, insbesondere bei einer späteren Implementierung in Java, auch die Verwendung eines Interface eine gute Lösung (vgl. Abb. 4.5). Damit hat das jeweilige Objekt der Klasse *Abrechnungsposition* eine Beziehung zu einem Objekt vom Typ *Positionskategorie*. Diesem wird die Nachricht *getPositionsbetrag()* geschickt. Handelt es sich nun bei dem *Positionskategorie*-Objekt um ein *Lehrveranstaltungstermin*-Objekt, so wird automatisch der Algorithmus ausgeführt, der in der Operation *getPositionsbetrag()* in der Klasse *Lehrveranstaltungstermin* implementiert wurde. Handelt es sich dagegen um ein *Auslagen*-Objekt, so kommt dementsprechend der in dieser Klasse implementierte Algorithmus zur Ausführung. Im Prinzip haben wir diese Konstruktion auch schon bei dem Analysemuster Zustand bzw. wechselnde Rollen (vgl. Abb. 3.19 bzw. 3.20) angewandt, das auch ohne weitere Erläuterung in das Klassenmodell der Abb. 4.5 übernommen wurde. Neben der Eleganz der Lösung hat die Verwendung des Polymorphismus-Muster folgende Vorteile:

– Erweiterungen für neue Kategorien lassen sich leicht hinzufügen.
– Erweiterungen führen zu keinen Veränderungen der verwendenden Klassen (z.B. *Abrechnungsposition*).

4.3.3 Anwendung des Erzeuger-Musters

Das Erzeugen von Objekten ist einer der alltäglichsten Vorgänge in einem objektorientierten System. Folglich ist es sicherlich hilfreich eine allgemeine Regel für die Entscheidung zu haben, wer für das Erzeugen eines Objektes einer bestimmten Klasse verantwortlich sein soll. Das Erzeuger-Muster nach Larman (vgl. Larman, 2002, 226 ff.) stellt folgende Regeln auf:

Weisen Sie der Klasse B die Verantwortlichkeit für das Erzeugen eines Objektes der Klasse A zu, wenn eine oder mehrere der folgenden Aussagen zutreffen:

– B aggregiert A-Objekte.
– B enthält A-Objekte.
– B erfasst A-Objekte.
– B verfügt über die Initialisierungswerte, die zum Anlegen eines B-Objektes notwendig sind.

Ein häufig auftretender Fall ist die Aggregation (vgl. Abb. 3.8 bzw. 3.9). In unserem Klassenmodell in Abb. 4.5 haben wir zwei Kompositions-Beziehungen enthalten. Zum einen die *Lehrveranstaltung* mit dem *Lehrveranstaltungstermin* und zum anderen die *Dozentenabrechnung* mit der *Abrechnungsposition*. Folgen wir dem Erzeuger-Muster, so ist die Klasse *Lehrveranstaltung* verantwortlich für das Erzeugen von Objekten der Klasse *Lehrveranstaltungstermin*. Dieser Zusammenhang ist in einem Kommunikationsdiagramm (vgl. Abb. 4.6) dargestellt.

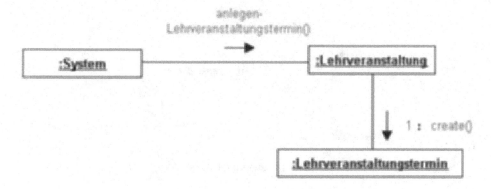

Abb. 4.6: Kommunikationsdiagramm zum Anlegen eines Lehrveranstaltungstermins

Ein weiteres Beispiel bezieht sich auf den Anwendungsfall *Studiengangstyp erfassen*. Das System-Sequenzdiagramm zeigt den grundsätzlichen Zusammenhang auf (vgl. Abb. 4.7).

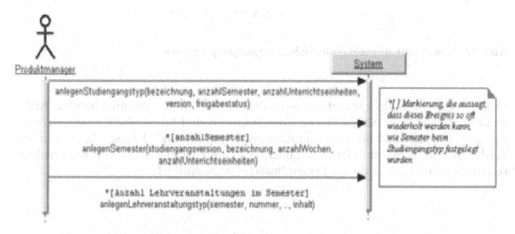

Abb. 4.7: System-Sequenzdiagramm: *Studiengangstyp erfassen*

Eine Zuordnung der Anlege-Operationen auf die Klassen erfolgt gemäß dem Erzeuger-Muster etwa in folgender Weise: Ein *Studiengangstyp*-Objekt beinhaltet
seine Objekte vom Typ *Studiengangsversion*, damit legt das *Studiengangstyp*-Objekt
die Objekte der Klasse *Studiengangsversion* an. Entsprechend legt das Objekt vom
Typ *Studiengangsversion* seine *Semester*-Objekte an und ein *Semester*-Objekt kennt
seine *Lehrveranstaltungstyp*-Objekte, womit nahe liegt, dass die *Semester*-Klasse
verantwortlich ist für das Erzeugen von *Lehrveranstaltungstyp*-Objekten (vgl. Abb.
4.8).

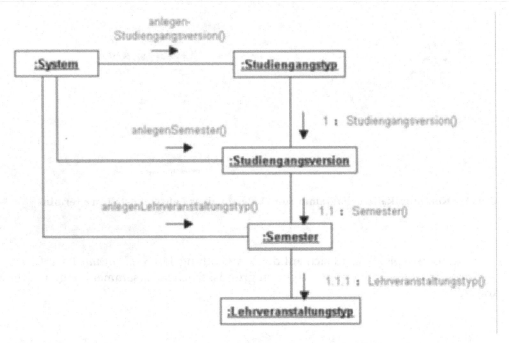

Abb. 4.8: Kommunikationsdiagramm: *Studiengangstyp erfassen*

Daraus ergibt sich ein ergänztes Klassendiagramm mit den entsprechenden Anlege-Operationen (vgl. Abb. 4.9). Die Konstruktoren sind nur deshalb eingezeichnet,
um die Konsistenz von Kommunikationsdiagramm und Klassendiagramm zu
verdeutlichen. Ansonsten ist es unüblich, dass im Fachklassenmodell Konstruktoren modelliert werden, da der Erkenntniswert nahe Null ist.

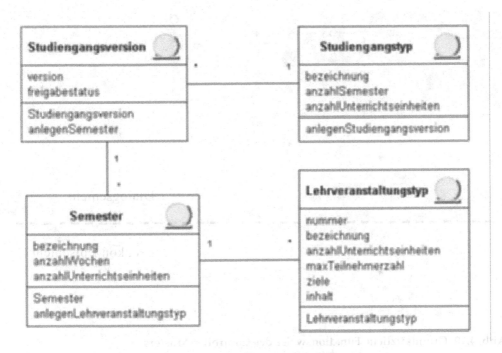

Abb. 4.9: Ergänztes Klassendiagramm: *Studiengangstyp erfassen*

4.3.4 Anwendung des Controller-Musters

Welche Klasse soll für die Bearbeitung von System-Ereignissen, wie sie im Rahmen der Anforderungsmodellierung in System-Sequenzdiagrammen modelliert wurden (vgl. Abb. 3.21), verantwortlich sein? Im System-Sequenzdiagramm haben wir stellvertretend ein *System*-Objekt eingezeichnet. Das **Controller-Muster** schlägt hierfür vor, eine oder mehrere Controller-Klassen zu definieren. Verwendet man nur einen Controller, so hat dieser den Charakter einer Fassade, welche die Fachkonzeptschicht (domain layer) von der Dialogschicht (user interface layer) trennt. Im Sinne eines anwendungsfallorientierten Entwurfs (use-case-driven design) bietet es sich an, für jeden Anwendungsfall einen Anwendungsfall-Controller zu entwerfen. Als Bezeichner schlägt Larman (vgl. Larman, 2002, S. 237) <Anwendungsfall Bezeichner>Handler vor. Abbildung 4.10 zeigt den grundsätzlichen Zusammenhang.

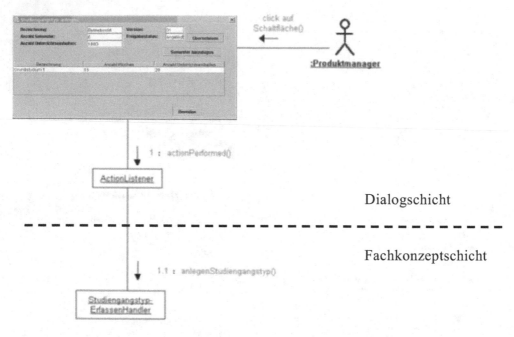

Dialogschicht

Fachkonzeptschicht

Abb. 4.10: Grundsätzliche Funktionsweise des Controller-Musters

Während wir bei der Anforderungsanalyse im Rahmen des System-Sequenz-diagramms (vgl. Abb. 3.21 bzw. 4.7) den Akteur als Auslöser modellierten, ist in Abb. 4.10 angedeutet, dass der Anwendungsfall-Controller als Teil der Fachkon-zeptschicht bei einer Dialoganwendung von Objekten der Dialogschicht angesto-ßen wird. Der Ablauf stellt sich wie folgt dar. Der Benutzer (*Produktmanager*) akti-viert die Schaltfläche *Übernehmen* damit wird ein *ActionEvent* an das als Listener registrierte *ActionListener*-Objekt geschickt. Im *ActionListener*-Objekt wird das Ob-jekt vom Typ *StudiengangstypErfassenHandler* über die Nachricht *anlegenStudien-gangstyp()* angesprochen. Das Handler-Objekt löst dann Nachrichten an die ent-sprechenden Fachklassen-Objekte aus. Dieser Teil ist analog der Darstellung im Kommunikationsdiagramm der Abb. 4.8. Das Controller-Objekt selbst sollte so wenig wie möglich selbst tun. Normalerweise delegiert der Controller die auszu-führenden Aktivitäten an andere Objekte der Fachkonzeptschicht und beschränkt sich im Wesentlichen auf koordinierende und steuernde Funktionen. Im Sinne einer möglichst geringen Kopplung sollten Klassen der Dialogschicht ausschließ-lich über den Anwendungsfall-Controller mit den Fachklassen und damit mit der Fachanwendung kommunizieren. Damit wird vermieden, dass Anwendungslogik in Dialogklassen implementiert wird. Dies hat den Vorteil, dass es leichter möglich ist, die Fachklassenschicht mit einer anderen Dialogtechnologie, z.B. statt einer Windows-basierten Java Swing Oberfläche eine JSP/Servlet-basierte Browser-Oberfläche, zu nutzen.

Zur modelltechnischen Differenzierung sieht der Unified Process bzw. die UML auch spezielle Stereotype für Klassen im OOA-Klassendiagramm vor. Es handelt sich um Interaktionsklassen (**boundary**), Steuerungsklassen (**control**) und Fachklassen (**entity**). Die Unterscheidung geht auf Jacobson zurück (vgl. Jacobson, 1998, S. 181 ff.). Interaktionsklassen stellen Abstraktionen der Schnittstellen des Software-Systems zu seiner Umwelt dar. Bei Dialogsystemen sind das Dialogklassen (z.B. *JFrame* oder *ActionListener* bei einer Java-Swing-Lösung). Steuerungsklassen entsprechen in der Fachkonzeptschicht den Controller-Klassen und Fachklassen repräsentieren die Geschäftsobjekte, die in der Regel auch persistent zu halten sind. Bei Verwendung dieser Stereotypen ergibt sich das in Abb. 4.11 ergänzte Klassendiagramm. Die jeweilige Klassenkategorie ist gemäß der UML (z.B. <<boundary>>) angegeben. Die modellierte boundary-Klasse kann nur ein Beispiel für eine typische Windows-basierte Dialogschicht mit Java Swing sein. Bei einer Web-Anwendung könnte dies eine JSP-Seite oder ein Servlet sein. Diese Implementierungsdetails stehen jedoch in der Spezifikationsphase noch nicht zur Diskussion. Aus der Sicht der Systemarchitektur hat jedoch die Anwendung des Controller-Musters den Vorteil einer konsequenten Trennung von Anwendungslogik und Benuterzinteraktion.

In diesem ergänzten Klassenmodell wird deutlich, dass wir die reine fachliche Sicht (domain model) schon verlassen haben. Neben den Software-Klassen, die unmittelbar aus den Fachkonzeptklassen des Anforderungsmodells (vgl. Abschnitt 4.1) abgeleitet wurden, wurde die Controller-Klasse in das Modell aufgenommen. Diese Klasse ist aus Anwendersicht absolut uninteressant. Diese haben wir in der Fachkonzeptschicht ausschließlich unter dem Aspekt einer möglichst geringen Kopplung zwischen Fachkonzeptschicht und Dialogschicht eingefügt und um zu entscheiden, wie die System-Operationen umzusetzen sind.

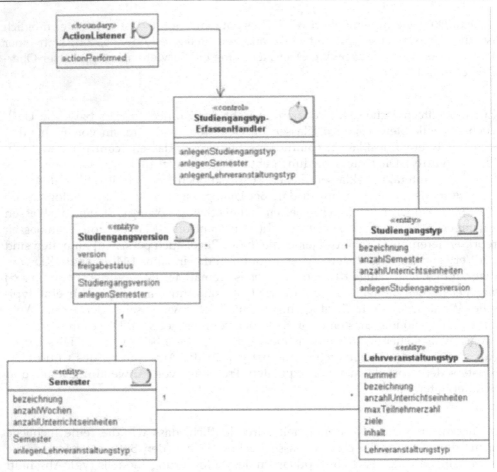

Abb. 4.11: Ergänztes Klassenmodell bei Anwendung des Controller-Musters

4.4 Realisierung von Anwendungsfällen am Beispiel

4.4.1 Einführung

Der Anwendungsfall beschreibt die funktionalen Anforderungen an das zu entwickelnde Software-System aus der Sicht des Benutzers. Auf der Basis der Anforderungsfall-Beschreibung können Details hinsichtlich der Veränderung von Objekteigenschaften in ergänzenden Spezifikationen der System-Operationen vorgenommen werden (vgl. Abschnitt 3.5). Die System-Operationen finden sich in System-Sequenzdiagrammen wieder. Die Anwendung von Entwurfsprinzipien und Mustern zur Modellierung von Operationen führt zur Realisierung von Anwendungsfällen. Zur visuellen Modellierung werden Interaktionsdiagramme in Form von Sequenz- und Kollaborations- bzw. Kommunikationsdiagrammen verwendet. In den folgenden Abschnitten soll nun anhand des Anwendungsfalls *Dozentenabrechnung erfassen* aufgezeigt werden, wie dieser Anwendungsfall in Form von zusammenwirkenden Objekten realisiert werden kann. Hierzu nehmen wir Bezug auf das in Abb. 4.1 entwickelte System-Sequenzdiagramm.

4.4.2 System-Operation: *anlegenNeueDozentenabrechnung()*

Die Operation *anlegenNeueDozentenabrechnung()* wird ausgeführt, wenn der Dozent mit dem Erfassen seiner Dozentenabrechnung beginnt. Die Spezifikation der System-Operation gibt folgende Anforderungen vor:

Tabelle 4.1: Spezifikation der System-Operation *anlegenNeueDozentenabrechnung()*

Operation	*anlegenNeueDozentenabrechnung (dozentenNummer : integer, passwort : String, lehrveranstaltungsNummer : integer)*
Verwendungsnachweis:	Anwendungsfälle: *Dozentenabrechnung erfassen*
Vorbedingungen:	Dozenten und Lehrveranstaltungen sowie die Verbindung zwischen den beiden sind im System vorhanden.
Nachbedingungen:	1. Ein neues Objekt vom Typ *Dozentenabrechnung* wurde erzeugt. 2. Das Objekt vom Typ *Dozentenabrechnung* wurde mit dem zugehörigen Objekt vom Typ *Dozent* verbunden. 3. Das neue Objekt vom Typ *Dozentenabrechnung* wurde mit dem abzurechnenden Objekt vom Typ *Lehrveranstaltung* verbunden.

Entsprechend dem Controller-Muster verwenden wir eine Controller-Klasse für den Anwendungsfall *Dozentenabrechnung erfassen* (*DozentenabrechnungErfassenHandler*). Anhand der Dozentennummer muss das dazugehörige Objekt vom Typ *Dozent* für das eine Abrechnung erzeugt werden soll, bereitgestellt werden. Es ergibt sich nun das Problem, dass ein Zugriff auf die Objekte vom Typ *Dozent* zu erfolgen hat. Die Frage stellt sich, welche Klasse in der Lage ist, den gesuchten Dozenten anhand der Dozentennummer zu identifizieren. Hier bietet sich an, eine Klasse *Dozentenliste* einzuführen. Das zugehörige *Dozentenliste*-Objekt kennt alle Objekte der Klasse *Dozent*. Damit hat diese Klasse den Charakter eines Informations-Experten. In diesem Stadium der Modellierung gehen wir davon aus, dass alle Objekte vom Typ *Dozent* im Arbeitsspeicher verfügbar seien. Dies ist sicherlich unrealistisch. Die Attribute der Objekte vom Typ *Dozent* werden in der Regel auf einer Datenbank abgelegt sein. Dies bedeutet, dass wir in einem späteren Entwicklungsschritt den Zugriff auf die Datenbank zu entwerfen und zu entwickeln haben. Gemäß der Abgrenzung zwischen OOA und OOD, wie sie von Jacobson vorgeschlagen wird, gehört dieser Schritt jedoch sicherlich zum OOD-Modell, da hierbei die Spezifika der Implementierungsumgebung, d.h. dem jeweiligen Datenbankmanagementsystem zu berücksichtigen sind. Ein Zugriff des Controller-Objektes auf die *Dozentenliste* setzt jedoch voraus, dass diese für das Controller-Objekt sichtbar ist. Im Sinne der Klassenmodellierung ist somit eine Assoziation zwischen der *DozentenabrechnungErfassenHandler*-Klasse und der *Dozentenliste*-Klasse notwendig. Über Dozentennummer und Passwort erfolgt die Authentifizierung des Dozenten. Diese Authentifizierung kann entsprechend dem Expertenmuster von der Klasse *Dozentenliste* vorgenommen werden. Daher verfügt die Klasse *Dozentenliste* über die Operation *authentifizierenDozent()*. Im Erfolgsfall wird das zugehörige Objekt vom Typ *Dozent* an das Handler-Objekt zurückgegeben. Nun fehlt noch das entsprechende Objekt vom Typ *Lehrveranstaltung*. Die Operation *getLehrveranstaltung()* mit dem Parameter *lehrveranstaltungsNummer* ist wiederum gemäß dem Experten-Muster der Klasse *Dozent* zuzuordnen, da das entsprechende Objekt vom Typ *Dozent* alle Objekte der Klasse *Lehrveranstaltung* kennt, die der jeweilige Dozent betreut. Im Erfolgsfall wird an das Handler-Objekt das ausgewählte Objekt vom Typ *Lehrveranstaltung* zurückgegeben. Nun kann ein neues Objekt vom Typ *Dozentenabrechnung* angelegt werden. Da das zugehörige Objekt vom Typ *Dozent* und das zugehörige Objekt der Klasse *Lehrveranstaltung* mitgegeben wird, können bei diesem Anlegen auch gleich die Verbindungen zum Objekt vom Typ *Dozent*

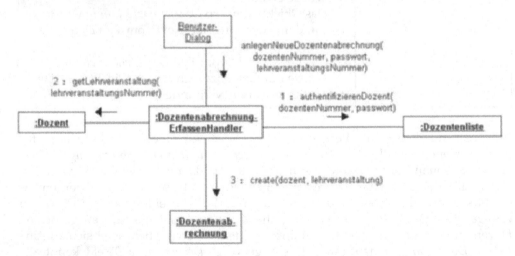

Abb. 4.12: Kommunikationsdiagramm zu *anlegenNeueDozentenabrechnung()*

und zum Objekt vom Typ *Lehrveranstaltung* erfolgen (vgl. Abb. 4.12). Das Handler-Objekt behält eine Referenz auf das Objekt der Klasse *Dozentenabrechnung*.

4.4.3 System-Operation: *erfassenAbrechnungspositionFuerLehrveranstaltungstermin()*

Nachdem ein Objekt vom Typ *Dozentenabrechnung* angelegt ist, sollen die einzelnen Abrechnungspositionen erfasst werden können. Die Spezifikation der System-Operation gibt folgende Anforderungen vor:

Tabelle 4.2: Spezifikation der System-Operation *erfassenAbrechnungspositionFuerLehrveranstaltungstermin()*

Operation	*erfassenAbrechnungspositionFuerLehrveranstaltungstermin(tag : Date, beginnZeit : Uhrzeit, endeZeit : Uhrzeit)*
Verwendungsnachweis:	Anwendungsfälle: *Dozentenabrechnung erfassen*
Vorbedingungen:	Objekt der Klasse *Dozentenabrechnung* sowie nicht abgerechnete *Lehrveranstaltungstermin*-Objekte, die in der Vergangenheit liegen, sind im System vorhanden.
Nachbedingungen:	1. Ein neues Objekt vom Typ *Abrechnungsposition* wurde erzeugt. 2. Das Objekt vom Typ *Abrechnungsposition* wurde mit dem zugehörigen *Lehrveranstaltungstermin*-Objekt verbunden. 3. Das Objekt vom Typ *Abrechnungsposition* wurde mit dem zugehörigen Objekt der Klasse *Dozentenabrechnung* verbunden.

Der Anwendungsfall-Controller verfügt über die Operation *erfassenAbrechnungspositionFuerLehrveranstaltungstermin()* und bekommt von der Dialogschicht die Werte für den Lehrveranstaltungstag sowie die Anfangszeit und Endzeit der abzurechnenden Lehrveranstaltung. Gemäß dem Experten-Muster wird in der Klasse *Lehrveranstaltung* die Operation *getLehrveranstaltungstermin()* modelliert, welche das entsprechende Objekt der Klasse *Lehrveranstaltung* zurückliefert. Da das Objekt vom Typ *Dozentenabrechung* die Objekte der Klasse *Abrechnungsposition* enthält (aggregiert), fällt das Anlegen eines Objektes vom Typ *Abrechnungsposition* gemäß dem Erzeuger-Muster in die Verantwortung der Klasse *Dozentenabrechnung*. Die Operation *anlegenAbrechnungsposition()* bekommt als Parameter das abzurechnende *Lehrveranstaltungstermin*-Objekt mit, das beim Anlegen eines Objektes vom Typ *Abrechnungsposition* mittels der *create()*-Operation gleich zum Anlegen einer Referenz verwendet werden kann. Nachdem das Objekt vom Typ *Abrechnungsposition* angelegt ist, kann die Verbindung zum Objekt der Klasse *Dozentenabrechnung* mittels der Operation *addAbrechnungsposition()* über eine Referenz in der *Abrechnungs-Position*-Collection hergestellt werden. Dieser Zusammenhang ist im Kommunikationsdiagramm der Abb. 4.13 dargestellt.

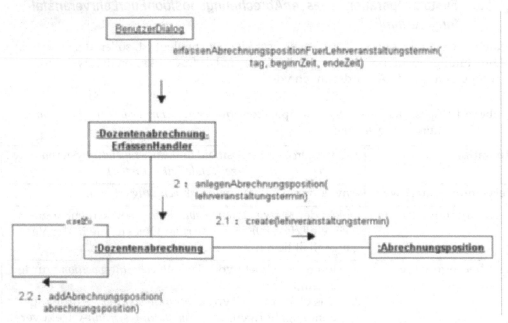

Abb. 4.13: Kommunikationsdiagramm zur System-Operation *erfassenAbrechnungspositionFuerLehrveranstaltungstermin()*

4.4.4 System-Operation: *erfassenAbrechnungspositionFuerReisekosten()*

Neben den Objekten vom Typ *Abrechnungsposition* für das Honorar können auch noch Objekte vom Typ *Abrechnungsposition* für Reisekosten erfasst werden. Die Spezifikation der System-Operation gibt folgende Anforderungen vor:

Tabelle 4.3: Spezifikation der System-Operation *erfassenAbrechnungspositionFuerReisekosten()*

Operation	*erfassenAbrechnungspositionFuerReisekosten(lehrveranstaltungstermin : Lehrveranstaltungstermin, anzahlKilometer : integer, kostensatz : Euro, auslagenArt : String, betrag : Euro)*
Verwendungs-nachweis:	Anwendungsfälle: *Dozentenabrechnung erfassen*

Vor- bedingungen:	Objekt der Klasse *Dozentenabrechnung* sowie nicht abgerechnete *Lehrveranstaltungstermin*-Objekte, die in der Vergangenheit liegen, sind im System vorhanden.
Nach- bedingungen:	1. Ein neues Objekt vom Typ *Abrechnungsposition* wurde erzeugt.
	2. Ein neues *GefahreneKm*- bzw. *Auslagen*-Objekt wurde erzeugt.
	3. Das neue *GefahreneKm*- bzw. *Auslagen*-Objekt wurde mit dem zugehörigen und dem zugehörigen *Lehrveranstaltungstermin*-Objekt verbunden.

Der Unterschied zur System-Operation *erfassenAbrechnungspositionFuerLehrve-ranstaltungstermin*() besteht eigentlich nur darin, dass das spezielle *Reisekosten*-Objekt (*GefahreneKm* oder *Auslagen*) erzeugt werden muss. Da das Objekt vom Typ *Abrechnungsposition* das *Reisekosten*-Objekt beinhaltet, ist dieses gemäß dem Erzeuger-Muster auch verantwortlich für das Anlegen. Ansonsten erklären sich die Entwurfsentscheidungen aus dem Kommunikationsdiagramm in Abb. 4.14.

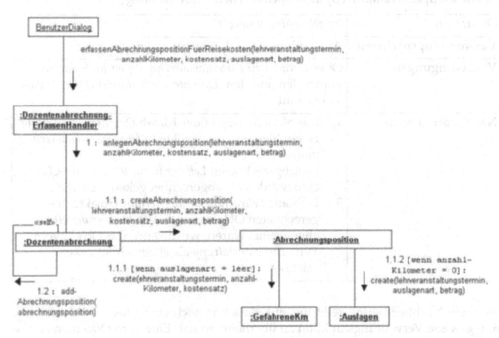

Abb. 4.14: Kommunikationsdiagramm zur System-Operation *erfassenAbrechnungspositi-onFuerReisekosten*()

4.4.5 System-Operation: *freigebenAbrechnung()*

Im Abschnitt 4.3.1 hatten wir uns schon mit der System-Operation *anzeigenAbrech-nung()* in Auschnitten beschäftigt. Zur Ergänzung wollen wir uns nun die System-Operation *freigebenAbrechnung()* genauer ansehen. Wir wollen unterstellen, dass als Ergebnis der System-Operation *anzeigenAbrechnung()* die Abrechnung in ihrer Gesamtheit dem Benutzer visuell präsentiert werden kann. Nach einer Prüfung soll es dem Benutzer möglich sein, die gesamte Abrechnung als in Ordnung zu kennzeichnen, was die System-Operation *freigebenAbrechnung()* auslöst. Der Vollständigkeit halber sei erwähnt, dass bei dem Prüfen natürlich auch Änderungen notwendig werden können bzw. die gesamte Abrechnung u.U. auch verworfen werden kann. Im Sinne der Komplexitätsreduktion im Lehr-/Lernzusammenhang wollen wir auf die Berücksichtigung dieser Funktionalität in dieser Iteration verzichten. Die folgende Spezifikation bezieht sich auf die System-Operation *freigeben-Abrechnung()*:

Tabelle 4.4: Spezifikation der System-Operation *freigebenAbrechnung()*

Operation	*freigebenAbrechnung()*
Verwendungsnachweis:	Anwendungsfälle: *Dozentenabrechnung erfassen*
Vorbedingungen:	Objekt vom Typ *Dozentenabrechnung* ist im System vorhanden und dem *DozentenabrechnungErfassenHandler* bekannt.
Nachbedingungen:	1. Das aktuelle Objekt der Klasse *Dozentenabrechnung* ist ein Element des Objektes *offeneDozentenabrechnung*. 2. Die abgerechneten *Lehrveranstaltungstermin*-Objekte wurden als abgerechnet gekennzeichnet. 3. Falls alle *Lehrveranstaltungstermin*-Objekte des abgerechneten Objektes vom Typ *Lehrveranstaltung* abgerechnet waren, wurde auch das Objekt vom Typ *Lehrveranstaltung* als abgerechnet gekennzeichnet.

Die erste Nachbedingung zeigt uns auf, dass wir noch eine Klasse benötigen, die eine gewisse Verwaltungsfunktion zu übernehmen hat. Eine vom Dozenten erfasste Dozentenabrechnung ist ja aus der Sicht der WAB eine Rechnung eines Lieferanten. Diese Rechnung ist aufgrund handelsrechtlicher Vorschriften zur Buchhaltung auf ihre sachliche und rechnerische Richtigkeit zu prüfen. Dies erfolgt mit Unterstützung des Systems im Rahmen eines anderen Anwendungsfalls, z.B. *Dozentenabrechnung prüfen*. Damit diese Prüfung stattfinden kann ist es zweckmäßig, dass die erstellten, aber noch nicht geprüften Objekte der Klasse *Dozentenabrechnung* als solche verwaltet werden. Dabei handelt es sich wieder um ein ähnliches Konstrukt, wie wir es schon bei der Klasse *Dozentenliste* hatten (vgl. Abb. 4.12). Aus unserer fachlichen Sicht wollen wir wieder davon ausgehen, dass ein Objekt der Klasse *OffeneDozentenabrechnung* die betreffenden Objekte vom Typ *Dozentenabrechnung* verwaltet, was real sicherlich bedeutet, dass diese Objekte auch auf einer Datenbank gespeichert werden. Diese Speicherungsaspekte werden wir jedoch erst später betrachten.

Das Controller-Objekt kennt das aktuelle Objekt der Klasse *Dozentenabrechnung* und veranlasst dieses, dass zuerst die *Lehrveranstaltungstermin*-Objekte, die in die Abrechnung aufgenommen wurden, fortgeschrieben werden. Das Fortschreiben bedeutet, dass das Abrechnungskennzeichen auf 'wahr' gesetzt wird. Das Objekt der Klasse *Dozentenabrechnung* beinhaltet seine Objekte vom Typ *Abrechnungsposition* und sendet daher an jedes Objekt vom Typ *Abrechnungsposition* die Nachricht *fortschreibenLehrveranstaltungstermin()*. Gemäß dem Experten-Muster ist das Objekt der Klasse *Abrechnungsposition* für die Fortschreibung verantwortlich, da dieses sein *Lehrveranstaltungstermin*-Objekt kennt. Sind alle abgerechneten *Lehrveranstaltungstermin*-Objekte fortgeschrieben, veranlasst das aktuelle Objekt der Klasse *Dozentenabrechnung* das zugehörige Objekt vom Typ *Lehrveranstaltung* die Fortschreibung vorzunehmen. Zu diesem Zweck prüft das Objekt vom Typ *Lehrveranstaltung* alle zugehörigen *Lehrveranstaltungstermin*-Objekte inwieweit diese abgerechnet sind. Sind alle abgerechnet, dann wird das Abrechnungskennzeichen im Objekt vom Typ *Lehrveranstaltung* auf 'wahr' gesetzt, ansonsten bleibt das Kennzeichen auf 'unwahr', da in diesem Fall die Lehrveranstaltung noch nicht vollständig abgerechnet ist. Sowohl bei dem Abrechnungskennzeichen in der Klasse *Lehrveranstaltungstermin* als auch bei dem in der Klasse *Lehrveranstaltung* handelt es sich um so genannte abgeleitete Attribute, die aufgrund der Assoziationen ermittelt werden können. Sind alle Objekte fortgeschrieben, fügt der Controller die Objekte der Klasse *Dozentenabrechnung* dem Verwaltungsobjekt *offeneDozentenabrechnung* hinzu. Das Kommunikationsdiagramm in Abb. 4.15 visualisiert die diskutierten Zusammenhänge.

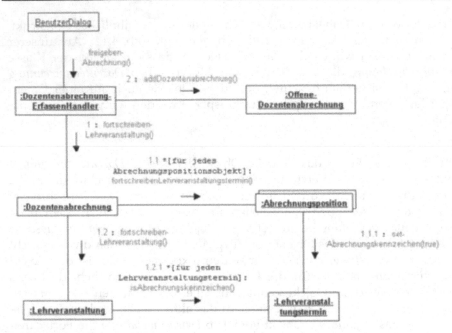

Abb. 4.15: Kommunikationsdiagramm zur System-Operation *freigebenAbrechnung()*

4.4.6 Auswirkungen auf das Klassenmodell

Bei der Umsetzung der System-Operationen des Anwendungsfalls *Dozentenabrechnung erfassen* haben wir einerseits die Grundprinzipien 'hohe Bindung' und 'geringe Kopplung' und andererseits das Experten-, Erzeuger- bzw. Controller-Muster angewandt. Das heißt die Entscheidungen über notwendige Operationen in den einzelnen Klassen wurden nicht willkürlich, sondern wohl begründet getroffen. Weiterhin hat sich gezeigt, dass bei dieser **Feinspezifikation** noch notwendige Details erkannt wurden, z.B. zusätzliche Attribute oder auch zusätzlich notwendige Klassen. Nun ist zwar der gewählte Anwendungsfall nicht sonderlich komplex, sondern eher einfach. Trotzdem haben wir die Analyse sehr detailliert durchgeführt. Dies hat primär didaktische Gründe. In der Realität mag es durchaus sein, dass für derart einfache Anwendungsfälle viele Detailentscheidungen unmittelbar durch den Programmierer im Rahmen der Implementierung getroffen werden können. Das Klassendiagramm in Abb. 4.16 fasst die wichtigsten Ergebnisse zusammen. Dabei sei angemerkt, dass die bisher verwendeten Teilmodelle mit Hilfe eines CASE-Werkzeugs (computer aided software engineering) erstellt wurden. Aufgrund der Funktionalität dieses Werkzeugs war es möglich, die in den Kommunikationsdiagrammen modellierten Nachrichten unmittelbar als Operationen der betreffenden Klassen zu übernehmen, so dass die Modelle konsistent sind. Im Kapitel 6 gehen wir auf die Details von CASE-Werkzeugen ein.

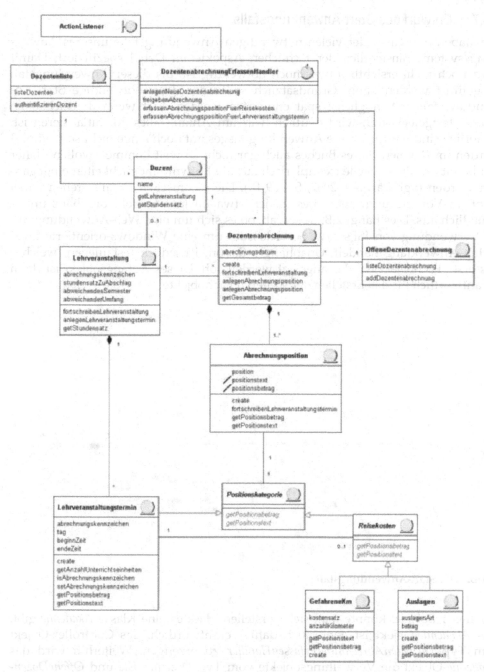

Abb. 4.16: Ausschnitt des relevanten Klassenmodells

4.4.7 Entwurf des Start-Anwendungsfalls

Wir haben nun einen der vielen notwendigen Anwendungsfälle unseres Anwendungssystems hinsichtlich der fachlichen Aspekte im Detail spezifiziert. Damit wird noch nicht ersichtlich, was noch notwendig ist, bis dieser Anwendungsfall ausgeführt werden kann. Grundsätzlich sollte der dazu notwendige Start-Anwendungsfall erst möglichst spät entworfen werden. Erst wenn die fachlichen Details festgelegt sind, wird deutlich, was am Anfang alles zu initialisieren ist. Sicherlich sind wir für unsere Anwendung insgesamt noch lange nicht so weit und werden im Rahmen dieses Buches auch gar nicht so weit kommen wollen, daher soll bereits an dieser Stelle exemplarisch auf die Entwurfsmöglichkeiten eingegangen werden (vgl. Larman, 2002, S. 269 ff.). Die technischen Details stehen dabei nicht im Vordergrund, denn diese sehen etwa im Java-Umfeld durchaus unterschiedlich aus. Dies hängt z.B. davon ab, ob es sich um eine Web-Anwendung unter Verwendung von JSPs bzw. Servlets oder um eine Windows-orientierte Java-Swing-Anwendung handelt. Unabhängig davon, ist jedoch festzulegen, welches das erste Fachobjekt ist, das angelegt werden soll. Dieses Anfangsobjekt ist dann verantwortlich für das Erstellen der weiteren Fachobjekte.

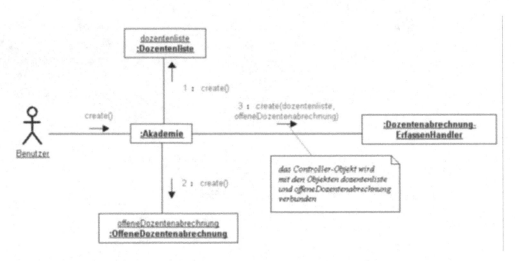

Abb. 4.17: Start-Anwendungsfall

Für unser Beispiel könnte man sich vorstellen, dass es eine Klasse *Akademie* gibt. Das *Akademie*-Objekt ist dann auch dafür verantwortlich, das Controller-Objekt vom Typ *DozentenAbrechnungErfassenHandler* zu erzeugen. Weiterhin wird das *Akademie*-Objekt die Verwaltungsobjekte vom Typ *Dozentenliste* und *OffeneDozentenabrechnung* anlegen (vgl. Abb. 4.17). Das *Dozentenliste*-Objekt kann, sofern die Anzahl der Dozenten überschaubar groß ist, gleich alle Dozentendaten von der

126

Datenbank einlesen und die daraus erstellten Objekte über ein Collection-Objekt (z.B. *List* oder *Map* in Java) verwalten. Allerdings hängen diese Details u.a. auch von der verwendeten Datenbanktechnologie ab. Die obigen Ausführungen deuten die Vorgehensweise bei der Verwendung einer relationalen Datenbank an. Dies sieht jedoch anders aus, wenn wir es mit einer objektorientierten Datenbank zu tun haben. Diese technischen Details behandeln wir später im Entwurfs- und Implementierungskontext.

4.5 Sichtbarkeit und Ergänzungen des Klassenmodells

4.5.1 Sichtbarkeit zwischen Objekten

Die Sichtbarkeit beschreibt die Fähigkeit eines Objektes, ein anderes Objekt zu kennen, bzw. einen Verweis auf ein anderes Objekt zu haben. Im vorangehenden Abschnitt haben wir uns mit Nachrichten zwischen Objekten auseinandergesetzt. Dies bedeutet, dass das sendende Objekt das empfangende Objekt kennen muss. Also muss irgendeine Art von Verweis existieren. So muss beispielsweise das Controller-Objekt in Abb. 4.15 das Objekt vom Typ *offeneDozentenabrechnung* kennen, um ihm die Nachricht *addDozentenabrechnung()* senden zu können. Grundsätzlich lassen sich vier Möglichkeiten unterscheiden, die Sichtbarkeit zwischen zwei Objekten A und B zu realisieren (vgl. Larman, 2002, S. 280):

- Sichtbarkeit über ein Attribut, z.B. B ist ein Attribut von A,
- Sichtbarkeit über Parameter, z.B. B ist ein Parameter einer Operation von A,
- lokale Sichtbarkeit, z.B. B ist ein lokales Objekt in einer Operation von A oder
- globale Sichtbarkeit, z.B. B ist in irgendeiner Weise global sichtbar.

Die **Sichtbarkeit über ein Attribut** ist eine sehr gebräuchliche Form der Sichtbarkeit in objektorientierten Systemen. Beispielhaft könnte dies für die Kommunikation zwischen dem Controller-Objekt und dem Objekt vom Typ *OffeneDozentenabrechnung* in Java etwa so aussehen, wie dies die Quellcode-Ausschnitte in Abb. 4.18 wiedergeben.

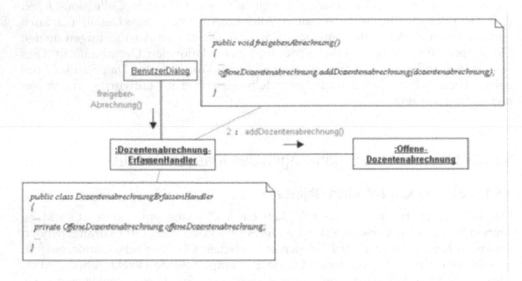

Abb. 4.18: Sichtbarkeit über Attribut und über Parameter

Die **Sichtbarkeit über Parameter** erlaubt dem Objekt A auf das Objekt B dadurch zuzugreifen, dass B als Parameter einer Operation von A übergeben wird. Damit handelt es sich um eine relativ beschränkte Sichtbarkeit, da diese nur in der Reichweite der Operation gegeben ist. Nach Larman (vgl. Larman, 2002, S. 282) handelt es sich um die zweithäufigste Form der Sichtbarkeit in objektorientierten Systemen. Ein Beispiel findet sich ebenfalls in Abb. 4.18. Das Objekt vom Typ *OffeneDozentenabrechnung* hat eine Sichtbarkeit auf das entsprechende Objekt der Klasse *Dozentenabrechnung* über den Parameter der Operation *addDozentenabrechnung()*.

Die **lokale Sichtbarkeit** von Objekt A auf Objekt B wird dadurch erreicht, dass B als lokales Attribut in einer Operation der Klasse A deklariert wird. Dadurch ist die Gültigkeit der Sichtbarkeit auf die Reichweite der betreffenden Operation beschränkt. Die lokale Sichtbarkeit kann entweder dadurch erreicht werden, dass ein lokales Objekt B erzeugt und dem lokalen Attribut zugeordnet wird oder dadurch, dass dem lokalen Attribut das Objekt B als Rückgabewert eines Operationsaufrufs zugewiesen wird.

Die **globale Sichtbarkeit** eines Objektes B für ein Objekt A existiert solange wie das Objekt B existiert. Es ist die am wenigsten übliche Form der Sichtbarkeit in objektorientierten Systemen. Nicht in allen Programmiersprachen sind globale Variablen möglich. Während dies in C++ möglich ist, trifft dies für Java nicht zu.

Eine gerne verwendete Lösung, globale Sichtbarkeit in objektorientierten Systemen zu ermöglichen, ist die Verwendung des so genannten Singleton-Musters. Dieses werden wir unter Entwurfsmustern noch genauer betrachten (vgl. 8.3.3).

4.5.2 Ergänzungen im Klassenmodell

Grundsätzlich stellt das Klassenmodell das Kernstück des objektorientierten Modells dar. Vor diesem Hintergrund entsteht bzw. verändert sich das Klassenmodell vielfach zeitgleich mit anderen Modellierungsschritten. Die folgenden Ausführungen betreffen Details, die für Fachklassen im Rahmen der Spezifikation noch festzulegen sind. Die Fachklassen des Entwurfsmodells stellen Softwareklassen dar. Sie sind jedoch nur ein Teil des Entwurfsmodells, neben den Klassen für den Dialog, die Datenhaltung und besonderen Klassen, die sich aus der Architektur der Implementierung ergeben. Im Rahmen der Spezifikation interessieren uns Details, die grundsätzlich unabhängig von der Implementierung sind, jedoch hinsichtlich ihrer Ausprägung vom Fachanwender zu entscheiden sind.

Operationen

So haben wir bereits im Abschnitt 4.4.6 darauf hingewiesen, dass für alle Botschaften/Nachrichten in Interaktionsdiagrammen, d.h. Sequenz- oder Kommunikationsdiagrammen, bei den Klassen der empfangenden Objekte entsprechende Operationen zu modellieren sind. Dies wurde beispielhaft in der Abb. 4.16 bereits berücksichtigt. Hierzu ist jedoch Folgendes anzumerken. Im Sinne der Festlegung der Verantwortlichkeiten ist es durchaus zweckmäßig in den Interaktionsdiagrammen *create()*-Botschaften, die zum Erzeugen eines Objektes führen, zu modellieren. Im Klassendiagramm ist es jedoch üblich, dass diese nicht modelliert werden. Das gleiche gilt auch für die standardmäßigen *get-* und *set*-Operationen als Zugriffsoperationen auf privat deklarierte Attribute. Für beide Kategorien von Operationen gilt, dass der Erkenntniswert, der durch die Modellierung erzielt wird, nahe Null ist. Aus diesem Grund werden sie i.d.R. nicht im Klassenmodell aufgeführt.

Angabe des Typs

Sowohl Attribute, Parameter als auch Rückgabewerte von Operationen können optional mit Typ-Angaben versehen werden. Ob Typen spezifiziert werden oder nicht, hängt grundsätzlich davon ab, in welchem Zusammenhang das Klassenmodell erstellt wird:

- Wenn das Klassenmodell mit einem CASE-Werkzeug erstellt wird, mit dem eine automatische Quellcode-Generierung durchgeführt werden soll, sind vollständige Details zu den Typen zweckmäßig. Ansonsten wird das CASE-Werkzeug wenig sinnvolle Standardtypen unterstellen.

- Wenn sich das Klassenmodell an mehr oder weniger erfahrene Software-Entwickler richtet, die das Modell als Grundlage für die Implementierung verwenden, ist im Einzelfall abzuwägen bzw. im Unternehmen bzw. einzelnen Projekt dediziert festzulegen, welcher Grad an Detaillierung notwendig ist.

Navigierbarkeit von Assoziationen

Grundsätzlich haben Assoziationen im Fachkonzeptmodell die Aufgabe fachliche Zusammenhänge aufzuzeigen, z.B. gehören zu einem Objekt der Klasse *Dozentenabrechnung* ein oder viele Objekte vom Typ *Abrechnungsposition* und fachlich betrachtet gehört ein Objekt der Klasse *Abrechnungsposition* zu einem Objekt vom Typ *Dozentenabrechnung*. Wir sagen auch, dass die Beziehung bidirektional ist. Betrachten wir nun die Fachklassen als Software-Objekte, so bekommen die Assoziationen eine spezifischere Bedeutung. Muss das Objekt A auf das Objekt B zugreifen und ist das in umgekehrter Richtung nicht notwendig, so legt man die Navigierbarkeit im Sinne einer unidirektionalen Assoziation fest. Dies geschieht dadurch, dass die Assoziation mit einem Pfeil versehen wird. Die Navigierbarkeit impliziert damit die Sichtbarkeit, die in der Regel über ein Attribut realisiert wird. Die Notwendigkeit des Navigierens lässt sich methodisch ableiten aus den Interaktionsdiagrammen. In folgenden Fällen ist die Navigierbarkeit zwischen den Objekten A und B insbesondere notwendig:

- A sendet eine Nachricht an B,
- A legt ein Objekt B und
- A beinhaltet Objekte B.

Analysiert man vor diesem Hintergrund die Interaktionsdiagramme für den Anwendungsfall Dozentenabrechnung erfassen (vgl. Abschnitte 4.4 u. 4.5), so lässt sich das Klassendiagramm der Abb. 4.16 ergänzen (vgl. Abb. 4.19). Dabei zeigt sich, dass es sowohl uni- als auch bidirektionale Beziehungen gibt. So beinhaltet jedes Objekt der Klasse *Lehrveranstaltung* null oder mehrere *Lehrveranstaltungstermin*-Objekte. Daraus folgt, dass eine Navigation von *Lehrveranstaltung* zu *Lehrveranstaltungstermin* möglich sein muss. Gemäß dem Sequenzdiagramm zur Ermittlung des Abrechnungsbetrages (vgl. Abb. 4.4) sendet jedoch das *Lehrveranstaltungstermin*-Objekt die Nachricht *getStundensatz()* an das zugehörige Objekt der Klasse *Lehrveranstaltung*, so dass auch die andere Navigationsrichtung notwendig ist.

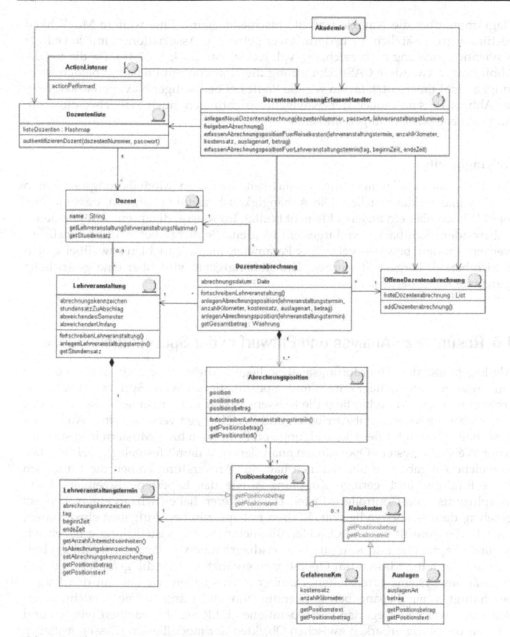

Abb. 4.19: Klassendiagramm mit Typ-Angaben und Navigierbarkeit

Für die Darstellung bidirektionaler Navigierbarkeit können entweder beide Pfeile oder aber keine Pfeile eingetragen werden. Wird die Notation ohne Pfeil verwendet impliziert das konsequenterweise, dass bei allen Assoziationen eines Klassendiagramms über die Navigierbarkeit entschieden wird. Eine weitere Möglichkeit bestünde grundsätzlich auch darin zwei getrennte Assoziationen mit jeweiliger Navigationsrichtung einzuzeichnen (vgl. Jeckle u.a., 2004, S. 81 ff.). Da die für die Abbildung verwendete CASE-Umgebung die Notation mit Pfeilen in beiden Richtungen nicht unterstützt, lassen wir die Pfeile bei beidseitiger Navigierbarkeit weg. In Abb. 4.19 sind außer der Navigationsrichtungen auch teilweise die Typ-Angaben beispielhaft aufgenommen.

Abhängigkeiten

Die UML bietet allgemein die Möglichkeit, zwischen Modellierungselementen Abhängigkeiten darzustellen. Die Abhängigkeitsbeziehung zeigt an, dass ein Element Wissen über ein anderes Element besitzt. Im Klassendiagramm können damit insbesondere Sichtbarkeiten dargestellt werden, die nicht über Attribute realisiert werden, sondern beispielsweise über Parameter, lokale Variablen bzw. über globale Sichtbarkeit hergestellt werden. Die Abhängigkeit wird über eine gestrichelte gerichtete Kante dargestellt.

4.6 Resümee zu Analyse und Entwurf in der Spezifikationsphase

Als Ergebnisse der Anforderungsanalyse liegen Anwendungsfallmodelle vor, die um System-Sequenzdiagramme und Spezifikationen von System-Operationen ergänzt wurden. Weiterhin liegt die Klassenstruktur in Form eines Klassenmodells vor, wobei die Klassen mit Attributen und Beziehungen versehen sind. Auf dieser Basis haben wir unter Berücksichtigung von Prinzipien bzw. Mustern in systematischer Weise die System-Operationen analysiert und damit festgelegt, welche Klasse welche Aufgaben zu übernehmen hat. Zur Anwendung kamen die Prinzipien 'hohe Bindung' und 'geringe Kopplung' sowie das Experten-, Erzeuger-, Polymorphismus- und Controller-Muster. Des Weiteren haben wir an einem Beispiel gesehen, dass es notwendig war, Klassen mit spezifischen Aufgaben einzuführen, die z.B. die Verwaltung von Objekten übernehmen. Zur Visualisierung haben wir Sequenzdiagramme und Kommunikationsdiagramme verwendet. Im Endergebnis wurden somit die Klassen um Operationen ergänzt, welche die geforderte Funktionalität des Systems bereitstellen. Darüber hinaus haben wir uns mit den Fragen beschäftigt, wann Typangaben notwendig sind und wann auf sie verzichtet werden kann, welche Kategorien von Operationen i.d.R. nicht modelliert werden und wie wir die Navigierbarkeit zwischen Objekten der modellierten Klassen festlegen und im Klassendiagramm darstellen. Die Vorgehensweise ist in der Abb. 4.20 zusammengefasst dargestellt. Dabei kann es durchaus sein, dass aus zeitlicher Sicht nicht alle notwendigen Spezifikationen von System-Operationen vorliegen, so dass diese auch erst erstellt werden müssen.

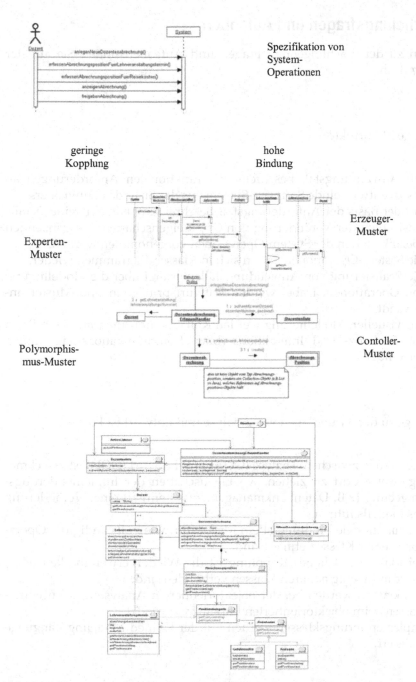

Spezifikation von
System-
Operationen

geringe
Kopplung

hohe
Bindung

Experten-
Muster

Erzeuger-
Muster

Polymorphis-
mus-Muster

Contoller-
Muster

Abb. 4.20: Umsetzung von Anwendungsfällen in der Spezifikationsphase

4.7 Wiederholungsfragen und Aufgaben

Die Lösungen zu den nachfolgenden Fragen und Aufgaben finden Sie auf der Webseite zum Buch.

Frage 4.1

Welche Aussage ist korrekt?

a) Der Anwendungsfall beschreibt die funktionalen Anforderungen an das zu entwickelnde Software-System aus der Sicht des Entwicklers.

b) Auf der Basis der Anforderungsfall-Beschreibung können keine Details hinsichtlich der Veränderung von Objekteigenschaften in ergänzenden Spezifikationen der System-Operationen vorgenommen werden.

c) Die System-Operationen finden sich in Klassendiagrammen wieder.

d) Die Realisierung von Anwendungsfällen erfolgt über die Modellierung von Operationen. Dabei werden Entwurfsprinzipien und Muster angewandt.

e) Zur visuellen Modellierung werden Kollaborationsdiagramme in Form von Sequenz- und Interaktions- bzw. Kommunikationsdiagrammen verwendet.

Frage 4.2

Welche Aussage zu den Grundlagen von Analyse und Entwurf ist korrekt?

a) Die Grenze zwischen Analyse (OOA) und Entwurf (OOD) ist zweckmäßigerweise dort zu ziehen, wo Eigenschaften der Implementierungsumgebung (z.B. Datenbankmanagementsystem) zu einer Veränderung des Modells führen.

b) Die funktionale Bindung ist ein Maß dafür, wie vollständig die Operationen einer Klasse definiert sind.

c) Bei Klassen mit hoher Kopplung ist die Wiederverwendbarkeit hoch, da sie mit wenig anderen Klassen verbunden sind.

d) Fachklassen werden bei der objektorientierten Analyse und Entwurfsklassen beim objektorientierten Entwurf verwendet.

e) Implementierungsklassen werden mit der Unified Modeling Language realisiert.

Frage 4.3

Welche Aussage zu 'General Responsibility Assignment Software Patterns' ist korrekt?

a) Das Experten-Muster postuliert, dass die Verantwortlichkeit für eine Operation der Klasse zugeordnet werden soll, die über die Informationen verfügt, welche zum Ausführen der Operation notwendig sind.

b) Bei der Anwendung des Polymorphismus-Muster führen Erweiterungen zu massiven Veränderungen der verwendenden Klassen.

c) Das Erzeuger-Muster besagt, dass die Oberklasse für die Erzeugung der Objekte der Unterklassen verantwortlich ist.

d) Das Controller-Muster legt fest, welche Klasse, den Kontrollfluss in den Operationen des Systems übernehmen soll.

e) Gemäß dem Controller-Muster ist der so genannte Anwendungsfall-Controller eine boundary-Klasse.

Aufgabe 4.1

Erläutern Sie die unterschiedlichen Arten der Sichtbarkeit zwischen Objekten:

– Sichtbarkeit über ein Attribut,
– Sichtbarkeit über Parameter,
– lokale Sichtbarkeit und
– globale Sichtbarkeit.

Aufgabe 4.2

Die System-Operation *anlegenRechnungsposition()* (vgl. Tab. 4.5) aus dem System-Sequenzdiagramm der Aufgabe 3.2 ist wie folgt durch eine strukturierte Spezifikation beschrieben. Dabei sei unterstellt, dass sich eine Rechnungsposition auf mehrere Bestellpositionen beziehen kann (Sammelrechnung), weiterhin kann sich die einzelne Rechnungsposition auf mehrere Wareneingangspositionen beziehen (Teillieferungen). Allerdings gibt es in einer Bestellung bzw. bei einem Wareneingang nicht mehrere Positionen, die durch eine Rechnungsposition in Rechnung gestellt wird. Das heißt in einer Bestellung gibt es z.B. keine zwei Positionen für den Artikel 4711, die in einer Rechnungsposition zusammengefasst wären.

– Entwickeln Sie für die System-Operation *anlegenRechnungsposition()* ein Kommunikationsdiagramm.

135

Tabelle 4.5: Spezifikation der System-Operation *anlegenRechnungsposition()*

Operation	*anlegenRechnungsposition(bestellnummerListe : Liste, posnummerListe : Liste, wareneingangsnummerListe : Liste, posnrListe : Liste, menge : double, preis : double)*
Verwendungsnachweis:	Anwendungsfälle: *Eingangsrechnung prüfen*
Vorbedingungen:	Bestellungen mit jeweils einer Position und Wareneingänge mit jeweils einer Position wurden im Benutzerdialog ausgewählt und damit der zu erfassenden Rechnungsposition zugeordnet.
Nachbedingungen:	1. Ein neues Objekt der Klasse *Rechnungsposition* wurde erzeugt. 2. Das neue Objekt der Klasse *Rechnungsposition* wurde mit den zugehörigen Objekten vom Typm *Bestellposition* verbunden. 3. Das neue Objekt der Klasse *Rechnungsposition* wurde mit den zugehörigen Objekten der Klasse *Wareneingangsposition* verbunden.

5 Gestaltung der Mensch-Computer-Interaktion

5.1 Überblick und Lernziele

Zusammenfassung

Anhand eines Mehrschichten-Modells werden unterschiedliche Entscheidungen bei der Gestaltung der Benutzungsschnittstelle in strukturierter Weise vorgestellt. Nach diesem generellen Überblick werden die arbeitswissenschaftlichen Grundsätze der Dialogschnittstelle nach DIN EN ISO 9241-10 anhand von Beispielen erläutert. Auf dieser Basis erfolgt eine Charakterisierung einzelner Elemente der Dialoggestaltung. Beispiele sind Fenster, Menüs, Textfelder, Schaltflächen usw. Dabei werden die Elemente nicht nur unter funktionalen Gesichtspunkten vorgestellt, sondern praktische Gestaltungsregeln diskutiert und an Beispielen verdeutlicht. Zum Abschluss werden Vorgehensschritte bei der Entwicklung der Dialog-Schnittstelle besprochen und auf ein Fallbeispiel angewandt. Im Schwerpunkt erfolgt die Darstellung aus Benutzersicht und weniger aus Software-technischer Sicht.

Wichtige Teilgebiete sind:

- Grundlagen zur Mensch-Maschine-Kommunikation
- Grundsätze der Dialoggestaltung
- Elemente der Dialoggestaltung
- Schritte zur Dialog-Schnittstelle

Lernziele

Der Leser soll:

- ein umfassendes und strukturiertes Verständnis der Mensch-Maschine-Kommunikation bekommen,
- die arbeitswissenschaftlichen Grundsätze der Dialoggestaltung verstehen und befolgen können,
- Elemente der Dialoggestaltung effektiv einsetzen können sowie
- eine Dialog-Schnittstelle systematisch entwickeln können.

5.2 Grundlagen zur Mensch-Computer-Interaktion

Die effiziente und effektive Unterstützung der computergestützten Erledigung einer Arbeitsaufgabe hängt wesentlich von der Gestaltung der Benutzungsschnittstelle ab. Im Folgenden greifen wir ausgewählte Aspekte vor dem Hintergrund unseres Fallbeispiels auf. Über die Benutzungsschnittstelle interagiert der Benutzer mit dem Anwendungssystem, um nach einer Folge von Interaktionsschritten einen Beitrag zur Lösung seiner Arbeitsaufgabe zu erhalten. Die Aufgabe der Gestaltung der Benutzungsschnittstelle lässt sich in mehrere Teilprobleme systematisch untergliedern. Hierzu betrachten wir das so genannte IFIP-Modell (International Federation for Information Processing, vgl. Stickel u.a., 1997, S. 74 u. 332).

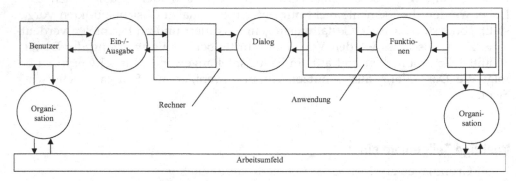

Abb. 5.1: IFIP-Modell zur Benutzungsschnittstelle

Die Benutzungsschnittstelle ist in diesem Modell in vier Schichten zerlegt, wobei jede Schicht im Rahmen des Systementwicklungsprozesses durch Regeln zu spezifizieren ist:

- **Organisationsschnittstelle**: Regelt das Zusammenspiel zwischen Aufgabe und menschlichem bzw. maschinellem Aufgabenträger.
- **Funktionsschnittstelle**: Legt die Bereitstellung der anwendungsspezifischen Funktionalität fest.
- **Dialogschnittstelle**: Hier wird die Interaktion zwischen Mensch und Computer im engeren Sinne spezifiziert.
- **Ein-/Ausgabeschnittstelle**: Regelt die Form der Eingabe des Benutzers und Ausgabe des EDV-Systems.

Zur Verdeutlichung verwenden wir unseren Anwendungsfall zur Erfassung der Dozentenabrechnung. Die Aufgabe wird grundsätzlich dem Dozenten zugewiesen, wobei er durch das zu entwickelnde Anwendungssystem dabei unterstützt werden soll. Auf der Ebene der **Organisationsschnittstelle** erfolgt die Zuordnung der

Aufgabe zum maschinellen und menschlichen Aufgabenträger. In unserem Fall wird z.B. unterstellt, dass aus organisatorischer Sicht davon ausgegangen werden kann, dass der Dozent über einen Internet-Zugang verfügt, so dass die Anwendungsfunktionalität über einen Web-Browser genutzt werden kann. Organisatorisch ist damit auch zu gewährleisten, dass die Anwendung grundsätzlich 24 Stunden an sieben Tagen in der Woche zur Verfügung steht.

Die **Funktionsschnittstelle** stellt die anwendungsspezifische Unterstützung zur Verfügung. Beispielsweise muss in unserem Fall die Funktion zur Authentifizierung des Benutzers als berechtigter Dozent bereitgestellt werden. Im Kommunikationsdiagramm der Abb. 4.12 wurde festgelegt, dass über den Benutzerdialog die Nummer der abzurechnenden Lehrveranstaltungsnummer geliefert wird, so dass für die zugehörige Lehrveranstaltung die Abrechnung erfolgen kann. Bei der detaillierten Spezifikation der Benutzungsschnittstelle könnte überlegt werden, ob es nicht sinnvoll wäre, dass nach einer Authentifizierung des Dozenten die zur Abrechnung möglichen Lehrveranstaltungen angezeigt werden, so dass der Dozent aus dieser zulässigen Menge auswählen kann. Damit müsste für die Funktionsschnittstelle festgelegt werden, dass nach der Authentifizierung die abrechnungsbereiten Lehrveranstaltungen selektiert und der Dialogschnittstelle übergeben werden.

In der **Dialogschnittstelle** müssen die Dialogschritte festgelegt werden. Dies ist sicherlich vielfach abhängig von den technischen Möglichkeiten der verwendeten Dialogschnittstelle. In unserem Beispiel, bei dem wir einen Web-Browser verwenden, müssen wir beispielsweise berücksichtigen, dass wir es mit einer grundsätzlich nicht vorher bestimmbaren Benutzergruppe zu tun haben. Damit dürften wir beispielsweise nicht davon ausgehen, dass die Dozenten in ihrem Browser Java-Applets darstellen können bzw. wollen. Somit ergibt sich, dass nur einfache HTML-Elemente zur Verfügung stehen. Das bedeutet im konkreten Fall, dass aus der Sicht der Dialogschnittstelle lediglich einzelne Attributwerte angezeigt werden können, d.h. die Dialogschnittstelle, weiß nicht, dass es sich um ein Lehrveranstaltungsobjekt im Sinne von Java handelt. Das bedeutet, dass über ein ausgelöstes Ereignis, z.B. Klick auf eine Auswahl-Schaltfläche nur ein einfacher Attributwert (z.B. Lehrveranstaltungsnummer) an die Funktionsschnittstelle zurückgegeben wird. Würde es sich bei der Dialogschnittstelle um eine Swing-Oberfläche handeln, könnte über das ausgelöste Ereignis eine Referenz auf ein Lehrveranstaltungsobjekt zurückgeliefert werden. Damit zeigt unser Beispiel, dass sich Abhängigkeiten zwischen der Dialog- und Funktionsschnittstelle ergeben.

Die Art und Weise, wie die Ein-/Ausgabe erfolgt, wird in der **Ein-/Ausgabeschnittstelle** festgelegt. Beispielsweise ist zu entscheiden, ob die Eingabe über Tastatur oder Sprache, bzw. die Ausgabe am Bildschirm, Drucker oder in Form der Zusendung einer E-Mail erfolgt. Bei unserem Beispiel 'Erfassung der Dozentenabrechnung' erfolgt die Eingabe sicherlich über die Tastatur und die Ausgabe grundsätzlich über den Bildschirm. Allerdings könnte sich durchaus die Anforderung ergeben, dass aus Sicherheitsüberlegungen die erfasste Abrechnung nach Abschluss des Dialogs noch als Text dem Dozenten über E-Mail zugesandt wird.

An diesem Beispiel wird deutlich, dass es sich bei der Spezifikation der Details der Benutzungsschnittstelle zum Teil um fachliche Aspekte und zum Teil um implementierungsabhängige technische Aspekte handelt. Aus fachlicher Sicht muss beispielsweise entschieden werden, ob man will, dass der Dozent aus der Menge abrechnungsfähiger Lehrveranstaltungen auswählen kann oder ob er einfach zur Eingabe einer Lehrveranstaltungsnummer aufgefordert wird. Aus technischer Sicht ergeben sich die Konsequenzen für die Gestaltung aufgrund von Restriktionen der Implementierungstechnik. Neben den individuellen Anforderungen der Benutzer, die dabei zu berücksichtigen sind, gibt es insbesondere für Dialoggestaltung allgemeine ergonomische Anforderungen, auf die wir im nächsten Abschnitt eingehen wollen.

5.3 Grundsätze der Dialoggestaltung

Die Gestaltung der Dialogschnittstelle sollte ergonomischen Anforderungen gerecht werden. Das Ziel der Software-Ergonomie ist die Anpassung der Eigenschaften eines Dialogsystems an die psychischen und physischen Eigenschaften der damit arbeitenden Menschen. Neben anderen Richtlinien haben die Grundsätze der Dialoggestaltung der Norm DIN EN ISO 9241-10 eine grundsätzliche Bedeutung. Im Einzelnen handelt es sich um folgende Punkte (vgl. Balzert, 1999, S. 196 f. und Schneider, 2000):

- Aufgabenangemessenheit,
- Selbstbeschreibungsfähigkeit,
- Steuerbarkeit,
- Erwartungskonformität,
- Fehlertoleranz,
- Individualisierbarkeit und
- Lernförderlichkeit.

Aufgabenangemessenheit

Ein Dialog ist aufgabenangemessen, wenn er den Benutzer unterstützt, seine Arbeitsaufgabe effektiv und effizient zu erledigen. Dialoge und Bedienabläufe sollten so auf die Aufgabe zugeschnitten sein, dass das Arbeitsziel möglichst gut erreicht

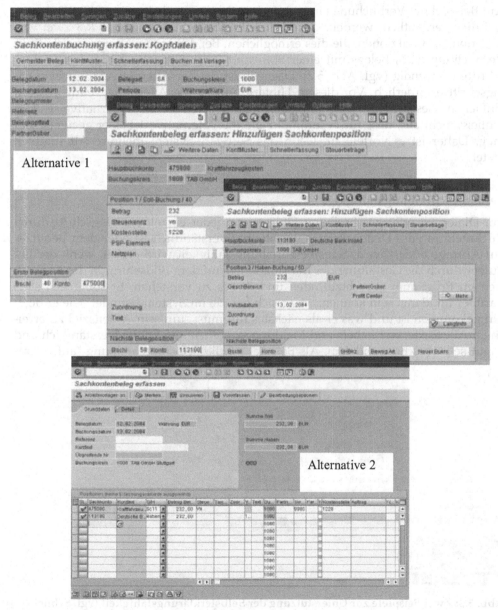

Abb. 5.2: Unterschiede in der Aufgabenangemessenheit

werden kann, wobei der Zeitaufwand und die mentale Anstrengung so gering wie möglich und die Anzahl benötigter Arbeitsschritte so klein wie möglich sein sollten.

Am Beispiel der Verbuchung eines einfachen Sachkontenbelegs im *SAP R/3-System* soll dies verdeutlicht werden. Grundsätzlich gibt es in dem *System R/3* zwei verschiedene Transaktionen, die dies ermöglichen. Bei der ersten Alternative sind zur Verbuchung eines Belegs mit einer Soll- und einer Habenbuchung drei Dialogschritte notwendig (vgl. Abb. 5.2). Dagegen ist bei der Alternative 2 nur ein Dialogschritt erforderlich. Vor diesem Hintergrund ist die Alternative 2 für unseren einfachen Geschäftsfall eher aufgabenangemessen, als die Alternative 1. Das schließt nicht aus, dass für bestimmte Fälle die Alternative 1 besser geeignet sein mag. Daher ist es vorteilhaft, wenn das Software-System mehrere Alternativen bietet.

Selbstbeschreibungsfähigkeit

Ein Dialog ist selbstbeschreibungsfähig, wenn jeder einzelne Dialogschritt durch Rückmeldung des Dialogsystems unmittelbar verständlich ist oder dem Benutzer auf Anfrage erklärt wird. Selbstbeschreibungsfähigkeit wird erzielt, wenn der Benutzer durch die Gestaltung der Informationen auf dem Bildschirm in der Lage ist, sich im Programm zurechtzufinden und dieses zu verstehen. Er sollte sich stets darüber im klaren sein können, wo er sich gerade im System befindet, wie er dorthin gekommen ist und was er als nächstes tun muss, um sein Arbeitsziel zu erreichen. Alle Texte, wie Labels und Meldungen, sollten auf Anhieb verständlich und somit selbstbeschreibend sein. Als Beispiel sei die Selbstbeschreibung "auf Anfra-

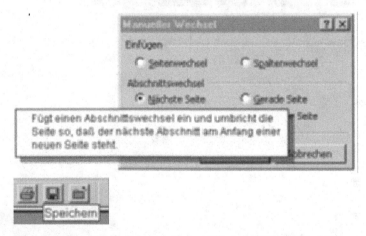

Abb. 5.3: Zwei Beispiele zur Unterstützung der Selbsterklärungsfähigkeit (vgl. Schneider, 2000)

ge" genannt. Über die rechte Maustaste oder das simple Positionieren des Mauszeigers können verschiedene Hilfetexte bereitgehalten werden, die zur Selbstbeschreibungsfähigkeit des Programms wesentlich beitragen (vgl. Abb. 5.3).

Steuerbarkeit

Ein Dialog ist steuerbar, wenn der Benutzer in der Lage ist, den Dialogablauf zu starten sowie seine Richtung und Geschwindigkeit zu beeinflussen, bis das Ziel erreicht ist. Dieser Grundsatz befasst sich mit den Möglichkeiten des Benutzers, ein Programm zu beeinflussen. Die Beeinflussbarkeit innerhalb eines Programms bezieht sich dabei auf einzelne Dialogelemente, welche die Richtung eines Dialogs bestimmen und auf die freie Gestaltung von Arbeitsabläufen. Schaltflächen, Icons und Menüeinträge sollten den Benutzer mit einfachen und flexiblen Dialogwegen zum Ziel seiner Aufgabe führen und damit die Anwendung steuerbar machen. Im Beispiel in Abb. 5.4 aus dem Programm *Microsoft Word* ist es dem Benutzer möglich, mit der Maus den Cursor im Word-Dokument zu positionieren und das Ersetzen im Dokument von Hand vorzunehmen, wenn der neue Begriff in dem speziellen Fall anders heißen soll, als im *Suchen-und-Ersetzen-Dialog* festgelegt. Dabei muss der *Suchen-und-Ersetzen-Dialog* nicht abgebrochen werden. Dem Benutzer wird kein Ablauf aufgezwängt, sondern er kann den Ablauf steuern.

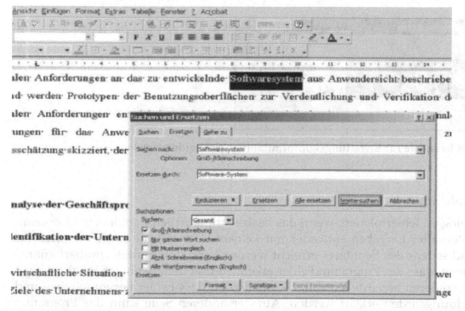

Abb. 5.4: Beispiel für Steuerbarkeit

Erwartungskonformität

Ein Dialog ist erwartungskonform, wenn er konsistent ist und den Merkmalen des Benutzers entspricht, z. B. seinen Kenntnissen aus dem Arbeitsgebiet, seiner Ausbildung und seiner Erfahrung sowie allgemein anerkannten Konventionen. Dieser Grundsatz bezieht sich auf die Konsistenz sowohl innerhalb von Anwendungen als auch darauf, dass das System so funktioniert, wie es der Benutzer erwartet. Dies hängt stark von der Erfahrung mit anderen Systemen oder Geräten ab. Abb. 5.5 zeigt zwei Beispiele. Die drei Piktogramme (icons) werden in den *Office-Produkten* von Microsoft immer mit der gleichen Bedeutung verwendet. Damit wird die Erwartung des Benutzers nicht enttäuscht, wenn bei Betätigen der Disketten-Schaltfläche in allen Anwendungen der Speichervorgang eingeleitet wird. Von so genannter externer Erwartungskonformität spricht man im zweiten Beispiel, bei dem wie beim CD-Player das Pfeilsymbol für Wiedergabe verwendet wird. Weitere Beispiele sind etwa: Ein unterstrichener Begriff in einem Web-Dokument zeigt an, dass es sich um einen Hyperlink handelt. Das Drücken der Tabulator-Taste bewirkt das Springen des Cursors auf das nächste Eingabefeld.

Abb. 5.5: Beispiele für Erwartungskonformität (vgl. Schneider, 2000)

Fehlertoleranz

Ein Dialog ist fehlertolerant, wenn das beabsichtigte Arbeitsergebnis trotz erkennbar fehlerhafter Eingaben entweder mit keinem oder mit minimalem Korrekturaufwand seitens des Benutzers erreicht werden kann. Etwas umformuliert könnte man sagen, dass das Programm Fehler erkennen und dem Benutzer Möglichkeiten zum Korrigieren bereitstellen soll. Dies bedeutet, dass Fehler hervorgehoben und mit Meldungstexten erklärt werden. Auf der anderen Seite kann das Programm "helfen", den Korrekturaufwand zu minimieren bzw. Fehler ganz zu vermeiden. In allen Situationen sollten Eingaben rückgängig gemacht und Bedienungsschritte aufgehoben werden können und dadurch das Programm fehlertolerant machen.

Ein kleiner Web-Dialog zeigt, dass gezielte Fehlerhinweise sicherlich hilfreich für den Benutzer sein können. Insbesondere bei vielen Eingabefeldern sind gezielte Hinweise hilfreich, des Weiteren sollten korrekte Eingaben erhalten bleiben.

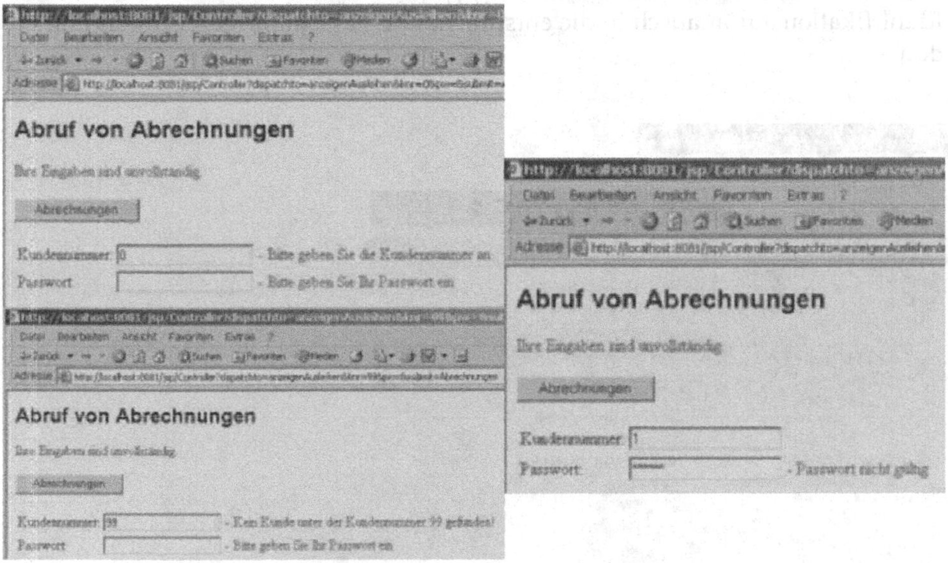

Abb. 5.6: Beispiele für Fehlertoleranz

Individualisierbarkeit

Ein Dialog ist individualisierbar, wenn das Dialogsystem Anpassungen an die Erfordernisse der Arbeitsaufgabe sowie an die individuellen Fähigkeiten und Vorlieben des Benutzers zulässt. Dieser Grundsatz bezieht sich auf die im System vorhandenen Möglichkeiten, Dialoge bzw. die Oberfläche nach eigenen Bedürfnissen abzuändern. Hierbei kommen sowohl bedienungs- als auch aufgabenbezogene Einstell- bzw. Anpassungsmöglichkeiten in Frage.

Das Beispiel in Abb. 5.7 zeigt einen kleinen Ausschnitt der Individualisierbarkeit des Einstiegsdialogs im *R/3 System* der *SAP AG*. In der linken Hälfte ist der Menübaum in der Standarddarstellung wiedergegeben, während in der rechten Hälfte der Menübaum für den typischen Einkäufer dargestellt ist. So können rollenspezifische Menüs definiert und Benutzern zugeordnet werden. Damit reduziert sich die Komplexität und die Möglichkeit von Bedienfehlern. Die Office-Produkte von *Microsoft* bieten ebenfalls eine benutzerindividuelle Gestaltung und Anordnung der Symbolleisten. Leider sind in *Winword* häufig benötigte Symbole in verschiedenen Standard-Leisten zu finden. Dies erschwert erheblich das Verwenden der ausgelieferten Standardversion. In einem personalisierten Web-Portal kann der Benutzer festlegen, welche Fenster an welcher Bildschirmposition anzeigt werden. In Online-Shops wird vielfach die Möglichkeit angeboten, dass persönliche Bestell-informationen nicht bei jedem Besuch eingegeben werden müssen, sondern nach der Identifikation automatisch in die entsprechenden Formularfelder übernommen werden.

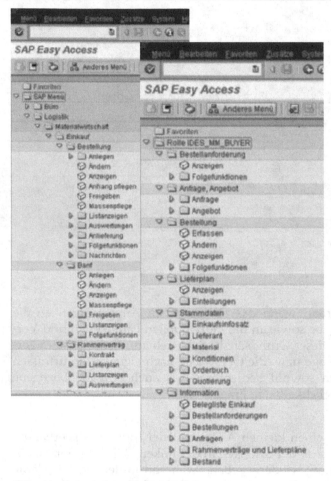

Abb. 5.7: Beispiel für Individualisierbarkeit

Lernförderlichkeit

Ein Dialog ist lernförderlich, wenn er den Benutzer beim Erlernen des Dialogsystems unterstützt und anleitet. Dieser Grundsatz zielt darauf ab, den Umgang mit dem Programm und das Erlernen des Programms mittels inhaltlicher und struktureller Gestaltung der Oberfläche bzw. der Bedienabläufe zu erleichtern. Beispiele zur Unterstützung der Lernförderlichkeit sind vielfältig. Zuordnungsregeln bei der Verwendung von 'Shortcuts'. Ein 'Shortcut' ist eine Tastenkombination, mit der man direkt Befehle ausführen oder Dialogfenster aufrufen kann: z. B. Strg+N, um

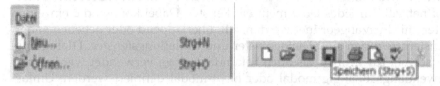

Abb. 5.8: Beispiele für Lernförderlichkeit (vgl. Schneider, 2000)

ein neues Dokument anzulegen (N für 'Neu'), oder Strg+O, um das Fenster "Datei Öffnen" aufzurufen (O für 'Open') (vgl. Abb. 5.8). Weitere Beispiele sind etwa das Bereitstellen einer 'Guided Tour', um den Benutzer mit der Bedienung einer Anwendung vertraut zu machen. Im Online-Banking System einer Bank besteht die Möglichkeit mit einem Testkonto, Probeüberweisungen vorzunehmen, womit der Benutzer sich mit der Benutzeroberfläche vertraut machen kann.

5.4 Elemente der Dialoggestaltung

5.4.1 Grundlagen

Ein Dialog unterstützt den Benutzer bei der Aufgabenerfüllung. Vor diesem Hintergrund lassen sich Primär- und Sekundärdialoge unterscheiden. Der **Primärdialog** dient der direkten Aufgabenerfüllung, z.B. Editieren eines Dokuments im Textverarbeitungssystem, der **Sekundärdialog** bietet Hilfsdienste, z.B. Drucken des gerade im Editiermodus befindlichen Dokuments. Werden mehrere Dialoge in einer Benutzertransaktion verwendet, können unterschiedliche Dialogmodi verwendet werden. Ein **modaler Dialog** muss beendet sein, bevor der vorausgehende Dialog fortgesetzt werden kann. Ein **nicht-modaler Dialog** ermöglicht dem Benutzer den aktuellen Dialog zu unterbrechen, während das ursprüngliche Fenster geöffnet bleibt. Somit wird bei dieser Dialogform dem Benutzer kein bestimmter Arbeitsmodus vorgeschrieben. Betrachtet man *Microsoft Word* im Vergleich zu *WordPad*, so besteht hinsichtlich der Dialoggestaltung ein grundsätzlicher Unterschied, der einen Einfluss auf die Flexibilität des Benutzers hat. *WordPad* ist eine **SDI-Anwendung** (single document interface), da zu einem Zeitpunkt nur ein Dokument zur Bearbeitung geöffnet sein kann. Dagegen ist *Microsoft Word* eine **MDI-**

Anwendung (multiple document interface), da zu einem Zeitpunkt beliebig viele Dokumente gleichzeitig zur Bearbeitung geöffnet sein können.

5.4.2 Fenster

Das wesentliche Element zur Dialoggestaltung ist das Fenster. Eine Anwendung startet in der Regel mit einem Anwendungsfenster. Wesentliche Elemente des Anwendungsfensters sind der Titelbalken, der Menübalken und der Arbeitsbereich. Bei einer MDI-Anwendung, z.B. *Microsoft Word*, werden im Arbeitsbereich Unterfenster geöffnet, z.B. für jedes Dokument ein Fenster. Dabei können die einzelnen Fenster unterschiedlich angeordnet werden, z.B. überlappend oder nebeneinander. Weitere Fensterkategorien sind Dialogfenster und Mitteilungsfenster. **Dialogfenster** können sowohl für Primär- als auch Sekundärdialoge verwendet werden und können anwendungsabhängig modal oder nicht-modal definiert werden. Umfassen Unterfenster bzw. Dialogfenster zu viele Informationen, so kann ein **Register** eingesetzt werden. Zwischen den Registern kann der Benutzer blättern. **Mitteilungsfenster** sind in der Regel modal und erfordern vom Benutzer eine Reaktion auf die gelieferte Mitteilung.

Durch die Fenster kommuniziert der Anwender mit der Anwendung. Damit kommt der Gestaltung der Fenster eine große Bedeutung zu. Wichtige Mittel zur Gestaltung sind die Gruppierung und Hervorhebung. Durch geeignete **Gruppierung** werden zusammengehörende Elemente leichter auffindbar und erfassbar. Damit wird eine eher intuitive Benutzung erreicht. Folgende Gestaltungsregeln sollten bei der Gruppierung beachtet werden (vgl. Balzert, 1999, S. 221 ff.):

- Innerhalb einer Gruppe werden Informationen im oberen Bereich schneller entdeckt als im unteren.
- Die Anordnung der Elemente sollte dem Arbeitsablauf entsprechen.
- Eine spaltenweise Anordnung von Elementen in einer Gruppe erleichtert das Suchen und Vergleichen in einer Gruppe.
- Gruppenüberschriften erhöhen die Übersichtlichkeit, nehmen jedoch Raum ein, so dass Sie dann verwendet werden sollten, wenn es die notwendige Übersichtlichkeit erfordert.
- Eine Gruppe sollte nicht überladen sein, vier bis fünf Elemente lassen sich leicht erfassen. Sind fachlich mehr Elemente notwendig, können Überschriften hilfreich sein.
- Damit der Überblick erhalten bleibt, sollten nicht mehr als 4 bis 5 Gruppen in einem Fenster angeordnet werden.

Folgendes Beispiel (vgl. Abb. 5.9) bezieht sich auf die fachliche Anordnung von Elementen (vgl. Schneider, 2000). Fachlich zusammengehörige Elemente sollten auch auf dem Bildschirm zusammen dargestellt werden.

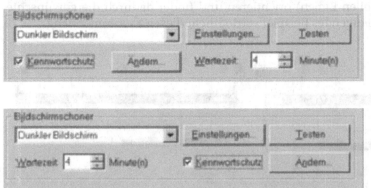

Abb. 5.9: Beispiel für gute und schlechte Anordnung (vgl. Schneider, 2000)

Warum ist die Anordnung im oberen Teil der Abb. 5.9 fachlich schlecht? Weil sich die 'Wartezeit' auf das Einsetzen des Bildschirmschoners bezieht und auch diesem zugeordnet werden sollte. Der 'Kennwortschutz' dürfte wohl weniger häufig benutzt werden und sollte aus der Gruppierung herausgenommen werden. Im unteren Teil der Abb. 5.9 ist die 'Wartezeit' da, wo sie hingehört, nämlich bei der Auswahl des Bildschirmschoners. Ausreichende Abstände zum Kennwortschutz, vertikal zu den anderen Schaltflächen und horizontal zur Wartezeit, lassen ihn als separate Gruppe erkennen. Außerdem befinden sich jetzt als Nebeneffekt alle Schaltflächen auf der rechten Seite, die Gruppe wird visuell 'ruhiger' und die Schaltflächen sind dort, wo sich die rechte Hand an der Maus befindet.

Durch **Hervorhebung** kann die Aufmerksamkeit des Benutzers auf bestimmte Bereiche im Fenster gelenkt werden. Hervorhebung kann durch Größe, Farbe bzw. Kontrast, Isolierung bzw. Einzelstellung oder Umrandung erreicht werden. Grundsätzlich sollte bei Hervorhebungen Folgendes beachtet werden:

- Maximal 10 bis 20 % aller Einzelinformationen dürfen hervorgehoben werden.
- Farben sind grundsätzlich sparsam zu verwenden.
- Innerhalb eines Fensters sollte von den verschiedenen Arten der Hervorhebung sparsam Gebrauch gemacht werden.
- Hervorhebung durch Blinken ist zu vermeiden.

In einer ergonomisch gestalteten Bildschirmmaske sind die Bildschirmelemente an wenigen **Fluchtlinien** ausgerichtet. Dadurch wird die Komplexität für das Auge verringert. Das Auge kann sich bei der Suche nach Informationen an optischen **Strukturlinien** (virtuellen Linien) orientieren und findet dadurch die gewünschte Information leichter. Folgendes Beispiel verdeutlicht diesen Zusammenhang.

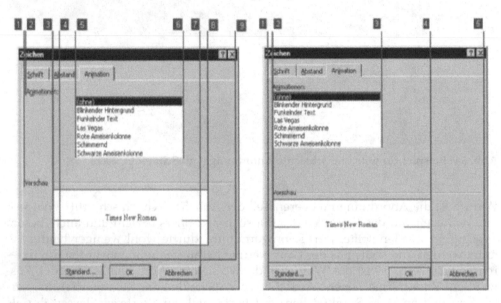

Abb. 5.10: Beispiel für viele und wenige virtuelle Linien (vgl. Schneider, 2000)

Im linken (fiktiven) Beispiel sind durch die zentrierte Darstellung extrem viele vertikale Fluchtlinien vorhanden. Durch Ausrichtung lässt sich deren Anzahl reduzieren, was eine übersichtlichere und geordneter wirkende Darstellung im rechten Beispiel hervorruft.

5.4.3 Menüs

Ein Menü stellt dem Benutzer eine überschaubare Zahl von Menüoptionen zur Auswahl zur Verfügung. Hinsichtlich der Funktion des Menüs unterscheidet man Aktions- und Eigenschaftsmenüs. Ein **Aktionsmenü** erlaubt Anwendungsfunktionen auszulösen oder in andere Menüs zu verzweigen. Im letzteren Fall spricht man von Kaskadenmenüs. Ein **Eigenschaftsmenü** dient insbesondere dazu, Parameter einzustellen. Vielfach wird aus mehreren möglichen Optionen selektiert.

Hinsichtlich der technischen Umsetzung unterscheidet man Menübalken mit drop-down-Menüs und so genannte pop-up-Menüs. Der **Menübalken** ist ständig sichtbar und ist typisch für das Anwendungsfenster. Dialogfenster und Mitteilungsfenster haben dagegen keinen Menübalken. Ein Unterfenster einer MDI-Anwendung kann einen Menübalken besitzen, der jedoch dann den Menübalken des Anwendungsfensters überlagert und damit nicht im Unterfenster erscheint. Bei Auswahl des Menütitels im Menübalken erscheint das zugehörige **drop-down-Menü**. Das **pop-up-Menü** ist nicht ständig sichtbar, sondern erscheint an der aktuellen Position des Mauszeigers. Im pop-up-Menü werden i.d.R. nur diejenigen Menüoptionen (items) angezeigt, die für das selektierte Objekt zulässig sind.

Die Menüauswahl kann für den geübten Benutzer auf unterschiedliche Weise beschleunigt werden (vgl. Balzert, 1999, S. 204 ff.):

- mnemonische (die Erinnerung unterstützende) Auswahl über die Tastatur (z.B. Alt-Taste plus 'D' für das Datei-Menü bei Microsoft Word),
- Auswahl über Tastaturkürzel (short-cut-key),
- Symbolbalken (tool-bar), mit Symbolen außerhalb des Menübalkens in Form von Mini-Piktogrammen (icons),
- Aufführung der jeweils zuletzt benutzten Objekte (z.B. zuletzt benutzte Dokumente bei Microsoft Word im Menü Datei),
- Auslagerung von Menüoptionen auf Arbeitsbereiche (z.B. Button im jeweiligen Unter- oder Dialogfenster)

Für die Gestaltung von Menüs sollten folgende Gestaltungsregeln beachtet werden (vgl. Balzert, 1999, 206):

Menütitel von drop-down-Menüs und Benennung der Menüoptionen:

- Einheitliche Bezeichnung und Anordnung in allen Anwendungen und Fenstern,
- Begriffe wählen, die dem Benutzer vertraut sind,
- kurz, prägnant und selbsterklärend sowie
- einheitlicher grammatikalischer Stil.

Gestaltung von Menüoptionen:

- Linksbündig anordnen,
- zufällige Anordnung vermeiden, stattdessen eine alphabetische Anordnung oder eine funktionale Gruppierung verwenden sowie
- wenn möglich, statt einer rein sprachlichen Darstellung, zusätzlich bildhaft darstellen (z.B. bei Formatvorlagen in Microsoft Word).

Kaskadenmenüs:

- In der Regel nicht mehr als zwei Stufen,
- breite, flache Bäume mit etwa 8 bis 16 Menüpunkten,
- aussagefähige Gruppennamen verwenden, aus denen man auf die darunter liegenden Menüoptionen schließen kann sowie
- Gruppen möglichst disjunkt halten.

Abkürzungsregeln

- Abkürzungen möglichst vermeiden,
- Streichen einzelner Buchstaben (meistens von rechts nach links und meistens Vokale), z.B. Zchn für Zeichen bzw.
- Abschneiden der letzten Buchstaben des Wortes, z.B. 'Dir' für Directory.

5.4.4 Interaktionselemente

Interaktionselemente (controls, widgets) werden zur Ein- und Ausgabe in Fenstern verwendet. Die nachfolgende Skizzierung einzelner Interaktionselemente ist grundsätzlich implementierungsunabhängig und orientiert sich an der Darstellung von Balzert (vgl. Balzert, 1999a, S. 704 ff.).

Zur Ein- und Ausgabe von Texten oder numerischen Werten stehen das **Textfeld (text field)** bzw. der **Textbereich (text area)** zur Verfügung. Bei der Verwendung von Textfeldern sollten folgende Regeln eingehalten werden:

- Jedes Textfeld sollte durch einen Führungstext beschrieben sein.
- Der Eingabebereich sollte so kurz wie möglich gehalten werden und die maximal eingebbare Zeichenzahl sollte durch die Feldgröße ungefähr wiedergespiegelt werden.
- Der Benutzer sollte Muss- und Kannfelder unterscheiden können.
- Häufig vorkommende Eingabewerte sollten als Standardvorbelegungen im Eingabebereich stehen und als änderbar erkennbar sein.
- Zahlen werden rechtsbündig, Texte linksbündig angeordnet.
- Textfelder, die nur zur Ausgabe dienen, sollten als solche erkennbar und für Eingaben gesperrt sein.
- In einem Textbereich sollten mindestens vier Zeilen sichtbar sein. Ist der Bereich größer und sollte Platz gespart werden, so sind insbesondere vertikale Rollbalken zu verwenden.
- Die Anzahl der Zeichen pro Zeile sollte zwischen 40 und 60 liegen.

Mit Hilfe einer **Schaltfläche (button)** bzw. des **Druckknopfes** wird eine Aktion ausgelöst. Bei seiner Verwendung sollte Folgendes beachtet werden:

- Die Beschriftung oder das Symbol einer Schaltfläche soll die zugewiesene Funktion treffend beschreiben.
- Die Beschriftung sollte möglichst aus einem Wort bzw. einem Substantiv für das Objekt und einem Verb für die Verrichtung bestehen.
- Werden mehrere Schaltflächen in einem Fenster verwendet, sollten diese in Gruppen zusammengefasst sein (vgl. Abb. 5.5).
- Eine Schaltfläche innerhalb einer Gruppe kann als Standardvorgabe gekennzeichnet sein und wird somit durch die Eingabetaste ausgelöst.

Schaltflächen kommen auch bei einem so genannten **Baum (tree)** zur Anwendung. Bäume dienen dazu, hierarchische Strukturen anzuzeigen. Knoten, die nicht auf unterster Ebene sind, erlauben das anzeigen der jeweils nächsten Ebene (expand). Entsprechend können die Knoten auch wieder verborgen sein (collapsed). Der Baum erlaubt ein schnelles Navigieren in komplexen hierarchischen Strukturen. Ein Beispiel ist die Menüstruktur im *R/3-System* in Abb. 5.7.

Einfach- bzw. Mehrfachauswahl kann über **Optionsfelder (radio buttons)** oder **Kontrollkästchen (check box)** erfolgen. Folgende Gestaltungsregeln sollten beachtet werden:

- Eher spaltenweise, statt zeilenweiser Anordnung, wobei eine Spalte nicht mehr als sieben Auswahlmöglichkeiten enthalten sollte.
- Nicht auswählbare Auswahlmöglichkeiten werden optisch grau dargestellt (disabled).
- Nur einsetzen, wenn die Anzahl der Auswahlmöglichkeiten bereits zum Zeitpunkt der Oberflächengestaltung bekannt sind, d.h. sich nicht anwendungsabhängig verändert.
- Optionsfelder werden i.d.R. als kleine Kreise dargestellt (vgl. Abb. 5.3), Kontrollkästchen als kleine Quadrate.
- Bei der Mehrfachauswahl müssen sich die Auswahlmöglichkeiten nicht gegenseitig ausschließen.

Zur Darstellung mehrerer vertikal angeordneter alphanumerischer oder graphischer Listeneinträge wird das **Listenfeld (list box)** oder die **Tabelle (table)** verwendet. Die Anwendung folgender Regeln führt zu verbesserten Gestaltungsergebnissen:

- Vertikale Rollbalken ermöglichen das Blättern in einer Liste mit vielen Einträgen.
- Wegen verbesserter Lesbarkeit sollten mindestens vier Einträge sichtbar sein.

- Ein vergrößerter Zeilenabstand nach drei oder vier Zeilen erleichtert das Festhalten an einer bestimmten Zeile über mehrere Spalten hinweg und ist der Verwendung unterschiedlicher Farben vorzuziehen.
- Die Ausrichtung (links-/rechtsbündig/zentriert) der Spaltenüberschriften in Tabellen hat sich nach der Ausrichtung der Spalteninhalte zu richten.

Eine Kombination des Textfeldes und des Listenfeldes ist das so genannte **Kombinationsfeld (combo box)**. Aus einer Liste wird eine Auswahl getroffen, die als Eingabe verwendet wird. Eine Variante besteht darin, dass auch ein Wert eingegeben werden kann, der nicht in der Liste vorkommt (z.B. im Suchen-Ersetzen-Dialog der Abb. 5.4). Eine platzsparende Variante ist eine Kombination des Textfeldes mit einem drop-down-Listenfeld in Form eines **drop-down-Kombinationsfeldes (drop-down combo box)**. Hinsichtlich der Gestaltung gelten entsprechend die Regeln für das Text- bzw. Listenfeld.

Zur Erklärung der Bedeutung benötigen die meisten Interaktionselemente einen **Führungstext (label)**. Bei der Verwendung von Führungstexten sollten folgende Regeln eingehalten werden:

- Führungstext und Interaktionselement sollten eng assoziiert sein, wobei der minimale Abstand ein Zeichen breit ist.
- Keine Trennzeichen (z.B. Doppelpunkt) zwischen Führungstext und Interaktionselement.
- Kurz, aussagekräftig, eindeutig, präzise, bekannt im Anwendungsumfeld und informativ. Allgemein übliche Abkürzungen (z.B. PLZ, BLZ) können verwendet werden.
- Führungstext sollte nicht breiter als ca. 5 cm sein, damit der Bezeichner bei einem Sehwinkel von 5° und 60 cm Bildschirmabstand auf einen Blick erfasst werden kann.
- Möglichst nicht aus mehreren Worten zusammengesetzt.
- Bei einzeiligen Interaktionselementen steht der Führungstext links, wobei beide Elemente horizontal zu zentrieren sind.
- Bei mehrzeiligen Interaktionselementen steht der Führungstext links ausgerichtet darüber.
- Ist die Länge der verschiedenen Führungstexte fast gleich (weniger als 6 Zeichen Unterschied), dann sind sie linksbündig auszurichten, ansonsten rechtsbündig.

5.4.5 Entwicklungsschritte zur Dialog-Schnittstelle

Nachdem wir uns mit der grundsätzlichen Struktur der Mensch-Computer-Interaktion, den arbeitswissenschaftlichen Grundsätzen zur Dialoggestaltung und ausgewählten Elementen sowie zugehörigen Regeln der Dialoggestaltung auseinandergesetzt haben, wollen wir uns mit einem systematischen Vorgehen zur

Entwicklung einer Dialogschnittstelle beschäftigen (vgl. Balzert, 1999a, S. 687 ff.). Auf die Zweckmäßigkeit der Erstellung eines Prototyps der Benutzerschnittstelle wurde bereits im Abschnitt 2.4.4 hingewiesen. Spätestens vor der Detaillierung des Entwurfs im Rahmen der Spezifikationsphase sollte die Benutzungsoberfläche skizziert und als Prototyp realisiert werden. Neben der fachlichen Funktionalität ist die Benutzungsoberfläche der Teil einer Systementwicklung, der in intensiver Zusammenarbeit und Abstimmung mit dem Anwender zu erarbeiten ist. Balzert schlägt fünf Schritte vor:

- 1. Schritt: Skizzieren der benötigten Fenster und ihrer gegenseitigen Interaktion.
- 2. Schritt: Festlegen, aus welchen Bestandteilen ein Fenster besteht.
- 3. Schritt: Festlegen, auf welche Benutzerereignisse wie reagiert werden soll.
- 4. Schritt: Umsetzung des Dialogkonzeptes in einen Java-Entwurf.
- 5. Schritt: Programmierung der Klassen.

Zur Illustration dieses Vorgehens greifen wir zurück auf unsere beiden Anwendungsfallmodelle *Studiengangstyp entwickeln* (vgl. Abb. 2.4) und *Studiengang durchführen* (vgl. Abb. 2.5). Dabei ist zu beachten, dass wir lediglich einige Ausschnitte aus dem Gesamtsystem herausgreifen (vgl. Abb. 5.10).

1. Schritt: Skizzieren der benötigten Fenster und ihrer gegenseitigen Interaktion:

Für die Studiengangsverwaltung werden folgende Fenster benötigt:

- ein Anwendungsfenster,
- für den Ausschnitt Studiengangstyp entwickeln:

  o ein Unterfenster für Studiengangstyp anlegen,
  o zwei Dialogfenster für das Erfassen von Semestern und Lehrveranstaltungstypen sowie
  o modale Mitteilungsfenster zur Rückmeldung an den Benutzer über das erfolgreiche Anlegen des jeweiligen Elements (Studiengangstyp, Semester, Lehrveranstaltungstyp)

2. Schritt: Festlegen, aus welchen Bestandteilen ein Fenster besteht.

Titelbalken mit Text *Studiengangsverwaltung*

Menübalken mit Menütitel und zugehörigen Menüoptionen. Die Menütitel orientieren sich an den Anwendungsfallmodellen und die Menüoptionen sind unmittelbar aus den Anwendungsfällen abgeleitet. Daran wird wieder einmal deutlich, dass die Anwendungsfälle wegweisend für die Struktur des Anwendungssystems sind. Das Unterfenster *Studiengangstyp anlegen* enthält die Führungstexte und die Textfelder zur Eingabe der Attributwerte. Die Schaltflächen *Übernehmen, Semester hinzufügen* und *Beenden* lösen die entsprechenden Aktionen aus. In der Tabelle werden die angelegten Semester anzeigt.

Die Dialoge *Semester anlegen* und *Lehrveranstaltungstyp anlegen* haben ähnlichen Aufbau. Die Details erklären sich aus der Abbildung 5.11.

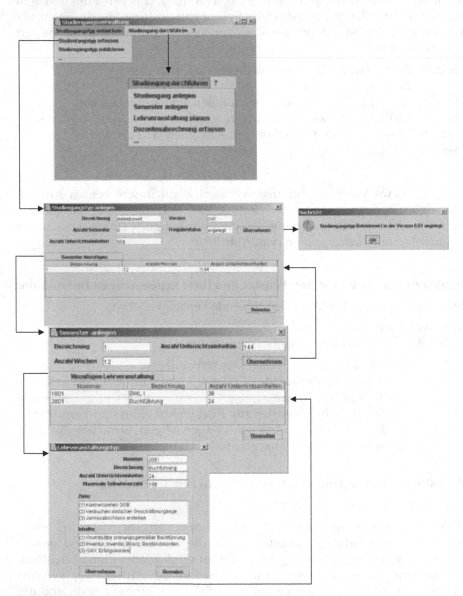

Abb. 5.11: Beispiel für den Entwurf der Dialog-Schnittstelle

3. Schritt: Festlegen, auf welche Benutzerereignisse wie reagiert werden soll

Abb. 5.11 macht über die Pfeile deutlich, wie auf welche Benutzerereignisse reagiert werden soll. So soll durch die Auswahl des Menüpunktes *Studiengangstyp erfassen* das Unterfenster *Studiengangstyp anlegen* aktiviert werden. Ein Klick auf die Schaltfläche *Semester hinzufügen* startet den Dialog *Semester anlegen*. Das Betätigen der Schaltfläche *Übernehmen* in diesem Dialog führt dazu, dass der Dialog geschlossen wird und die entsprechenden Semesterdaten in der Tabelle des Dialogs *Studiengangstyp anlegen* angezeigt werden. Entsprechend ist der Ablauf für das Anlegen der Lehrveranstaltungstypen.

Die **Schritte 4** und **5** betreffen Details, die von der Implementierungsumgebung abhängig sind.

5.5 Resümee zur Gestaltung der Mensch-Computer-Interaktion

Anwendungsfallmodelle und Klassenmodelle geben einen strukturierten Überblick über Anforderungen und fachlicher Architektur des zu entwickelnden Systems. Die Benutzungsschnittstelle stellt die Verbindung des Systems zum Benutzer dar. Daher ist deren Funktionalität sowie deren Gestaltung in enger Kooperation mit dem Benutzer zu erarbeiten. Bereits im Abschnitt 2.4.4 wurde die Wichtigkeit von Prototypen der Dialog-Schnittstelle hervorgehoben. In diesem Entwicklungsstadium dienen solche Prototypen vor allem der Reduktion des Risikos, die Benutzeranforderungen falsch bzw. unvollständig zu erfassen. Diese Prototypen können im Entwicklungsablauf kontinuierlich weiterentwickelt werden und damit stets zur Unterstützung des Modellierungsprozesses beitragen. Das diskutierte Modell zur Mensch-Computer-Kommunikation legt klar, dass es bei der Gestaltung der Benutzungsschnittstelle mehrere Ebenen für Gestaltungsentscheidungen gibt. Ein Teil dieser Entscheidungen ist unabhängig von der Implementierungstechnologie, ein anderer Teil ist allerdings von der Technologie beeinflusst. Die Grundsätze der Dialoggestaltung zeigen auf, dass es allgemeine Gestaltungsanforderungen für Dialog-Schnittstellen gibt, die hinsichtlich des Einzelfalls im Entwicklungsprojekt zu spezifizieren sind. Die konkrete Ausgestaltung der Dialog-Schnittstelle hat Erkenntnisse der Software-Ergonomie zu berücksichtigen. Vor diesem Hintergrund wurden für die Verwendung einzelner Elemente, wie Fenster, Menüs, Textfelder, Schaltflächen usw. Gestaltungsregeln vorgestellt, durch deren Berücksichtigung ein höherer Grad an Ergonomie erreicht werden kann. Bei der Diskussion der Vorgehensschritte zur konkreten Entwicklung einer Benutzungsschnittstelle wurde deutlich, dass das Anwendungsfallmodell einen prägenden und durchgängigen Einfluss auf die Gestaltung eines Anwendungssystems hat. Anwendungsfallmodelle werden u.U. zu Menüs und Anwendungsfälle werden zu auswählbaren Menüpunkten, welche die entsprechenden Funktionen auslösen. Die Beispiele orientierten sich vornehmlich an so genannten Windows-Oberflächen. Zwar sind die Grundprinzipien bei Web-basierten Oberflächen gleich, allerdings bringen die technischen Details unterschiedliche Möglichkeiten und Beschränkungen. Auf die wir später eingehen.

In Abb. 5.12 wird der Zusammenhang zwischen Anwendungsfallmodell und Fachklassenmodell in einer Schemadarstellung verdeutlicht. Die Schnittstelle zur Fachlogik des Systems stellt üblicherweise der Anwendungsfall-Controller dar.

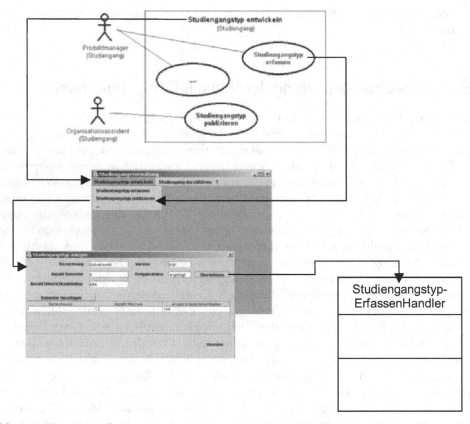

Abb. 5.12: Zusammenhang zwischen Anwendungsfallmodell, Dialogschnittstelle und Fachklassenmodell

5.6 Wiederholungsfragen und Aufgaben

Die Lösungen zu den nachfolgenden Fragen und Aufgaben finden Sie auf der Webseite zum Buch.

Frage 5.1

Welche Aussage ist korrekt?

a) Eine Anwendung startet in der Regel mit einem Anwendungsfenster.

b) Bei einer MDI-Anwendung können, aus technischen Gründen, im Arbeitsbereich keine Unterfenster geöffnet werden.

c) Mitteilungsfenster können sowohl für Primär- als auch Sekundärdialoge verwendet werden und können anwendungsabhängig modal oder nicht-modal definiert werden.

d) Durch die Fenster kommuniziert der Anwender mit der Anwendung. Dennoch kommt der Gestaltung der Fenster keine große Bedeutung zu.

Frage 5.2

Welche Aussage ist korrekt?

a) Auf der Ebene der Organisationsschnittstelle erfolgt die Zuordnung der Aufgabe nur zum menschlichen Aufgabenträger.

b) Die Funktionsschnittstelle stellt die anwendungsspezifische Unterstützung zur Verfügung.

c) In der Dialogschnittstelle müssen die Dialogschritte festgelegt werden. Dies ist sicherlich vielfach abhängig von den technischen Möglichkeiten der verwendeten Funktionsschnittstelle.

d) Die Art und Weise, wie die Ein-/Ausgabe erfolgt, wird über die Organisations- und Funktionsschnittstelle festgelegt.

Frage 5.3

Welche Aussage ist korrekt?

a) Ein Dialog ist selbstbeschreibungsfähig, wenn einzelne Dialogschritte mit Hilfe des Handbuchs erklärt werden.
b) Selbstbeschreibungsfähigkeit wird erzielt, wenn der Entwickler durch die Gestaltung der Informationen auf dem Bildschirm in der Lage ist, sich im Programm zurechtzufinden und dieses zu verstehen.
c) Der Entwickler sollte sich stets darüber im Klaren sein können, wo er sich gerade im System befindet, wie er dorthin gekommen ist und was er als nächstes tun muss, um sein Arbeitsziel zu erreichen.
d) Alle Texte, wie Labels und Meldungen, sollten auf Anhieb verständlich und somit selbstbeschreibend sein.

Aufgabe 5.1

Matthias studiert im ersten Semester Wirtschaftsinformatik und arbeitet nebenher bei einem Software-Hersteller. Für die Erfassung einer Bedarfsmeldung hat er folgenden Dialog entworfen:

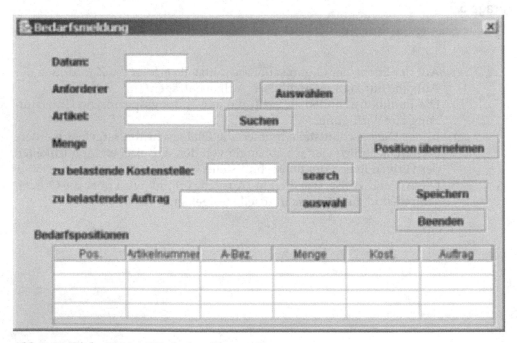

Abb. 5.13: Dialogentwurf *Bedarfsmeldung erfassen*

Offenbar hat sich Matthias noch nicht mit Grundsätzen der Dialoggestaltung und der professionellen Anwendung einzelner Elemente der Dialoggestaltung beschäftigt.

– Kommentieren Sie obigen Entwurf und machen Sie geeignete Verbesserungsvorschläge.

Aufgabe 5.2

– Erläutern Sie den Zusammenhang zwischen dem Anwendungsfallmodell, der Anwendungsfallbeschreibung und der Dialoggestaltung.

6 Computer Aided Software Engineering (CASE) und Model Driven Architecture (MDA)

6.1 Überblick und Lernziele

Zusammenfassung

Computer Aided Software Engineering (CASE) auch vielfach CASE-Tools oder CASE-Werkzeuge genannt, soll dazu beitragen, die Qualität der entwickelten Software zu verbessern und die Produktivität der eingesetzten Mitarbeiter zu erhöhen. Aus der Sicht eines einzelnen Projektes definiert die CASE-Umgebung die technische Infrastruktur, welche von den Analytikern, Designern und Entwicklern benutzt werden kann bzw. muss. In diesem Kapitel werden insbesondere Anforderungen an eine CASE-Umgebung bzw. einzelne CASE-Werkzeuge vorgestellt und damit erfolgt indirekt eine Charakterisierung von CASE anhand relevanter Merkmale. Ausschnittsweise wird auch auf das aktuelle Angebot an UML-basierten Modellierungswerkzeuge eingegangen. Der zweite Hauptteil dieses Kapitels beschäftigt sich mit dem MDA-Ansatz (Model Driven Architecture) der OMG (Object Management Group). Dieser Ansatz postuliert die strikte Trennung zwischen fachlichem Modell und der technikspezifischen Implementierung mit der Unterscheidung des 'platform independent model' (PIM) und des 'platform specific model' (PSM). Eine Umsetzung dieses Ansatzes wird insbesondere durch Modellierungs- und Generierungswerkzeuge ermöglicht. Daher weisen die Themen CASE und MDA auch einen engen Zusammenhang auf. Abschließend wird die CASE-Umgebung *Innovator* der Firma MID kurz charakterisiert, da diese Modellierungsumgebung zur Entwicklung der in dieser Publikation entwickelten Modelle verwendet wurde.

Wichtige Teilgebiete sind:

- CASE Grundlagen
- Anforderungen an CASE und Beispiele von CASE-Umgebungen
- Grundzüge der Model Driven Architecture

Lernziele

Der Leser soll:

- CASE-Werkzeuge bzw. CASE-Umgebungen kategorisieren können,
- zur Unterstützung des Auswahlprozesses einen Überblick über Anforderungsmerkmale von CASE bekommen und

– die Grundidee der Model Driven Architecture verstehen und deren zukünftige Relevanz einschätzen können.

6.2 Grundlagen zu CASE

Computer Aided Software Engineering (CASE) beschäftigt sich mit allen computergestützten Hilfsmitteln, die dazu beitragen können, die Software-Qualität und Entwickler-Produktivität zu verbessern sowie das Management des Software-Entwicklungsprozesses zu erleichtern (vgl. Balzert, 1998, S. 592). Unter dem allgemeinen Begriff CASE werden sowohl CASE-Werkzeuge, die einzelne Tätigkeiten der Software-Erstellung unterstützen, als auch CASE-Umgebungen zusammengefasst, die mehrere Tätigkeitskomplexe der Software-Erstellung integriert unterstützen. Eine CASE-Umgebung besteht aus einer CASE-Plattform und mehreren darin integrierten CASE-Werkzeugen. Die Plattform stellt grundsätzliche Dienstleistungen, wie beispielsweise die Datenhaltung in Form eines Repository, Benutzerverwaltung oder Versionsverwaltung, zur Verfügung. Die Werkzeuge lassen sich hinsichtlich ihres Einsatzschwerpunktes im Systementwicklungsprozess in

– upper-CASE,
– lower-CASE und
– I-CASE (Integrated CASE)

einteilen. **Upper-CASE**-Werkzeuge unterstützen primär die Aktivitäten Geschäftsprozessmodellierung, Anforderungsanalyse sowie Analyse und Entwurf und haben damit ihren Einsatzschwerpunkt eher in den frühen Phasen der Systementwicklung, wie Vorbereitung und Spezifikation (vgl. Vorgehensmodell in Abb. 1.4). Die **lower-CASE**-Werkzeuge unterstützen vor allem die Aktivitäten Implementierung, Test und Auslieferung und kommen damit eher in den späten Phasen der Systementwicklung, wie Konstruktion und Einführung, zum Einsatz. Sind beide Bereiche und auch Funktionen zum Projektmanagement sowie Konfigurations- und Änderungsmanagement in einem Werkzeug enthalten, spricht man auch von **I-CASE** oder integrierten CASE-Werkzeugen.

Hinsichtlich der Entwicklungsrichtung lassen sich Werkzeuge zur Unterstützung des forward engineering und solche zur Unterstützung des reverse engineering unterscheiden. Beim **forward engineering** wird zuerst ein System-Modell systematisch erarbeitet und das fertige Software-System steht am Ende des Entwicklungsprozesses. Beim **reverse engineering** steht ein vorhandenes Software-System am Anfang des Prozesses, so dass aus den Software-Komponenten und deren Beziehungen ein Modell auf einer höheren Abstraktionsebene rekonstruiert werden kann. Im Rahmen eines reengineerings (Erneuerung, Renovierung) eines bestehenden Software-Systems schließt sich an das reverse engineering ein forward engineering an. Werden forward und reverse engineering im Wechselspiel integriert, so spricht man vom so genannten **round trip engineering**.

6.3 Allgemeine Anforderungen an CASE-Umgebungen

Bereits einleitend wurde auf die generellen Ziele

- – Erhöhung der Produktivität,
- – Verbesserung der Qualität und
- – Erleichterung des Managements des Software-Entwicklungsprozesses

hingewiesen. Vor diesem Hintergrund muss CASE dem Entwickler Routinearbeiten soweit wie möglich abnehmen und den Verwaltungsaufwand reduzieren. Durch Konsistenz der Modelle und Unterstützung der Teamarbeit auch in verteilten Teams lässt sich der Nutzen von CASE für den Entwickler täglich erfahrbar machen. Allerdings löst CASE nicht die grundsätzlichen Probleme der Software-Erstellung. Ein guter Systementwickler wird mit CASE schneller bessere Software erstellen. Ein schlechter Systementwickler wird mit CASE in kürzerer Zeit noch mehr schlechte Software erstellen. Somit ist CASE notwendig, aber nicht hinreichend für eine Verbesserung der Software-Entwicklung (vgl. Balzert, 1998, S. 597).

Für die konkrete Auswahl von CASE-Werkzeugen müssen im Einzelfall die unternehmensspezifischen Anforderungen festgelegt werden. Balzert unterscheidet Anforderungen an CASE-Umgebungen, CASE-Plattformen sowie CASE-Werkzeuge (vgl. Balzert, 1998, 598 ff.). Für CASE-Umgebungen fordert Balzert zum einen Vollständigkeit und zum anderen die Möglichkeit des inkrementellen Einsatzes. Eine CASE-Umgebung ist dann vollständig, wenn sie all die Werkzeuge umfasst, die notwendig sind, um allgemein auftretende Tätigkeiten (z.B. Dokumentation, Berichterstellung) und Vorgehensmodell-spezifische Tätigkeiten (z.B. editieren, prüfen, transformieren, generieren, übersetzen usw.) zu unterstützen. Partiell vollständig ist eine CASE-Umgebung dann, wenn sie einen Teil der Software-Erstellung mit semantisch integrierten Hilfsmitteln unterstützt, z.B. die frühen Phasen einer Software-Entwicklung. Soll eine CASE-Umgebung in einem Unternehmen eingeführt werden, so ist dem Aspekt der Akzeptanz durch die Betroffenen eine hohe Aufmerksamkeit zu schenken. Vor diesem Hintergrund kann es sinnvoll sein, eine derartige Innovation inkrementell einzuführen. Dies bedingt die Anforderung, dass die CASE-Umgebung eine derartig inkrementelle Einführungsstrategie ermöglicht und nicht unnötige Zwänge ausübt.

Eine CASE-Umgebung basiert auf einer CASE-Plattform, welche die Integration von CASE-Werkzeugen erlaubt. Vor diesem Hintergrund lassen sich für die **CASE-Plattform** folgende Anforderungen formulieren:

- Integrationsfähigkeit von CASE-Werkzeugen,
- Offenheit,
- Multiprojekt- und Teamfähigkeit,
- Intuitive Bedienung und
- Portabilität

Die **Integration** von CASE-Werkzeugen kann die Oberflächen-, Daten-, Steuerungs- und Prozessintegration betreffen. Bei einer Oberflächen-Integration wird eine einheitliche Oberfläche für alle Werkzeuge verwendet. Mit der Datenintegration ist gewährleistet, dass alle Daten in der CASE-Umgebung als ein konsistentes Ganzes verwaltet werden. Die Steuerungsintegration unterstützt eine flexible Kombination von Umgebungsfunktionen (z.B. Editor) in Abhängigkeit vom Entwicklungsprozess. Die Prozessintegration betrifft das effektive Zusammenspiel unterschiedlicher Werkzeuge. Allgemein kann gesagt werden, dass CASE-Umgebungen mit proprietären CASE-Werkzeugen einen hohen Integrationsgrad aufweisen. Die Offenheit einer CASE-Plattform bedeutet, dass über definierte Export-/Import-Schnittstellen Daten an externe Werkzeuge weitergegeben bzw. Daten zur Weiterverarbeitung von anderen Werkzeugen importiert werden können. Weiterhin sollten CASE-Werkzeuge von Drittanbietern in die Plattform einfügbar sein. Darüber hinaus betrifft **Offenheit** auch die Möglichkeit, individuelle Anpassungen vorzunehmen. Sollen mittels einer CASE-Plattform parallel oder zeitlich versetzt mehrere Software-Entwicklungsprojekte abgewickelt werden, so ist **Multiprojektfähigkeit** notwendig. Die Teamfähigkeit einer CASE-Plattform bedeutet, dass viele Projektmitarbeiter von verschiedenen Arbeitsplätzen auf die Werkzeuge und Daten zugreifen können. Der Wunsch nach **intuitiver Bedienung** wirkt sich insbesondere auf den Schulungs- und Trainingsaufwand der Benutzer aus. Da eine CASE-Umgebung in der Regel eine längere Bindungs- und Nutzungszeit als Hardware aufweist, sollte eine CASE-Umgebung im Sinne der **Portabilität** leicht an geänderte Hardware- und Betriebssystemplattformen anpassbar sein.

Für **CASE-Werkzeuge** lassen sich folgende Anforderungen nennen:

- weitgehend methodengetreue Unterstützung,
- Bereitstellung effizienzsteigernder Funktionen,
- Bereitstellung qualitätssteigernder Funktionen,
- intuitive Bedienung und
- Integrierbarkeit in CASE-Plattformen.

CASE-Werkzeuge unterstützen den Systementwickler bei der Anwendung von Methoden, welche bestimmte Notationen beinhalten. Im Zusammenhang mit objektorientierter Modellierung sollten die Werkzeuge die UML entsprechend dem geltenden Standard unterstützen. Dabei kann es sein, dass die Werkzeuge eine Einengung darstellen, wenn z.B. bestimmte methodische Konzepte schwierig umzusetzen waren und damit nicht unterstützt werden. Es kann jedoch auch sein, dass die Werkzeuge liberaler sind, als es die Regeln der Methoden vorsehen. Effizienzsteigernde Funktionen sind beispielsweise Zoomfunktionen, Navigationshilfen, Speicherung des aktuellen Arbeitszustands und automatisches Wiederherstellen bei neuer Sitzung, automatisches Erstellen von Inhaltsverzeichnissen und Querverweisen sowie automatische Übernahme von bereits vorhandenen Informationen (z.B. Klassenname aus Klassenmodell in Sequenzdiagramm). Beispiele für qualitätssteigernde Funktionen sind fehlerhafte Eingaben vermeiden (z.B. nicht zulässige Multiplizitätsangaben), Konsistenz zwischen Teilmodellen sicherstellen (z.B. Nachrichten im Kommunikationsdiagramm müssen als Operationen in der entsprechenden Klasse modelliert sein), Qualitätssicherungsprotokolle erstellen, die auf Verstöße gegen methodische Regeln hinweisen. Auf die Bedeutung intuitiver Bedienung und der Integrationsfähigkeit der Werkzeuge in CASE-Plattformen wurde bereits oben bei CASE-Plattformen hingewiesen.

6.4 Überblick zu CASE-Umgebungen

Aus empirischer Sicht haben die CASE-Umgebungen in den letzten 20 Jahren eine wechselvolle Entwicklung hinter sich. Die Versprechungen der Hersteller, die Erwartungen der Kunden und die praktischen Erfahrungen waren nicht immer deckungsgleich. Daher gibt es auch immer wieder die Aussage, dass CASE der Vergangenheit angehöre. Dies ist so sicherlich nicht richtig. Durch die UML erfolgte eine gewisse Standardisierung hinsichtlich eines Großteils der Modellierung im Sinne des upper-CASE. Auf der anderen Seite gibt es eine Palette von IDEs (integrated development environments) im Sinne des lower-CASE. Im Java-Umfeld sollen beispielsweise *Eclipse* (vgl. http://www.eclipse.org) und *Netbeans* (vgl. http://www.netbeans.org) genannt werden. Dabei ist anzumerken, dass Eclipse nicht auf Java beschränkt ist und aufgrund seiner Architektur (plug-in) nicht nur eine IDE darstellt, sondern als CASE-Plattform kategorisiert werden muss. Nachfolgend soll der Schwerpunkt auf die upper-CASE-Umgebungen, welche auf UML basieren gesetzt werden. Auf Details der IDEs wird später im Rahmen des Entwurfs und der Implementierung näher eingegangen.

Die *OMG* (Object Management Group, http://www.omg.org) hat eine Unterscheidung der Produkte in drei Kategorien vorgenommen (vgl. Ullmann/Leßner, 2003, S. 44):

- reine Malwerkzeuge (z.B. *Visio*),
- UML-Umgebungen, die zumindest forward oder reverse engineering beherrschen und
- Model Driven Architecture (MDA) Umgebungen.

Reine Malwerkzeuge verbieten sich normalerweise für einen ernsthaften Einsatz in praktischer Projektarbeit, da der Aufwand des 'Nachmalens' erheblich ist und eine Konsistenz zwischen einzelnen Modellsichten i.d.R. nicht gewährleistet wird. Die meisten am Markt befindlichen CASE-Umgebungen fallen in die zweite Kategorie, wobei einige sich in die Richtung der MDA-Umgebungen entwickeln. Das Angebot von Produkten im UML-Umfeld ist umfangreich und die Marktdynamik führt zu ständigen Veränderungen. So wird heute das Produkt *Rational Rose XDE* (extended Development Environment) aufgrund der Übernahme der Firma *Rational* von der *IBM* vertrieben. Das Produkt *Together ControlCenter* (die aktuelle Version heißt *Together 2006*) wurde von der Firma *Borland* übernommen. Einen umfassenden Überblick liefert eine Zusammenstellung von Mario Jeckle (vgl. http://www.jeckle.de/umltools.html). Bei Ullmann und Leßner (vgl. Ullmann/Leßner, 2003 und 2003a) findet sich ein Überblick über zehn ausgewählte Produkte:

Poseidon 4.2 (http://www.gentleware.com),

Enterprise Architect 6.5 (http://www.sparxsystems.com.au),

Objecteering 6 (http://www.objecteering.com/),

ObjectiF 6.1 (http://www.microtool.de),

XDE (http://www-306.ibm.com/software/awdtools/developer/rose/index.html),

Describe 6.1.8 (http://www.embarcadero.com/products/describe/index.html),

Together ControlCenter 6 (http://www.borland.com/together/index.html),

InnovatorAOX 2006 (http://www.mid.de/),

Composum 2.0 (http://www.ist-dresden.de/products/Composum/index.html) und

Visual Paradigm 5.3 (http://www.visual-paradigm.com/product/vpuml/).

Im Ergebnis kommen die Autoren zu dem Schluss, dass das Funktionsspektrum der einzelnen Produkte äußerst unterschiedlich ist und die unternehmensspezifische Auswahl abhängig ist von den relevanten Anforderungen und der Preisbereitschaft. Da in Zukunft die Model Driven Architecture (MDA) sicherlich eine größere Bedeutung einnehmen wird, wollen wir im nächsten Abschnitt auf die MDA etwas näher eingehen.

6.5 Grundzüge der Model Driven Architecture (MDA)

CASE-Werkzeuge und CASE-Umgebungen traten schon in den 80er Jahren mit dem Anspruch an, den Prozess der Software-Erstellung zu rationalisieren und in Teilen zu automatisieren. Bei Schmid ist zu lesen:

"James Martin, ..., hat bereits Ende der 70er, Anfang der 80er Jahre grundlegende Gedanken zur künftigen Anwendungsentwicklung formuliert und sie in den Grundkonzepten des INFORMATION ENGINEERING festgelegt. ... INFORMATION ENGINEERING FACILITY (IEF) implementiert exakt die INFORMATION ENGINEERING Methode, wobei die späten Phasen durch Generatoren abgedeckt werden, die komplette Systeme ... generieren. ... Wesentlich dabei ist die volle Integration, die einerseits die automatische Weiterverarbeitung des in einer Phase erarbeiteten Modells in den Folgephasen sichert, andererseits aber auch die Rückbezüge überprüft, so dass auch eine Konsistenzsicherung stattfindet. ... IEF bietet neben der Durchgängigkeit und Vollständigkeit in der Entwicklung vor allem auch weitreichende Automatisierung des Entwicklungsprozesses, indem aus bereits erarbeiteten Modellobjekten andere Objekte automatisch im IEF erzeugt werden." (Schmidt, 1991, S. 257 f.).

Vergleicht man diese Aussagen mit der **Model Driven Architecture** (MDA)-Inititative der Objekt Management Group (OMG), wie sie im MDA-Guide (vgl. Miller/Mukerji, 2003) vom 12. Juni 2003 beschrieben ist, so sind die Zielsetzungen durchaus vergleichbar. Im MDA-Guide wird von einem evolutionären Schritt in der Software-Entwicklung gesprochen. Es wird ein Vergleich zu den Ursprüngen der speicherprogrammierten Rechenanlagen der späten 40er Jahre gezogen, bei denen das erste Mal vorgefertigte Programme und Bibliotheksmodule für immer wiederkehrende Rechenaufgaben wiederverwendet werden konnten. Der nächste Schritt war die Entwicklung höherer Programmiersprachen, z.B. Fortran durch John Backus im Jahr 1954, womit Programme einmal entwickelt und mittels plattformspezifischen Compilern auf unterschiedlichen Rechnern eingesetzt werden konnten (vgl. Miller/Mukerji, 2003, S. 1-3). In diesem Sinne bezeichnen auch Hubert und Uhl die MDA als einen neuen Innovationszyklus (vgl. Abb. 6.1).

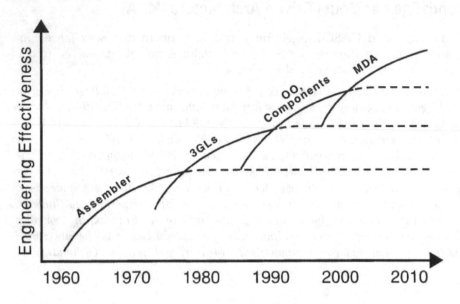

Abb. 6.1: Innovationszyklen in der IT (aus Hubert/Uhl, 2004, S. 16)

Die MDA geht von der lange bekannten Idee aus, die Spezifikation von der Implementierung eines Systems derart zu trennen, dass die Spezifikation unabhängig von den Eigenschaften der Implementierungsplattform ist. MDA beschreibt folgenden Prozess, der von Werkzeugen unterstützt werden kann:

– Spezifizieren des Systems unabhängig von der Implementierungsplattform,
– Spezifizieren von Implementierungsplattformen,
– Auswahl einer speziellen Plattform für das System und
– Transformieren der Systemspezifikation in eine plattformspezifische Ausprägung.

Dabei werden durch die MDA primär die Ziele Portabilität, Interoperabilität und Wiederverwendbarkeit durch strikte Trennung in der Architektur verfolgt (vgl. auch Abschnitt 2.4.1).

Die MDA unterscheidet unterschiedliche Modelle:

– computation independent model (CIM),
– platform independent model (PIM),
– platform specific model (PSM) und
– platform model.

Das **computation independent model (CIM)** wird auch vielfach als Fachkonzept-modell (domain model) bezeichnet, das zusammen mit dem Fachvokabular (Glossar) die Anforderungen aus Benutzersicht spezifiziert. Es stellt die Brücke zwischen Anwender und Systementwickler dar und ist Gegenstand der Anforderungsanalyse. Bei einer Systementwicklung, welche dem MDA-Ansatz folgt, sollte nachvollziehbar sein, wie die Anforderungen des CIM im PIM und PSM ungesetzt werden.

Das **platform independent model (PIM)** beschreibt das Software-System in einer Weise, dass es unbeeinflusst ist von der später verwendeten Implementierungsplattform. In diesem Sinne haben wir in Anlehnung an Jacobson im Abschnitt 4.2 die Grenze zwischen OOA und OOD gezogen. Dies passt weitgehend zum dem Konzept des PIM. Abb. 6.2 zeigt ein Modell auf der konzeptionellen Ebene, das von der Plattform (z.B. Programmiersprache) abstrahiert.

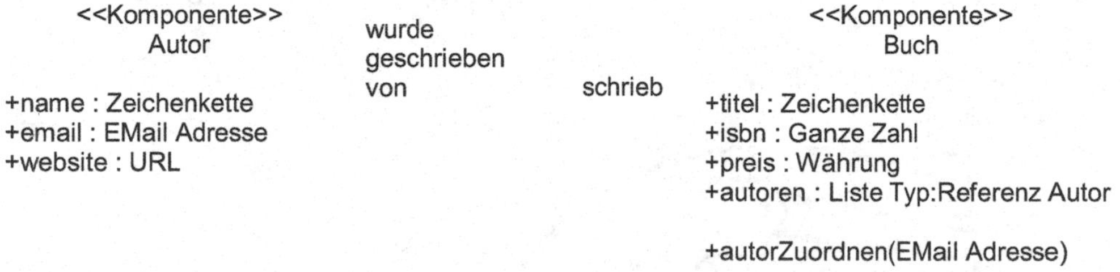

<<Komponente>> Autor	wurde geschrieben von	schrieb	<<Komponente>> Buch
+name : Zeichenkette +email : EMail Adresse +website : URL			+titel : Zeichenkette +isbn : Ganze Zahl +preis : Währung +autoren : Liste Typ:Referenz Autor +autorZuordnen(EMail Adresse)

Abb. 6.2: Beispiel für ein PIM (aus http://www.software-kompetenz.de/)

Das **platform specific model (PSM)** kombiniert die Spezifikationen im PIM mit den Details, welche festlegen, wie das System eine spezifische Plattform benutzt. Dabei wird unter einer Plattform eine Menge von Subsystemen und Technologien verstanden, welche eine zusammenhängende Funktionalität durch Interfaces und spezifizierte Muster zur Nutzung dieser Funktionalität bereitstellt. Dabei ist es belanglos, wie diese Funktionalität implementiert ist. Beispiele solcher Plattformen sind *Java, C++, CORBA, Java 2 Enterprise Edition* (J2EE), *IBM WebSphere, Microsoft .NET* u.a. Im Beispiel der Abb. 6.3 ist das PIM durch die entsprechenden Annotationen an die Plattform *Java* und *EJB* (Enterprise Java Beans) gebunden.

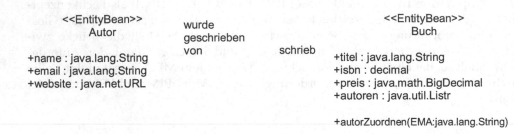

<<EntityBean>>
Autor

+name : java.lang.String
+email : java.lang.String
+website : java.net.URL

wurde
geschrieben
von

schrieb

<<EntityBean>>
Buch

+titel : java.lang.String
+isbn : decimal
+preis : java.math.BigDecimal
+autoren : java.util.Listr

+autorZuordnen(EMA:java.lang.String)

Abb. 6.3: Beispiel für ein PSM (aus http://www.software-kompetenz.de/)

Ein **platform model** beschreibt eine Menge technischer Konzepte, durch welche die Plattform gekennzeichnet ist. In einem Plattform-Modell ist festgehalten, wie das PIM auf das plattformspezifische PSM im Wege einer Transformation abgebildet (mapping) werden soll. Abb. 6.4 verdeutlicht den Zusammenhang.

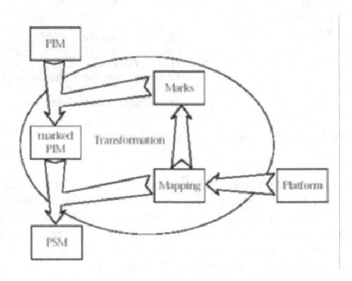

Abb. 6.4: Eine Möglichkeit der Transformation (aus Miller/Mukerji, 2003, S. 3-8)

Im Plattform-Modell lassen sich beispielsweise Markierungen definieren, die zur Auszeichnung des PIM (marked PIM) verwendet werden können. Durch die plattformspezifische Interpretation lässt sich das markierte PIM in ein PSM transformieren. Nach den Darstellungen der OMG (vgl Miller/Mukerji, 2003, S. 4-2 ff.)

kann diese Transformation einerseits manuell geschehen und andererseits softwaregestützt durchgeführt werden. Die manuelle Transformation unterscheidet sich nicht grundsätzlich von der traditionell professionellen Entwicklung. Die softwaregestützte Transformation kann einen unterschiedlichen Automatisierungsgrad aufweisen. Durch die Verwendung von plattformspezifischen Profilen und der eventuellen Verwendung von Mustern lässt sich ein PSM erzeugen. Die am weitesten entwickelte Transformationsart wäre das automatisierte Transformieren des PIM in Quellcode. Dabei würde der Entwickler mit einem PSM gar nicht direkt konfrontiert. Dies setzt allerdings voraus, dass das Modell vollständig spezifiziert ist.

Die Charakterisierung des MDA-Ansatzes zum einen und die einleitenden Ausführungen zu diesem Abschnitt über die Arbeiten von James Martin zum anderen, machen deutlich, dass die OMG mit ihrer Konzeption einige wohl bekannte Ideen der modellbasierten und generativen Softwareentwicklung aufgreift. Die Ausführungen der OMG konzentrieren sich jedoch auf fundierte Konzepte und Metamodelle, bleiben hinsichtlich der konkreten Umsetzung jedoch recht abstrakt (vgl. Bohlen/Starke, 2003, S. 52). Insofern ist das Thema MDA auch noch im Fluss. Als wesentlich lässt sich jedoch herausstellen, dass MDA eine weitgehende Trennung von Fachlogik und Implementierung propagiert. Eine Motivation dafür besteht darin, dass sich einerseits Technologien in immer kürzeren Zyklen wandeln (z.B. Programmierkonzepte oder Middleware). Andererseits verändern sich jedoch auch die fachlichen Anforderungen. Allerdings haben diese Veränderungen unterschiedliche Ursachen, so dass es Sinn macht, dass sich Fachlogik und Technik einer Anwendung unabhängig voneinander weiterentwickeln lassen. MDA kann als ein Schritt in die Richtung einer **industriellen Software-Entwicklung** gewertet werden. Dies bedeutet zum einen, dass qualitätsgeprüfte Bauteile eingesetzt werden und langweilige, wiederkehrende Aufgaben von 'Robotern' erledigt werden. So erfordern unterschiedliche Architekturkonzepte, z.B. die *Enterprise Java Beans* (EJB) oder das Mapping auf relationale Datenbanken bzw. framework-basierte WebPräsentationen immer wieder gleichartigen Implementierungsaufwand, der modellgetrieben durch Generatoren effizienter erstellt werden kann.

Aus betriebswirtschaftlicher Sicht ist einerseits der Aufwand für die Modellierung (Engineering) und der Aufwand für die Produktion (Programmieren) der Anwendung zu betrachten. Tendenziell steigen die Anforderungen an die Modellierung und damit der notwendige Aufwand, während der Aufwand für die Programmierung (Produktion) tendenziell sinkt (vgl. Bucholdt, 2003, S. 24 f.). Diese Auswirkungen müssen im Einzelfall bewertet und abgewogen werden. Vergleicht man die Software-Entwicklung mit der Herstellung von Automobilen, wird deutlich, dass sich das Engineering im Bereich der Software noch in den Kinderschuhen befindet, sonst wären nicht soviel Handarbeit und vor allem Nacharbeit und

Fehlerbehebung notwendig. Gleichzeitig zeigt dieser Vergleich jedoch auch, dass es sicherlich einen Unterschied ausmacht, ob es sich um ein Einzelprojekt mit Individualsoftware handelt oder ob wir es mit Standardsoftware bzw. Individualsoftware für den unternehmensweiten Einsatz zu tun haben. Im letzten Fall haben die kontinuierliche Weiterentwicklung und die Plattformunabhängigkeit eine andere Bedeutung. Vor diesem Hintergrund ist es auch eher notwendig eine Wirtschaftlichkeitsbeurteilung über den Software-Lebenszyklus als beschränkt auf das Entwicklungsprojekt aufzustellen.

Der Zusammenhang zwischen MDA und CASE besteht im Wesentlichen darin, dass die Realisierung des MDA-Konzeptes ein Modellierungswerkzeug voraussetzt, das die notwendigen Eigenschaften aufweist. Zu diesen Eigenschaften gehören beispielsweise UML-Profile zur UML-Spracherweiterung und die Unterstützung des XMI-Formats (XML Metadata Interchange) der OMG für den Datenaustausch. Weiterhin sind Generatoren notwendig, die Bestandteil der CASE-Umgebung sein können oder über XMI mit dieser CASE-Umgebung Modelle austauschen können. Vor diesem Hintergrund wollen wir im nächsten Abschnitt kurz auf die CASE-Umgebung *Innovator* der Firma MID eingehen.

6.6 Charakterisierung einer speziellen CASE-Umgebung

Die CASE-Umgebung *Innovator* in der Version 9 (*InnovatorAOX2006*) umfasst nicht nur ein UML-Werkzeug, sondern deckt auch klassische Modellierungsansätze ab. So werden auch die Strukturierte Analyse und das Strukturierte Design sowie die Datenmodellierung mit Hilfe von Entity Relationship Diagrammen unterstützt. Hinsichtlich der objektorientierten Modellierung wird sowohl der UML-Standard 1.4 als auch 2.0 unterstützt. An den MDA- Standard der OMG hat sich die Firma MID auch angenähert. So werden unterschiedliche UML-Profile mitgeliefert. Die Innovator-Plattform zeichnet sich durch seine werkzeugunabhängigen Funktionen aus. Hier sind insbesondere das ausgefeilte Rollenkonzept und die flexibel konfigurierbare Dokumentationskomponente, aber auch Import-/Exportfunktionen zu nennen. Das Rollenkonzept und die Client-Server-Architektur unterstützen eine verteilte Teamarbeit auch in großen Projekten.

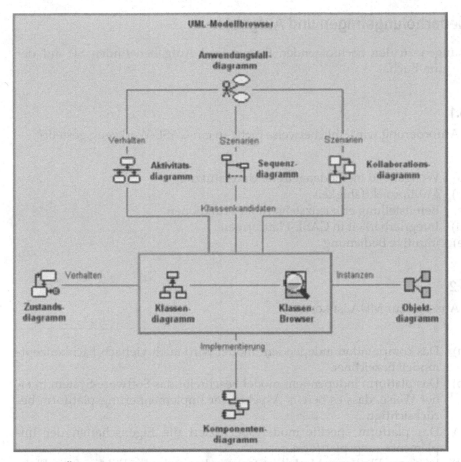

Abb. 6.5: Überblick zu Innovator Object (Quelle MID)

Innovator bietet eine bewährte Plattform für die Modellierung und Entwicklung komplexer Anwendungen im Umfeld von MDA. Die strikte Ausrichtung an den Standards der OMG garantiert methodische Richtigkeit, Klarheit und Eindeutigkeit während des gesamten Entwicklungsprozesses. Die im MDA-Ansatz vorgesehene klare Trennung der fachlichen Logik von der technischen Implementierung bringt einige komplexe Aufgabenstellungen mit sich, die durch leistungsfähige Werkzeugunterstützung gelöst werden können. Sollen externe Code-Generatoren verwendet werden, so können diese über einen standardisierten XMI-Export bedient werden.

6.7 Wiederholungsfragen und Aufgaben

Die Lösungen zu den nachfolgenden Fragen und Aufgaben finden Sie auf der Webseite zum Buch.

Frage 6.1

Welche Anforderung wird üblicherweise nicht an ein CASE-Werkzeug gestellt?

a) Weitgehend methodengetreue Unterstützung
b) Multiprojektfähigkeit
c) Bereitstellung effizienzsteigernder Funktionen
d) Integrierbarkeit in CASE-Plattformen
e) intuitive Bedienung

Frage 6.2

Welche Aussage zur MDA ist korrekt?

a) Das computation independent model wird auch vielfach Fachkonzept-modell bezeichnet.
b) Das platform independent model beschreibt das Software-System in einer Weise, dass es bereits Aspekte der Implementierungsplattform berücksichtigt.
c) Das platform specific model spezifiziert die Eigenschaften der Implementierungsplattform.
d) In einem Plattform-Modell ist festgehalten, wie das PSM auf die Plattform abgebildet wird.

Frage 6.3

Welche der folgenden Aussagen zu CASE ist zutreffend?

a) Upper-CASE-Werkzeuge unterstützen die implementierungsnahen Aktivitäten im Systementwicklungsprozess.
b) Beim round-trip-engineering werden reverse und forward engineering im Wechselspiel angewandt.
c) CASE ist ein Ansatz, das erst mit der aktuellen Diskussion der Model Driven Architecture aufkam.
d) CASE sollte den Entwickler von Routinearbeit soweit wie möglich entlasten und den Verwaltungsaufwand erhöhen.

Aufgabe 6.1

Erläutern Sie den Zusammenhang zwischen CASE-Plattform, CASE-Umgebung und CASE-Werkzeug.

Aufgabe 6.2

Erläutern Sie inwieweit der Ansatz der Model Driven Architecture (MDA) als ein Innovationssprung im Bereich der Software-Entwicklung betrachtet werden kann.

7 Entwurf der Systemarchitektur

7.1 Überblick und Lernziele

Zusammenfassung

Ausgehend von Zielen des Systementwurfs werden grundsätzliche Gestaltungsmöglichkeiten des Systementwurfs diskutiert. Dabei stehen **Änderbarkeit, Wartbarkeit** und **Wiederverwendbarkeit** im Mittelpunkt der Betrachtung. Vor diesem Hintergrund werden Eigenschaften und unterschiedliche Ausprägungen von Schichtenmodellen vorgestellt. Auf der **Fachkonzeptebene** werden das Transaction Script, das Domain Model und das Table Module als Entwurfsmöglichkeiten mit ihren typischen Anwendungsfeldern vorgestellt. Ausgehend vom **Model View Controller** Muster beschäftigen wir uns mit den einzelnen Rollen dieses Musters und diskutieren unterschiedliche Varianten. Dabei wird einerseits auf **rich-client**-Anwendungen im Zusammenhang mit Java-Swing und auf Web-Anwendungen eingegangen. Hinsichtlich der **Datenhaltung** werden mehrere Aspekte behandelt. Unterschiedliche Möglichkeiten zur Kopplung der Geschäftlogik mit relationalen Datenbanken werden diskutiert. Dadurch dass in der Objektwelt und der Datenbank letztlich die gleichen Daten behandelt werden, muss vermieden werden, dass Inkonsistenzen auftreten. Grundsätzliche Lösungsmöglichkeiten hierfür werden kurz vorgestellt. Abschließend werden Regeln besprochen, welche festlegen, wie Klassen bzw. Klassenstrukturen des Klassenmodells in ein Tabellenschema überführt werden.

Wichtige Teilgebiete sind:

- Ziele und grundsätzliche Gestaltungsmöglichkeiten für den Systementwurf
- Entwurfsmöglichkeiten für die Fachkonzeptschicht
- Entwurfsmöglichkeiten für die Dialogschicht
- Entwurfsmöglichkeiten für die Datenhaltungsschicht

Lernziele

Der Leser:

- versteht die Ziele und kennt grundsätzliche Strukturelemente des Systementwurfs
- kann eine zweckmäßige Entwurfsmöglichkeit für die Fachkonzeptschicht sachgerecht auswählen
- kennt die alternativen Möglichkeiten zum Entwurf der Architektur der Dialogschicht

- kennt grundsätzliche Möglichkeiten, wie die Geschäftslogik mit der Daten-haltung verbunden werden kann
- hat eine Vorstellung davon, dass das Vermeiden von Inkonsistenzen zwi-schen Objekten und Tabellen in Datenbanken besondere Lösungsansätze er-fordert
- beherrscht Regeln für die Transformation des Klassenmodells in ein Tabel-lenschema einer relationalen Datenbank

7.2 Gegenstand und Ziele des Software-Entwurfs

7.2.1 Ziele für den Software-Entwurf

Im Kapitel zwei hatten wir Analyse und Entwurf abgegrenzt. Analyse hört dort auf, wo die Eigenschaften der Implementierungstechnik Änderungen an dem Mo-dell notwendig machen. Dies betrifft insbesondere die Technik zur Umsetzung der Dialogschnittstelle und die Technik zum Erreichen der Persistenz, d.h. die Daten-haltungstechnik. Die Entscheidung über diese beiden Technologien zählt Balzert (vgl. Balzert, 2005, S. 406) zu den grundlegenden Entwurfsentscheidungen. Das grundsätzliche Ziel des Entwurfs ist es, auf der Basis einer Produktdefinition einen Produktentwurf zu erstellen, der die Produktanforderungen realisiert. Neben die-sem generellen Ziel, dass die Produktanforderungen umgesetzt werden, spielen auch noch Ziele wie:

- Änderbarkeit bzw. Wartbarkeit,
- Wiederverwendbarkeit und
- Effizienz bzw. Performanz

eine Rolle. Die **Änderbarkeit** wird am Aufwand, der zur Durchführung vorgege-bener Änderungen notwendig ist, beurteilt. Die Bedeutung dieser Anforderung leitet sich zum einen aus der unmittelbaren Ressourcenbindung und Kostenwir-kung ab, zum anderen wird die Reaktionszeit beeinflusst, welche auf die Verfüg-barkeit der Anwendungssysteme auswirkt. Die **Wiederverwendbarkeit** kann dar-an beurteilt werden, wie oft bestimmte Software-Komponenten entweder in einer bestimmten Anwendung bzw. in unterschiedlichen Anwendungen verwendet werden. Dies wirkt sich einerseits auf die Produktivität und damit den Entwick-lungsaufwand aus und andererseits wird auch die Änderbarkeit bzw. Wartbarkeit beeinflusst. Werden Änderungen an wiederverwendeten Komponenten vorge-nommen, ist der Aufwand nur einmal notwendig. Die **Performanz** im Sinne des Zeitverhaltens eines Anwendungssystems muss den Anforderungen der Auftrag-geber entsprechen. Entwurfs- und Implementierungsentscheidungen haben hier vielfach einen unmittelbaren Einfluss, allerdings ist die Relevanz einer einzelnen Entscheidung schwer zu beurteilen. So kann es nicht selten sein, dass Entwurfsentscheidungen, welche sich positiv auf die Änderbarkeit auswirken grundsätzlich mit einer geringeren Performanz verbunden sind. Allerdings ist vielfach erst durch Massentests unter Realbedingungen zu beurteilen, ob dies zu messbaren Konsequenzen für den Benutzer führt. Im Einzelfall sind dann Kompromisslösungen zu finden.

7.2.2 Das Schichtenmodell als grundsätzliches Architekturprinzip

Durch Entwurfsentscheidungen sollte die Komplexität eines Software-Systems möglichst reduziert und beherrschbar werden. Eine typische Lösung hierfür ist die Bildung von Schichten. Eine **Schicht** fasst verwandte Komponenten zusammen und kapselt die Details der Implementierung gegenüber der Außenwelt. Eine Schicht der Ebene n-1 bietet einer Schicht der Ebene n eine definierte Menge von Diensten an. Die Anordnung der Schichten erfolgt derart, dass höhere Schichten eine stärkere Anwendungsorientierung haben als niedrigere Schichten. Das Bilden von Schichten hat grundsätzlich folgende Konsequenzen (vgl. Starke, 2002, S. 98 ff.):

– Schichten haben untereinander eine hohe Unabhängigkeit,
– die Implementierung einer Schicht kann relativ leicht ausgetauscht werden,
– Schichtenbildung minimiert die Abhängigkeit zwischen Komponenten,
– Schichtenbildung ist ein leicht verständliches Strukturkonzept,
– Schichtenbildung kann die Performanz eines Systems beeinträchtigen, weil Dienste-Anfragen unter Umständen durch mehrere Schichten durchgereicht werden und
– manche Änderungen in einem System wirken sich auf alle Schichten aus, so dass die Schichtenbildung keine besonderen Vorteile bringt, z.B. das Hinzufügen eines neuen Datenfeldes, das angezeigt und gespeichert werden soll.

Ein Standardmodell für heutige Software-Systeme ist das **Drei-Schichten-Modell** (vgl. Balzert, 2005, S. 407). Es besteht aus der:

– **Dialogschicht** oder auch GUI-Schicht (GUI: graphical user interface) welche die Benutzungsoberfläche einer Anwendung realisiert. Dazu gehören die Dialogsteuerung und die Präsentation aller Daten in Fenstern, Berichten usw. Im Kapitel fünf hatten wir uns hiermit beschäftigt.

– **Fachkonzeptschicht** welche den funktionalen Kern der Anwendung modelliert. Aus struktureller und inhaltlicher Sicht haben wir uns damit im dritten und vierten Kapitel beschäftigt.

181

   – **Datenhaltungsschicht**, in der die Datenspeicherung realisiert wird. Dabei können relationale oder objektorientierte Datenbanksysteme und weitere Techniken zum Einsatz kommen.

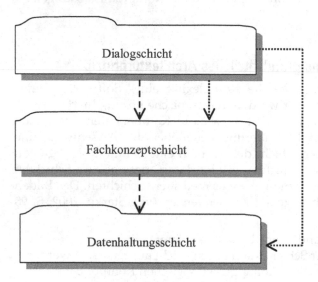

Abb. 7.1: Drei-Schichten-Modell

In Abbildung 7.1 werden zwei Ausprägungen angedeutet. Beim strengen Drei-Schichten-Modell kann die Dialogschicht nur auf die Fachkonzeptschicht und diese nur auf die Datenhaltungsschicht zugreifen. Im Sinne eines **'layer bridging'** ist auch das flexible Drei-Schichten-Modell angedeutet, bei der die Dialogschicht auch direkt auf die Datenhaltungsschicht zugreifen darf. Den Vorteilen der größeren Flexibilität und dem besseren Zeitverhalten stehen die Nachteile von schlechterer Wartbarkeit und Änderbarkeit gegenüber. Die Entscheidung kann nicht allgemein getroffen werden, sondern hängt vom konkreten Fall ab. Wenn es nur darum geht, Daten aus einer Datenbank abzufragen und auf einer Webseite anzuzeigen, kann dies in einer Methode einer Klasse abgewickelt werden. Allerdings wäre schon zu überlegen, ob man nicht einzelne Methoden für die drei Schichten verwendet. Bei zunehmender Komplexität könnten unterschiedliche Klassen verwendet werden bzw. unterschiedliche Klassen in unterschiedlichen Paketen organisiert werden. In vielen Fällen ist die Trennung zwischen Fachkonzeptlogik und sonstiger Logik, z.B. Ablaufsteuerung gar nicht ganz so einfach. Fowler (vgl. Fowler, 2003a, S. 36 f.) empfiehlt in solchen Fällen der Anwendung gedanklich eine zusätzliche Dialogschicht hinzuzufügen. Wenn sich dabei ergibt, dass Funktionalität dupliziert werden muss, ist dies ein Indikator dafür, dass sich ein Teil der Anwendungslogik in der Dialogschicht befindet.

Das bisher angesprochene Schichtenmodell führt grundsätzlich zu einer logischen Aufteilung eines Software-Systems. Eine weitere Frage stellt sich, ob diese unterschiedlichen Schichten auf unterschiedlichen Maschinen laufen sollen. Dies betrifft insbesondere die Frage, welcher Teil der Anwendung auf dem Arbeitsplatzrechner und welcher Teil auf einem Server installiert sein soll. Bei einer typischen Web-Anwendung mit einem HTML-Frontend, das einen Web-Browser benutzt, erfolgt die Verarbeitung im einfachsten Fall vollständig auf dem Server. Der große Vorteil einer serverseitigen Verarbeitung besteht darin, dass sich die Software-Aktualisierung und –Wartung einfacher gestaltet im Vergleich zu einer örtlichen Verteilung auf dem einzelnen Arbeitsplatz. Für eine Verarbeitung auf dem Arbeitsplatzrechner sprechen das Antwortzeitverhalten und das netzunabhängige Arbeiten. Unabhängig von diesen grundsätzlichen Aussagen wollen wir kurz auf die einzelnen Schichten eingehen. Wenn eine gemeinsame Datenbasis für mehrere Benutzer notwendig ist, wird die Datenhaltung i.d.R. auf einem zentralen Server realisiert. Ansonsten müsste eine Datenhaltungs-Synchronisation zwischen Arbeitsplatzrechnern und Server stattfinden. Die Entscheidung, wo die Dialogschicht laufen soll, hängt primär von der geforderten Benutzungsschnittstelle ab. Wenn mit einem **Rich-Client** (z.B. basierend auf dem Java-Swing-Framework) gearbeitet werden soll, wird die Dialogschicht normalerweise auf dem Arbeitsplatzsystem ausgeführt. Soll hingegen eine Web-Schnittstelle verwendet werden, wird diese auf dem Server implementiert werden. Dies hat den Nachteil, dass für jeden Verarbeitungsschritt der Weg vom Arbeitsplatzsystem zum Server und zurück durchlaufen werden muss. Dieser Nachteil kann in Grenzen dadurch reduziert werden, dass browserseitige Skripts (z.B. JavaScript) oder herunterladbare Applets verwendet werden. Allerdings vermindern diese Maßnahmen wiederum die Kompatibilität des Browsers und können neue Probleme generieren. Hinsichtlich der Verteilung der Fachkonzeptlogik sind die beiden realistischen Alternativen, dass die Fachlichkeit entweder komplett auf dem Arbeitsplatzsystem oder komplett auf dem Server implementiert wird. Fowler bezeichnet eine Aufteilung als die schlimmste Variante (vgl. Fowler, 2003a, S. 39). Im Rahmen dieses Buches beschäftigen wir uns nicht vertieft mit Technologien, die für die physische Verteilung zum Einsatz kommen können, z.B. Enterprise JavaBeans (vgl. Backschat/Gardon, 2002) oder Web-Services (vgl. Eberhart/Fischer, 2003).

In den nächsten Abschnitten sollen Entwurfslösungen für die Fachkonzeptschicht, die Dialogschicht und Datenhaltungsschicht vorgestellt und diskutiert werden. Diese Ausführungen stützen sich zu großen Teilen auf die Arbeiten von Martin Fowler (vgl. Fowler, 2003 und 2003a).

7.3 Entwurfsmöglichkeiten für die Fachkonzeptschicht

Für die Organisation der Fachkonzeptschicht werden grundsätzlich drei Möglichkeiten unterschieden:

- Transaction Script,
- Domain Model und
- Table Module.

Das **Transaction Script** organisiert die Geschäftslogik nach Prozeduren, wobei jede Prozedur einen Geschäftsablauf in einer Applikationsmethode abbildet. Stellen wir uns eine einfache Bankanwendung vor, bei der Überweisungen und eine Kontostandsübersicht durchgeführt werden sollen, dann wird es eine Methode *durchfuehrenUeberweisung()* und *anzeigenKontostandsUebersicht()* geben, die in einer Klasse Bank zusammengefasst werden können. In diesen Methoden werden sowohl die notwendigen Anzeige- bzw. Benutzereingabefunktionen sowie die Datenbankzugriffe abgebildet (vgl. Abb. 7.2).

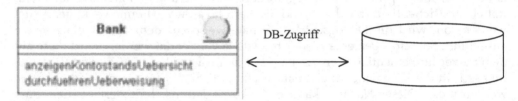

Abb. 7.2: Beispiel für Transaction Script

Die Methoden können als statische Methoden bereitgestellt werden oder aber als Instanzmethoden über Objekte verwendet werden. Es ist ein einfaches prozedurales Modell, das die meisten Entwickler verstehen. Es arbeitet sehr eng mit der Datenhaltungsschicht zusammen. Das Transaction Script ist für die Umsetzung einer einfachen Geschäftslogik geeignet. Wird die Geschäftslogik komplexer wird es i.d.R. unvermeidlich sein, dass Quellcode dupliziert auftritt. Für diese Fälle wird man i.d.R. das Domain Model verwenden.

Das **Domain Model** ist der Versuch die in der Analysephase vorgefundenen Objekte des betrachteten Problembereichs möglichst unverändert im Entwurf und in der Implementierung umzusetzen. Statt die gesamte Benutzertransaktion in einer einzigen Routine abzubilden, übernimmt jedes Objekt den Teil der Logik, der für das Objekt relevant ist (vgl. Abb. 7.3). So kennt der Kunde seine Konten und ist damit für das Anzeigen der Kontostandsübersicht zuständig. Eine Überweisung findet zwischen Konten statt. Daher ist das Durchführen der Überweisung eine

Verantwortlichkeit des Kontos. Dieses Beispiel erinnert uns an die Entwurfsentscheidungen, die wir mit Hilfe unterschiedlicher Muster im Kapitel vier behandelt haben. Mit diesem Ansatz lassen sich komplexe Zusammenhänge methodisch bewältigen. Dadurch dass jedes Objekt eine sinntragende Komponente repräsentiert, ist die softwaretechnische Umsetzung der realen Welt sehr nahe und dementsprechend verständlich. Wenn es sich um ein komplexes Anwendungsfeld handelt, bei dem sich Geschäftsregeln häufig ändern, bei dem Daten geprüft, berechnet und abgeleitet werden, ist die Verwendung eines Domain Models angezeigt. Wenn es sich nur um Nicht-Null-Überprüfungen und das Bilden einiger Summen handelt, ist ein Transaction Script sicherlich keine schlechte Wahl. Je komplexer das Fachklassenmodell, also das Domain Model ist, desto komplexer ist die Abbildung in eine relationale Datenbank.

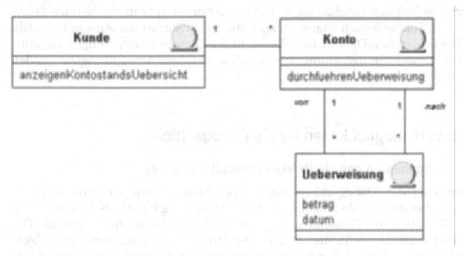

Abb. 7.3: Beispiel für Domain Model

Die dritte Möglichkeit, die Geschäftslogik zu strukturieren ist das so genannte **Table Module**. Äußerlich ähnelt das Table Module dem Domain Model, da es auch Klassen für Kunden und Konten gibt. Der wesentliche Unterschied besteht darin, dass beim Domain Model für jeden Kunden in der Datenbank, der verarbeitet wird, ein Objekt vom Typ *Kunde* erzeugt wird, während beim Table Module nur ein Objekt vom Typ *Kunde* existiert. Das Table Module ist dafür konzipiert, dass es mit meinem Record Set, also einer Menge von gleichartigen Datensätzen arbeitet. Bei Anwendungen, die sich sehr streng an der Tabellenstruktur in der Datenbank orientieren, bietet sich dieser Ansatz an. Ein weiterer Grund für den Einsatz des Table Module ist die Tatsache, dass es eine Reihe von Plattformen gibt, welche diesen Entwicklungsstil unterstützen. Dies gilt beispielsweise für Microsofts *.NET*. Allerdings sind bestimmte objektorientierte Konzepte wie z.B. Vererbung, direkte Beziehungen zwischen Exemplaren und Polymorphismus nicht gut anwendbar. Daher eignet sich für eine komplizierte Geschäftslogik ein Domain Model besser.

Im Rahmen dieses Buches werden wir uns im weiteren auf das Domain Model konzentrieren. Zur Gestaltung der Geschäftslogik wird die Fachkonzeptschicht vielfach in zwei Komponenten zerlegt. Über die Fachklassen wird eine **Service-Ebene** (service layer) gelegt. Mit dieser Service-Ebene interagiert die Präsentationslogik. Die Frage stellt sich, mit welcher Funktionalität die Service-Ebene ausgestattet wird. Das eine Extrem besteht darin, dass diese Ebene als reine **Fassade** (vgl. 8.4.1) agiert und das eigentliche Verhalten komplett in den darunter liegenden Fachklassen implementiert wird. Das andere Extrem ist dadurch charakterisiert, dass ein Großteil der Geschäftslogik in Transaction Scripts in der Service Ebene realisiert wird. Ein vielfach angewandtes Entwurfsmuster ist der Anwendungsfall-Controller (vgl. 4.3.4). Dieser Controller stellt die Dienste (services) der Geschäftslogik bereit, welche in der Anforderungsanalyse in einem Anwendungsfall modelliert wurde.

7.4 Entwurfsmöglichkeiten für die Dialogschicht

7.4.1 Komponenten des Model View Controller Musters

Beim Entwurf der Dialogschicht nimmt das **Model View Controller-Muster** (MVC) eine herausragende Stellung ein. Seinen Ursprung hat dieses Muster in den späten 70er Jahren im Zusammenhang mit der Entwicklung von Smalltalk. Das MVC-Muster unterscheidet drei Rollen. Die **Model**-Rolle wird durch ein Objekt realisiert, das die darzustellenden Informationen repräsentiert. Dies kann direkt ein Objekt aus der Fachkonzeptschicht sein. Die **View**-Rolle ist für die Anzeige des Models in der Benutzerschnittstelle zuständig. Wenn das Model ein Kundenobjekt abbildet, so könnte die View aus einem Windows-Dialog mit Interaktionselementen oder einer HTML-Seite bestehen. Die View-Rolle beschränkt sich auf die Anzeige der Information. Eingaben oder Interaktionen des Benutzers werden von der **Controller**-Rolle verarbeitet. Der Controller nimmt die Eingaben entgegen, veranlasst evtl. Veränderungen am Model und sorgt auch für die Aktualisierung der Anzeige (vgl. Abb. 7.4). Das Zusammenspiel der drei Rollen kann man sich beispielhaft wie folgt vorstellen (vgl. Maciaszek/Liong, 2005, S. 279): Der Benutzer wählt die Menü-Option 'Anzeigen Kundendetails' im Anwendungsfenster der View aus. Der Controller erhält über ein Ereignis davon Kenntnis und fordert vom Model die Kundendaten an. Das Model-Objekt gibt die Kundendaten an das Controller-Objekt, welches die Daten der View zur Anzeige in einem Tabellenobjekt bereitstellt. Treten Änderungen im Model auf, so können die View-Objekte, welche als Beobachter beim Model-Objekt registriert sind, darüber benachrichtigt werden (vgl. Beobachter-Muster im Abschnitt 8.5.1). In bestimmten Fällen wird auch auf einen expliziten Controller verzichtet und diese Rolle wird in der View integriert. Daher ist in Abb. 7.4 eine direkte Beziehung zwischen View und Model gestrichelt eingezeichnet. In dieser Form wird das MVC-Muster u.a. auch im Swing-Framework von *Sun* eingesetzt (vgl. Maciaszek/Liong, 2005, S. 523).

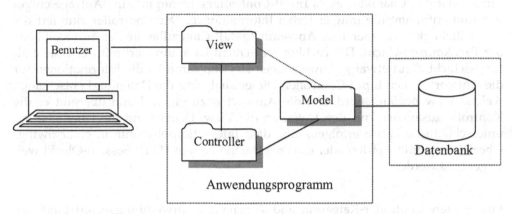

Abb. 7.4: Model-View-Controller

Mit dem MVC-Muster werden einerseits die Daten von der Darstellung und die Darstellung von der Steuerung getrennt. Das Prinzip der Trennung zwischen den Daten und ihrer Darstellung, das einem guten Software-Entwurf zugrunde liegt, ist mehrfach begründet (vgl. vgl. Maciaszek/Liong, 2005, S. 279):

- Die Dialogschicht und die Fachkonzeptschicht oder Schicht der An-wendungsobjekte haben grundsätzlich unterschiedliche Anliegen. Die Dia-logschicht verfolgt das Ziel einer möglichst einfachen und reibungslosen In-teraktion mit dem Benutzer. Das Anliegen der Fachkonzeptschicht ist die Abbildung von Geschäftsprozessen.
- Je nach Anwendungsgebiet kann es notwendig und sinnvoll sein, dass die Daten des Models in unterschiedlicher Weise präsentiert werden sollen, dann kann derselbe Fachkonzept-Code verwendet werden. Deutlich wird dies beispielsweise dann, wenn Sie die gleichen Fachobjekte mit einem Rich-Client (z.B. Java-Swing-Anwendung) und einem Web-Browser verwenden wollen.
- Durch die Trennung lassen sich auch eine saubere Arbeitsteilung in der Entwicklung und ein einfacheres Testen realisieren.
- Die Dialogschnittstelle kann ausgetauscht werden, ohne dass grundsätzliche Änderungen am Fachkonzept notwendig werden.

– Die fachkonzeptionelle Implementierung kann neu entworfen und entwickelt werden (z.B. refactoring mit redesign) bei Beibehaltung der Benutzerschnittstelle.

Durch die Trennung wird auch die Richtung der Abhängigkeiten festgelegt. Die View hängt von dem Model ab und nicht umgekehrt. Der Controller im MVC-Muster hat den Charakter eines **Input-Controllers**. Er nimmt eine Anfrage entgegen und entnimmt die mitgelieferten Informationen. Der Controller aktiviert die Geschäftslogik, z.B. über den **Anwendungsfall-Controller** in der Service-Ebene der Fachkonzeptschicht. Die Fachkonzeptschicht kommuniziert mit der Datenhaltungsschicht, führt etwaige Anweisungen aus und sammelt die Informationen für die Antwort an den Input-Controller. Dieser analysiert die Daten und entscheidet, welche View benötigt wird, um die Antwort anzuzeigen. Dann übergibt er die Kontrolle zusammen mit den Daten an die View. Dabei kann die Übergabe auf unterschiedliche Weise erfolgen, z.B., dass Interaktionselemente in einer Swing-Oberfläche gefüllt werden oder dass die Daten über ein HTTP-Session-Objekt weitergereicht werden.

Eine weitere Controller-Kategorie sind so genannte **Anwendungs-Controller** (application controller). Sie können dann eingesetzt werden, wenn das System eine aufwändige Steuerung der Reihenfolge der Bildschirmmasken und der Navigation zwischen ihnen erfordert. Jedoch nicht jede Anwendung benötigt einen Anwendungs-Controller: Wenn der Benutzer durch seine Interaktion die Kontrolle über die Abfolge der Bildschirmanzeigen hat, so ist kein Anwendungs-Controller notwendig, wenn der Rechner diese Kontrolle wahrzunehmen hat, dann ist ein Anwendungs-Controller zweckmäßig (vgl. Fowler, 2003a, S. 74). Die Ausführungen zum MVC-Muster machen deutlich, dass dieses nicht nur im engeren Sinn den Dialogschicht-Entwurf betrifft, sondern im Sinne eines Architektur-Musters das Zusammenspiel zwischen Dialog-, Fachkonzept- und Datenhaltungsschicht prägen kann.

7.4.2 Entwurfsmöglichkeiten bei Web-Anwendungen

Am Beispiel von Web-Anwendungen soll noch auf einige Aspekte detaillierter eingegangen werden. Der **Input-Controller** kann als Page-Controller in einer engen Beziehungen zum jeweiligen Dialogschritt stehen. Allerdings wird es sich seltener um eine konsequente Eins-zu-eins-Beziehung handeln, vielfach wird es für jede Aktion einen **Page-Controller** geben, wobei eine Aktion eine Schaltfläche oder ein Link sein kann. Der Page-Controller kann als Servlet oder JSP implementiert werden. Eine andere Form des Input-Controllers wäre der so genannte **Front-Controller**, der alle Anforderungen einer Web-Site verarbeitet. Der Web-Handler des Front-Controller nimmt die HTTP-Post- oder -Get-Anforderungen von dem Web-Server entgegen und entnimmt der URL (uniform resource locator) die notwendigen Informationen, um zu entscheiden, welche Aktion angestoßen werden soll, und delegiert die Ausführung. In einer statischen Variante wird die URL geparst und Bedingungslogik eingesetzt. Bei einer dynamischen Variante wird eine Befehlsklasse zur Ausführung der Aktion mit einer Standardkomponente der URL dynamisch erstellt.

Hinsichtlich des Views soll nachfolgend auf das **Schablonen Sicht Muster** (Template View Pattern) eingegangen werden. Informationen werden in HTML dargestellt, indem Auszeichnungen in eine HTML-Seite eingefügt werden. Die grundlegende Idee besteht darin, dass in eine HTML-Seite spezielle Markierungen eingebettet werden. Wird die Seite zur Beantwortung einer Anforderung verwendet, so werden die Markierungen durch Ergebnisse von ausgeführten Anweisungen (z.B. Datenbankzugriffe, Zugriffe auf Objekte oder Berechnungen) ersetzt. Eine beliebte Form des Schablonen Sicht Musters ist eine so genannte **Server-Page**, wie beispielsweise Active Server Page (ASP), **JavaServer Page** (JSP) oder Hypertext Preprocessor (PHP). Diese Server-Pages ermöglichen es, beliebigen Programmcode in Form so genannter **Skriptlets** in die Seite einzubetten. Dieser Vorteil wird aus Entwurfssicht und Softwarequalitätssicht sehr schnell zum Nachteil. Dies betrifft sowohl die schlechtere Lesbarkeit und Verständlichkeit als auch die damit erschwerte Wartbarkeit des Codes. Durch die Verwendung von standardisierten oder selbstentwickelten Tags können in JSPs diese Mängel reduziert werden. Neben dem Template View Muster gibt es auch das **Transform View Muster**, bei dem die darzustellenden Fachkonzeptdaten mit Hilfe von Transformationsprogrammen in HTML umgewandelt werden. Eine derzeit häufig dafür eingesetzte Technik ist Extensible Stylesheet Language Transformations (**XSLT**).

In der Java-Literatur wird im Rahmen von Web-Anwendungen vielfach von Model 1 und Model 2 gesprochen (vgl. Weßendorf, 2006, S. 12 ff.). Das **Model 1** beschreibt die alleinige Verwendung von JavaServer Pages. Der Web-Browser stellt die Anfrage nach einer JSP an den Web-Server, die JSP kommuniziert mit dem Model in Form einer **JavaBean**, die wiederum den Zugriff auf eine Datenbank oder eine andere Anwendung vornimmt (vgl. Abb. 7.5). Dieses Modell trennt Model und View, wobei der Controller in der JSP und damit in der View integriert ist. Noch einfachere Lösungen verzichten auf die JavaBeans und die JSP greift direkt auf die Datenbank zu. Handelt es sich um einfache Problemstellungen mit geringen Anforderungen an die Wartbarkeit kann dies durchaus vertretbar sein.

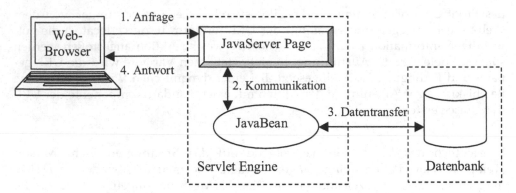

Abb. 7.5: Model 1 für Java-Web-Anwendungen (vgl. Weßendorf, 2006, S. 13)

Beim **Model 2**-Ansatz wird die Controller-Rolle des MVC-Musters im Sinne eines Input-Controllers durch ein **Servlet** wahrgenommen. Alle Anfragen des Web-Browsers werden durch das Controller-Servlet ausgewertet und das Servlet veranlasst daraufhin die weitere Verarbeitung durch Zugriff auf die Model-Objekte. Weiterhin wird auch entschieden, welche JSP für die Darstellung der Ergebnisdaten verantwortlich ist (vgl. Abb. 7.6).

Das zentrale Servlet fungiert in der Rolle eines **Front-Controller** und nimmt damit eine klare Separierung von Daten, Darstellung und Kontrollfluss vor. Model 2 und MVC sind jedoch nicht synonym zu sehen. Der Model 2-Ansatz ist für Java-Web-Anwendungen entworfen, das klassische MVC-Muster bezieht sich auch Desktop-Anwendungen. Wie bereits oben angedeutet, registrieren sich bei klassischen MVC-Anwendungen die Views als Beobachter bei einem Model-Objekt. Verändert sich das Model-Objekt, so werden die Views automatisch darüber informiert, so dass sich die Views aktualisieren können. Im Model 2-Muster kann wegen des zustandslosen HTTP-Protokolls eine solche Benachrichtigung nicht erfolgen, das heißt ein Web-Server kann keinen Web-Browser von sich aus benachrichtigen. In der Praxis werden für die Entwicklung von Java-Web-Anwendungen überwiegend Frameworks eingesetzt, die mehr oder weniger auf dem Model 2-Konzept beruhen. Ein Beispiel hierfür ist das *Struts-Framework* der Apache Software Foundation, das als Open Source Software kostenlos für kommerzielle und nicht kommerzielle Projekte eingesetzt werden kann (vgl. Weßendorf, 2006).

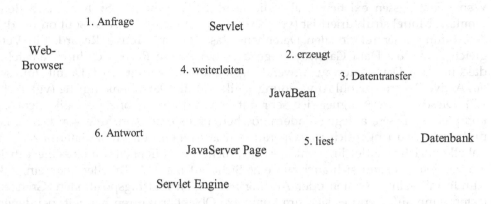

Abb. 7.6: Model 2 für Java-Web-Anwendungen (vgl. Weßendorf, 2006, S. 13)

7.5 Entwurfsmöglichkeiten für die Datenhaltungsschicht

7.5.1 Zusammenwirken zwischen Geschäftslogik und Datenhaltung

Auch bei objektorientiert entwickelten Systemen kommen häufig **relationale Datenbanken** zum Einsatz. Dies hat die unterschiedlichsten Gründe, die einerseits in den verfügbaren Datenbank-Produkten und andererseits in der Tatsache begründet sind, dass die meisten Daten in Unternehmungen heute in relationalen Datenbanken gehalten werden. Entsprechend dem Schichtenmodell (vgl. Abb. 7.1) wollen wir die Anwendungslogik in der Fachkonzeptschicht möglichst von der Datenhaltungsschicht durch Einführung separater Klassen trennen.

Ein erstes Entwurfskonzept schlägt vor, Klassen auf der Tabellenstruktur der Datenbank in dem Sinne zu bilden, dass für jede Datenbanktabelle eine Klasse gebildet wird. Diese Klassen bilden somit ein Gateway zu den entsprechenden Tabellen. Fowler schlägt zwei Arten von Gateways vor (vgl. Fowler, 2003a, S. 50 f.). Das **Row Data Gateway** erzeugt für jede Zeile in der Tabelle ein Objekt. Dies ist ein grundsätzlich nahe liegendes Konzept. Allerdings kommt es am ehesten in Kombination mit Transaction Script zum Einsatz, wenn also gar nicht mit Fachklassen im eigentlichen Sinne gearbeitet wird. Für Entwicklungsumgebungen, die mit Record Sets arbeiten, bietet sich ein **Table Data Gateway** an. Hierbei existiert für jede Tabelle nur ein Objekt, das über Record Sets in Form einer zeilen- und spaltenartigen Datenstruktur die Tabellenstruktur einer relationalen Datenbank nachbildet.

Wenn Fachklassen existieren, also die fachliche Schicht des Systems nach dem **Domain Model** strukturiert ist (vgl. 7.3), ist die einfachste Entwurfsoption für die Anbindung einer relationalen Datenbank das Konzept **Active Record**. Ein Vergleich zum Row Data Gateway zeigt, dass ein Active Record dadurch entsteht, dass im Row Data Gateway Anwendungslogik hinzugefügt wird. Damit umfasst ein Active Record sowohl Anwendungslogik und die Datenbankzugriffe (vgl. Abb. 7.7). Dieses Konzept eignet sich sehr gut, wenn die Fachkonzept-Logik nicht zu komplex ist. Lesen, anlegen, ändern, löschen, Plausibilitätsprüfung von Daten, ist problemlos, so lange sich die Operationen auf einen einzelnen Datensatz einer Tabelle beziehen. Allerdings muss es sich nicht ausschließlich um einzelne Tabellen handeln, es kann sich auch um eine Sicht auf mehrere Tabellen handeln, z.B. Kunde mit seinen Konten oder Auftrag mit seinen Auftragspositionen. Grenzen treten dann auf, wenn es sich um komplexe Objektstrukturen handelt, bei denen z.B. Vererbung und andere objektorientierte Konzepte zum Einsatz kommen.

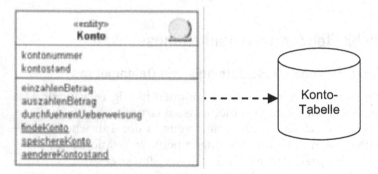

Abb. 7.7: Beispiel für Active Record

Für komplexere Anwendungslogik mit mehr oder weniger komplexem Fachklassenmodell empfiehlt es sich, das **Data Mapper**-Muster anzuwenden. Dabei wird die Fachkonzeptschicht komplett von der Datenhaltungsschicht isoliert. Die Abbildung der Fachklassen auf die Tabellen sowie alle Lese- und Schreiboperationen werden durch die Mapper-Klassen übernommen (vgl. Abb. 7.8). Die Fachklassen benötigen in diesem Fall keinen SQL-Code.

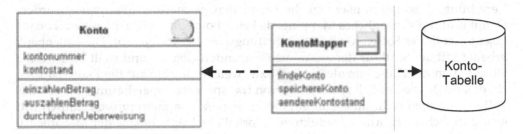

Abb. 7.8: Beispiel für Data Mapper

Ein einfaches Beispiel für das Lesen eines *Konto*-Objektes soll die grundsätzliche Funktionsweise erläutern (vgl. Abb. 7.9). Die Anwendung schickt an den Mapper die Nachricht *findeKonto(4711)*. Der Mapper prüft in der **Identity Map** (vgl. 7.5.2), ob das betreffende Objekt bereits geladen ist. In unserem Fall soll dies nicht zutreffen, so dass ein Zugriff auf die Datenbank ausgelöst wird, das zurückgelieferte Ergebnis in Form von Attributwerten wird zum Anlegen des entsprechenden *Konto*-Objektes verwendet. Im Realfall sind die Zusammenhänge zwar komplexer aufgrund von Vererbungs- und Objektbeziehungen, allerdings bleibt die grundsätzliche Funktionsweise die gleiche. In professionellen Mappern werden neben dem erwähnten Identity Map noch weitere Konzepte wie **Lazy Load** und **Unit of Work** (vgl. 7.5.2) verwendet.

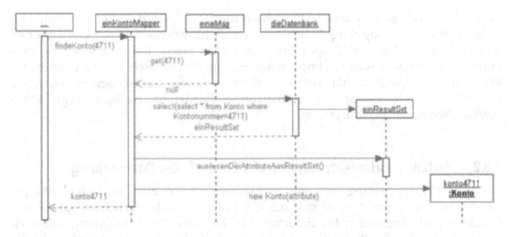

Abb. 7.9: Funktionsweise eines einfachen Data Mapper

Die einfachste Methode auch Objekte komplexester Fachkonzeptmodelle zu speichern, ist die Verwendung einer objektorientierten Datenbank (OODB). Eine **OODB** ist dadurch charakterisiert, dass die objektorientierten Konzepte wie Klasse,

Vererbung, Assoziation usw. auf die Festplattenspeicherung übertragen wurden. Damit erübrigt sich jegliches Mapping, da keine konzeptionelle Differenz zwischen objektorientierter Software und Datenhaltungstechnologie besteht. Die Datenbank arbeitet mit der Struktur der zusammenhängenden Objekte und stellt fest, welche Objekte von der Platte einzulesen sind bzw. welche Objekte auf die Platte zu speichern sind. In diesem Fall spricht man von **transparenter Speicherung**, da sich das Software-System nicht im Detail um die **Persistenz** kümmern muss. Dadurch tritt grundsätzlich ein enormer Produktivitätsvorteil ein. Die Kehrseite der Medaille ist, dass in den meisten Praxisprojekten keine OO-Datenbanken eingesetzt werden. Ein wesentlicher Grund dafür besteht darin, dass in Unternehmen relationale Datenbanken stark verbreitet sind, umfangreiche Erfahrungen damit existieren und die meisten Daten, mit denen objektorientierte Systeme arbeiten, auch von anderen nicht objektorientierten Software-Systemen verwendet werden. Wenn man also bisher in der Praxis die OO-Datenbanken noch relativ selten findet, sollte man ernsthaft überlegen, ein professionell entwickeltes **O/R-Mapping-Tool** einzusetzen. Vor diesem Hintergrund können Sie sich natürlich fragen, warum wir uns überhaupt mit diesen Details beschäftigen, wenn es bereits fertige Lösungen gibt. Sicherlich kann der Grund nicht darin liegen, selbst ein perfektes Mapping-Werkzeug zu entwickeln, da dies äußerst komplex und aufwändig ist. Allerdings bieten kommerziell oder auch frei verfügbare O/R-Mapping-Tools über eine Vielzahl von Optionen, so dass es notwendig ist, die grundlegenden Konzepte zu verstehen, damit solch ein Werkzeug auch zweckmäßig genutzt werden kann.

In der Java-Welt gibt es seit einigen Jahren die **JDO**-Spezifikation (Java Data Objects), welche eine Kopplung beliebiger Datenbanksysteme mit objektorientierten Anwendungen erlaubt. JDO spezifiziert eine Schnittstelle (API – application programming interface), wozu es Implementierungen für unterschiedliche Datenbanklösungen gibt. Dabei verhält sich JDO für den Anwendungsprogrammierer wie eine OODB, d.h. es ist eine **transparente Persistenz** realisiert (vgl. Müllner/Rau/Schleicher, 2002 u. 2002a).

7.5.2 Verhaltensorientierte Aspekte des Entwurfs der Datenhaltung

Neben der Fragestellung, wie die Fachkonzeptschicht mit der Datenhaltungsschicht zusammenwirkt, stellt sich u.a. die Frage nach der **Synchronisation** von Objekten und Datenbank. Im einfachen Fall hat dies die Anwendung selbst zu gewährleisten. Das heißt die Anwendung muss entscheiden, wann ein Objekt gelesen und gespeichert werden. Soll die Anwendung davon entlastet werden, dann liefert hierfür das Muster **Unit of Work** einen Lösungsansatz. Ein Unit of Work verwaltet alle Objekte, die von der Datenbank eingelesen wurden sowie alle Änderungen an Objekten. Der Anwendungsprogrammierer ruft keine Methode zum Speichern mehr auf, sondern weist Unit of Work durch eine *commit*-Anweisung an, alle Änderungen in der richtigen Reihenfolge auf der Datenbank auszuführen. Das Reihenfolgeproblem ist bei komplexen Fremdschlüsselbeziehungen nicht trivial und kann bei einfachen Problemstellungen durch die Anwendung gesteuert werden. Bei größeren Anwendungen muss die Unit of Work mittels Metadaten diesbezüglich konfiguriert werden. Das Unit of Work ist eine Art Steuereinheit für das Datenbank-Mapping. Sobald in der Anwendung eine Aktion beginnt, die zu einer Änderung der Datenbank führen könnte, wird zum Registrieren dieser Änderungen ein Unit of Work erstellt. Bei Änderungen wird die Unit of Work benachrichtigt, was z.B. dazu führt, dass ein *clean*-Objekt zu einem *dirty*-Objekt wird. Dieser Benachrichtigungsmechanismus ist einerseits aufwändig, andererseits immer wieder ähnlich umzusetzen. Daher wird dies bei JDO-Lösungen beispielsweise dadurch gelöst, dass der Byte-Code der Java-class-Dateien durch einen Postprozessor nachbearbeitet wird und passende Methoden eingefügt bzw. vorhandene Methoden ergänzt werden. Das Unit of Work übernimmt auch die Transaktionsverwaltung und sorgt durch einen entsprechenden Sperrmechanismus (locking) dafür, dass durch Nebenläufigkeit keine Inkonsistenzen entstehen. Die Ausführungen machen deutlich, dass Unit of Work einerseits wichtig für die Synchronisierung von Objekten und Datenbank ist, andererseits sicherlich nicht leicht zu implementieren ist. Daher wird dies vor allem in professionellen Mapping-Werkzeugen umgesetzt. Konzeptionell betrachtet ist Unit of Work die beste Methode zur Lösung des Problems, allerdings gibt es für beschränkt komplexe Anwendungen auch einfachere Lösungen. Die sicherlich einfachste Möglichkeit ist, dass jedes Objekt nach einer Änderung gespeichert wird. Um die eventuell hohe Zahl an Datenbankzugriffen zu reduzieren, kann die Speicherung am Ende mehrerer Änderungen eines Objektes erfolgen.

Außer der angesprochenen umfassenden Synchronisation ergeben sich noch weitere Fragestellungen. So darf z.B. dasselbe Objekt nicht zweimal geladen werden, da in diesem Fall zwei Objekte im Arbeitsspeicher existieren würden, die beide derselben Tabellenzeile in der Datenbank zugeordnet sind. Bei Änderungen an den Objekten könnten sich dadurch Inkonsistenzen ergeben. Eine Lösung für dieses Problem ist das so genannte **Identity Map**-Muster. Die Identity Map, in Java könnte dies beispielsweise ein *HashMap*-Objekt sein, verwaltet alle einmal eingelesenen Objekte. Bei jedem Lesevorgang wird zuerst in der Identity Map nachgeschaut, ob die Daten bereits im Arbeitsspeicher sind. Ein Nebeneffekt der Verwendung einer Identity Map ist, dass sie auch als Zwischenspeicher (cache) dient, um unnötige Datenbankzugriffe zu vermeiden. Im Anwendungskontext ist zu entscheiden, ob je Klasse eine Identity Map verwendet wird oder ob mit einer Map gearbeitet wird. Treten Vererbungshierarchien auf, empfiehlt sich mit einer Map pro Hierarchie zu arbeiten. Bei Kompositionen aggregiert die Ganz-Klasse viele existenzabhängige Objekte der Teil-Klasse. In diesem Fall ist es nicht notwendig für die Teil-Klasse eine eigene Identity Map vorzusehen. Wird ein Unit of Work verwendet, so ist die Identity Map i.d.R. ein Teil des Unit of Work.

Im Fachkonzeptmodell stehen die Fachklassen in vielfältiger Beziehung zueinander. Das hat zur Konsequenz, dass verknüpfte Objekte in der Regel auch gemeinsam eingelesen werden. Wird ein Konto eingelesen, wird z.B. auch der zugehörige Kunde eingelesen. Dies kann u.U. jedoch dazu führen, dass eine große Menge von Objekten eingelesen wird, z.B. ein Kunde mit seinen Aufträgen zusammen mit den Auftragspositionen und mit den Auftragspositionen die dazugehörigen Artikel usw. Dies kann zu Ineffizienzen führen. Ein Muster zur Lösung dieses Problems ist **Lazy Load** (verzögertes Laden). Hierbei wird erst dann von der Datenbank eingelesen, wenn auf das referenzierte Objekt auch wirklich zugegriffen wird. Grundsätzlich funktioniert Lazy Load so, dass eine Referenz in einem geladenen Objekt nicht auf das betreffende Objekt selbst verweist, sondern auf einen Platzhalter. Erst wenn auf die Referenz zugegriffen wird, wird das Objekt selbst aus der Datenbank gelesen. Dieses verzögerte Laden wird insbesondere dann sinnvoll eingesetzt, wenn verbundene Objekte nicht unmittelbar mit dem Hauptobjekt verwendet werden und wenn ohnehin ein zusätzlicher Datenbankzugriff notwendig wäre.

7.5.3 Abbildung des Klassenmodells auf das Tabellenschema

In Abschnitt 7.5.1 haben wir über das grundsätzliche Zusammenwirken von Fachlogik und Datenbank gesprochen. Insbesondere das Muster **Data Mapper** bringt schon zum Ausdruck, dass ein Abbilden (mapping) des Klassenmodells auf die Strukturelemente der relationalen Datenbank notwendig ist.

In der Regel wird für jede Klasse eine Tabelle angelegt. Ein Problem besteht darin, dass die **Identität** zwischen einem speicherresidenten Objekt und der entsprechenden Datenbankzeile gewahrt werden muss. In einer relationalen Datenbank werden die Zeilen durch Schlüssel (**Primärschlüssel**) identifiziert. Dies ist im Objektmodell nicht notwendig, da jedes Objekt seine eigene Identität aufweist. Um jedoch die Verbindung zwischen Objekt und korrespondierender Tabellenzeile herzustellen, schlägt das **Identity Field-Muster** vor, in jedem Objekt den Schlüssel aus der Datenbanktabelle als Attribut zu speichern. Die Wahl des Schlüssels ist dann einfach, wenn die Anwendung eine vorhandene Datenbank verwendet, da in diesem Fall der bereits definierte Primärschlüssel verwendet werden kann. Sind vom Anwendungskontext keine eindeutigen Schlüssel definiert, so empfehlen sich nichtsprechende **Identifikationsschlüssel**. Eine weitere Frage stellt sich, ob man einfache oder zusammengesetzte Schlüssel verwenden soll. Ein typisches Beispiel sind die Bestellung mit ihren Bestellpositionen, bei dem es sich anbietet für die Bestellposition einen zusammengesetzten Schlüssel aus der Bestellnummer und einer fortlaufenden Positionsnummer zu verwenden. Werden zusammengesetzte Schlüssel verwendet, kann man für die Schlüsselbearbeitung keinen standardisierten Code verwenden. Als Datentyp eignet sich ein *long*-Wert, da eine häufige Operation die Gleichheitsprüfung darstellt und eine Abfrage auf den nächsten oder vorhergehenden Schlüssel einfach möglich ist. Hinsichtlich der Eindeutigkeit ist die Mindestanforderung, dass der Schlüssel in der Tabelle eindeutig ist, ist der Schlüssel datenbankweit eindeutig, ermöglicht dies beispielsweise die Verwendung einer einzigen **Identity Map**. Wenn der Schlüssel in der Anwendung erzeugt werden muss, ergeben sich grundsätzlich drei Möglichkeiten:

- der Schlüssel wird automatisch von der Datenbank generiert,
- es wird ein Globally Unique Identifier (GUID) verwendet oder
- der Schlüssel wird selbst generiert.

Die Datenbank generiert den Schlüssel automatisch beim Einfügen einer neuen Zeile, allerdings kann dieser Mechanismus bei unterschiedlichen Datenbankmanagement-Systemen unterschiedlich sein. Weiterhin ergibt sich ein Problem beim Einfügen von verbundenen Objekten, da etwa zum Speichern einer Bestellposition die ID der Bestellung bekannt sein muss. Beim Datenbankmanagement-System Oracle gibt es eine *Sequence*-Funktion. Die Datenbank liefert über einen *Select*-Befehl den nächsten *Sequence*-Wert zurück, wobei der Benutzer den Inkrementwert beliebig setzen kann, so dass durch einen Vorgang mehrere Schlüssel auf einmal erzeugt werden können. Der Nachteil besteht darin, dass diese Funktionalität produktabhängig ist.

Die GUID ist eine Zahl, welche von einer Maschine generiert wird und für alle Maschinen in Raum und Zeit mit höchster Garantie eindeutig ist. Hierfür werden z.B. die MAC-Adresse der Netzwerkkarte, die aktuelle IP-Adresse und die Systemzeit verwendet. Problematisch werden solche langen Schlüssel, wenn manuelle Eingaben dieser Zahl notwendig werden.

Die eigene Generierung des Schlüssels kann auf unterschiedliche Weise geschehen. Zum einen kann mit der *SQL-max*-Funktion der größte bisher in der Tabelle vergebene Schlüssel ausgelesen und um eins erhöht werden. Allerdings können Probleme auftreten, wenn mehrere Benutzer parallel arbeiten. Eine bessere Lösung stellt die Verwendung einer separaten **Schlüsseltabelle** dar. Die Schlüsseltabelle verfügt über die Spalten Tabellenname und nächster verfügbarer Wert. Bei dieser Methode können tabellen- oder datenbankweit eindeutige Schlüsselwerte generiert werden. Durch entsprechende Inkrementierung können auch mehrere Schlüssel auf einmal generiert werden. Die Schlüsselgenerierung umfasst die Operationen Lesen, Inkrementieren und Schreiben. Diese Operationen sollten in einer Datenbanktransaktion zusammengefasst werden.

Ein zentraler Unterschied zwischen einem Klassenmodell und einem Datenmodell besteht in der Art, wie Verknüpfungen erfolgen. Einerseits verwalten Objekte Referenzen, welche Speicheradressen sein können, während relationale Datenbanken Verweise mit Hilfe von Schlüsseln abbilden. Andererseits können Objekte über *Collections* in einfacher Weise Mehrfachreferenzen verwalten, während in einem Verknüpfungsfeld in der Datenbanktabelle gemäß den Normalisierungsregeln nur ein Wert stehen kann. Haben wir im Klassenmodell **1:1- und 1:n-Beziehungen**, so werden die Objektreferenzen im Tabellenschema über Fremdschlüssel abgebildet. Hierzu ist zweckmäßigerweise das **Identity Field**, das in den Tabellen die Primärschlüsselfunktion wahrnimmt, zu verwenden. Bei einer 1:1-Beziehung ist es im Prinzip gleichgültig, in welcher Tabelle der Primärschlüssel der korrespondierenden Tabelle aufzunehmen ist. Bei 1:n-Beziehungen, werden in den n Zeilen des entsprechenden Objekttyps der Primärschlüssel des einen Objektes als Fremdschlüssel aufgenommen. Im Beispiel der Bestellung und den Bestellpositionen werden in der Tabelle der Bestellpositionen die Bestellnummer als Fremdschlüssel aufgenommen, das gleiche gilt auch für die Beziehung Kunde und Konto. Der Unterschied kann jedoch darin bestehen, dass im Objektmodell die Bestellung über eine *Collection* mit Referenzen auf die Bestellpositionen verfügt, während im anderen Fall das Konto nur eine Referenz auf das eine Objekt vom Typ *Kunde* besitzt. Bei **m:n-Beziehungen** wird eine zusätzliche Assoziations-Tabelle gebildet, in welche die Primärschlüssel der beiden Tabellen als Fremdschlüssel übernommen werden. Als Primärschlüssel dieser Tabelle wird die Attributkombination der beiden Fremdschlüssel verwendet.

Für 1:n-Beziehungen im Sinne von Kompositionen schlägt das **Dependent Mapping** vor, dass das Mapping für die beiden Klassen (Aggregationsklasse und aggregierte Klasse) von einer Mapper-Klasse übernommen wird. Dies gilt beispielsweise für unser Bestellbeispiel mit der Aggregationsklasse *Bestellung* und der aggregierten Klasse *Bestellposition*. Der Beweggrund hierfür ergibt sich aus der Tatsache, dass beide in äußerst engem Zusammenhang stehen. Das heißt es gibt kein sinnvolles Objekt vom Typ *Bestellung* ohne mindestens ein Objekt vom Typ *Bestellposition* und diese gehört immer zu einem und nur zu einem *Bestellung*-Objekt. Die obigen Ausführungen haben auch schon gezeigt, dass die aggregierte Klasse i.d.R. kein Identity Field besitzt (zusammengesetzter Schlüssel) und auch keine eigene Identity Map hat. Das deutet darauf hin, dass Zugriffe immer über die Aggregationsklasse laufen. Neben der Kompositionseigenschaft muss noch erfüllt sein, dass kein anderes Objekt die aggregierte Klasse referenzieren darf. Wäre dies der Fall, würde der Vorgang der Datenänderung erschwert. Angenommen es erfolgen Änderungen bei den aggregierten Objekten, so wird es schwierig beim Speichern festzustellen, was auf der Datenbank geändert werden soll. Werden die abhängigen Objekte jedoch von keinen anderen Objekten und damit Tabellen referenziert, so können die alten Zeilen einfach gelöscht werden und für die aggregierten Objekte neue Zeilen in die Datenbank geschrieben werden.

Im Falle von komplizierten Graphen kleiner Objekte, wie z.B. eine Organisationsstruktur oder Stücklisten, besteht die Möglichkeit, die gesamte Objektstruktur in einziges großes Objekt zu serialisieren und als *Large Object* (LOB) in einem Datenbankfeld zu speichern. Der Beweggrund dafür liegt darin dass zwar die Struktur grundsätzlich einfach ist – jede Organisationseinheit enthält den Primärschlüssel der übergeordneten Organisationseinheit als Fremdschlüssel. Jedoch die Verarbeitung mit SQL ist mit vielen *Joins* verbunden und wird dadurch langsam und umständlich. Der Nachteil dieser Lösung besteht jedoch darin, dass mit SQL auf die Struktur in der Datenbank nicht zugegriffen werden kann.

Während die Abbildung der eben diskutierten Objektbeziehungen sehr ähnlich ist wie bei der Überführung eines **Entity-Relationsship-Modells** auf das Tabellenschema, kommt die **Vererbung** in der klassischen konzeptionellen Datenmodellierung nicht vor und wird auch durch relationale Datenbanken nicht explizit unterstützt. Daher muss eine Abbildung stattfinden. Grundsätzlich gibt es drei Möglichkeiten:

- eine Tabelle für die gesamte Vererbungshierarchie (Single Table Inheritance),
- eine Tabelle für jede Klasse in der Vererbungshierarchie (Class Table Inheritance) und
- eine Tabelle für jede konkrete Unterklasse (Concrete Table Inheritance) für den Fall, dass es z.B. eine abstrakte Oberklasse gibt.

Das **Single Table Inheritance**-Muster (vgl. Abb. 7.10) bildet alle Attribute der Klassen einer Vererbungsstruktur auf eine Tabelle ab. Das bedeutet, dass Objekte aller Klassen sich als einzelne Zeilen in der Tabelle wiederfinden. Daher muss jede Zeile ein Kennzeichen erhalten, damit beim Laden einer Klasse aus der Datenbank klar ist, von welcher Klasse ein Objekt erzeugt werden soll. Wird als Kennzeichen der Klassenname verwendet, so lässt sich dieser unmittelbar zum Erzeugen eines Objektes verwenden. Bei der Entscheidung für das Single Table Inheritance-Muster sollten folgende grundsätzlichen Eigenschaften berücksichtigt werden:

- In der Datenbank braucht nur mit einer Tabelle gearbeitet zu werden.
- Es sind keine Tabellenverknüpfungen (*joins*) notwendig, um Objekte wieder zu erzeugen.
- Werden Felder bei einem Refactoring/Redesign zwischen den Klassen verschoben, muss die Datenbank nicht verändert werden.

- Spalten, die nicht in allen Klassen verwendet werden, blähen die Größe der Tabelle auf. Allerdings hängt die Größe des Problems davon, wie das verwendete Datenbankmanagementsystem mit optionalen Feldern umgeht.
- Durch die Verwendung einer Tabelle wird diese vielleicht häufig gesperrt, was sich insbesondere bei Mehrbenutzerbetrieb negativ auf das Laufzeitverhalten einer Anwendung auswirken kann.
- Bei Verwendung einer Tabelle verfügt man nur über einen Namensraum für die Felder, d.h. gleiche Feldnamen in unterschiedlichen Klassen der Hierarchie können zu Problemen führen.

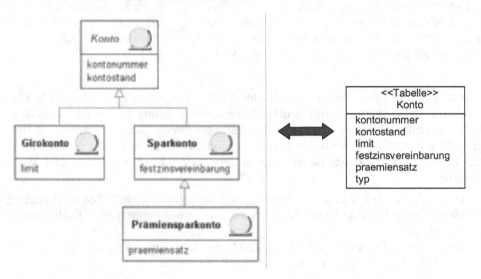

Abb. 7.10: Single Table Inheritance

Beim **Class Table Inheritance**-Muster (vgl. Abb. 7.11) folgt die Tabellenstruktur der Klassenstruktur. Damit der Kontostand und das Limit des *Konto*-Objektes mit der Kontonummer '4711' auch wieder zusammengeführt werden kann, kann in allen Tabellen der gemeinsame Primärschlüsselwert verwendet werden. Dieses Muster lässt sich im konkreten Einzelfall anhand folgender Kriterien beurteilen:

- Alle Spalten einer Tabelle sind notwendig, so dass kein Speicherplatz verschwendet.
- Beziehung zwischen Klassenmodell und Tabellenschema ist klar und einfach.
- Um ein Objekt zu laden, müssen entweder mehrere Tabellen über *joins* verbunden werden oder es sind mehrere Abfragen notwendig.
- Bei einem Refactoring/Redesign der Klassen, ist auch die Datenbank anzupassen.

– Auf Tabellen der übergeordneten Klassen muss vielfach zugegriffen werden, was zu Engpässen führen könnte.

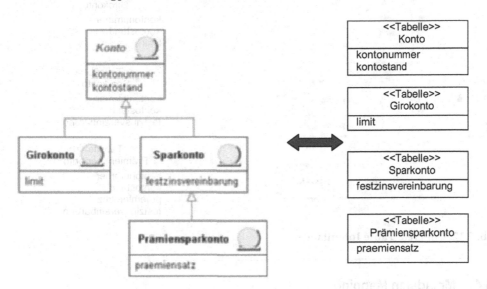

Abb. 7.11: Class Table Inheritance

Beim **Concrete Table Inheritance**-Muster wird nur für jede konkrete Klasse eine Tabelle in der Datenbank angelegt, das bedeutet, dass die Attribute, die in eventuell vorhandenen abstrakten Oberklassen definiert sind, in alle Unterklassen übernommen werden. Um eine eindeutige Abbildung von Tabellenzeilen auf Objekte sicherzustellen, muss gewährleistet sein, dass die Schlüssel tabellenübergreifend eindeutig sind, sonst können z.B. gleiche Schlüsselwerte für unterschiedliche Objekte auftreten, was eine eindeutige Zuordnung unmöglich macht. Im Bank-Beispiel der Abb. 7.12 tritt dieses Problem nicht auf. Folgende Eigenschaften charakterisieren dieses Muster:

– Jede Tabelle ist für sich genommen vollständig und enthält keine irrelevanten Felder.
– Es sind keine *joins* erforderlich, um die Daten in Objekte zu laden.
– Ein Zugriff auf eine Tabelle erfolgt nur, wenn die korrespondierende Klasse betroffen ist, d.h. es entsteht keine unnötige Zugriffslast auf Tabellen.
– Die Verwaltung der Primärschlüssel muss wohl bedacht sein.
– Wenn ein Feld in der Oberklasse geändert wird, ist diese Änderung in den Tabellen aller Unterklassen durchzuführen.
– Bei einem *find*-Befehl in der Oberklasse (Zugriff über die Oberklasse) müssen Sie alle Tabellen prüfen mit der Konsequenz mehrerer Datenbankzugriffe.

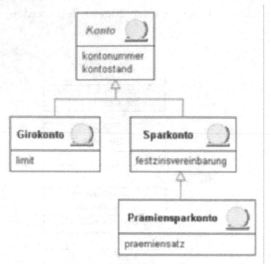

Abb. 7.12: Concrete Table Inheritance

7.5.4 Metadaten Mapping

Abschließend zu den Entwurfsentscheidungen für die Datenbankschicht soll noch auf das Metadaten Mapping eingegangen werden. Der Code zur Realisierung der Abbildung zwischen Tabellen und speicherresidenten Objekten besteht im wesentlichen in der Beschreibung der Zuordnung von Objektattributen zu Spalten in Datenbanktabellen. Dieser Code ist relativ gleichförmig, so dass es nahe liegt, **generische Lösungen** zu finden. Das Metadaten Mapping schlägt vor, dass diese Zuordnungsbeziehungen außerhalb der Programme in **Metadaten** hinterlegt werden. In der Regel werden heute dafür **XML-Dateien** verwendet. Der generische Code wird durch diese Metadaten konfiguriert. Die Entwicklung dieser generischen Lösung ist komplex und aufwändig, so dass sich dies i.d.R. nur lohnt, wenn das Ziel darin besteht, ein professionelles objektrelationales Mapping-Werkzeug zu erstellen. Im einzelnen Entwicklungsprojekt stellt sich dann vielmehr die Frage, welches Werkzeug für das Metadaten Mapping eingesetzt werden soll. Grundsätzlich arbeiten derartige Werkzeuge nach drei unterschiedlichen Prinzipien:

– Generierung von Mapper-Code,
– Byte-Code-Ergänzung und
– Einsatz von Reflexion (*reflection*).

Bei der **Code-Generierung** verwendet das Werkzeug die Metadaten als Eingabe und erzeugt Quellcode für die Klassen, die für das Mapping zuständig sind, die grundsätzlich gleich aussehen, als wären sie manuell erstellt worden. Ein Beispiel hierfür ist das Teilprojekt *torque* der Apache Foundation (http://db.apache.org/torque/), das als Open-Source Produkt verfügbar ist und auch von dem O/R-Mapping-Werkzeug *ObJectRelationalBridge – OJB* verwendet wird (vgl. http://db.apache.org/ojb/).

Das Prinzip der **Byte-Code Ergänzung** liegt dem bereits erwähnten JDO-Ansatz zugrunde. Hierbei wird auf der Basis der Metadaten der Byte-Code der Anwendung mit Hilfe eines *enhancers* erweitert. Das bedeutet, dass das zur Laufzeit verwendete Programm nicht mehr dem ursprünglichen Programm entspricht. Eine Open-Source Implementierung der JDO-Spezifikation ist beispielsweise *JPOBX* (vgl. http://www.jpox.org/). Sowohl die Code-Generierung als auch die Byte-Code-Ergänzung ist insofern statisch, dass Änderungen an der Fachkonzeptschicht jeweils eine neue Generierung erforderlich macht. Ein Vorteil von JDO-Implementierungen besteht darin, dass Sie einem einheitlichen Standard folgen und damit die API grundsätzlich nicht produktabhängig ist.

Die **reflexive** Lösung basiert darauf, dass über die Metadaten zur Laufzeit die notwendigen Klassen und Methoden für die Datenbankzugriffe erzeugt werden. Ein zusätzlicher Verarbeitungsschritt im Sinne des Generierens bzw. Ergänzens entfällt. Unter Umständen sind negative Auswirkungen auf die Laufzeit in Kauf zu nehmen. Ein Open-Source-Produkt in diesem Sektor ist beispielsweise *Hibernate* (vgl. http://www.hibernate.org).

7.6 Zusammenfassung

Ausgangspunkt unserer Überlegungen waren Zielinhalte wie **Wartbarkeit**, **Änderbarkeit** und **Wiederverwendbarkeit**, welche unmittelbar wirtschaftliche Auswirkungen hinsichtlich Entwicklungs- und Wartungsaufwand eines Software-Systems haben. An diesen Zielen sind Gestaltungsmöglichkeiten für den Entwurf von Software-Systemen zu beurteilen. Dies ist sicherlich abhängig vom konkreten Einzelfall. Daher haben wir uns in diesem Kapitel darauf konzentriert, unterschiedliche Entwurfsmöglichkeiten und ihre typischen Anwendungsfälle zu diskutieren. In Abb. 7.13 wird deutlich, dass das Schichtenmodell ein Grundprinzip für die Architektur darstellt. Aus der Anforderungsanalyse sowie der Analyse und dem Entwurf des Fachkonzepts stammen die Klassen der Fachkonzeptschicht. Der softwaretechnische Entwurf kann sich mehr oder weniger eng an dieser Klassenstruktur orientieren. Seine Entsprechung findet das Fachklassenmodel im **Domain Model-Muster**. Transaction Script und Table Module stellen eher Lösungen für wenig komplexe Systeme dar, die auch ihre Mängel hinsichtlich der Erreichung von typischen Entwurfszielen haben. Im Prinzip stellt das **MVC-Muster** auf der

Ebene der **Systemarchitektur** auch ein Leitbild für die Schichtenstruktur dar. Im engeren Sinne bestimmt das MVC-Muster jedoch das Zusammenspiel der Klassen in der Dialogschicht. Varianten des klassischen MVC-Musters stellen das **Model 1** und **Model 2** für Web-Anwendungen dar. Am anderen Ende der Fachkonzept-schicht ist die Datenhaltungsschicht. Data Gateway, Active Record und Data Mapper sind drei Formen wie das Zusammenspiel zwischen Fachkonzeptschicht und Datenhaltung organisiert werden kann. Für Anwendungen mit mehr oder weniger komplexer Anwendungslogik passt das **Data Mapper-Muster** am ehesten zur Anwendung des Domain Model in der Fachkonzeptschicht. Nur im Überblick wurden Lösungsansätze für Verhaltensaspekte wie Unit of Work, Identity Map und Lazy Load vorgestellt. Ausgehend vom Domain Model auf der Fachkonzept-schicht ist im konzeptionellen Sinne eine Überführung des Klassenmodells in ein Tabellenschema (**mapping**) vorzunehmen. Dabei geht es insbesondere um die Um-setzung von Objekt- und Klassenbeziehungen. Abschließend wurde noch kurz auf das Metadata Mapping und dessen Anwendung in unterschiedlichen Technolo-gien eingegangen.

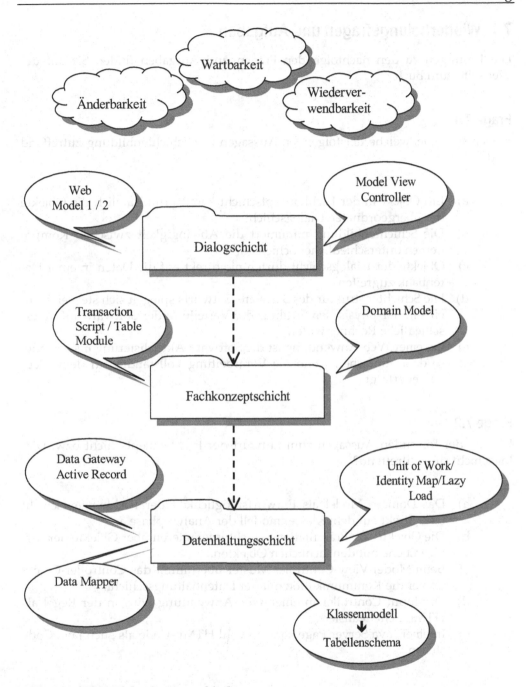

Abb. 7.13: Entwurf der Systemarchitektur

7.7 Wiederholungsfragen und Aufgaben

Die Lösungen zu den nachfolgenden Fragen und Aufgaben finden Sie auf der Webseite zum Buch.

Frage 7.1

Entscheiden Sie, welche der folgenden Aussagen zur Schichtenbildung zutreffend sind:

a) Ein Objekt in der Fachkonzeptschicht kennt grundsätzlich die Objekte der übergeordneten Dialogschicht.

b) Die Schichtenbildung minimiert die Abhängigkeit zwischen Komponenten unterschiedlicher Schichten.

c) Objekte der Dialogschicht dürfen nie direkt auf die Daten in einer Datenbank zugreifen.

d) Die Schichtenstruktur des Software-Entwurfs spiegelt sich stets eins-zu-eins in der physischen Struktur der Verteilung der Software auf unterschiedliche Rechner wider.

e) Bei einer Web-Anwendung ist die Software-Aktualisierung insbesondere dann einfacher, wenn die Verarbeitung vollständig auf dem Web-Server erfolgt.

Frage 7.2

Welche der folgenden Aussagen zum Entwurf der Fachkonzeptschicht bzw. Dialogschicht sind zutreffend?

a) Das Domain Model als Entwurfsmöglichkeit der Fachkonzeptschicht baut direkt auf dem Klassenmodell der Analysephase auf.

b) Die Objekte der Präsentationsschicht interagieren über Objekte der Service-Ebene mit den fachlichen Objekten.

c) Beim Model-View-Controller Muster übernimmt das Controller-Objekt immer die Kommunikation mit der Datenhaltungsschicht.

d) Der Input-Controller in einer Web-Anwendung wird in der Regel als HTML-Seite realisiert.

e) In einer Java Server Page kann sowohl HTML-Code als auch Java-Code stehen.

Frage 7.3

Welcher der folgenden Aussagen zum Entwurf der Datenhaltungsschicht sind **nicht** richtig?

a) Gemäß dem Data Mapper-Muster übernimmt eine Mapper-Klasse immer alle Datenbankzugriffe für genau eine Fachklasse.

b) Die Identity Map hat u.U. auch den Zweck, die Anzahl der Datenbankzugriffe zu reduzieren.

c) Transparente Persistenz (Speicherung) kann nur mit objektorientierten Datenbanken erreicht werden.

d) Eine 1:n-Beziehung zwischen Objekten zweier Klassen wird in der relationalen Datenbank über Objektreferenzen abgebildet.

e) Für eine Vererbungsstruktur mit einer abstrakten Oberklasse und zwei konkreten Unterklassen werden beim Abbilden auf Tabellen einer relationalen Datenbank stets drei Tabellen verwendet.

Aufgabe 7.1

Zwei Studienkollegen (Matthias und Steffen) des Studiengangs Wirtschaftsinformatik treffen sich nach einigen Jahren wieder und unterhalten sich über ihre Praxiserfahrungen:

Matthias:

Wir verfolgen bei unseren Software-Entwicklungsprojekten vor allem die Ziele hohe Benutzerfreundlichkeit, hoher Grad an Ordnungsmäßigkeit, hohe Termintreue und hohe Sicherheit. Ziele wie leichte Änderbarkeit, gute Wartbarkeit und hohe Wiederverwendbarkeit interessieren unsere Kunden nicht. Aus meiner Sicht haben diese Ziele auch keine Relevanz für den Auftraggeber.

Steffen:

Nun das ist bei uns ganz anders. Wir haben einen Leiter der Software-Entwicklung, er legt sehr viel Wert auf einen guten Entwurf der zu entwickelnden Software. Dies begründet er immer genau mit den Zielen leichte Änderbarkeit, gute Wartbarkeit und hohe Wiederverwendbarkeit und er erhält auch noch mächtig Rückendeckung von der Geschäftsleitung, da diese davon überzeugt ist, dass die Erreichung dieser Ziele einen unmittelbar positiven Einfluss auf die Wirtschaftlichkeit habe. Verstehen tue ich das allerdings nicht.

- Nehmen Sie bitte zu den obigen Aussagen Stellung. Versuchen Sie Matthias zu verdeutlichen, dass diese Ziele für den Kunden vielleicht eine Relevanz haben könnten und erklären Sie Steffen den Zusammenhang, den er nicht sieht.

Aufgabe 7.2

Folgendes Klassenmodell (vgl. Abb. 7.14) eines vereinfachten Buchungssystems sei gegeben. Transformieren Sie dieses Klassenmodell in ein Tabellenschema. Falls Schlüssel fehlen, führen Sie diese entsprechend dem Identity Field Muster ein. Die Beziehung zwischen Debitor und Kreditor soll den Tatbestand abbilden, dass ein Kunde auch gleichzeitig Lieferant sein kann und umgekehrt. Die Beziehungsart Abstimmkonto bringt zum Ausdruck, dass z.B. ein Kreditorenkonto zu einem Sachkonto Verbindlichkeiten gehört.

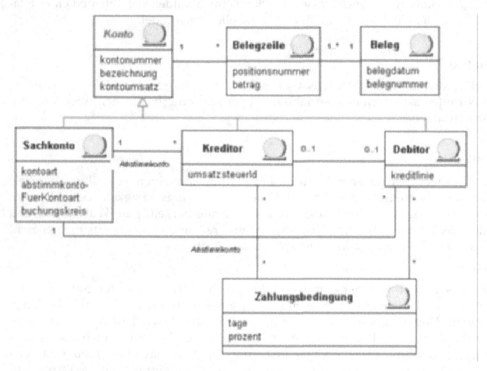

Abb. 7.14: Klassenmodell Buchungssystem

8 Ausgewählte Entwurfsmuster mit Beispielen

8.1 Überblick und Lernziele

Zusammenfassung

Nach einer allgemeinen Charakterisierung der vielfältigen Verwendung von Mustern in der Software-Entwicklung, werden Entwurfsmuster positioniert. Entsprechend der einschlägigen Fachliteratur werden die Entwurfsmuster-Kategorien **Erzeugungs-**, **Struktur-** und **Verhaltensmuster** unterschieden. Für alle drei Kategorien werden jeweils drei konkrete Muster als Beispiele ausgewählt und sowohl allgemein als auch am konkreten Beispiel vorgestellt. In der Gruppe der Erzeugermuster werden die Muster **Fabrikmethode**, die **Abstrakte Fabrik** und das **Singleton** behandelt. Das **Fassaden-**, **Adapter-** und **Kompositum-Muster** werden als Beispiele für die Gruppe der Strukturmuster herausgegriffen. Als Beispiele für Verhaltensmuster werden die Grundstruktur und die Anwendung des **Beobachter-**, **Schablonenmethode-** und **Zustands-Muster** dargestellt.

Wichtige Teilgebiete sind:

- Allgemeine Kennzeichnung von Mustern und deren Anwendungsbereiche
- Struktur und Anwendung von Erzeugungsmustern
- Struktur und Anwendung von Strukturmustern
- Struktur und Anwendung von Verhaltensmustern

Lernziele

Der Leser kann:

- Entwurfsmuster von anderen Muster-Kategorien unterscheiden
- die Erzeugungsmuster Fabrikmethode, Abstrakte Fabrik und Singleton anwenden
- die Strukturmuster Fassade, Adapter und Kompositum anwenden
- die Verhaltensmuster Beobachter, Schablonenmethode und Zustand anwenden

8.2 Allgemeine Grundlagen zu Entwurfsmustern

Wir haben uns schon vielfältig mit Mustern beschäftigt. Im dritten Kapitel haben wir einerseits Analysemuster kennen gelernt, welche die Erstellung des Klassenmodells unterstützen. Andererseits haben wir mit Hilfe der Muster, welche auf

Craig Larman zurückgehen, versucht die Funktionalität der System-Operationen zweckmäßig auf Operationen einzelner Fachkonzeptklassen abzubilden (vgl. Kapitel 4). Im Abschnitt 7.4 ging es um den Entwurf der Dialogschicht. Dabei stand das Model View Controller Muster in unterschiedlichen Varianten im Mittelpunkt. Im Kontext der Datenhaltungsschicht haben wir Muster für die Abbildung des Klassenmodells auf die Tabellenstruktur eines relationalen Datenbankschemas betrachtet (vgl. Abschnitt 7.5.3). Die Diskussion und Anwendung von Mustern im Bereich der Software-Entwicklung geht auf die Arbeiten des Architekten Christopher Alexander zurück (vgl. Buschmann u.a., 1998, S. 409 ff.). Alexander arbeitete mehr als zwanzig Jahre am 'Center for Environmental Structure' an der Universität von Kalifornien in Berkeley an einer Theorie zur Verwendung von Mustern in der Architektur. Pioniere hinsichtlich der Anwendung von Mustern in der Software-Entwicklung sind Ward Cunningham und Kent Beck. Eine hohe Popularität hat das Buch "Design Patterns" von Erich Gamma, Richard Helm, Ralph Johnson und John Vlissides im Jahr 1995 errungen (vgl. Gamma u.a., 1996, dt. Übersetzung). Die vier Autoren werden auch vielfach als die "Gang-of-Four" bezeichnet. Ein **Muster** dokumentiert eine bekannte und erprobte Lösung für Problemstellungen in einem bestimmten Kontext. Im Kontext des Software-Entwurfs unterscheidet man:

- Software-Architektur-Muster und
- Entwurfsmuster.

Ein **Architektur-Muster** beschreibt ein grundsätzliches Strukturierungsprinzip von Software-Systemen, indem einerseits die vordefinierten Subsysteme und andererseits die Organisation der Beziehungen zwischen den Subsystemen spezifiziert werden. Ein Beispiel hierfür ist etwa das Schichtenmodell, das wir im vorangehenden Kapitel diskutiert haben. Dieses Architektur-Muster lehnt sich an das Model View Controller-Muster an. Die Subsysteme (z.B. Dialog-, Fachkonzept- und Datenhaltungsschicht) bestehen aus mehreren kleineren Architektur-Einheiten. Diese kleineren Einheiten können mit Hilfe von Entwurfsmustern gestaltet werden. Somit wollen wir unter einem **Entwurfsmuster** die Beschreibung einer Struktur von miteinander kommunizierenden Komponenten (z.B. Klassen) verstehen, das ein allgemeines Entwurfsproblem in einem speziellen Kontext löst. Vielfach wird auch das "Idiom" im Zusammenhang mit Entwurfsmustern genannt. In Anlehnung an Buschmann u.a. (vgl. Buschmann u.a., 1998, S. 14) verstehen wir unter einem **Idiom** ein für eine bestimmte Programmiersprache spezifiziertes Muster. Der Abstraktionsgrad ist niedriger und es wird beschrieben, wie mit den Mitteln einer Programmiersprache spezielle Aspekte von Komponenten und deren Beziehungen implementiert werden.

Der große Nutzen von Entwurfsmustern und damit eine Motivation dafür, sich mit Entwurfsmustern oder allgemein sich mit Mustern zu beschäftigen sind (vgl. Shalloway/Trott, 2003, S. 90 ff.):

– Wiederverwendung von Lösungen und
– Etablieren einer gemeinsamen Fachsprache.

Die **Wiederverwendung** von anerkannt guten Lösungen vermeidet häufige Fehler und nutzt die Erfahrungen anderer. Im Ergebnis wird dadurch die Qualität der Software-Lösung verbessert. Durch Muster vereinfacht sich auch die **Kommunikation** der Fachleute. Wenn sich zwei Schreiner unterhalten, so könnten Sie etwa folgende Aussage hören: *'Sollen wir die Eckverbindung als Gehrungs-, Schwalbenschwanz- oder Fingerzinkenverbindung herstellen?'* Dem Laien sind die Charakteristika dieser Verarbeitungstechniken zumeist nicht geläufig. Dem Fachmann sind diese Lösungskonzepte jedoch wohl bekannt und jeder gelernte Schreiner weiß sofort worum es geht. Der Fachmann weiß auch, dass die Schwalbenschwanzverbindung die stabilste und schönste aber auch aufwändigste Lösung darstellt. Wir wollen dieses Schreinerwissen nicht weiter vertiefen, sondern daraus erkennen, dass es sich lohnt, dass wir ein wenig einen Einblick bekommen in die Welt der Muster für den Software-Entwurf.

Gamma und seine Mitautoren (vgl. Gamma u.a., 1996, S. 14 ff.) gliedern die von ihnen vorgestellten Entwurfsmuster u.a. nach dem Zweck bzw. der Art von Aufgabe, die erledigt wird, in:

– Erzeugungsmuster,
– Strukturmuster und
– Verhaltensmuster.

Erzeugungsmuster dienen der Objekterzeugung. Sie verstecken das Wissen über den Erzeugungsprozess von konkreten, vom System verwendeten Klassen. **Strukturmuster** fassen Klassen und Objekte zu größeren Strukturen zusammen, wodurch sich neue Funktionalität ergibt. **Verhaltensmuster** beschreiben die Interaktion zwischen Objekten und komplexe Kontrollflüsse, wobei Vererbung und Objektkomposition verwendet werden.

Nachfolgend wollen wir uns ausgewählte Muster beispielhaft näher betrachten, dabei beschränken wir uns nicht auf die modellhafte Beschreibung, sondern wenden die Muster auf kleine Beispiele an, die in Java implementiert wurden.

8.3 Ausgewählte Erzeugungsmuster

8.3.1 Erzeugungsmuster Fabrikmethode

Die Fabrikmethode stellt eine Klasse bereit, die darüber entscheidet, von welcher mehrerer Unterklassen einer abstrakten Oberklasse ein Objekt erzeugt wird. Dieses Muster bietet sich insbesondere dann an, wenn eine Klasse nicht im Vorhinein weiß, von welchem Typ die zu erzeugenden Objekte sein sollen. In diesem Fall ist es nahe liegend, das Wissen darüber von welcher Klasse ein Objekt erzeugt werden soll in einer Fabrik-Klasse zu lokalisieren. In diesem Fall werden der Fabrik-Klasse Parameter übergeben, aufgrund welcher entschieden werden kann, von welcher Klasse ein Objekt erzeugt werden soll.

Betrachten wir ein einfaches Bank-Beispiel mit den beiden unterschiedlichen Kontokategorien Giro- und Sparkonto, welche sich insbesondere durch unterschiedliche Methoden zur Verarbeitung der Auszahlungstransaktion unterscheiden. Zur Erzeugung von Giro- und Sparkonto-Objekten entwerfen wir eine Fabrik-Klasse, welche diese Aufgabe übernimmt. In Abb. 8.1 haben wir die Klasse *KontoFabrik* modelliert. Die Fabrikmethode ist *getKonto()* (vgl. Listing 8.1). Diese Fabrikmethode kann von unterschiedlichsten Objekten verwendet werden, z.B. einem Kunden-Objekt, wenn für einen bestimmten Kunden ein neues Konto angelegt werden soll oder von einem *Mapper*-Objekt, das beim Einlesen von Kontodaten aus der Datenbank wieder *Konto*-Objekte erzeugen will. Damit sind die Details der Objekterzeugung an einem Ort lokalisiert und die Klassen *Kunde* und *Mapper* müssen sich um die weiteren Details nicht kümmern.

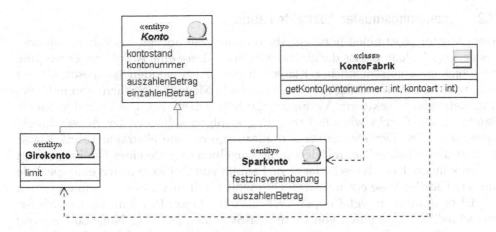

Abb. 8.1: Beispiel zum Erzeugungsmuster Fabrik-Methode

Listing 8.1: *Fabrik*-Klasse für *Konto*

```
1  package patternsBankMitGUIUndDB;
2  public class KontoFabrik {
3      public static final int GIROKONTO=0;
4      public static final int SPARKONTO=1;
5      public KontoFabrik() {}
6      public Konto getKonto(int kontonummer, int kontoart) throws Exception {
7          Konto konto=null;
8          switch(kontoart){
9              case GIROKONTO:
10                 konto = new Girokonto(kontonummer);
11                 break;
12             case SPARKONTO:
13                 konto = new Sparkonto(kontonummer);
14                 break;
15             default:
16                 throw new Exception("Falsche Kontoart "+kontoart);
17         }
18         return konto;
19 }}
```

8.3.2 Erzeugungsmuster Abstrakte Fabrik

Dieses Muster weist einen höheren Abstraktionsgrad auf als das Fabrikmethode-Muster. Dies bedeutet, dass die abstrakte Fabrik-Klasse eine Fabrik zur Erzeugung von Objekten unterschiedlicher Klassen liefert. Anzuwenden ist dieses Muster dann, wenn die Anwendung für bestimmte Fälle Mengen (Familien) von in Beziehung stehender Objekte zur Verfügung gestellt haben will. Die abstrakte Fabrik erlaubt es, die Regeln wie die Erzeugung erfolgen soll, aus der Anwendungs-Klasse, das diese Objekte verwendet, auszulagern. Eine abstrakte Fabrik-Klasse definiert die Schnittstellen, mit denen die einzelnen Objekte einer Familie erzeugt werden können. Es ist typisch, dass jede Familie von Objekten durch eine spezielle konkrete Fabrik-Klasse erzeugt wird. Dies wollen wir uns nun an einem einfachen Beispiel verdeutlichen (vgl. Cooper, 1998, S. 26 ff.). Unser Problem sei, dass wir für unterschiedliche Kategorien von Computer-Systemen (z.B. PC, Notebook, Server) die Spezifikation passender Komponenten (z.B. Prozessor, Motherboard, und Chipset) benötigen. Die verschiedenen Fälle sind somit die Kategorien von Computer-Systemen, die Familie von in Beziehung stehender Objekte sind die genannten Komponenten.

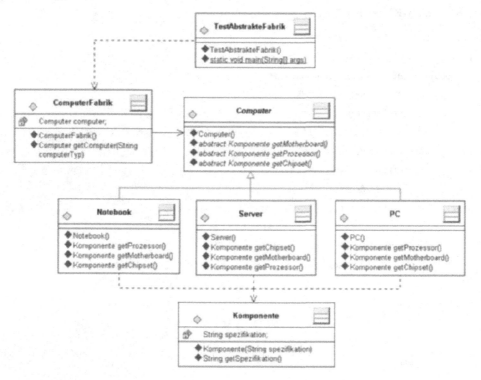

Abb. 8.2: Beispiel zum Erzeugungsmuster abstrakte Fabrik

In Abb. 8.2 ist *Computer* die abstrakte Fabrik-Klasse, die konkreten Fabrik-Klassen sind die Klassen *PC, Notebook* und *Server*. Diese konkreten Fabrik-Klassen erzeugen Objekte, an denen die Anwendung (der Client) interessiert ist. In unserem Beispiel sind dies die passenden Komponenten im Sinne von Motherboard, Prozessor und Chipset. Diese sind in unserem einfachen Beispiel alles Objekte vom Typ *Komponente*, welche lediglich eine Bezeichnung im Attribut *spezifikation* haben. Im allgemeinen Fall wäre es denkbar, dass es die Unterklassen *Chipset, Motherboard* und *Prozessor* der dann abstrakten Klasse *Komponente* gibt. Die Klasse *ComputerFabrik* entscheidet in Abhängigkeit der Festlegung in der Anwendung (bei uns vereinfacht die *TestAbstrakteFabrik*-Klasse) von welcher konkreten Fabrik-Klasse ein Objekt erzeugt wird. Die Anwendung muss sich dabei um die ganzen Details der Objekterzeugung nicht kümmern. Die einfache Oberfläche unseres Beispiels zeigt Abb. 8.3. Die Details des Codes befinden sich in den Listings 8.2a und 8.2b. Die Testklasse verwendet Hilfsklassen, welche eine einfache Benutzer-Ein- und -Ausgabe ermöglicht. Die abstrakte Fabrik Computer beinhaltet die abstrakten Methoden, welche die Objekte liefern, mit denen die Anwendung arbeiten will. Die Anwendung arbeitet ausschließlich mit der Schnittstelle, welche durch die abstrakte Fabrik, in unserem Fall die Klasse Computer geliefert wird. Die konkrete Fabrik, z.B. Server wird vielfach auch als **Singleton** implementiert (vgl. Gamma u.a., 1996, S. 118).

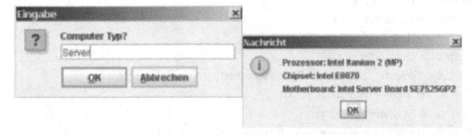

Abb. 8.3: Dialog zum Erzeugungsmuster abstrakte Fabrik

Listing 8.2a: Ausgewählte Klassen des Beispiels zum Erzeugungsmuster abstrakte Fabrik

```
1  package abstrakteFabrik;
2  import bank.tools.IOTool; //Hilfsklassen zur Ein-/Ausgabe
3  public class TestAbstrakteFabrik {
4      public TestAbstrakteFabrik() {}
5      public static void main(String[] args) {
6          try{
7              ComputerFabrik computerFabrik=new ComputerFabrik();
8              Computer computer=computerFabrik.getComputer
                   (IOTool.readLine("Computer Typ?"));
9              String out="Prozessor: "+computer.getProzessor().getSpezifikation()+"\n"+
10                     "Chipset: "+ computer.getChipset().getSpezifikation()+"\n"+
11                     "Motherboard: "+computer.getMotherboard().getSpezifikation();
12             IOTool.show(out);  }
13         catch(Exception e){
14             IOTool.show(e.getMessage());} } }
15
16 package abstrakteFabrik;
17 public class ComputerFabrik {
18     private Computer computer;
19     public ComputerFabrik() {}
20     public Computer getComputer(String computerTyp) throws Exception{
21         if(computerTyp.equals("PC")){
22             computer=new PC();  }
23         else if(computerTyp.equals("Notebook")){
24             computer=new Notebook(); }
25         else if(computerTyp.equals("Server")){
26             computer=new Server();}
27         else{
28             throw new Exception(computerTyp+" ist nicht vorgesehen!"); }
29         return computer; }}
```

Listing 8.2b: Ausgewählte Klassen des Beispiels zum Erzeugungsmuster abstrakte Fabrik

```
30  package abstrakteFabrik;
31  public abstract class Computer {
32      public Computer() {}
33      public abstract Komponente getMotherboard();
34      public abstract Komponente getProzessor();
35      public abstract Komponente getChipset();
36  }
37
38  package abstrakteFabrik;
39  public class Server extends Computer { //Klassen PC und Notebook sind äquivalent
40      public Server() {}
41      public Komponente getProzessor() {
42          return new Komponente("Intel Itanium 2 (MP)"); }
43      public Komponente getMotherboard() {
44          return new Komponente("Intel Server Board SE7525GP2"); }
45      public Komponente getChipset() {
46          return new Komponente("Intel E8870"); }
47  }
```

8.3.3 Erzeugungsmuster Singleton

Bei manchen Klassen kann es notwendig sein, dass genau ein Objekt existiert. Beispiele sind etwa eine Datenbankverbindung, eine Logging-Klasse oder, wie oben erwähnt, konkrete Fabrik-Klassen. Muss auf dieses Objekt von mehreren anderen Klassen zugegriffen werden, so sollte der Zugriff einfach sein. Die Klasse, welche nach dem Singleton-Muster implementiert wird, muss also gewährleisten, dass genau ein Objekt erzeugt werden kann und dass der Zugriff einfach ist. Abb. 8.4 zeigt die grundsätzliche Konstruktion. Die betroffene Klasse erhält ein statisches Attribut vom Typ, welches auf das einzige Objekt verweist. Der Konstruktor wird *private* deklariert, damit von außen kein Objekt erzeugt werden kann und die Methode *getSingleton()* liefert eine Referenz auf das einzige Singleton-Objekt. Ist noch kein Objekt existent, so wird dieses in der Methode *getSingleton()* erzeugt (vgl. Kommentar in Abb. 8.4).

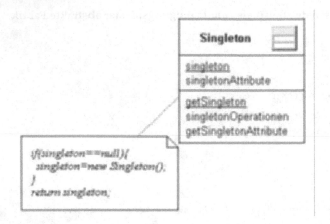

Abb. 8.4: Singleton-Muster

In der Regel macht es Sinn, im Muster abstrakte Fabrik die konkreten Fabrik-Klassen als Singleton zu entwerfen, da die Anwendung, falls mehrfach auf die Fabrik-Klasse zugegriffen wird, in der Regel keine unterschiedlichen Fabrik-Klassen-Objekte benötigt. In den Listings 8.3a und 8.3b ist beispielhaft die Klasse *Server* wiedergegeben. In den Zeilen 3-9 sind die Singleton-spezifischen Änderungen vorgenommen. Damit ergeben sich die Anpassungsnotwendigkeiten in der Methode *getComputer()* in der Klasse *ComputerFabrik*. Aus Zeile 25 wird ersichtlich, dass statt des Konstruktor-Aufrufs (vgl. Zeile 26 in Listing 8.2a) die statische Singleton-Methode *getSingleton()* der Klasse *Server* verwendet wird.

Listing 8.3a: Klasse *Server* als Singleton und angepasste *getComputer()*-Methode

```
1  package singletonAbstrakteFabrik;
2  public class Server extends Computer {
3      private static Server server;
4      private Server() {}
5      public static Server getServer(){
6          if(server==null){
7              server=new Server();
8          }
9          return server;}
```

Listing 8.3b: Klasse *Server* als Singleton und angepasste *getComputer()*-Methode

```
10      public Komponente getProzessor() {
11          return new Komponente("Intel Itanium 2 (MP)"); }
12      public Komponente getMotherboard() {
13          return new Komponente("Intel Server Board SE7525GP2"); }
14      public Komponente getChipset() {
15          return new Komponente("Intel E8870"); }
16  }
17  //aus Klasse ComputerFabrik
18  public Computer getComputer(String computerTyp) throws Exception{
19          if(computerTyp.equals("PC")){
20              computer=PC.getPC();
21          else if(computerTyp.equals("Notebook")){
22              computer=Notebook.getNotebook();
23          }
24          else if(computerTyp.equals("Server")){
25              computer=Server.getServer();
26          }
27          else{
28              throw new Exception(computerTyp+" ist nicht vorgesehen!");
29          }
30          return computer;
31  }
```

8.4 Beschreibung und Anwendung ausgewählter Strukturmuster

8.4.1 Strukturmuster Fassade

Das Strukturmuster Fassade bietet eine einheitliche Schnittstelle für ein Subsystem. Damit wird die Verwendung eines komplexen Subsystems vereinfacht. Die Kommunikation und die Abhängigkeiten zwischen Subsystemen werden verringert. Im Bank-Beispiel auf der Webseite zum Buch haben wir uns am Fassaden-Muster orientiert. Die Klasse *BankHandler* übernimmt die Rolle einer Fassade. Damit wird die **Kopplung** zwischen der Dialogschicht und der Fachkonzeptschicht möglichst klein gehalten. Die Abbildung 8.5 verdeutlicht die Grundidee. Die Klienten müssen die Subsystemklassen gar nicht kennen, sie stellen ihre Anfragen an die Fassade. Die Fassade weiß, welche Subsystemklasse welche Funktionalität bereitstellt und delegiert die Anfragen dementsprechend. Die Subsystemklassen implementieren die Systemfunktionalität und führen die Anfragen der Fassade aus. Dabei kennen die Subsystemklassen die Fassade nicht, haben also keine Referenz auf diese. Die Anwendung dieses Musters führt zu einer losen Kopplung zwischen dem Subsystem und seinen Klienten. Damit lassen sich beispielsweise Komponenten eines Subsystems austauschen, ohne dass die Klienten davon berührt werden.

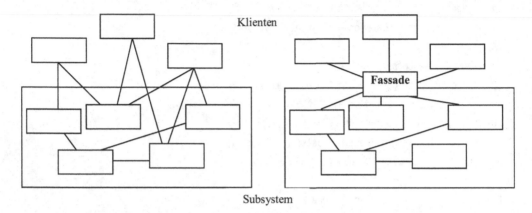

Abb. 8.5: Grundidee des Strukturmusters Fassade (vgl. Gamma u.a. 1996, S. 212)

Im Tutorium zur Programmierung in Java auf der Webseite des Buches ist die Klasse *BankHandler* im Sinne des Anwendungsfall-Controllers als Fassade implementiert. Im Listing 8.4 sind die Methoden ohne Details der Implementierung wiedergegeben. Dadurch wird erreicht, dass die Dialogklassen nur über eine Fassadenklasse auf die fachliche Funktionalität der Anwendung zugreifen. Neben den bereits genannten Wirkungen einer Fassade sind die Kosten für das Erstellen einer Fassade i.d.R. geringer, als der erhöhte Aufwand für zukünftige Wartung und dem Aufwand, dass die Entwickler aller verwendenden Systeme die Komplexität des Subsystems verstehen müssten.

Listing 8.4: *BankHandler*-**Klasse als Fassade**

```
 1  package bankbeispiel;
 2  import database.*;
 3  public class BankHandler {
 4      …
 5      public void anlegenKunde(String kundenname, String passwort){
 6          …  }
 7      public int anlegenKonto(int kundennummer, int kontoart) throws Exception{
 8          …  }
 9      public double getKontostand(int kontonummer) throws Exception {
10          …  }
11      public double auszahlenBetrag(int kontonummer, double betrag) throws Exception {
12          …  }
13      public double einzahlenBetrag(int kontonummer, double betrag) throws Exception {
14          …  }
15      public void ueberweisen(int vonKontoNr, int nachKontoNr,
            double betrag, java.util.Date datum) throws Exception {
16          …  }
17      public Kunde getKunde(int kundennummer) throws Exception  {
18          …  }
19      public void pruefenKontoKunde(int kontoNr, Kunde kunde) throws Exception{
20          …  }
21      public void validatePW(String passwort, Kunde kunde) throws Exception {
22          …  }
23  }
```

8.4.2 Strukturmuster Adapter

Der Zweck des Adapter-Musters besteht darin, dass die Schnittstelle einer Klasse, die außerhalb des eigenen Gestaltungsbereichs liegt, an eine andere, geforderte Schnittstelle einer Klientenklasse angepasst wird. Damit können Klassen zusammenarbeiten, die aufgrund ihrer nicht kompatiblen Schnittstellen sonst dazu nicht in der Lage wären. Ein Adapter umwickelt dabei eine Klasse mit der gewünschten Schnittstelle. Daher wird eine derartige Klasse auch gelegentlich als **Wrapper** (Umwickler) bezeichnet. Das Adapter-Muster ist durchaus mit dem Fassaden-Muster verwandt. Beide Muster umhüllen bereits existierende Klassen. Der wesentliche Unterschied besteht darin, dass eine Fassade eine vorhandene Schnittstelle vereinfacht, während ein Adapter eine bereits bestehende Schnittstelle in eine gewünschte Schnittstelle konvertiert.

Ein typischer Kontext sind Bibliotheksklassen, die eine Schnittstelle besitzen, welche durch den Benutzer nicht verändert werden kann, da der Quellcode nicht zugänglich ist. Das Problem besteht darin, dass die Aufrufe an die Schnittstelle unserer Anwendung nicht zu der von der Bibliotheksklasse bereitgestellten Schnittstelle passen. Die Lösung besteht nun darin, einen Adapter zu bauen, der die Aufrufe unseres Systems so umsetzt, dass die Eigenschaften der Bibliotheksklasse verwendet werden können. Das bedeutet, dass der Adapter einerseits die vom System verwendeten Diensteschnittstellen implementieren und andererseits die Eigenschaften der Bibliotheksklasse verwenden muss. Diese Verwendung kann entweder über Vererbung (**Klassenadapter**) oder Delegation (**Objektadapter**) geschehen. In Abb. 8.6 sind beide Varianten als Klassenmodell wiedergegeben.

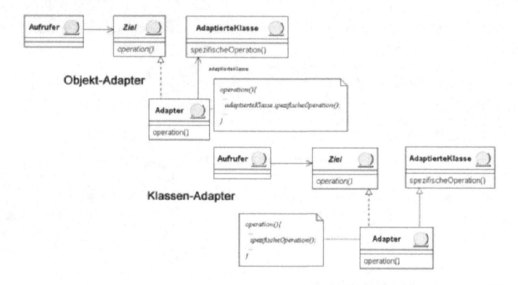

Abb. 8.6: Strukturmusters Adapter (vgl. Gamma u.a. 1996. S. 174)

Als Beispiel wollen wir eine Einkaufsliste eines Online-Shops verwenden. Das System arbeitet mit einer Schnittstelle, welche insbesondere über die Operationen *fuegeHinzu()* und *gibArtikel()* verfügt. Da in den Basisklassen von Java (*java.util*) bereits geeignete Container/Collection-Klassen vorhanden sind, programmieren wir die Liste nicht selbst, sondern verwenden die *HashMap* (vgl. Abb. 8.7).

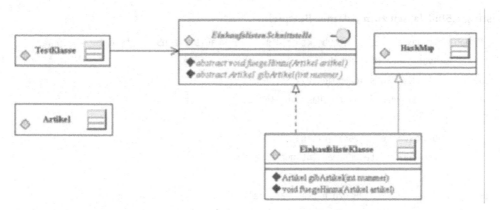

Abb. 8.7: Beispiel für das Strukturmuster Adapter als Klassen-Adapter

In den Listings 8.5a und 8.5b ist die Schnittstelle der Anwendung und die Adapter-Klasse in den beiden Varianten eines Klassen- und eines Objekt-Adapters abgebildet. Der Klassen-Adapter erlaubt es, genau eine Klasse zu adaptieren, da der Typ mit dem Anlegen des Adapter-Objektes festgelegt ist. Im Rahmen der Subklassenbildung können Methoden der zu adaptierenden Klasse verändert werden und andere können unverändert verwendet werden. Im Vergleich zum Objekt-Adapter ist kein Umweg über ein zusätzliches Objekt vom Typ der zu adaptierenden Klasse notwendig. Der Objekt-Adapter erlaubt die Anpassung an Unterklassen der zu adaptierenden Klasse, indem das Subklassen-Objekt als Parameter des Konstruktors übergeben wird. Allerdings ist ein Überschreiben des Verhaltens der anzupassenden Klasse erschwert. In unserem Beispiel können grundsätzlich beide Varianten verwendet werden.

Listing 8.5a: Klassen zum Adapter-Beispiel

```
1 public interface EinkaufslistenSchnittstelle {
2     public void fuegeHinzu(Artikel aritkel);
3     public Artikel gibArtikel(int nummer);
4 }
5 public class EinkaufslisteKlasse extends java.util.HashMap<Integer,
      Artikel> implements EinkaufslistenSchnittstelle{
6     public Artikel gibArtikel(int nummer) {
7         return get(new Integer(nummer));
8     }
9     public void fuegeHinzu(Artikel artikel) {
10        put(new Integer(artikel.getNummer()),artikel); }}
```

Listing 8.5b: Klassen zum Adapter-Beispiel

```
11  public class EinkaufslisteObjekt implements EinkaufslistenSchnittstelle{

12      private java.util.HashMap <Integer, Artikel> liste;

13      public EinkaufslisteObjekt() {

14          liste=new java.util.HashMap <Integer, Artikel> ();

15      }

16      public Artikel gibArtikel(int nummer) {

17          return liste.get(new Integer(nummer));

18      }

19      public void fuegeHinzu(Artikel artikel) {

20          liste.put(new Integer(artikel.getNummer()),artikel);

21      }

22  }
```

8.4.3   Strukturmuster Kompositum

In vielen Anwendungssituationen finden sich hierarchische Strukturen. Das Kompositum-Muster erlaubt Baumstrukturen derart zu bilden, dass einfache **und** zusammengesetzte Objekte einheitlich behandelt werden können. In Abb. 8.8 ist die grundlegende Struktur des Musters wiedergegeben.

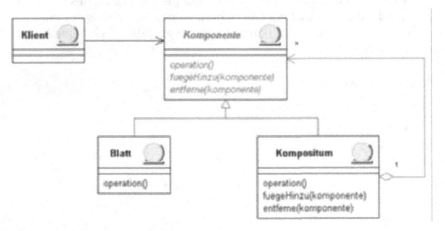

Abb. 8.8: Strukturmusters Kompositum (vgl. Gamma u.a. 1996, S. 241)

Die Klasse *Komponente* deklariert die Schnittstelle für die Objekte, welche in der Struktur zusammengefügt werden. Sie beinhaltet insbesondere die Verwaltungs-Operationen (z.B. *fuegeHinzu()*, *entferne()*) und die gemeinsamen Funktionalitäten (repräsentiert durch *operation()*). Die *Blatt*-Klasse definiert das Verhalten der primitiven, nicht zusammengesetzten Objekte der Struktur. Die Klasse *Kompositum* definiert das Verhalten der zusammengesetzten Objekte. Sie speichert auch die Referenzen auf die Kind-Objekte. Dabei können Kind-Objekte sowohl *Blatt*-Objekte als auch *Kompositum*-Objekte sein. Die *Klient*-Klasse repräsentiert die Objekte, welche die Struktur verwenden. Für die *Klient*-Objekte ist es gleichgültig, ob es sich bei dem *Komponente*-Objekt im ein *Blatt*-Objekt oder ein noch so komplexes *Kompositum*-Objekt handelt. Bei der Implementierung sind u.a. folgende Aspekte zu berücksichtigen. Es kann sinnvoll sein, im Kind-Objekt eine Referenz auf das zugehörige Eltern-Objekt vorzusehen. Damit ist auch ein Bewegen von unten nach oben möglich. Grundsätzlich ist eine Entscheidung zu treffen, wo die Verwaltungsoperationen für Kind-Objekte erfolgen soll. In Abb. 8.8 sind diese in der *Komponente*-Klasse deklariert. Damit wird Transparenz erzeugt, weil alle Komponenten einheitlich behandelt werden können. Allerdings könnte es zu der sinnlosen Aktion kommen, dass *Klient*-Objekte versuchen Objekte zu *Blatt*-Objekten hinzuzufügen bzw. zu entfernen. Mehr Sicherheit brächte die Lösung, die Verwaltungsoperationen nur in der *Kompositum*-Klasse zu deklarieren, was allerdings mit sich bringt, dass *Blatt*- und *Kompositum*-Objekte unterschiedliche Schnittstellen aufweisen.

Als Beispiel wollen wir eine hierarchische Organisationsstruktur verwenden. Stellen werden als Blätter verstanden, Abteilungen werden als Komposita verstanden. Dabei gebe es unterschiedliche Abteilungsarten, z.B. Abteilung, Hauptabteilung, Bereich usw. Die gemeinsame Komponenten-Oberklasse sei die Organisationseinheit. In Abb. 8.9 ist ein Beispiel für einen Ausschnitt aus einer derartigen Organisationsstruktur wiedergegeben.

Abb. 8.9: Beispiel für eine Organisationsstruktur

In Abb. 8.10 ist das Klassenmodell für dieses Beispiel entsprechend der allgemeinen Struktur des Kompositum-Musters gemäß Abb. 8.8 wiedergegeben. In unserer kleinen Beispielanwendung soll es möglich sein, von einer beliebigen Organisationseinheit den damit verbundenen Personalaufwand zu ermitteln. Hierfür verfügt jedes *Stelle*-Objekt über ein Attribut *bruttoentgelt*.

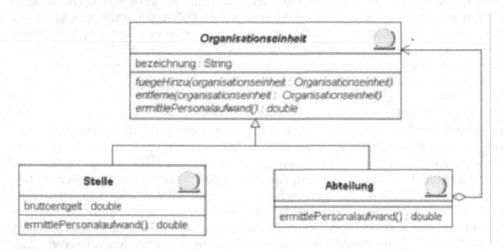

Abb. 8.10: Klassenmodell für Kompositum-Beispiel

Die Methode *ermittlePersonalaufwand()* in der Klasse *Stelle* besteht einfach in der Rückgabe des Attributwerts von *bruttoentgelt* (vgl. Listing 8.6a, Zeilen 26 und 27). In der Klasse *Abteilung* ist diese Methode rekursiv formuliert (vgl. Listing 8.6b, Zeilen 41-46). Aus der Sicht der Anwendung sind *Stelle* und *Abteilung* jedoch Organisationseinheiten, so dass sich die Anwendung um die Spezifika aufgrund der polymorphen Nutzung der Methode *ermittlePersonalaufwand()* nicht zu kümmern braucht. Dies wird in der Testklasse (vgl. Listings 8.7a und 8.7b) in der Methode *personalwandAusgeben()* deutlich (vgl. Zeilen 45-47). Die Daten der Testklasse entsprechen der Organisationsstruktur in Abb. 8.9.

Listing 8.6a: Beispiel für Kompositum-Muster

```
1  package compositumPattern;
2  public abstract class Organisationseinheit {
3      public Organisationseinheit() {}
4      public Organisationseinheit(String bezeichnung) {
5          this.bezeichnung=bezeichnung; }
6      private String bezeichnung;
7      public String getBezeichnung() {
8          return bezeichnung; }
9      public void setBezeichnung(String bezeichnung) {
10         this.bezeichnung = bezeichnung; }
11     public abstract void fuegeHinzu(Organisationseinheit
           organistationseinheit) throws Exception;
12     public abstract void entferne(Organisationseinheit
           organisationseinheit) throws Exception;
13     public abstract double ermittlePersonalaufwand();
14 }
15 package compositumPattern;
16 public class Stelle extends Organisationseinheit {
17     private double bruttoentgelt;
18     public Stelle() {    }
19     public Stelle(String bezeichnung, double bruttoentgelt) {
20         super(bezeichnung);
21         this.bruttoentgelt=bruttoentgelt;    }
22     public void fuegeHinzu(Organisationseinheit
           organistationseinheit) throws Exception {
23         throw new Exception("Diese Operation ist
               bei einer Stelle nicht zulässig!");    }
24     public void entferne(Organisationseinheit
           organisationseinheit) throws Exception{
25         throw new Exception ("Diese Operation ist
               bei einer Stelle nicht zulässig!");    }
26     public double ermittlePersonalaufwand() {
27         return bruttoentgelt;    }
28     public double getBruttoentgelt() {
29         return bruttoentgelt;    }}
```

Listing 8.6b: Beispiel für Kompositum-Muster

```
30  package compositumPattern;
31  public class Abteilung extends Organisationseinheit {
32      private java.util.ArrayList <Organisationseinheit> organisationseinheiten;
33      public Abteilung() {}
34      public Abteilung(String bezeichnung) {
35          super(bezeichnung);
36          organisationseinheiten=new java.util.ArrayList <Organisationseinheit> (); }
37      public void fuegeHinzu(Organisationseinheit
            organistationseinheit) throws Exception {
38          organisationseinheiten.add(organisationseinheit);    }
39      public void entferne(Organisationseinheit organisationseinheit) throws Exception{
40          organisationseinheiten.remove(organisationseinheit);    }
41      public double ermittlePersonalaufwand() {
42          double summe=0;
43          for(Organisationseinheit organisationseinheit : organisationseinheiten){
44              summe+=organisationseinheit.ermittlePersonalaufwand();
45          }
46          return summe; }
47  }
```

Listing 8.7a: Testklasse für Kompositum-Beispiel einschließlich Testausgaben

```
1  package compositumPattern;
2  public class CompositumTest {
3      public CompositumTest() {}
4      public static void main(String[] args) {
5          new CompositumTest().test();}
6      public void test(){
7          try{
8              Stelle fischer=new Stelle("Urban Fischer",5000);
9              Stelle lang=new Stelle("Rudolf Land", 4000);
10             Stelle maier=new Stelle("Herbert Maier", 3000);
11             Stelle fritz=new Stelle("Waldemar Fritz",2000);
12             Stelle fein=new Stelle("Stefanie Fein", 2000);
13             Stelle schulze=new Stelle("Volker Schulze",3000);
14             Stelle ploege=new Stelle("Kathrin Plöge", 2000);
15             Stelle kohl=new Stelle("Christine Kohl", 2000);
16             Stelle schwarz=new Stelle("Heidelinde Schwarz", 4000);
17             Abteilung ul=new Abteilung("Unternehmensleitung");
18             Abteilung ua=new Abteilung("Unternehmensbereich A");
19             Abteilung mw=new Abteilung("Materialwirtschaft");
20             Abteilung vt=new Abteilung("Vertrieb");
21             Abteilung ub=new Abteilung ("Unternehmensbereich B");
22             mw.fuegeHinzu(maier);
23             mw.fuegeHinzu(fritz);
24             mw.fuegeHinzu(fein);
25             vt.fuegeHinzu(schulze);
26             vt.fuegeHinzu(ploege);
27             vt.fuegeHinzu(kohl);
28             ua.fuegeHinzu(lang);
29             ua.fuegeHinzu(mw);
30             ua.fuegeHinzu(vt);
31             ub.fuegeHinzu(schwarz);
32             ul.fuegeHinzu(fischer);
33             ul.fuegeHinzu(ua);
34             ul.fuegeHinzu(ub);
```

Listing 8.7b: Testklasse für Kompositum-Beispiel einschließlich Testausgaben

```
35              personalaufwandAusgeben(fein);
36              personalaufwandAusgeben(mw);
37              personalaufwandAusgeben(schulze);
38              personalaufwandAusgeben(ua);
39              personalaufwandAusgeben(ub);
40              personalaufwandAusgeben(ul);
41          }
42          catch(Exception e){
43              new javax.swing.JOptionPane().showMessageDialog(null, e.getMessage()); }
44      }
45      private void personalaufwandAusgeben(Organisationseinheit oe){
46          System.out.println(oe.getBezeichnung()+" -Personalaufwand:"
                  +oe.ermittlePersonalaufwand());
47          }}
```

Testausgaben:

```
Stefanie Fein - Personalaufwand:  2000.0

Materialwirtschaft - Personalaufwand:  7000.0

Volker Schulze - Personalaufwand:  3000.0

Unternehmensbereich A - Personalaufwand:  18000.0

Unternehmensbereich B - Personalaufwand:  4000.0

Unternehmensleitung - Personalaufwand:  27000.0
```

8.5 Ausgewählte Verhaltensmuster

8.5.1 Verhaltensmuster Beobachter

Das Beobachter-Muster ist ein objektbasiertes Verhaltensmuster. Es erlaubt eine **lose Kopplung** von Objekten zu dem Zweck, dass Änderungen in einem Objekt auch zu entsprechenden Anpassungen in anderen, abhängigen Objekten führen.

Grundsätzlich wird zwischen dem beobachteten Objekt und den beobachtenden Objekten unterschieden. Die beobachtenden Objekte registrieren sich bei dem beobachteten Objekt. Dabei ist die Kopplung allerdings lose. Das heißt, das beobachtete Objekt weiß vom beobachtenden Objekt nur, dass dieses benachrichtigt werden möchte, wenn sich was ändert. Aus diesem Grund sieht das Muster vor, dass die beobachtenden Objekte ein standardisiertes Interface implementieren. In Abb. 8.11 ist dies das Interface *Observer*, das im Java-Paket *java.util* enthalten ist. Das beobachtete Objekt muss die Möglichkeit zum Registrieren und zum Benachrichtigen geben. Da dies ebenfalls für alle beobachteten Objekte immer wieder gleich ist, lassen sich diese Eigenschaften in eine Oberklasse extrahieren. In Abb. 8.11 ist die Klasse *Observable* des Java-Pakets *java.util* modelliert. Die beobachtende Klasse implementiert die abstrakte Methode *update()*, in dem die klassenspezifische Reaktion festgelegt wird.

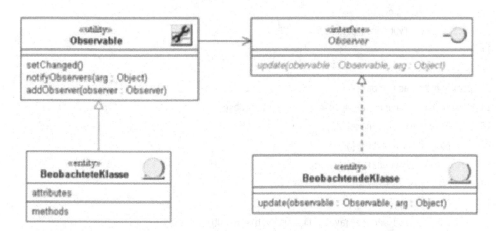

Abb. 8.11: Beobachter-Muster

Ein einfaches Beispiel soll die Funktionsweise erläutern. Ein Objekt der Klasse *News* wird von beliebig vielen Objekten der Klasse *Abonnent* beobachtet. Wird im *News*-Objekt eine neue Meldung hinzugefügt, werden die *Abonnent*-Objekte benachrichtigt. In unserem einfachen Fall erfolgt lediglich eine Ausgabe. Zur Veranschaulichung ist der Code in den Listings 8.8a und 8.8b wiedergegeben. Mit der Methode *addNews()* in der *News*-Klasse werden Veränderungen in Objekten der beobachteten Klasse ausgelöst. Daher wird auch hier die Benachrichtigung der beobachtenden Objekte vorgenommen (vgl. Zeile 10). In der *Abonnent*-Klasse wird mit der Methode *update()* die Reaktion der beobachtenden Objekte festgelegt, was in unserm einfachen Beispiel, wie erwähnt, eine Ausgabe ist.

Listing 8.8a: Beispiel-Klassen zum Beobachter-Muster mit Test-Ausgabe

```
 1 package beobachterpattern;
 2 public class News extends java.util.Observable{
 3     private java.util.List<String> newsList;
 4     public News() {
 5         newsList=new java.util.ArrayList<String>();
 6     }
 7     public void addNews(String news){
 8         newsList.add(news);
 9         setChanged();
10         notifyObservers(news);
11     }
12 }
13 package beobachterpattern;
14 public class Abonnent implements java.util.Observer{
15     private String name;              •
16     public Abonnent() {}
17     public Abonnent(String name) {
18         this.name=name;
19     }
20     public void update(java.util.Observable o, Object arg) {
21         String newNews=(String)arg;
22         System.out.println("To "+name+": "+newNews);
23     }
24 }
```

Listing 8.8b: Beispiel-Klassen zum Beobachter-Muster mit Test-Ausgabe

```
25  package beobachterpattern;
26  public class BeobachterPatternTest {
27      public BeobachterPatternTest() {}
28      public static void main(String[] args) {
29          Abonnent hans=new Abonnent("Hans");
30          Abonnent lisa=new Abonnent("Lisa");
31          News itNews=new News();
32          itNews.addObserver(hans);
33          itNews.addObserver(lisa);
34          itNews.addNews("Microsoft has to pay one million...");
35          itNews.deleteObserver(hans);
36          itNews.addNews("SAP donated one million to ...");
37      }}
```

Testausgaben:

```
To Lisa: Microsoft has to pay one million...
To Hans: Microsoft has to pay one million...
To Lisa: SAP donated one million to ...
```

Die Bedeutung des Beobachter-Musters ist insbesondere im Swing-Framework von Java sehr hoch. Das gesamte **Event-Handling** mit den so genannten Listenern basiert auf diesem Muster. Weiterhin verwendet das MVC-Muster das Konzept der Beobachter. Ändert sich das Model, so wird die View als Beobachter über diese Änderung informiert, so dass auch die Sicht, z.B. die Zellen eines *JTable*-Objektes, aktualisiert werden.

8.5.2   Verhaltensmuster Schablonenmethode

Das Schablonenmethode-Muster ist ein klassenbasiertes Verhaltensmuster. In einer Oberklasse wird der Rahmen für einen Algorithmus in einer Operation definiert. Teilschritte des Algorithmus werden in Unterklassen spezifisch implementiert. Damit werden die invarianten Teile des Algorithmus in der *schablonenMethode()* (vgl. Abb. 8.12) genau einmal festgelegt, während die Unterklassen das variierende Verhalten in spezifischen Operationen (z.B. *operation1()* in Abb. 8.12) implementieren. Dabei kann es durchaus sein, dass die invarianten Teile in einem nachgelagerten Schritt aus den Unterklassen heraus faktorisiert werden.

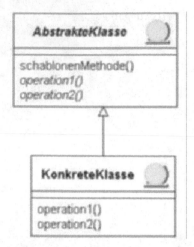

Abb. 8.12: Schablonenmethode-Muster (vgl. Gamma u.a. 1996, S. 368)

Zur Veranschaulichung soll wiederum ein vereinfachtes Beispiel dienen. In einem Personalverwaltungssystem besteht die Anforderung, dass das Bruttoentgelt für unterschiedliche Mitarbeiterkategorien unterschiedlich ermittelt wird. Während das Nettoentgelt auf der Basis des Bruttoentgeltes in gleicher Weise errechnet wird. Es gibt die Mitarbeiterkategorien Angestellter, Arbeiter und Leitender Angestellter. Der Angestellte bekommt ein monatliches Festgehalt, das Bruttoentgelt des Arbeiters ergibt sich aus der Multiplikation von Stundenanzahl mit Stundensatz und das Bruttogehalt des Leitenden Angestellten ergibt sich aus einem Basisgehalt erhöht um eine erfolgsabhängige Prämie. Das Nettoentgelt ergibt sich aus dem Bruttoentgelt abzüglich den Sozialversicherungsbeiträgen und der Lohnsteuer. Die Sozialversicherungsbeiträge betragen 20 % des Bruttoentgelts. Die Lohnsteuer ergibt sich gemäß folgender steuerrechtlichen Regelung: *Jeder hat einen einheitlichen Grundfreibetrag von 8.000 Euro. Der Eingangssteuersatz beträgt 12 Prozent. Zwei weitere Steuerstufen von 24 Prozent ab einem Einkommen von 16.000 Euro und von 36 Prozent ab einem Einkommen von 40.000 Euro werden angewandt.* Die strukturellen Details zeigt das Klassenmodell in Abb. 8.13.

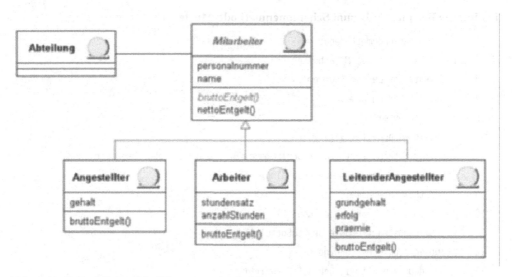

Abb. 8.13: Beispiel für Schablonenmethode-Muster

Im Listing 8.9 ist die abstrakte Oberklasse *Mitarbeiter* mit der Schablonenmethode *nettoEntgelt()* (vgl. Zeilen 12-16) dargestellt. Die Methode *bruttoEntgelt()* ist abstrakt definiert und wird in den Klassen *Arbeiter, Angestellter* und *LeitenderAngestellter* spezifisch umgesetzt (vgl. Listings 8.10a und 8.10b). Die Operationen *ermittelnSteuern()* und *ermittelnSozialversicherung()* sind invariant und sind als konkrete Methoden in der *Mitarbeiter*-Klasse implementiert. Durch die Spezifikation von *final* (vgl. Zeilen 17 u. 27) wird verhindert, dass diese Methoden in den Unterklassen überschrieben werden. In Abb. 8.14 sind die Ausgaben des Beispiels entsprechend der Testklasse (vgl. Listing 8.10, Zeilen 40-59) nachvollziehbar.

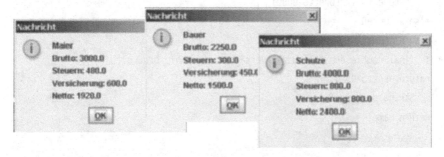

Abb. 8.14: Ausgabe des Schablonenmethode-Muster Beispiels

Listing 8.9: Beispiel-Code zum Schablonenmethode-Muster (1)

```
1  package schablonenmethodepattern;
2  public abstract class Mitarbeiter {
3      private int personalnummer;
4      private String name;
5      private Abteilung abteilung;
6      public Mitarbeiter() {}
7      public Mitarbeiter(int personalnummer, String name, Abteilung abteilung) {
8          this.personalnummer=personalnummer;
9          this.name=name;
10         this.abteilung=abteilung;  }
11     public abstract double bruttoEntgelt();
12     public double nettoEntgelt() {
13         double brutto=12.0*bruttoEntgelt();
14         double steuern=ermittelnSteuern(brutto);
15         double versicherung=ermittelnSozialversicherung(brutto);
16         return (brutto-(steuern+versicherung))/12.0;  }
17     public final double ermittelnSteuern(double brutto){
18         double steuer;
19         if(brutto>40000){
20             steuer=6720+0.36*(brutto-40000);  }
21         else if(brutto>16000){
22             steuer=960+0.24*(brutto-16000);  }
23         else if(brutto>8000){
24             steuer=0.12*(brutto-8000);  }
25         else steuer=0;
26         return steuer;  }
27     public final double ermittelnSozialversicherung(double brutto){
28         return brutto*0.20;  }
29     public String getName() {
30         return name;  }
31  }
```

Listing 8.10a: Beispiel-Code zum Schablonenmethode-Muster (2)

```
1  package schablonenmethodepattern;
2  public class Angestellter extends Mitarbeiter {
3      private double gehalt;
4      public Angestellter(int personalnummer, String name, Abteilung abteilung) {
5          super(personalnummer, name, abteilung); }
6      public double bruttoEntgelt() {
7          return getGehalt(); }
8      public void setGehalt(double gehalt) {
9          this.gehalt = gehalt; }
10 }
11 package schablonenmethodepattern;
12 public class Arbeiter extends Mitarbeiter{
13     public Arbeiter(int personalnummer, String name, Abteilung abteilung) {
14         super(personalnummer, name, abteilung); }
15     private double stundensatz;
16     private double anzahlStunden;
17     public double bruttoEntgelt() {
18         return anzahlStunden*stundensatz; }
19     public void setStundensatz(double stundensatz) {
20         this.stundensatz = stundensatz; }
21     public void setAnzahlStunden(double anzahlStunden) {
22         this.anzahlStunden = anzahlStunden; }
23 }
24 package schablonenmethodepattern;
25 public class LeitenderAngestellter extends Mitarbeiter {
26     private double grundgehalt;
27     private double erfolg;
28     private double praemie;
29     public LeitenderAngestellter(int personalnummer,
           String name, Abteilung abteilung) {
30         super(personalnummer, name, abteilung); }
31     public double bruttoEntgelt() {
32         return grundgehalt+erfolg*praemie; }
```

Listing 8.10b: Beispiel-Code zum Schablonenmethode-Muster (2)

```
33    public void setGrundgehalt(double grundgehalt) {
34        this.grundgehalt = grundgehalt; }
35    public void setErfolg(double erfolg) {
36        this.erfolg = erfolg; }
37    public void setPraemie(double praemie) {
38        this.praemie = praemie; }
39 }
40 package schablonenmethodepattern;
41 public class SchablonenMethodeTest {
42    public static void main(String[] args) {
43        new SchablonenMethodeTest().test(); }
44    public void test(){
45        Abteilung test=new Abteilung("Test");
46        Angestellter maier=new Angestellter(1,"Maier",test);
47        Arbeiter bauer=new Arbeiter(2,"Bauer",test);
48        LeitenderAngestellter schulze=new LeitenderAngestellter(3,"Schulze", test);
49        maier.setGehalt(3000);
50        bauer.setStundensatz(15.0);    bauer.setAnzahlStunden(150);
51        schulze.setGrundgehalt(3000);  schulze.setErfolg(1000000);
           schulze.setPraemie(0.001);
52        ausgabeBruttoNetto(maier);  ausgabeBruttoNetto(bauer);
           ausgabeBruttoNetto(schulze);    }
53    private void ausgabeBruttoNetto(Mitarbeiter mitarbeiter){
54        String out=mitarbeiter.getName()+"\n"+"Brutto: "+mitarbeiter.bruttoEntgelt();
55        out+="\n"+"Steuern: "+mitarbeiter.ermittelnSteuern
           (12*mitarbeiter.bruttoEntgelt())/12;
56        out+="\n"+"Versicherung: "+mitarbeiter.ermitteln-
           Sozialversicherung(mitarbeiter.bruttoEntgelt());
57        out+="\n"+"Netto: "+mitarbeiter.nettoEntgelt();
58        new javax.swing.JOptionPane().showMessageDialog(null,out); }
59 }
```

8.5.3 Verhaltensmuster Zustand

Im vorhergehenden Beispiel hatten wir die Klassenhierarchie mit Mitarbeiter, Arbeiter, Angestelltem und Leitendem Mitarbeiter. Wenn nun ein konkreter Mitarbeiter einen anderen Status bekommen soll, z.B. der Arbeiter Bauer wird aufgrund einer absolvierten Weiterbildung eine andere Aufgabe in der Abteilung übernehmen und bekommt den Status des Angestellten. Gemäß dem Klassenmodell in Abb. 8.13 müsste das *Arbeiter*-Objekt des Herrn Bauer zerstört werden und ein neues *Angestellter*-Objekt müsste angelegt werden. Damit verbunden wäre natürlich, dass auch alle Verbindungen erst mal gelöscht und dann wieder neu hergestellt werden müssten. Dies ist sicherlich beschränkt elegant und praktikabel. Das Zustands-Muster erlaubt, dass ein Objekt sein Verhalten ändern kann, wobei dies so aussieht, als wenn das Objekt seine Klasse gewechselt hat. Die allgemeine Struktur des Zustandsmusters ist in Abb. 8.15 dargestellt.

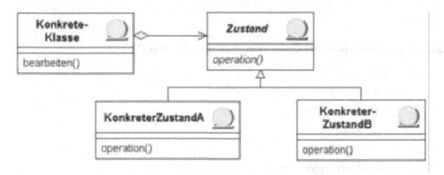

Abb. 8.15: Verhaltensmuster Zustand (vgl. Gamma u.a. 1996, S. 400)

Wenden wir nun das Zustandsmuster auf das Beispiel aus Abb. 8.13 an, so ergibt sich eine neue Klassenstruktur (vgl. Abb. 8.16). Die abstrakte Methode *bruttoEntgelt()* wird in die abstrakte Klasse *MitarbeiterKategorie* verlagert und *Mitarbeiter* wird eine konkrete Klasse mit einer Assoziation zu einem *MitarbeiterKategorie*-Objekt. Die Implementierungen der Methode *bruttoEntgelt()* verbleibt in den Unterklassen *Angestellter, Arbeiter* und *LeitenderAngestellter*. Die Auswirkung auf den Java-Code sind in den Listings 8.11a, 8.11b und 8.12 ausschnittweise wiedergegeben.

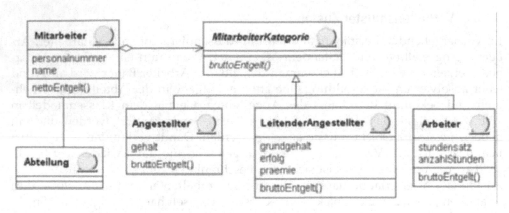

Abb. 8.16: Beispiel für Zustands-Muster

Listing 8.11a: Angepasster Beispiel-Code zum Zustands-Muster (1)

```
1  package zustandspattern;
2  public  class Mitarbeiter {
3      private int personalnummer;
4      private String name;
5      private Abteilung abteilung;
6      private MitarbeiterKategorie mitarbeiterKategorie;
7      public Mitarbeiter(int personalnummer, String name,
8              Abteilung abteilung, MitarbeiterKategorie mitarbeiterKategorie) {
9          this.personalnummer=personalnummer;
10         this.name=name;
11         this.abteilung=abteilung;
12         this.mitarbeiterKategorie=mitarbeiterKategorie;
13     }
14     public double nettoEntgelt() {
15         double brutto=12.0*getMitarbeiterKategorie().bruttoEntgelt();
16         double steuern=ermittelnSteuern(brutto);
17         double versicherung=ermittelnSozialversicherung(brutto);
18         return (brutto-(steuern+versicherung))/12.0;}
```

Listing 8.11b: Angepasster Beispiel-Code zum Zustands-Muster (1)

```
19    public final double ermittelnSteuern(double brutto){
20        ...
21    public MitarbeiterKategorie getMitarbeiterKategorie() {
22        return mitarbeiterKategorie; }
23    public void setMitarbeiterKategorie(MitarbeiterKategorie mitarbeiterKategorie) {
24        this.mitarbeiterKategorie = mitarbeiterKategorie; }
25  }
26  package zustandspattern;
27  public abstract class MitarbeiterKategorie {
28      public abstract double bruttoEntgelt();
29  }
```

In der Methode *nettoEntgelt()* (vgl. Zeile 15 in Listing 8.11a) wird die Methode *bruttoEntgelt()* der Klasse *MitarbeiterKategorie* aufgerufen und damit an die konkreten Unterklassen delegiert. Die Klassen *Angestellter*, *Arbeiter* und *LeitenderAngestellter* blieben bis auf die Konstruktoren unverändert. In der Testklasse (vgl. Listing 8.12) wurden die notwendigen Anpassungen vorgenommen. Insbesondere wurden die Standardkonstruktoren für die konkreten *MitarbeiterKategorie*-Klassen sowie der neue Konstruktur der *Mitarbeiter*-Klasse (vgl. Zeilen 7-13 in Listing 8.11a) verwendet. Weiterhin wurde der Arbeiter Bauer zum Angestellten gemacht. Wie man aus den Zeilen 17 und 18 im Listing 8.12 ersieht, musste lediglich eine Referenz auf das neue *MitarbeiterKategorie*-Objekt hergestellt werden.

Listing 8.12: Angepasster Beispiel-Code zum Zustands-Muster (2)

```
1  package zustandspattern;
2  public class ZustandTest {
3      public static void main(String[] args) {
4          new ZustandTest().test(); }
5
6      public void test(){
7          Abteilung test=new Abteilung("Test"); Angestellter
               angestellter=new Angestellter();
8          Arbeiter arbeiter=new Arbeiter(); LeitenderAngestellter
               leitenderAngestellter=new LeitenderAngestellter();
9          angestellter.setGehalt(3000);
10         arbeiter.setStundensatz(15.0);    arbeiter.setAnzahlStunden(150);
11         leitenderAngestellter.setGrundgehalt(3000);
               leitenderAngestellter.setErfolg(1000000);
12         leitenderAngestellter.setPraemie(0.001);
13         Mitarbeiter maier=new Mitarbeiter(1,"Maier", test, angestellter);
14         Mitarbeiter bauer=new Mitarbeiter(2,"Bauer", test, arbeiter);
15         Mitarbeiter schulze=new Mitarbeiter(3,"Schulze",
               test, leitenderAngestellter);
16         ausgabeBruttoNetto(maier); ausgabeBruttoNetto
               (bauer); ausgabeBruttoNetto(schulze);
17         Angestellter angestellterNeu=new Angestellter();
18         angestellterNeu.setGehalt(2500.0); bauer.set-
               MitarbeiterKategorie(angestellterNeu);
19         ausgabeBruttoNetto(bauer);
20     }
21     private void ausgabeBruttoNetto(Mitarbeiter mitarbeiter){
22         String out=mitarbeiter.getName()+"\n"+"Brutto: "+mitarbeiter.
               getMitarbeiterKategorie().bruttoEntgelt();
23         ...
24         out+="\n"+"Netto: "+mitarbeiter.nettoEntgelt();
25         new javax.swing.JOptionPane().showMessageDialog(null,out); }}
```

242

8.6 Zusammenfassung

Aus ökonomischer Sicht ist der Aspekt der Wiederverwendung in vielfältiger Weise positiv zu beurteilen. Entwurfsmuster vereinfachen die Wiederverwendung von erfolgreichen Entwürfen. Gute Lösungen für wiederkehrend auftretende Probleme werden durch Entwurfsmuster beschrieben. Damit helfen Entwurfsmuster den Software-Entwicklern 'richtige' Entwürfe schnell zu erarbeiten. Die Kommunikation zwischen den Entwicklern wird durch die Entwurfsmuster vereinfacht. Wir haben in diesem Kapitel nur einen kleinen Einblick geben können. Dadurch sollte jedoch erreicht worden sein, dass der Leser eine konkrete Vorstellung gewonnen hat und einzelne Muster auch konkret anwenden kann. Die Erzeugungsmuster Fabrikmethode und Abstrakte Fabrik erlauben die Anwendung unabhängiger und damit flexibler zu entwickeln. Das Singleton-Muster liefert die Lösung für die Forderung, dass nur ein Objekt von einer Klasse existieren soll. Fassade und Adapter machen unterschiedliche Subsysteme eines Anwendungssystems stärker unabhängig voneinander. Das Kompositum-Muster ermöglicht elegante Lösungen für hierarchische Strukturen, die in vielfältiger Form vorkommen. Die Darstellung des Beobachter-Musters hatte insbesondere den Zweck, ein beispielhaftes Verständnis zu geben, da dieses Muster so häufig im Swing-Framework zur Anwendung kommt. Das Schablonen- und das Zustandsmuster liefern elegante Möglichkeiten, geforderte Funktionalität mit spezifischen Klassenstrukturen bereitzustellen.

8.7 Wiederholungsfragen und Aufgaben

Die Lösungen zu den nachfolgenden Fragen und Aufgaben finden Sie auf der Webseite zum Buch.

Frage 8.1

Welche der folgenden Aussagen zu Entwurfsmustern sind richtig?

a) Entwurfsmuster beschreiben das grundsätzliche Strukturierungsprinzip von Software-Systemen.

b) Durch Entwurfsmuster wird die Wiederverwendung anerkannt guter Lösungen und das Etablieren einer gemeinsamen Fachsprache unterstützt.

c) Strukturmuster beschreiben die Interaktion zwischen Objekten und komplexe Kontrollflüsse, wobei Vererbung und Objektkomposition verwendet werden.

d) Das Singleton-Muster gehört in die Gruppe der Verhaltensmuster.

e) Muster werden im Rahmen der Entwicklung von Software-Lösungen nicht nur für Entwurfszwecke eingesetzt.

Frage 8.2

Welche der folgenden Aussagen zu Erzeugungs- und Strukturmustern sind zutreffend?

a) Eine Fabrikklasse des Erzeugungsmusters Fabrikmethode verbirgt die Details der Erzeugung von Objekten gegenüber den verwendenden Objekten.

b) Die abstrakte Fabrik-Klasse des Erzeugungsmusters abstrakte Fabrik liefert dem Objekt des Anwendungssystems die Schnittstellen, mit denen die Objekte erzeugt werden können, welche die Anwendung benötigt.

c) Mit Hilfe des Erzeugungsmusters Singleton kann gewährleistet werden, dass die betreffende Klasse nur einmal existiert.

d) Die Verwendung des Strukturmusters Fassade führt zu einer hohen Kopplung zwischen Subsystemen.

e) Das Strukturmuster Kompositum eignet sich insbesondere zur Abbildung von hierarchischen Strukturen.

Frage 8.3

Welche der folgenden Aussagen zu Verhaltensmustern sind zutreffend?

a) Die Anwendung des Beobachtungsmusters bietet sich insbesondere dann an, wenn Änderungen in einem Objekt zu Anpassungen in anderen Objekten führen sollen.

b) Beim Beobachtungsmuster ist die beobachtende Klasse eine Unterklasse der Oberklasse Observable.

c) Das Verhaltensmuster Schablonenmethode setzt das Vorliegen einer Vererbungsstruktur voraus.

d) Das Zustands-Muster erlaubt, dass ein Objekt sein Verhalten ändern kann, wobei dies so aussieht, als wenn das Objekt seine Klasse gewechselt hat.

e) Beim Verhaltensmuster Schablonenmethode werden die invarianten Teile eines Algorithmus in den Unterklassen und die variierenden Teile des Algorithmus in der Oberklasse implementiert.

Aufgabe 8.1

Für ein Hotel soll ein Hotelbuchungssystem erstellt werden. Das System verwaltet den Gast, über den persönliche Informationen wie Name, Vorname und Adresse gespeichert werden. Wenn der Gast ankommt, wird eine Hotelbuchung angelegt. Diese Hotelbuchung umfasst mindestens eine Buchungsposition über die Leistung 'Übernachtung'. In der Buchungsposition wird die Anzahl der Leistungen (z.B. Anzahl Übernachtungen) festgehalten. Die Übernachtung ist ein Objekt vom Typ Leistung. Über jede Leistung ist der Preis je Einheit im System hinterlegt. Während des Aufenthalts des Gastes können weitere Buchungspositionen erfasst werden, z.B. über das Telefonvermittlungssystem 'Telefonate' mit der entsprechenden Anzahl von Telefoneinheiten, die wiederum als Leistung anzusehen sind, genauso sind auch Entnahmen aus der Minibar oder Leistungen des Restaurants zu sehen. Bei Abreise des Kunden wird die Rechnung erstellt, in dem alle Buchungspositionen bewertet werden. Bestimmte Leistungen können zu bestimmten Zeiten mit einem Aktionsrabatt versehen sein, so dass sich der Preis je Einheit reduziert. Weiterhin soll das Anwendungssystem die Möglichkeit vorsehen, dass ein Kunde aufgrund seines Status (z.B. Stammkunde, Firmenkunde) einen Nachlass auf Leistungen bekommen kann. Dieser kundenspezifische Preisnachlass wird jedoch nur dann gewährt, wenn in der Buchungsposition nicht schon ein Aktionsrabatt eingeräumt wurde.

Es wurde eine zentrale Klasse *Hotel* eingeführt, welche die Verwaltung der Objekte der Klassen *Leistung*, *Gast* und *Buchung* übernimmt. In den Klassen *Hotel* und *Gast* wurde jeweils ein Attribut *Umsatz* modelliert. Diese Umsatzfelder sollen bei jedem Anlegen einer Buchungsposition automatisch fortgeschrieben werden. Daher hat sich unser Entwickler dafür entschieden, das Beobachtermuster einzusetzen, wobei *Hotel* und *Gast* Beobachterklassen sind. Er hat auch bereits den Java-Code für die Fachklassen und die entwurfsspezifischen Ergänzungen (z.B. Objektverwaltung, Beobachtermuster) programmiert. Dabei werden Sie merken, dass unser Entwickler nicht wusste, dass es im Java-Paket *java.util* schon die Klasse *Observable* und das Interface *Observer* gibt. Er hat diese kurzerhand selbst programmiert.

Der Entwickler war von Stress geplagt und hatte seine Kaffeetasse über seine Entwurfsblätter und den Code verschüttet, daher ist einiges nicht mehr lesbar. Ergänzen Sie das nicht mehr Lesbare im Code (graue Markierungen).

```
Java-Code:
import java.util.*;
public class Gast implements Observ
    private String name;
    private String vorname;
    private double rabatt;
    private Vector<Buchung> buchungen;
    private Integer nummer;
    private double umsatz = 0;
    public Gast(Integer nummer,String name, String vorname, double rabatt) {
        setNummer(nummer);
        setName(name);
        setVorname(vorname);
        setRabatt(rabatt);
        buchungen=new Vector<Buchung>();
    }
    public Vector<Buchung> getBuchungen() {
        return buchungen; }
    public void setBuchungen(Vector<Buchung> buchungen) {
        this.buchungen = buchungen; }
    public java.lang.String getName() {
        return name; }
    public void setName(java.lang.String name) {
        this.name = name; }
    public double getRabatt() {
        return rabatt;  }
    public void setRabatt(double rabatt) {
        this.rabatt = rabatt;  }
    public java.lang.String getVorname() {
        return vorname; }
```

```
        public void setVorname(java.lang.String vorname) {
            this.vorname = vorname;   }
        public java.lang.Integer getNummer() {
            return nummer; }
        public void setNummer(java.lang.Integer nummer) {
            this.nummer = nummer; }
        public double getUmsatz() {
            return umsatz; }
        public void setUmsatz(double umsatz) {
            this.umsatz = umsatz; }
        public void update(double betrag) {


        }
}
import java.util.*;
public class Buchung exte.         .vable {
        private Integer buchungsnummer;
        private String datum;
        private Gast gast;
        private Vector<Buchungsposition> positionen;
        public Buchung(Integer buchungsnummer,String datum, Gast gast) {
            setBuchungsnummer(buchungsnummer);
            setDatum(datum);
            setGast(gast);
            positionen=new Vector<Buchungsposition>();
            this.attach(gast);
            this.attach(Hotel.getHotel()); }
        public double rechnungssummeNetto() {
            double summeOhneAktion=0, summeMitAktion=0;
            fc: '`
                if(eineBuchungsposition.getAktionsrabatt()==0){
                    summeOhneAktion=summeOhneAktion+eineBuchungsposition.positionsbetrag();
                }
                else{
                    summeMitAktion=summeMitAktion+eineBuchungsposition.positionsbetrag();
                }
            }
            return summeMitAktion+summeOhneAktion*(100-gast.getRabatt())/100;
        }
        public Integer getBuchungsnummer() {
            return buchungsnummer;   }
        public void setBuchungsnummer(Integer buchungsnummer) {
            this.buchungsnummer = buchungsnummer; }
```

```
public java.lang.String getDatum() {
    return datum; }
public void setDatum(java.lang.String datum) {
    this.datum = datum; }
public Gast getGast() {
    return gast; }
public void setGast(Gast gast) {
    this.gast = gast; }
public java.util.Vector getPositionen() {
    return positionen; }
public void setPositionen(java.util.Vector positionen) {
    this.positionen = positionen; }
public void anlegenBuchungsposition(double menge, double aktionsrabatt, Leistung
leistung) {

    Buchungsposition neueBuchungsposition= new Buchungsposition
    (menge,aktionsrabatt,leistung);
    if(neueBuchungsposition.getAktionsrabatt()!=0){


    }
    else{
        fireUpdate(neueBuchungsposition.positionsbetrag()*(100-
        getGast().getRabatt())/100);
    }
    positionen.addElement(neueBuchungsposition);
}}
public class Buchungsposition {
    private double menge;
    private double aktionsrabatt;
    private Leistung leistung;
    public Buchungsposition(double menge,double aktionsrabatt, Leistung leistung) {
        setMenge(menge);
        setAktionsrabatt(aktionsrabatt);
        setLeistung(leistung);
    }
    public double positionsbetrag() {
        return getMenge()*leistung.getPreis()*(100-aktionsrabatt)/100;
    }
    public double getAktionsrabatt() {
        return aktionsrabatt; }
    public void setAktionsrabatt(double aktionsrabatt) {
        this.aktionsrabatt = aktionsrabatt;    }
    public Leistung getLeistung() {
        return leistung; }
```

```java
    public void setLeistung(Leistung leistung) {
        this.leistung = leistung; }
    public double getMenge() {
        return menge; }
    public void setMenge(double menge) {
        this.menge = menge; }
}
public class Leistung {
    private Integer nummer;
    private String bezeichnung;
    private double preis;
    public Leistung(Integer nummer, String bezeichnung,double preis) {
        setNummer(nummer);
        setBezeichnung(bezeichnung);
        setPreis(preis);
    }
    public java.lang.String getBezeichnung() {
        return bezeichnung; }
    public void setBezeichnung(java.lang.String bezeichnung) {
        this.bezeichnung = bezeichnung; }
    public Integer getNummer() {
        return nummer; }
    public void setNummer(Integer nummer) {
        this.nummer = nummer; }
    public double getPreis() {
        return preis; }
    public void setPreis(double preis) {
        this.preis = preis; }
}
import java.util.*;
public abstract class Observable {
    private Vector<Observer> observers = new Vector<Observer>();
    public Observable() { }
    public void attach(Observer observer) {
        observers.addElement(observer);}
    public void detach(Observer observer) {
        observers.remove(observer);}
    public void fireUpdate(double umsatz) {
        for(Observer observer : observers){

        }}}
public interface Observer {
    void update(double betrag);
```

```java
}
import java.util.*;
public class Hotel implements Observer {
    private Hashtable<Integer, Leistung> leistungen;
    private Hashtable<Integer, Gast> gaeste;
    private Hashtable<Integer, Buchung> buchungen;
    private static Hotel hotel;
    private double umsatz = 0;
    private Hotel() {
        setBuchungen(new Hashtable<Integer, Buchung>());
        setGaeste(new Hashtable<Integer, Gast>());
        setLeistungen(new Hashtable<Integer, Leistung>());
    }
    public static Hotel getHotel(){
        if (hotel==null){

        }
        return hotel;
    }
    void anlegenLeistung(Integer nummer,String bezeichnung,double preis) {
        getLeistungen().put(nummer, new Leistung(nummer,bezeichnung,preis));
    }
    void anlegenGast(Integer nummer, String name, String vorname, double rabatt) {
        getGaeste().put(nummer,new Gast(nummer, name,vorname,rabatt));
    }
    void anlegenBuchung(Integer buchungsnummer,String datum,Gast gast) {
        Buchung neueBuchung=new Buchung(buchungsnummer,datum,gast);
        getBuchungen().put(buchungsnummer, neueBuchung);
        gast.getBuchungen().addElement(neueBuchung);
    }
    public double getUmsatz() {
        return umsatz; }
    public void setUmsatz(double umsatz) {
        this.umsatz = umsatz; }
    public void update(double betrag) {
        umsatz=umsatz+betrag; }
    public Hashtable<Integer, Leistung> getLeistungen() {
        return leistungen;
    }
    public void setLeistungen(Hashtable<Integer, Leistung> leistungen) {
        this.leistungen = leistungen; }
    public Hashtable<Integer, Gast> getGaeste() {
        return gaeste;
```

```
    }
    public void setGaeste(Hashtable<Integer, Gast> gaeste) {
        this.gaeste = gaeste;
    }
    public Hashtable<Integer, Buchung> getBuchungen() {
        return buchungen;
    }
    public void setBuchungen(Hashtable<Integer, Buchung> buchungen) {
        this.buchungen = buchungen;
    }
}
```

Aufgabe 8.2

a) Nachfolgend finden Sie eine Anwendung des Strukturmusters Kompositum. Es handelt sich um eine Stückliste. Die Klasse *KompositumTest* verwendet Objekte der Klassenstruktur *Teil, Eigenfertigungsteil* und *Fremdbezugsteil*. Unter anderem können die Materialeinzelkosten (Mek) eines beliebigen Teils ermittelt werden. Auch in diesem Fall war der Programmierer wieder unachtsam mit seiner Kaffeetasse. Ergänzen Sie den nicht mehr sichtbaren Code.

```java
public abstract class Teil {
    private int nummer;
    private String bezeichnung;
    public Teil() { }
    public Teil(int nummer, java.lang.String name) {
        this.nummer=nummer;
        this.bezeichnung=name;   }
    public abstract double getMek();
    public abstract void dazu(Teil teil);
    public abstract void weg(Teil teil);
}


public class Fremdbezugsteil extends Teil {
    private double preis;
    public Fremdbezugsteil() {}

    public Fremdbezugsteil(int nummer,
        java.lang.String bezeichnung, double preis) {
```

```
        super(nummer,bezeichnung);
        this.preis=preis; }
    public double getMek() {

    public void weg(Teil teil) {}
    public void dazu(Teil teil) {}
}
import java.util.*;
public class Eigenfertigungsteil extends Teil {
    private Vector<Teil> einzelteile;
    public Eigenfertigungsteil() { }
    public Eigenfertigungsteil(int nummer, java.lang.String name) {
        super(nummer,name);
        einzelteile=new Vector<Teil>();}
    public void dazu(Teil teil) {
        ei            .Element(teil); }
    public double getMek() {
        double summe=0;
        for(Teil einTeil : einzelteile) {
            summe+=einT.
        return summe; }
    public void weg(Teil teil) {
        einzelteile.removeElement(teil); }
}
public class KompositumTest {
    public KompositumTest() {}
    public static void main(String[] args) {
        Fremdbezugsteil bein=new Fremdbezugsteil(1,"Tischbein",0.50);
        Fremdbezugsteil rahmen=new Fremdbezugsteil(2, "Rahmen", 1.0);
        Eigenfertigungsteil gestell=new Eigenfertigungsteil(3,"Gestell");
        for(int i=0;i<4;i++){
            gestell.dazu(bein); }
        gestell.dazu(rahmen);
        Fremdbezugsteil schraube=new Fremdbezugsteil(4,"Schraube",0.05);
        Fremdbezugsteil platte=new Fremdbezugsteil(5, "Tischplatte", 5.0);
        Eigenfertigungsteil tisch=new Eigenfertigungsteil(6,"Tisch");
        for(int i=0;i<8;i++){
```

```
        tisch.dazu(schraube); }
```

```
    tisch.dazu(gestell);
    System.out.println("MEK vom Tisch: "+tisch.getMek());
    System.out.println("MEK vom Gestell: "+gestell.getMek()); }}
```

b) Die nachfolgende Klasse sollte als Singleton implementiert werden. Korrigieren Sie bitte die Fehler!

```
public class Kontenplan {
        private  TreeMap<Integer, Konto> angelegteKonten;
        private static Kontenplan einzigerKontenplan=null;
public Kontenplan() {
        setAngelegteKonten(new TreeMap<Integer, Konto>());}
private Kontenplan getEinzigerKontenplan(){
        if (einzigerKontenplan = null) {
                einzigerKontenplan = new Kontenplan(); }
        return einzigerKontenplan; } }
```

9 Annotierter Code am Anwendungsbeispiel

9.1 Überblick und Lernziele

Zusammenfassung

In diesem Kapitel soll einerseits an die Modelle der objektorientierten Analyse (vgl. Kapitel 3 und 4) angeknüpft werden und andererseits sollen Entwurfsmöglichkeiten für die Systemarchitektur (vgl. Kapitel 7) für ein konkretes Anwendungsbeispiel angewandt werden. Soweit es das Beispiel erlaubt, werden in geringem Umfang auch Entwurfsmuster, mit denen wir uns im achten Kapitel beschäftigt haben, eingesetzt. Nach dem Entwurf des Anwendungsbeispiels, werden die einzelnen System-Operationen auf fachlicher Ebene einschließlich der Dialoge und der Datenhaltung mit einer relationalen Datenbank in Java implementiert. Im Text sind die wichtigsten Methoden als Listings abgebildet und die Ausführungen erläutern die wesentlichen Details. Darüber hinaus ist der vollständige Quellcode und die Datenbank auf der Webseite zum Buch verfügbar. Für den angestrebten Lernerfolg ist es am sinnvollsten, wenn der Leser die Klassen selbst in Java entwickelt und nur im Zweifel auf den mitgelieferten Quellcode zurückgreift.

Wichtige Teilgebiete sind:

- Entwurf eines Anwendungsbeispiels mit System-Operationen
- Entwurf der Datenbank
- Implementierung der System-Operationen in Java

Lernziele

Der Leser kann:

- Entwurfsmöglichkeiten für die Dialog-, Fachkonzept- und Datenhaltungsschicht anwenden
- auf der Basis eines Entwurfsmodells ein einfaches Anwendungssystem mit Java implementieren

9.2 Entwurf des Anwendungsbeispiels

Im Abschnitt 4.4 wurde der Anwendungsfall *Dozentenabrechnung erfassen* hinsichtlich seiner System-Operationen entworfen. Grundsätzlich wollen wir diesen Anwendungsfall im Rahmen dieses Kapitels in Java realisieren. Während im Abschnitt 4.4 die Anforderung darin bestand, dass der Dozent die Dozentenabrech-

nung selbst erfassen soll, wollen wir nun davon ausgehen, dass der Organisationsassistent der WAB die Erfassung auf der Basis eines ausgefüllten Formulars bzw.
sonst vorliegender Daten vornimmt. Hierfür soll eine Java-Swing-Anwendung
entwickelt werden.

Ausgangspunkt ist eine dementsprechend formulierte Anwendungsfall-Beschrei-
bung.

Tabelle 9.1: Anwendungsfall Dozentenabrechnung erfassen

Anwendungsfall:	Dozentenabrechnung erfassen (zentral)
Ziel:	Für bereits gehaltene Lehrveranstaltungstermine kön-nen Abrechnungspositionen für Honorar und evtl. Reisekosten erfasst werden.
Vorbedingungen:	Im System sind Lehrveranstaltungen und mit Dozen-ten vereinbarte Lehrveranstaltungstermine hinterlegt.
Nachbedingung Erfolg:	Dozentenabrechnung mit Honorar- und Reisekosten-positionen ist erfasst und steht zur weiteren Verarbei-tung zur Verfügung.
Nachbedingung Fehl-schlag:	Wenn die Erfassung vor der Speicherung abgebrochen wird, darf auch kein Lehrveranstaltungstermin als abgerechnet gekennzeichnet sein.
Akteure:	Organisationsassistent
Auslöser:	Dozent reicht Abrechnung ein, bzw. alle Lehrveran-staltungen sind abgehalten und die Abrechnung wird aufgrund dieses Ereignisses von der WAB selbständig erstellt.
Beschreibung:	1. Auswählen der abzurechnenden Lehrveranstal-tung 2. Auswählen des abzurechnenden Lehrveranstal-tungstermins 3. Erfassen der Abrechnungspositionen für Reisekos-ten 4. Löschen einer Abrechnungsposition 5. Freigeben der Abrechnung
Alternativen:	keine
Erweiterungen:	keine

Nicht-funktionale Anforderungen:	keine
Priorität:	hoch, da hohe Effizienzsteigerung erwartet wird
Häufigkeit:	am Semesterende bis zu 50 pro Tag
Offene Punkte:	-
Sonstiges:	-

Der Entwurf des Benutzerdialogs gibt weiteren Aufschluss über die Anforderungen an das System (vgl. Abb. 9.1). Das System-Sequenzdiagramm erlaubt uns den schnellen Überblick über die notwendige Funktionalität unseres Systems (vgl. Abb. 9.2). Aufbauend auf den Überlegungen in den Kapiteln 3 und 4 ist in Abb. 9.3 ein erstes Klassenmodell wiedergegeben, das rudimentäre Attribute enthält und gegenüber der alten Abb. 4.2 einerseits Vereinfachungen und andererseits Ergänzungen enthält. Auf die Umsetzung von Dozentenrolle wurde verzichtet und das Attribut *basisStundensatz* wurde in die Klasse *Dozent* aufgenommen. Da wir in unserem Programmierbeispiel die Anbindung einer relationalen Datenbank vorsehen,

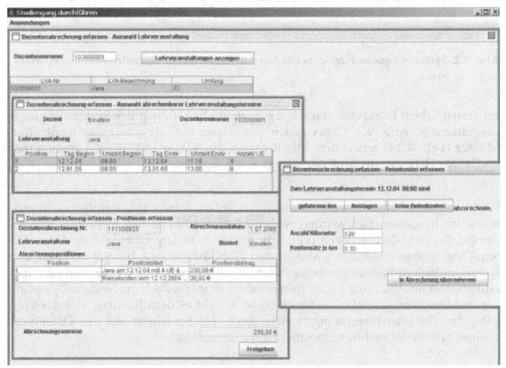

Abb. 9.1: Dialog-Entwurf für Dozentenabrechnung erfassen

haben wir schon das **Identity Field-Muster** (vgl. 7.5.3) umgesetzt und in den Klassen *Dozent*, *Lehrveranstaltung* und *Dozentenabrechnung* ein Schlüsselfeld eingeführt. Für die Klassen *Abrechnungsposition* und *Lehrveranstaltungstermin* wird dem Vorschlag des **Dependent Mapping** (vgl. 7.5.3) gefolgt. Daher reicht hier eine Positionsnummer, die später Teil eines Kombinationsschlüssels in der Datenbank wird.

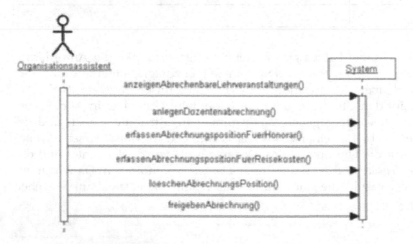

Abb. 9.2: System-Sequenzdiagramm für den Anwendungsfall *Dozentenabrechnung erfassen*

Im ersten Schritt konkretisieren wir die System-Operationen des System-Sequenzdiagramms in Abb. 9.2. Dabei gehen wir davon aus, dass wir das **Controller-Muster** (vgl. 4.3.4) anwenden. Hierfür wird die Klasse *DozentenabrechnungErfassenHandler* definiert, die als **Fassade** (vgl. 8.4.1) fungiert.

Wenn wir unser System weiter ausbauen würden, wäre ein Controller nicht ausreichend. In diesem Fall würden wir eine **Service-Ebene** mit mehreren Anwendungsfall-Controllern anlegen (vgl. 7.3). In den Tabellen 9.2 bis 9.7 sind die System-Operationen spezifiziert und in den Abbildungen 9.4 bis 9.9 in Form von Kommunikationsdiagrammen umgesetzt. Diese weichen nur wenig, von den Spezifikationen im Abschnitt 4.4 ab. Insbesondere wurde jedoch die System-Operation *loeschenAbrechnungsposition()* ergänzt. Diese erlaubt es dem Benutzer vor der Freigabe der Dozentenabrechnung, welche auch das Speichern auf der Datenbank auslöst, erfasste Abrechnungspositionen wieder zu löschen.

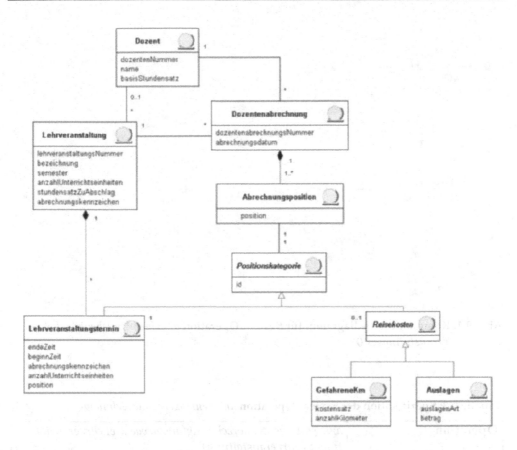

Abb. 9.3: Vorläufiges Klassenmodell zum Beispiel *Dozentenabrechnung erfassen*

Tabelle 9.2: Spezifikation System-Operation *anzeigenAbrechenbareLehrveranstaltungen()*

Operation:	*anzeigenAbrechenbareLehrveranstaltungen(dozentenNummer : integer)*
Verwendungsnachweis:	Anwendungsfall: *Dozentenabrechnung erfassen*
Vorbedingungen:	Objekte vom Typ *Dozent* und *Lehrveranstaltung* sowie die Verbindung zwischen den beiden sind im System vorhanden.
Nachbedingungen:	Abrechenbare Lehrveranstaltungen des ausgewählten Dozenten werden zur Auswahl angezeigt.

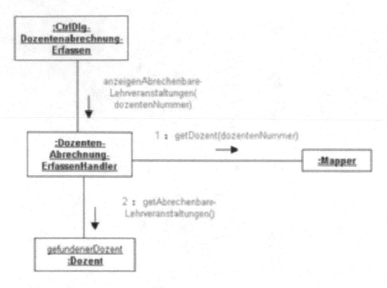

Abb. 9.4: Kommuniktionsdiagramm für System-Operation *anzeigenAbrechenbareLehrveranstaltungen()*

Tabelle 9.3: Spezifikation der System-Operation *anlegenDozentenabrechnung()*

Operation	anlegenDozentenabrechnung(ausgewaehlteLehrveranstaltung : Lehrveranstaltung)
Verwendungsnachweis:	Anwendungsfall: *Dozentenabrechnung erfassen*
Vorbedingungen:	Objekte vom Typ *Dozent* und *Lehrveranstaltung* sowie die Verbindung zwischen den beiden sind im System vorhanden.
Nachbedingungen:	1. Für die ausgewählte Lehrveranstaltung ist ein Objekt der Klasse *Dozentenabrechnung* erzeugt und mit dem betreffenden Objekt vom Typ *Lehrveranstaltung* verbunden. 2. Für das ausgewählte Objekt vom Typ *Lehrveranstaltung* werden die zugehörigen noch nicht abgerechneten *Lehrveranstaltungstermin*-Objekte werden zur Auswahl angezeigt.

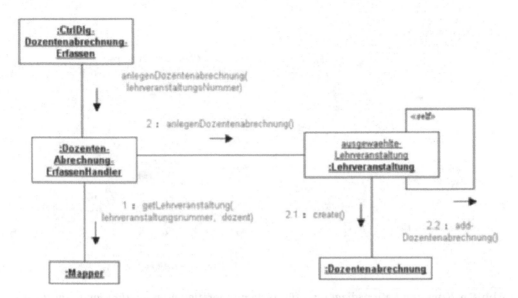

Abb. 9.5: Kommunikationsdiagramm für System-Operation *anlegenDozentenabrechnung()*

Tabelle 9.4: Spezifikation System-Operation *erfassenAbrechnungspositionFuerHonorar()*

Operation:	*erfassenAbrechnungspositionFuerHonorar(lehrveranstaltungsterminNummer : int)*
Verwendungsnachweis:	Anwendungsfall: *Dozentenabrechnung erfassen*
Vorbedingungen:	*Lehrveranstaltungstermin*-Objekte einer Lehrveranstaltung sowie ein Objekt der Klasse *Dozentenabrechnung* sind im System vorhanden.
Nachbedingungen:	1. Ein Objekt vom Typ *Abrechnungsposition* ist angelegt. 2. Das Objekt vom Typ *Abrechnungsposition* ist mit dem *Lehrveranstaltungstermin*-Objekt verbunden. 3. Das Objekt vom Typ *Abrechnungsposition* ist mit dem Objekt vom Typ *Dozentenabrechnung* verbunden.

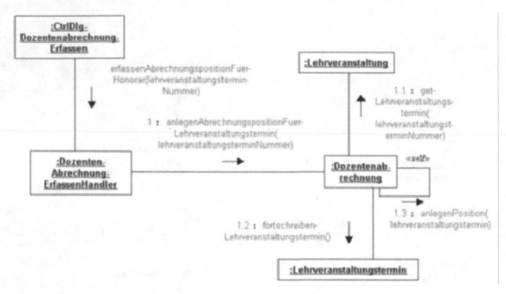

Abb. 9.6: Kommunikationsdiagramm für System-Operation *erfassenAbrechnungsposition-FuerHonorar()*

Tabelle 9.5: Spezifikation der System-Operation *erfassenAbrechnungspositionFuerReise-kosten()*

Operation:	*erfassenAbrechnungspositionFuerReise-kosten(lehrveranstaltungstermin : Lehrveranstaltungstermin, anzahlKilometer : integer, kostensatz : double, auslagenArt : String, betrag : double)*
Verwendungsnachweis:	Anwendungsfall: *Dozentenabrechnung erfassen*
Vorbedingungen:	Objekt der Klasse *Dozentenabrechnung* ist vorhanden.
Nachbedingungen:	1. Ein Objekt des Typs *Abrechnungsposition* ist angelegt. 2. Das Objekt des Typs *Abrechnungsposition* ist mit dem Objekt vom Typ *Dozentenabrechnung* verbunden. 3. Ein neues *GefahreneKm-* bzw. *Auslagen*-Objekt wurde erzeugt. 4. Das neue *GefahreneKm-* bzw. *Auslagen*-Objekt wurde mit dem zugehörigen Objekt vom Typ *Abrechnungsposition* und dem zugehörigen Objekt der Klasse *Lehrveranstaltungstermin* verbunden.

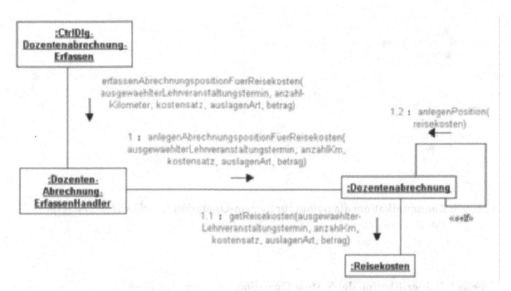

Abb. 9.7: Kommunikationsdiagramm für System-Operation *erfassenAbrechnungsposition-FuerReisekosten()*

Tabelle 9.6: Spezifikation der System-Operation *loeschenAbrechnungsposition()*

Operation:	*loeschenAbrechnungsposition()*
Verwendungsnachweis:	Anwendungsfall: *Dozentenabrechnung erfassen*
Vorbedingungen:	Objekt der Klasse *Dozentenabrechnung* ist im System vorhanden und dem *DozentenabrechnungErfassenHandler* bekannt.
Nachbedingungen:	1. Die ausgewählte Abrechnungsposition ist aus der Liste der Abrechnungspositionen des Objekts vom Typ *Dozentenabrechnung* entfernt. 2. Die verbliebenen *Abrechnungsposition*-Objekte sind neu durchnummeriert. 3. Falls es sich um eine Abrechnungsposition für Honorar handelt, ist das Abrechnungskennzeichen des zugehörigen Objektes vom Typ *Lehrveranstaltungstermin* wieder auf *false* gesetzt.

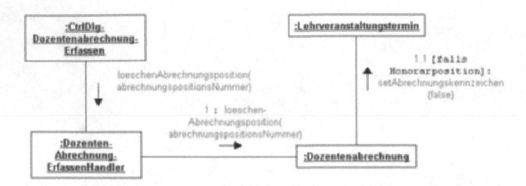

Abb. 9.8: Kommunikationsdiagramm für System-Operation *loeschenAbrechnungsposi-
tion()*

Tabelle 9.7: Spezifikation der System-Operation *freigebenAbrechnung()*

Operation:	*freigebenAbrechnung()*
Verwendungsnachweis:	Anwendungsfall: *Dozentenabrechnung erfassen*
Vorbedingungen:	Objekt der Klasse *Dozentenabrechnung* ist im System vorhanden und dem *DozentenabrechnungErfassenHandler* bekannt.
Nachbedingungen:	1. Das aktuelle Objekt vom Typ *Dozentenabrechnung* ist gespeichert. 2. Falls alle *Lehrveranstaltungstermin*-Objekte des abgerechneten Objektes vom Typ *Lehrveranstaltung*-abgerechnet waren, wurde auch das Objekt vom Typ *Lehrveranstaltung*- als abgerechnet gekennzeichnet und aktualisiert.

Die System-Operationen werden als Dienste vom Anwendungsfall-Controller der
Dialogschicht zur Verfügung gestellt. In der Dialogschicht stellt ein **Input-Controller** (vgl. 7.4.1 und 7.4.2) die Schnittstelle zwischen den Dialogklassen und dem
Anwendungsfall-Controller dar. Hierfür wird die Klasse *CtrlDlgDozentenabrechnungErfassen* verwendet. Die Datenhaltung erfolgt auf einer relationalen Datenbank. Dabei folgen wir dem **Data-Mapper**-Muster (vgl. 7.5.1). Der Einfachheit
halber verwenden wir nur eine Mapper-Klasse mit dem Bezeichner *Mapper*. Dies
schränkt die Wiederverwendung in anderen Anwendungssystemen zwar ein, was
jedoch in unserem Beispiel keine Rolle spielt. Die Mapper-Klasse übernimmt auch

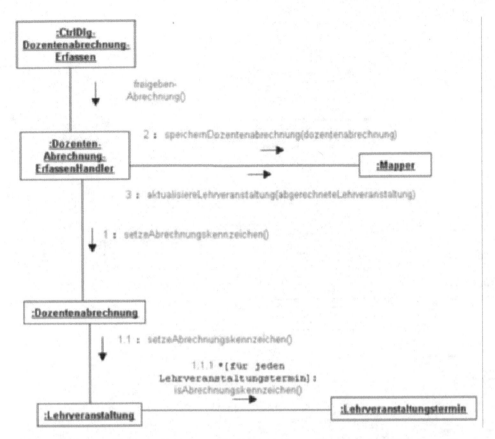

Abb. 9.9: Kommunikationsdiagramm für System-Operation *freigebenAbrechnung()*

die Funktion der **Identity Map** (vgl. 7.5.2). Für die Klassen *Dozent, Lehrveranstaltung* und *Dozentenabrechnung* werden *HashMaps* zur Verwaltung der geladenen Objekte angelegt. Das Laden und Speichern von Objekten wird von dem Anwendungsfall-Controller gesteuert. Damit wird eine **lose Kopplung** zwischen den Schichten (Dialog, Fachkonzept- und Datenhaltungsschicht) erreicht.

Das ergänzte Klassendiagramm ist in Abb. 9.10 dargestellt. Einerseits sind die Methoden modelliert, welche sich aus den Entwurfsentscheidungen ergeben, die in den Kommunikationsdiagrammen 9.4 bis 9.9 dokumentiert sind. Andererseits wurden die Klassen *Akademie, CtrlDlgStudiengangdurchfuehren, CtrlDlgDozentenabrechnungErfassen, DozentenabrechnungErfassenHandler* und *Mapper* in das Klassendiagramm neu aufgenommen.

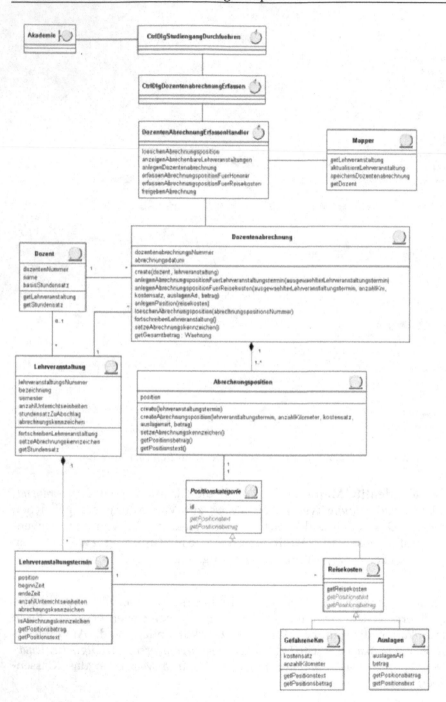

Abb. 9.10: Ergänztes Klassenmodell

Die Klasse *Akademie* ist als Startklasse für unsere Anwendung modelliert. *CtrlDlgStudiengangDurchfuehren* ist eine **Input-Controller**-Klasse für die Gesamtanwendung, welche sich auf den Geschäftsprozess und damit auf das Subsystem *Studiengang durchführen* bezieht. Die *CtrlDlgDozentenabrechnungErfassen*-Klasse übernimmt die Rolle des Input-Controllers für die Anwendungsfunktionalität der Erfassung der Dozentenabrechnung und stellt die Verbindung zum Anwendungsfall-Controller-Objekt dar. Teil der Datenhaltungsschicht ist die *Mapper*-Klasse, die insbesondere vom Anwendungsfall-Controller-Objekt verwendet wird, um Objekte zur Verfügung zu stellen bzw. Attributwerte von Objekten auf der Datenbank zu speichern. Nicht weiter erläutert sind die Methoden *getGesamtbetrag()* in der Klasse *Dozentenabrechnung*, die Methoden *getPositionsbetrag()* und *getPositionstext()* in der Klasse *Abrechnungsposition* sowie die abstrakten Methoden *getPositionsbetrag()* und *getPositionstext()* in den Klassen *Positionskategorie* und *Reisekosten* sowie deren Implementierungen in den Klassen *GefahreneKm, Auslagen* und *Lehrveranstaltungstermin*. Diese werden benötigt, um die sinnvolle Darstellung und Überprüfung der Abrechnung zu ermöglichen.

Zur Speicherung der Attributwerte unserer Objekte ist es notwendig, dass das Klassenmodell auf ein Tabellenschema abgebildet wird (vgl. 7.5.3). Die Schlüsselvergabe wollen wir grundsätzlich über eine **Schlüsseltabelle** in der Datenbank vornehmen. Ansonsten folgen wir dem Grundsatz, dass jede Klasse zu einer Tabelle wird. Die 1:n-Beziehungen bilden wir über Fremdschlüssel ab. In Tabelle 9.8 ist das Ergebnis dieses Abbildungsvorgangs wiedergegeben. Die Fremdschlüsselattribute wurden jeweils mit den Buchstaben *fk* (foreign key) im Bezeichner gekennzeichnet. Bei der Abbildung der Vererbungsstruktur der Positionskategorie wurde dem Lösungsansatz der **Concrete Table Inheritance** gefolgt (vgl. 7.5.3). Dies lässt sich einfach dadurch erklären, dass die abstrakte Oberklasse nur das Attribut *id* enthält. Der Vorteil der Vererbungshierarchie besteht ja in der Objektwelt durch die Nutzung des **Polymorphismus** bezogen auf die Methoden *getPositionstext()* und *getPositionsbetrag()*. Dieser Aspekt spielt jedoch bei der Datenspeicherung keine Rolle. Das Attribut *id* der Klasse *Positionskategorie* wurde in die Tabellen *GefahreneKm, Auslagen* und *Lehrveranstaltungstermin* übernommen. Wegen der Vollständigkeit habe ich die Tabelle *Sequence* hinzugefügt. Diese verwenden wir, um Primärschlüssel im Sinne der Schlüsseltabelle zu vergeben (vgl. 7.5.3).

Tabelle 9.8: Abbildung der Klassen auf Tabellen

Klasse	Tabelle
Dozent	Dozent(<u>dozentenNummer</u>, name, basisStundensatz)
Lehrveranstaltung	Lehrveranstaltung(<u>lehrveranstaltungsNummer</u>, bezeichnung, semester, anzahlUnterrichtseinheiten, stundenZuAbschlag, abrechnungsKennzeichen, *fkDozentennummer*)

Lehrveranstaltungstermin	Lehrveranstaltungstermin(*fkLehrveranstaltungsNummer*, position, beginnZeit, endeZeit, anzahlUnterrichtseinheiten, abrechnungskennzeichen, id)
Dozentenabrechnung	Dozentenabrechnung(<u>dozentenabrechnungsNummer</u>, abrechnungsdatum, *fkLehrveranstaltungsNummer*)
Abrechnungsposition	Abrechnungsposition(*fkDozentenabrechnungsNummer*, position, *fkId*)
GefahreneKm	GefahrendeKm(<u>id</u>, anzahlKilometer, kostensatz, *fkLehrveranstaltungsterminId*)
Auslagen	Auslagen(<u>id</u>, auslagenArt, Betrag, *fkLehrveranstaltungsterminId*)
-	Sequence(<u>name</u>, id)

9.3 Implementierung des Anwendungsbeispiels

9.3.1 Grundlagen und vorbereitende Maßnahmen

Mit Hilfe des *MySQL-Query Browser* legen wir eine neue Datenbank (*Create New Schema*) mit dem Namen *waboop* an (detaillierte Hinweise finden sich im Tutorium zur Programmierung in Java auf der Webseite des Buches). Die einzelnen Tabellen können Sie entweder selbst anlegen oder aber das Skript von der Webseite verwenden. Hierzu selektieren Sie die neu angelegte Datenbank *waboop* und öffnen über das *File-Menü* das Skript (Open Script ...) waboop.sql. Das Skript erscheint in einem neuen *Script Tab*. Im Menü *Script* führen Sie die Option *Execute* aus. Damit haben Sie alle notwendigen Tabellen und einen Dozenten mit zwei Lehrveranstaltungen mit jeweils zwei Lehrveranstaltungsterminen bereits zur weiteren Verarbeitung zur Verfügung.

Auf der Webseite finden Sie auch ein NetBeans-Projekt mit dem Bezeichner *WABOOP*. Dieses Projekt beinhaltet alle Klassen, die zur Implementierung des Anwendungsfalls *Dozentenabrechnung erfassen* notwendig sind. Die Klassen sind in einzelnen Java-Paketen strukturiert (vgl. Abb. 9.11). Das *fachklassen*-Paket enthält die Klassen der Fachkonzeptschicht einschließlich dem Anwendungsfall-Controller *DozentenabrechnungErfassenHandler*. Das Paket *fachklassendienste* beinhaltet nur die Klasse *EuroBetrag*, welche zur Formatierung von Eurobeträgen verwendet wird. Das *start*-Paket enthält die Klasse *Start*. Dieses *Start*-Paket verfügt über die Klasse *Akademie*, welche mit ihrer *main()*-Methode zum Starten der Anwendung dient. Die *Akademie*-Klasse initiiert den Dialog mit dem Benutzer und verwendet ein Objekt der Input-Controller-Klasse *CtrlDlgStudiengangDurchfuehren* im

Paket *dlgklassen*. In diesem Paket sind außer den Input-Controllern auch alle Klassen zur Dialog-Gestaltung enthalten. Das *database*-Paket ist im Prinzip identisch mit dem gleichnamigen Paket, das wir im Anhang 2 verwenden. Im Interface *Constants* ist die oben angelegte Datenbank *waboop* eingetragen. Das Paket *mapper* mit der Klasse *Mapper* übernimmt im Wesentlichen das Lesen und Schreiben von Attributwerten auf der relationalen Datenbank. Neu ist das Paket *acquaintance*. Die Aufgabe der dort definierten Java-Interfaces soll nachfolgend kurz erläutert und begründet werden.

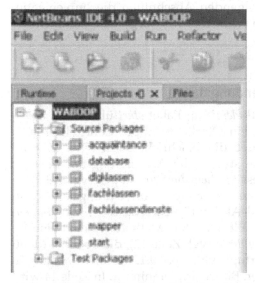

Abb. 9.11: Paketstruktur des Projektes *WABOOP*

Durch die Verwendung von Input-Controller-Klassen, deren Objekte über Anwendungsfall-Controller-Objekte mit den Fachklassen-Objekten kommunizieren sind die Abhängigkeiten zwischen der Dialogschicht und der Fachkonzeptschicht minimiert und leicht überschaubar. Betrachten wir unsere erste System-Operation *anzeigenAbrechenbareLehrveranstaltungen()*, so muss auf Eigenschaften von Objekten vom Typ *Lehrveranstaltung* zugegriffen werden, um sie im Dialog darzustellen. Hierzu werden in Dialogklassen Methoden von Fachkonzeptklassen verwendet. Damit ergeben sich Abhängigkeiten zwischen Dialogklassen und Fachkonzeptklassen. Dies tritt insbesondere dann zutage, wenn Änderungen in den Fachkonzeptklassen zu entsprechenden Anpassungen in den Dialogklassen führen würden. Um diese Probleme zu reduzieren, verwenden wir in den Dialogklassen nicht unmittelbar die Fachkonzeptklassen, sondern Interfaces. In diesen Interfaces werden Methoden deklariert, welche zur Bearbeitung in den Dialogklassen benötigt werden. Die Implementierung dieser Interfaces erfolgt in den korrespondierenden Fachkonzeptklassen. Erfolgen also Änderungen in den Fachkonzeptklassen, so hat der verantwortliche Entwickler dafür Sorge zu tragen, dass eventuell notwendige Änderungen der Interface-Implementierungen erfolgen. Damit werden Anpassungsmaßnahmen in den Dialogklassen nur dann notwendig, wenn sich aus Dialogsicht neue Anforderungen ergeben. In Anlehnung an Leszek Maciaszek (vgl. Maciaszek, 2005, S. 273 ff.) nennen wir das Paket *acquaintance* (Bekanntschaft) und versehen die Bezeichner der Interfaces mit einem *A*, welches dem entsprechenden Fachklassennamen vorangestellt wird, z.B. *ALehrveranstaltung*.

Vor diesem Hintergrund sollen in den folgenden Abschnitten die Implementierungen der einzelnen System-Operationen (vgl. Abb. 9.2) vorgestellt, kommentiert und erklärt werden.

9.3.2 Implementierung des Start-Anwendungsfalls

Wie bereits erwähnt, verfügt die Klasse *Akademie* im Paket *start* über eine *main()*-Methode (vgl. Listing 9.1). Diese erzeugt ein Objekt der Input-Controller-Klasse *CtrlDlgStudiengangDurchfuehren* und sendet die Nachricht *startDlgStudiengang-Durchfuehren()* (vgl. Zeile 6). Diese Klasse steuert die Anwendung auf oberster Ebene und entspricht dem Geschäftsprozess *Studiengang durchführen* (vgl. 2.3.2). In unserem Beispiel beschränkt sich die Anwendung auf den Anwendungsfall *Dozentenabrechnung erfassen* (vgl. Tabelle 9.1 und Abb. 9.12). Die Klasse *CtrlDlgStudiengangDurchfuehren* ist im Listing 9.2 dargestellt. Die Start-Methode erzeugt ein Objekt der Dialogklasse *DlgStudiengangDurchführen* (vgl. Zeile 12), die über ein Menü mit zwei Menü-Positionen (*menuItems*) verfügt (vgl. Abb. 9.12). Die Anweisung in Zeile 13 bewirkt, dass der Dialog den vollen Bildschirm einnimmt. In Zeile 14 wird bei dem Objekt *jMenuItemDozentenabrechnungErfassen* ein *ActionListener*-Objekt registriert. Dabei wird die Listener-Klasse als eine **anonyme Klasse** realisiert. Wird auf der Oberfläche der entsprechende *ActionEvent* ausgelöst, so wird aufgrund der definierten *actionPerformed()*-Methode die Methode *jMenuItemDozentenabrechnungErfassenActionPerformed()* ausgeführt. Dabei wird das Input-Controller-Objekt *ctrlDlgDozentenabrechnungErfassen* erzeugt und der erste Dialog dieses Anwendungsfalls gestartet.

Listing 9.1: Startklasse *Akademie*

```
1 package start;
2 import dlgklassen.*;
3 import mapper.*;
4 public class Akademie {
5     public static void main(java.lang.String[] args) {
```

```
6          new CtrlDlgStudiengangDurchfuehren(new Mapper())
              .startDlgStudiengangDurchfuehren();
7      }
8  }
```

Listing 9.2: Klasse *CtrlDlgStudiengangDurchfuehren*

```
1   package dlgklassen;
2   import mapper.*;
3   public class CtrlDlgStudiengangDurchfuehren {
4       private DlgStudiengangDurchfuehren dlgStudiengangDurchfuehren;
5       private CtrlDlgDozentenabrechnungErfassen ctrlDlgDozentenabrechnungErfassen;
6       private Mapper mapper;
7       public CtrlDlgStudiengangDurchfuehren() {}
8       public CtrlDlgStudiengangDurchfuehren(Mapper mapper) {
9           this.mapper=mapper;
10      }
11      public void startDlgStudiengangDurchfuehren() {
12          dlgStudiengangDurchfuehren=new DlgStudiengangDurchfuehren();
13          dlgStudiengangDurchfuehren.setBounds(new java.awt.Rectangle
                (java.awt.Toolkit.getDefaultToolkit().getScreenSize()));
14          dlgStudiengangDurchfuehren.getJMenuItemDozentenabrechnung-
            Erfassen().addActionListener(new java.awt.event.ActionListener(){
            public void actionPerformed(java.awt.event.ActionEvent evt) {
            jMenuItemDozentenabrechnungErfassenActionPerformed(); }});
15          dlgStudiengangDurchfuehren.setVisible(true);
16      }
17      private void jMenuItemDozentenabrechnungErfassenActionPerformed(){
18          ctrlDlgDozentenabrechnungErfassen=new CtrlDlgDozenten-
                abrechnungErfassen(mapper, dlgStudiengangDurchfuehren);
19          ctrlDlgDozentenabrechnungErfassen.startDlgAnzeigenLehrveranstaltungen();
20      }
21  }
```

Der Vollständigkeit halber soll noch darauf hingewiesen werden, dass die Klasse
DlgStudiengangDurchfuehren als Hauptdialog für eine MDI-Anwendung (multiple
document interface) konzipiert ist, d.h. dieser verfügt über einen Menübalken mit
Menüs und Menü-Auswahllisten sowie ein *JDesktopPane*-Objekt, in das während

der Laufzeit so genannte *JInternalFrame*-Objekt platziert werden können. Mit dem *GUI-Form-Editor* von *NetBeans* lassen sich derartige Dialogobjekte einfach erzeugen, da es schon fertige Templates gibt. Im *NetBeans Explorer* selektieren Sie das Paket *dlgklassen* → *Umgebungsmenü* → *New* → *File/Folder...* → *im Dialog New File* → *Erweitern von Java GUI Forms* → *Sample Forms* → *MDI Application* → *Next* → *Class Name* usw. Anschließend können der Menübalken, die Menüs und die Auswahllisten (jMenuItems) durch Löschen bzw. Umbenennen angepasst werden.

9.3.3 Implementierung der System-Operation *anzeigenAbrechenbareLehrveranstaltungen()*

Ausgangspunkt hierfür bilden einerseits die Spezifikation der System-Operation (vgl. Tab. 9.2) sowie das dazugehörige Kommunikationsdiagramm (vgl. Abb. 9.4) aus dem Entwurf und andererseits der Entwurf des Benutzerdialogs (vgl. Abb. 9.13).

Die Dialogklasse *DlgAnzeigenLehrveranstaltungen* in Abb. 9.12 ist von *JInternalFrame* abgeleitet. Das erzeugte Objekt wird auf dem *Desktop* des *DlgDozentenabrechnungErfassen*-Objekts platziert (vgl. Zeilen 3-5 in Listing 9.3a). Die Methode *jButtonLehrveranstaltungenAnzeigenActionPerformed()* reagiert auf die Benutzerinteraktion im Sinne des Klicks auf die Schaltfläche *Lehrveranstaltungen anzeigen*. Nach dem Auslesen der eingegebenen Dozentennummer werden die abrechenbaren Lehrververanstaltungen des spezifizierten Dozenten vom Anwendungsfall-Controller-Objekt (*dozentenabrechnungErfassenHandler*) angefordert (vgl. Zeile 16). Die zurückgelieferte Liste von Objekten der Klasse *Lehrveranstaltung* wird sodann dem *TableModel*-Objekt des *JTable*-Objektes des Dialogs zugewiesen (vgl. Zeile 17-19). In Zeile 20 wird dem *JTable*-Objekt mitgeteilt, dass sich ihr *Model* geändert hat. Die Zeile 21 stellt sicher, dass nur eine Zeile aus der Tabelle der Lehrveranstaltungen vom Benutzer selektiert werden kann. In Zeile 23 wird ein *ActionListener*-Objekt bei der Schaltfläche *Lehrveranstaltung übernehmen* registriert. Damit aufgrund mehrfachen Klickens auf die Schaltfläche *Lehrveranstaltung anzeigen* nicht mehrere *ActionListener* registriert sind, wird in Zeile 22 ein eventuell vorhandener Listener entfernt. Da dieses Problem öfters auftritt, wurde hierfür eine separate Methode *removeActionListener()* geschrieben. In Zeile 16 wird die Nachricht *anzeigenAbrechenbareLehrveranstaltungen(dozentennummer)* an das *DozentenabrechnungErfassenHandler*-Objekt geschickt. Diese Methode ist in Listing 9.4 wiedergegeben. Die Anwendungsfall-Controller-Klasse *DozentenabrechnungErfassenHandler* stellt die Schnittstelle zur Datenhaltung dar. Wie bereits in Abschnitt 9.2 ausgeführt, übernimmt die *Mapper*-Klasse die Funktion des **Data-Mappers** und der **Identity Map**. In Zeile 2 (vgl. Listing 9.4) wird das Objekt vom Typ *Dozent* der eingegebenen Dozentennummer angefordert. Die Methode *getAbrechenbareLehrveranstaltungen()* der Klasse *Dozent* filtert aus der *HashMap* von Lehrveranstaltungen des spezifizierten Dozenten die

Objekte vom Typ *Lehrveranstaltung* heraus, bei denen das Abrechnungskennzeichen den boolean-Wert *false* aufweisen (vgl. Zile 11 in Listing 9.4)

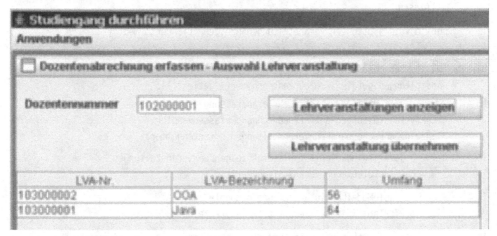

Abb. 9.12: Anwendungsdialog *Auswahl Lehrveranstaltung*

Listing 9.3a: Methoden *startDlgAnzeigenLehrveranstaltungen()* **und** *jButtonLehrveranstaltungenAnzeigenActionPerformed()*der Klasse *CtrlDlgDozentenabrechnungErfassen*

```
1  public void startDlgAnzeigenLehrveranstaltungen(){
2      try{
3          dlgAnzeigenLehrveranstaltungen=new DlgAnzeigenLehrveranstaltungen();
4          dlgStudiengangDurchfuehren.getDesktopPane()
           .add(dlgAnzeigenLehrveranstaltungen);
5          dlgAnzeigenLehrveranstaltungen.setMaximum(true);
6          dlgAnzeigenLehrveranstaltungen.getJButtonLehr
           veranstaltungenAnzeigen().addActionListener(new java.awt.event.
           ActionListener() {public void actionPerformed(java.awt.event.
           ActionEvent evt) {jButtonLehrveranstaltungenAnzeigen
           ActionPerformed();}} );
7          dlgAnzeigenLehrveranstaltungen.setVisible(true);
8      }
9      catch(Exception e){
10         new javax.swing.JOptionPane().showMessageDialog(
           dlgAnzeigenLehrveranstaltungen, "GUI-Fehler, bitte
           Systembetreuer benachrichtigen.");
11         e.printStackTrace();}}
```

273

Listing 9.3b: Methoden *startDlgAnzeigenLehrveranstaltungen()* **und** *jButtonLehrveranstaltungenAnzeigenActionPerformed()***der Klasse** *CtrlDlgDozentenabrechnungErfassen*

```
12    public void jButtonLehrveranstaltungenAnzeigenActionPerformed(){
13        try{
14            int dozentennummer=Integer.parseInt(dlgAnzeigenLehrver
          anstaltungen.getJTextFieldDozentennummer().getText());
15            java.util.ArrayList<ALehrveranstaltung> abrechenbare
          Lehrveranstaltungen=dozentenabrechnungErfassenHandler.
          anzeigenAbrechenbareLehrveranstaltungen(dozentennummer);
16            javax.swing.JTable table=dlgAnzeigenLehrveranstaltungen
                .getJTableLehrveranstaltungen();
17            JTableModelLehrveranstaltungen model=
                (JTableModelLehrveranstaltungen)table.getModel();
18            model.setLehrveranstaltungen(abrechenbareLehrveranstaltungen);
19            model.fireTableDataChanged();
20            table.setSelectionMode(javax.swing.ListSelectionModel.SINGLE_SELECTION);
21            removeActionListener(dlgAnzeigenLehrveranstaltungen
                .getJButtonLehrveranstaltungUebernehmen());
22            dlgAnzeigenLehrveranstaltungen.getJButtonLehr
          veranstaltungUebernehmen().addActionListener(new java.awt.
          event.ActionListener() {public void actionPerformed(java.awt.
          event.ActionEvent evt) {jButtonLehrveranstaltung
          UebernehmenActionPerformed();}});
23        }
24        catch(NumberFormatException e){
25            new javax.swing.JOptionPane().showMessageDialog(
          dlgAnzeigenLehrveranstaltungen, "Bitte bei Dozentennummer eine
          Zahl eingeben");
26        }
27        catch(Exception e){
28            new javax.swing.JOptionPane().showMessageDialog(
          dlgAnzeigenLehrveranstaltungen, e.getMessage()+" Dozentennummer
          ungültig");
29        }
30    }
```

Listing 9.4: Methode *anzeigenAbrechenbareLehrveranstaltungen()* **der Klasse** *Dozenten-*
abrechnungErfassenHandler **und Methode** *getAbrechenbareLehrveranstaltun-*
gen() **der Klasse** *Dozent*

```
1  public java.util.ArrayList<ALehrveranstaltung> anzeigenAbrechenbare
   Lehrveranstaltungen(int dozentenNummer) throws Exception {
2      dozent=mapper.getDozent(dozentenNummer);
3      return dozent.getAbrechenbareLehrveranstaltungen();
4  }
5  public java.util.ArrayList<ALehrveranstaltung>
   getAbrechenbareLehrveranstaltungen() {
6      java.util.Iterator<Lehrveranstaltung> it=getLehr
   veranstaltungen().values().iterator();
7      Lehrveranstaltung lehrveranstaltung;
8      java.util.ArrayList<ALehrveranstaltung> liste=
           new java.util.ArrayList<ALehrveranstaltung>();
9      while(it.hasNext()){
10         lehrveranstaltung=it.next();
11         if(!lehrveranstaltung.isAbrechnungskennzeichen()) {
12             liste.add(lehrveranstaltung);
13         }
14     }
15     return liste;
16 }
```

Im Listing 9.5 sind die beiden *Mapper*-Methoden *getDozent()* und *readDozent()* ab-
gebildet. Die Methode *getDozent()* greift über die Dozentennummer auf das *Hash-*
Map-Objekt *dozenten* zu. Falls sich bereits eine Referenz auf das entsprechende
Objekt vom Typ *Dozent* findet, wird diese Referenz zurückgeliefert. Ist dies nicht
der Fall, so wird ein Datenbankzugriff ausgelöst. Die Methode *readDozent()* führt
den Datenbankzugriff aus und verwendet hierzu eine SQL-Select-Abfrage (vgl.
Zeile 11). Wird zu der eingegebenen Dozentennummer keine Zeile in der Tabelle
Dozent gefunden, so wird eine Exception mit entsprechendem Hinweis geworfen
(vgl. Zeilen 15-17). Ansonsten werden die Attributwerte des Dozenten aus dem
ResultSet-Objekt ausgelesen und ein neues Objekt der Klasse *Dozent* erzeugt (vgl.
Zeilen 18-21). Nachdem das Objekt vom Typ *Dozent* erzeugt ist, wird es in die I-
dentity-Map aufgenommen. Da der Dozent auch seine Lehrveranstaltungen kennt,
werden als nächstes die Lehrveranstaltungen aus der Datenbank eingelesen (vgl.
Zeile 23). Die Methode *readLehrveranstaltungenDesDozenten()* funktioniert ähnlich
dem Einlesevorgang für den Dozenten mit der Maßgabe, dass für jede Lehrveranstaltung auch die zugehörigen Lehrveranstaltungstermine noch einzulesen sind.

Die Details ergeben sich aus dem Quellcode. Eine Alternative hätte auch darin bestanden, über einen *Join* die Dozentenattribute sowie die Lehrveranstaltungs- und Lehrveranstaltungstermin-Attribute mit einer Abfrage einzulesen und die entsprechenden Objekte zu erzeugen. Aufgrund vorangegangener Erläuterungen sollte es nachvollziehbar sein, wie es zur Anzeige der Lehrveranstaltungen des spezifizierten Dozenten (vgl. Abb. 9.12) kommt.

Listing 9.5: Methoden *getDozent()* und *readDozent()* der Klasse *Mapper*

```
1  public Dozent getDozent(int dozentenNummer) throws Exception{
2      Dozent gefDozent=null;
3      gefDozent=dozenten.get(new Integer(dozentenNummer));
4      if(gefDozent==null){
5          gefDozent=readDozent(dozentenNummer);
6      }
7      dozenten.put(new Integer(gefDozent.getDozentenNummer()), gefDozent);
8      return gefDozent;
9  }
10 public Dozent readDozent(int dozentennummer) throws Exception{
11     String sql="Select * from Dozent where
                dozentennummer="+dozentennummer+";";
12     java.sql.ResultSet rs=null;
13     Dozent dozent=null;
14     rs=reader.query(sql);
15     if(!rs.next()){
16         throw new Exception("Zur Dozentennummer: "+dozentennummer+"
                kein Dozent in der DB gefunden. ");
17     }
18     int id=rs.getInt("Dozentennummer");
19     String name=rs.getString("Name");
20     double basisstundensatz=rs.getDouble("BasisStundensatz");
21     dozent=new Dozent(id, name, basisstundensatz);
22     dozenten.put(new Integer(id), dozent);
23     readLehrveranstaltungenDesDozenten(dozent);
24     return dozent;
25 }
```

9.3.4 Implementierung der System-Operation *anlegenDozentenabrechnung()*

In Abb. 9.13 ist der Dialog ergänzt um die Auswahl von Lehrveranstaltungsterminen, welche die Voraussetzung für das Erfassen der Abrechnungspositionen darstellt. Ausgelöst wird dieser Dialogaufbau durch die Auswahl der abzurechnenden Lehrveranstaltung (in Abb. 9.13 handelt es sich um die Lehrveranstaltung *Java*). Programmtechnisch übernimmt dies das *ActionListener*-Objekt, das in der Methode *jButtonLehrveranstaltungenAnzeigenActionPerformed()* (vgl. Zeile 23 in Listing 9.3b) bei der Schaltfläche *JButtonLehrveranstaltungUebernehmen* registriert wird. Die Aktions-Methode *jButtonLehrveranstaltungUebernehmenActionPerformed()* überprüft zuerst, ob der Benutzer überhaupt eine Zeile in der Tabelle der Lehrveranstaltungen selektiert hat (vgl. Zeilen 3-6 in Listing 9.7a). Im *else*-Block der Zeilen 7-11 (vgl. Listing 9.7a) wird die Lehrveranstaltungsnummer der selektierten Lehrveranstaltung ausgelesen und die System-Operation *anlegenDozentenabrechnung()* ausgelöst. Die Methode *anlegenDozentenabrechnung()* der Klasse *DozentenabrechnungErfassenHandler* (vgl. Listing 9.6) fordert vom *Mapper*-Objekt das betreffende Objekt der Klasse *Lehrveranstaltung* an. Im Normalfall findet das *Mapper*-Objekt die Lehrveranstaltung in der Identity-Map der Klasse *Lehrveranstaltung*, da mit dem Objekt des Typs *Dozent* auch alle seine Objekte vom Typ *Lehrveranstaltung* geladen wurden. In Zeile 3 (vgl. Listing 9.6) greift der Anwendungsfall-Controller auch auf die *Mapper*-Klasse zu, um eine Nummer für das anzulegende Objekt vom Typ *Dozentenabrechnung* über die Schlüsseltabelle zu generieren. Die Methode *anlegenDozentenabrechnung()* der Klasse *Lehrveranstaltung* (vgl. Zeilen 6-8 in Listing 9.6) erzeugt ein Objekt der Klasse *Dozentenabrechnung*, behält sich eine Referenz im *ArrayList*-Objekt *dozentenabrechnungen* des Objektes vom Typ *Lehrveranstaltung* und gibt das Objekt der Klasse *Dozentenabrechnung* zurück. Das zurückgelieferte Objekt vom Typ *Dozentenabrechnung* wird als Parameter den beiden Start-Methoden für die Dialoge *Dozentenabrechnung erfassen – Auswahl abrechenbarer Lehrveranstaltungstermine* und *Dozentenabrechnung erfassen – Positionen erfassen* (vgl. Abb. 9.13) mitgegeben (vgl. Zeilen 11 und 12 in Listing 9.7a). Die Methode *startDlgLehrveranstaltungstermine()* füllt im Wesentlichen die Anzeigefelder des Dialogs. Dabei wird intensiv auf Fachklassen-Eigenschaften über die erwähnten Interfaces (z.B. *ALehrveranstaltung* bzw. *ADozent*) des Pakets *acquaintance* zugegriffen. Die Anweisungen in den Zeilen 31 bis 33 in Listing 9.7b bewirken das Platzieren des Dialogs auf dem *Desktop* des Anwendungsdialogs. Die übrigen Anweisungen sind aufgrund der Ähnlichkeit zu Methoden in den Listings 9.3a und 9.3b selbsterklärend.

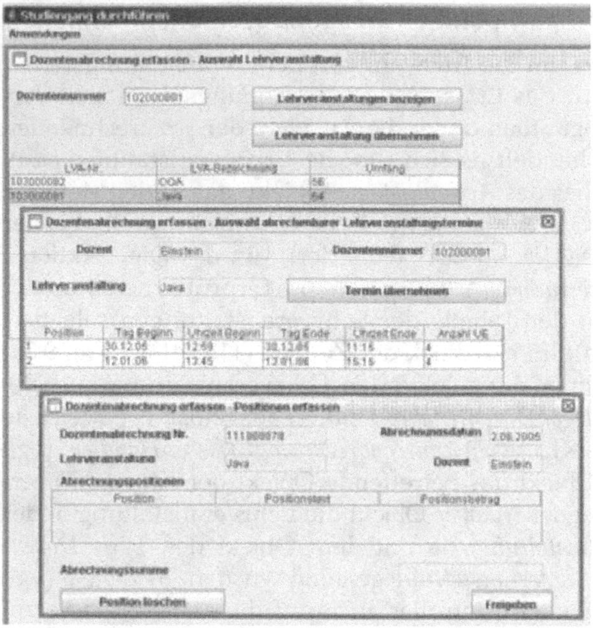

Abb. 9.13: Anwendungsdialog *Dozentenabrechnung erfassen*

Listing 9.6: Methode *anlegenDozentenabrechnung()* **der Klasse** *DozentenabrechnungErfassenHandler* **und Methode** *anlegenDozentenabrechnung()* **der Klasse** *Lehrveranstaltung*

```
1 public Dozentenabrechnung anlegenDozentenAbrechnung(Integer
    lehrveranstaltungsNummer) throws Exception {
2    Lehrveranstaltung ausgewaehlteLehrveranstaltung = mapper.
       getLehrveranstaltung(lehrveranstaltungsNummer, dozent);
3    dozentenabrechnung=ausgewaehlteLehrveranstaltung.
       anlegenDozentenabrechnung(mapper.getNextIdFor(
       "Dozentenabrechnung"));
4    return dozentenabrechnung; }
5 public Dozentenabrechnung anlegenDozentenabrechnung(int id){
6    Dozentenabrechnung dozentenabrechnung=new Dozenten-
       abrechnung(id,new java.util.Date(),this);
7    dozentenabrechnungen.add(dozentenabrechnung);
8    return dozentenabrechnung; }
```

Listing 9.7a: Methoden *jButtonLehrveranstaltungUebernehmenActionPerformed()* und *startDlgLehrveranstaltungstermine()* der Klasse *CtrlDlgDozentenabrechnung-Erfassen*

```
 1  public void jButtonLehrveranstaltungUebernehmenActionPerformed() {
 2      try{
 3          int selectedRow=dlgAnzeigenLehrveranstaltungen
                  .getJTableLehrveranstaltungen().getSelectedRow();
 4          if (selectedRow==-1) {
 5              new javax.swing.JOptionPane().showMessageDialog(
                      dlgAnzeigenLehrveranstaltungen, "Keine Zeile
                      selektiert");
 6          }
 7          else {
 8                  JtableModelLehrveranstaltungen model=
            (JtableModelLehrveranstaltungen)dlgAnzeigenLehrveranstaltungen
            .getJTableLehrveranstaltungen().getModel();
 9                  Integer lehrveranstaltungsNummer= (Integer)
                      model.getValueAt(selectedRow, 0);
10                  ADozentenabrechnung dozentenabrechnung=
                      dozentenabrechnungErfassenHandler.anlegen
                      DozentenAbrechnung(lehrveranstaltungsNummer);
11                  startDlgLehrveranstaltungstermine(dozentenabrechnung);}
12                  startDlgDozentenabrechnungErfassen(dozentenabrechnung);
13      }
14      catch(Exception e){
15              new javax.swing.JOptionPane().showMessageDialog
                      (dlgAnzeigenLehrveranstaltungen, e.getMessage());}
16  }
17  private void startDlgLehrveranstaltungstermine(
        ADozentenabrechnung dozentenabrechnung){
18      try{
19          ALehrveranstaltung lehrveranstaltung= dozentenabrechnung
                  .getLehrveranstaltung();
20          ADozent dozent= lehrveranstaltung.getDozent();
21          String dozentenName=dozent.getName();
22          Integer dozentenNummer=dozent.getDozentenNummer();
```

279

Listing 9.7b: Methoden *jButtonLehrveranstaltungUebernehmenActionPerformed()* **und**
startDlgLehrveranstaltungstermine() **der Klasse** *CtrlDlgDozentenabrechnung-*
Erfassen

```
23      dlgAuswahlLehrveranstaltungstermine=new
            DlgAuswahlLehrveranstaltungstermine();
24      dlgAuswahlLehrveranstaltungstermine.
    getJTextFieldDozentennummer().setText(dozentenNummer.toString());
25      dlgAuswahlLehrveranstaltungstermine
            .getJTextFieldDozent().setText(dozentenName);
26      dlgAuswahlLehrveranstaltungstermine.getJTextField
    Lehrveranstaltung().setText(lehrveranstaltung.getBezeichnung());
27      javax.swing.JTable table=dlgAuswahlLehrveranstaltungs
    termine.getJTableLehrveranstaltungstermine();
28      JTableModelLehrveranstaltungstermine modelTermine=
            (JTableModelLehrveranstaltungstermine)table.getModel();
29      modelTermine.setLehrveranstaltungstermine(lehrveranstaltung
            .getTerminListeAbrechenbar());
30      modelTermine.fireTableDataChanged();
31      java.awt.Dimension screenSize = java.awt.Toolkit
            .getDefaultToolkit().getScreenSize();
32      dlgAuswahlLehrveranstaltungstermine.setBounds(
    (screenSize.width-800)/2,(screenSize.height-400)/2, 600, 200);
33      dlgStudiengangDurchfuehren.getDesktopPane()
            .add(dlgAuswahlLehrveranstaltungstermine);
34      removeActionListener(dlgAuswahlLehrveranstaltungstermine.
            getJButtonLehrveranstaltungsterminUebernehmen());
35      dlgAuswahlLehrveranstaltungstermine
            .getJButtonLehrveranstaltungsterminUebernehmen().
36       addActionListener(new java.awt.event.ActionListener() {
37       public void actionPerformed(java.awt.event.ActionEvent evt) {
38       jButtonLehrveranstaltungsterminUebernehmenActionPerformed();}}
39       );
40      dlgAuswahlLehrveranstaltungstermine.setVisible(true); }
41    catch(Exception e){
42          new javax.swing.JOptionPane().showMessageDialog
                (dlgAnzeigenLehrveranstaltungen, e.getMessage());}}
```

9.3.5 Implementierung der System-Operation *erfassenAbrechnungsposition-FuerHonorar()*

Nachdem die abrechenbaren Lehrveranstaltungstermine dem Benutzer angezeigt werden, kann dieser jeweils eine Position selektieren und mit dem Button *Termin übernehmen* das System veranlassen, diesen Termin als Abrechnungsposition für Honorar in die Dozentenabrechnung zu übernehmen. In Abb. 9.14 wurde der Lehrveranstaltungstermin vom 30.12.05 als Abrechnungsposition 1 übernommen. In Listing 9.7 wurde in Zeile 38 die Methode *jButtonLehrveranstaltungsterminUeber-nehmenActionPerformed()* als Aktions-Methode mit dem Button *Termin übernehmen* verbunden (vgl. Abb. 9.14). Der Quellcode dieser Methode ist in Listing 9.8 wiedergegeben. In Zeile 9 wird die System-Operation *erfassenAbrechnungsposition-FuerHonorar()* angesprochen. Diese beschafft über das *Mapper*-Objekt eine laufende Nummer (*id*) und reicht die Aufgabe zur Erstellung einer Abrechnungsposition an das Objekt vom Typ *Dozentenabrechnung* weiter (vgl. Zeile 2 in Listing 9.9). In der Methode *anlegenAbrechnungsposition()* der Klasse *Dozentenabrechnung* wird das Abrechnungskennzeichen des Objektes vom Typ *Lehrveranstaltungstermin* auf *true* gesetzt (vgl. Zeile 11) und ein Objekt der Klasse *Abrechnungsposition* erzeugt (vgl. Zeile 12). Dies erfolgt konkret in der Methode *anlegenPosition()* (vgl. Zeilen 15-19).

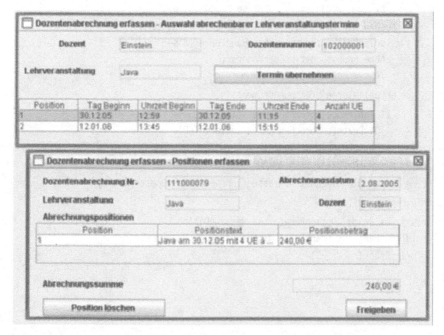

Abb. 9.14: Anwendungsdialog *Positionen erfassen für Honorar*

Listing 9.8: Methode *jButtonLehrveranstaltungsterminUebernehmenActionPerformed()* **der Klasse** *CtrlDlgDozentenabrechnungErfassen*

```
1  public voidjButtonLehrveranstaltungs-
       terminUebernehmenActionPerformed(){
2      try{
3          int selectedRow=dlgAuswahlLehrveranstaltungstermine
               .getJTableLehrveranstaltungstermine().getSelectedRow();

4          if (selectedRow==-1) {
5              new javax.swing.JOptionPane().showMessageDialog(
                   dlgAuswahlLehrveranstaltungstermine, "Keine Zeile
                   selektiert");}

6          else {
7              JTableModelLehrveranstaltungstermine model=
                   (JTableModelLehrveranstaltungstermine)
                   dlgAuswahlLehrveranstaltungstermine
                   .getJTableLehrveranstaltungstermine().getModel();

8              Integer lehrveranstaltungsterminNummer=
                   (Integer)model.getValueAt(selectedRow, 0);

9              ALehrveranstaltungstermin lehrveranstaltungstermin=
                   dozentenabrechnungErfassenHandler.erfassen-
                   AbrechnungspositionFuerHonorar(
                   lehrveranstaltungsterminNummer);

10             aktualisierenAbrechnungssumme();
11             ((JTableModelAbrechnungspositionen)
                   dlgDozentenabrechnungErfassen.getJTable
                   Abrechnungspositionen()
                   .getModel()).fireTableDataChanged();

12             startDlgReisekostenErfassen(lehrveranstaltungstermin);}}
13     catch(Exception e){
14         new javax.swing.JOptionPane().showMessageDialog
               (dlgAuswahlLehrveranstaltungstermine, e.getMessage());
15         e.printStackTrace();}}
```

Listing 9.9: Methode *erfassenAbrechnungspositionFuerHonorar()* **der Klasse** *DozentenabrechnungErfassenHandler,* *anlegenAbrechnungspositionFuerLehrveranstaltungstermin()* **und** *anlegenPosition()* **der Klasse** *Dozentenabrechnung*

```
1  public Lehrveranstaltungstermin erfassenAbrechnungspositionFuerHonorar(
      Integer lehrveranstaltungsterminNummer) throws Exception {
2     Lehrveranstaltungstermin lvaTermin= dozentenabrechnung.
         anlegenAbrechnungspositionFuerLehrveranstaltungstermin(

         lehrveranstaltungsterminNummer,
         mapper.getNextIdFor("Positionskategorie"));
3     return lvaTermin;
4  }
5  public Lehrveranstaltungstermin anlegenAbrechnungspositionFuerLehrveranstaltungs-
      termin(Integer lehrveranstaltungsterminNummer, int id) throws
      Exception{
6     Lehrveranstaltungstermin lehrveranstaltungstermin=
      lehrveranstaltung.getLehrveranstaltungstermin(
      lehrveranstaltungsterminNummer);
7     lehrveranstaltungstermin.setId(id);
8     if(lehrveranstaltungstermin.isAbrechnungskennzeichen()){
9        throw new Exception("Lehrveranstaltungstermin
         "+lehrveranstaltungstermin.getDf().format(
         lehrveranstaltungstermin.getBeginnZeit())+" ist bereits
         abgerechnet");
10    }
11    lehrveranstaltungstermin.fortschreibenLehrveranstaltungstermin();
12    anlegenPosition(lehrveranstaltungstermin);
13    return lehrveranstaltungstermin;
14 }
15 private void anlegenPosition(Positionskategorie positionskategorie){
16    int posnr=positionsListe.size()+1;
17    Abrechnungsposition abrechnungsposition=new
         Abrechnungsposition(posnr, positionskategorie);
18    positionsListe.add(abrechnungsposition);
19 }
```

Damit haben wir die Funktionalität der System-Operation aus Abb. 9.6 implementiert und einschließlich der Dialog-Aspekte kommentiert.

9.3.6 Implementierung der System-Operation *erfassenAbrechnungsposition-FuerReisekosten()*

Neben dem Honorar für einzelne Lehrveranstaltungstermine liefert unser Anwendungssystem noch die Möglichkeit, für einzelne Lehrveranstaltungstermine zugehörige Reisekosten zu erfassen. Dabei werden die zwei Arten Kilometergeld und sonstige Auslagen (z.B. Ausgaben für Bahnfahrkarte, Taxi, Hotel) unterschieden. (vgl. Abb. 9.15).

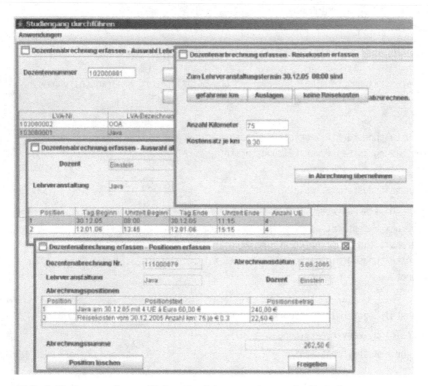

Abb. 9.15: Anwendungsdialog *Positionen erfassen für Reisekosten*

In Zeile 12 von Listing 9.8 wird deutlich, dass das Dialogbild *Dozentenabrechnung erfassen – Reisekosten erfassen* beim Abrechnen einer Honorarzeile durch den Methodenaufruf *startDlgReisekostenErfassen()* aktiviert und damit angezeigt wird. Diese Methode hat einen bereits bekannten Aufbau und Inhalt und ist nur in Ausschnitten zusammen mit der Methode *jButtonGefahreneKmActionPerformed()* in den Listings 9.10a und 9.10b enthalten. Die Methode *jButtonInAbrechnungUebernehmenKmActionPerformed()* (vgl. Zeile 15), die nach Auslösen des entsprechenden Events zur Ausführung kommt, startet die System-Operation *erfassenAbrech-*

nungspositionFuerReisekosten() (vgl. Zeile 7 in Listing 9.11a). Die Zeile 8 aktualisiert, wie in Zeile 10 in Listing 9.8, die Abrechnungssumme (vgl. Abb. 9.16, auf 262,50 Euro). Die System-Operation in der Klasse *DozentenabrechnungErfassenHandler* (vgl. Zeilen 12-14 in Listing 9.11b) reicht nach dem Erzeugen einer fortlaufenden Nummer (*id*) die Aufgabe an das Objekt vom Typ *Dozentenabrechnung* weiter. In der Methode *anlegenAbrechnungspositionFuerReisekosten()* wird das entsprechende *Reisekosten*-Objekt über eine statische **Fabrikmethode** (vgl. Abschnitt 8.3.1) der abstrakten Oberklasse *Reisekosten* erzeugt (vgl. Zeilen 18-24 in Listing 9.11b). Die Fabrikmethode entscheidet in Abhängigkeit von den Parameterwerten, ob ein Objekt der Klasse *GefahreneKm* oder *Auslagen* erzeugt werden soll. Natürlich hätten wir auch eine eigene Fabrikklasse schreiben können. In Zeile 15 verwenden wir die gleiche Methode *anlegenPosition()* wie in Zeile 13 von Listing 9.9 als es darum ging, eine Abrechnungsposition für Honorar anzulegen. Diese elegante Möglichkeit ergibt sich daraus, dass wir die Oberklasse *Positionskategorie* eingeführt haben. Die Methode *anlegenPosition()* (vgl. Zeilen 17-21 in Listing 9.9) arbeitet ja ausschließlich mit einem Parameter vom Typ *Positionskategorie* was sowohl für Objekte der Klassen *Lehrveranstaltungstermin* als auch *GefahreneKilometer* und *Auslagen* zutrifft (vgl. Klassendiagramm in Abb. 9.10). Die beispielorientierte Erläuterung orientierte sich an der Reisekostenkategorie Kilometergeld, allerdings unterscheidet sich die Erfassung der Reisekostenkategorie Auslagen nicht grundsätzlich, weshalb hierauf nicht näher eingegangen wird.

Listing 9.10a: Methoden *startDlgReisekostenErfassen()* und *jButtonGefahreneKmAction-Performed()* der Klasse *CtrlDlgDozentenabrechnung* in Ausschnitten

```
1  public void startDlgReisekostenErfassen(final
   ALehrveranstaltungstermin lehrveranstaltungstermin) {
2    dlgReisekostenErfassen=new DlgReisekostenErfassen();
3    setUnvisibleAuslagen();
4  removeActionListener(
   dlgReisekostenErfassen
   .getJButtonGefahreneKm());
5    lgReisekostenErfassen.getJButtonGefahreneKm().
   addActionListener(new java.awt.event.ActionListener() {
6    public void actionPerformed(java.awt.event.ActionEvent evt) {
7      jButtonGefahreneKmActionPerformed(lehrveranstaltungstermin);}
8    });
9    dlgStudiengangDurchfuehren
     .getDesktopPane()
     .add(dlgReisekostenErfassen);
10   dlgReisekostenErfassen.setVisible(true);}
```

Listing 9.10b: Methoden *startDlgReisekostenErfassen()* **und** *jButtonGefahreneKmAction-*
Performed() **der Klasse** *CtrlDlgDozentenabrechnung* **in Ausschnitten**

```
11  private void jButtonGefahreneKmActionPerformed(final
    Alehrveranstaltungstermin lehrveranstaltungstermin){
12    setUnvisibleAuslagen();
13    dlgReisekostenErfassen.getJLabelAnzahlKm().setVisible(true);
14    removeActionListener(dlgReisekostenErfassen
      .getJButtonInAbrechnungUebernehmen());
15    dlgReisekostenErfassen.getJButtonInAbrechnungUebernehmen()
      .addActionListener(new java.awt.event.ActionListener() {
      public void actionPerformed(java.awt.event.ActionEvent evt) {
        jButtonInAbrechnungUebernehmenKmActionPerformed(
        lehrveranstaltungstermin);} });  }
```

Listing 9.11a: Methoden der Klassen *CtrlDlgDozentenabrechnungErfassen, Dozentenab-*
rechnungErfassenHandler, Dozentenabrechnung **und** *Reisekosten* **zur Umset-**
zung der System-Operation *erfassenAbrechnungspositionFuerReisekosten()*

```
1  private void jButtonInAbrechnungUebernehmenKmActionPerformed(
   ALehrveranstaltungstermin lehrveranstaltungstermin){
2    int km=0;
3    double satz=0;
4    try{
5      km=Integer.parseInt(dlgReisekostenErfassen
        .getJTextFieldAnzahlKm().getText());
6      satz=Double.parseDouble(dlgReisekostenErfassen
        .getJTextFieldKostensatzJeKm().getText());
7      dozentenabrechnungErfassenHandler.erfassen-
        AbrechnungspositionFuerReisekosten(lehrveranstaltungstermin,
        km, satz, "", 0);
8      aktualisierenAbrechnungssumme();
9      ((JTableModelAbrechnungspositionen)dlgDozentenabrechnung-
        Erfassen. getJTableAbrechnungspositionen()
        .getModel()).fireTableDataChanged(); }
10   catch(NumberFormatException e){
11     new javax.swing.JOptionPane().showMessageDialog(
       dlgReisekostenErfassen, "Bitte in Anzahl km oder Kosten-
       satz (in Euro mit x.00) eine Zahl eingeben"); } }
```

Listing 9.11b: Methoden der Klassen *CtrlDlgDozentenabrechnungErfassen, Dozentenab-rechnungErfassenHandler, Dozentenabrechnung* und *Reisekosten* zur Umsetzung der System-Operation *erfassenAbrechnungspositionFuerReisekosten()*

```
12  public void erfassenAbrechnungspositionFuerReisekosten( ALehr-
       veranstaltungstermin lehrveranstaltungstermin, int anzahlKilometer,
       double kostensatz, String auslagenart, double betrag) {

13     int id=mapper.getNextIdFor("Positionskategorie");

14     dozentenabrechnung.anlegenAbrechnungspositionFuerReisekosten(
       (Lehrveranstaltungstermin) lehrveranstaltungstermin, anzahlKilometer,
       kostensatz, auslagenart, betrag,id); }

15  public void anlegenAbrechnungspositionFuerReisekosten(Lehr-
       veranstaltungstermin lehrveranstaltungstermin, int anzahlKilometer,
       double kostensatz, String auslagenart, double betrag, int id) {

16     Reisekosten reisekosten=Reisekosten.getReisekosten(
          lehrveranstaltungstermin, anzahlKilometer, kostensatz,
          auslagenart, betrag, id);

17     anlegenPosition(reisekosten);  }

18  public static Reisekosten getReisekosten(Lehrveranstaltungstermin
       lehrveranstaltungstermin, int anzahlKilometer, double kostensatz,
       String auslagenart, double betrag, int id){

19     Reisekosten reisekosten=null;

20     if(auslagenart==""){

21        reisekosten=new GefahreneKm(kostensatz,
             anzahlKilometer, lehrveranstaltungstermin, id); }

22     else{

23        reisekosten=new Auslagen(auslagenart, betrag,
             lehrveranstaltungstermin, id); }

24     return reisekosten; }
```

9.3.7 Implementierung der System-Operation *loeschenAbrechnungsposition()*

Bevor erfasste Abrechnungspositionen abgespeichert werden, sollte der Benutzer die Möglichkeit haben, erfasste Abrechnungspositionen wieder zu löschen. Hierfür ist im *Positionen erfassen*-Dialog der Button *Position löschen* vorgesehen (vgl. Abb. 9.16) und in Abb. 9.8 der Entwurf für die System-Operation *löschenAbrechnungsposition()* vorgenommen. Die Abb. 9.16 zeigt die Funktionsweise aus Benutzersicht. Nachdem eine Abrechnungsposition selektiert wurde und auf die Schaltfläche *Position löschen* geklickt wird, verschwindet die Abrechnungsposition, die verbleibenden Abrechnungspositionen werden neu durchnummeriert und die angezeigte Abrechnungssumme wird aktualisiert.

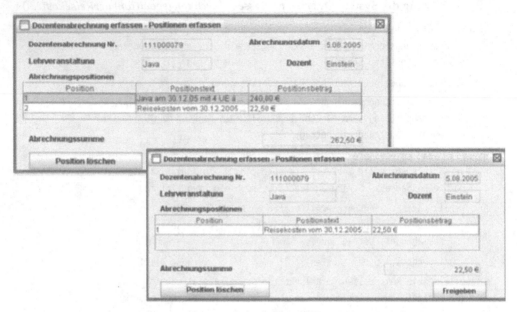

Abb. 9.16: Anwendungsdialog *Position löschen* **(vorher/nachher)**

Die wesentlichen Methoden zur Implementierung dieser Funktionalität sind in den Listing 9.12a und 9.12b wiedergegeben. In der Aktions-Methode *jButtonPosition-LoeschenActionPerformed()* wird die Methode der System-Operation *loeschenAbrechnungsposition()* in Zeile 9 ausgelöst. Der Anwendungs-Controller reicht im Sinne seiner Fassaden-Rolle die Anforderung weiter an das Objekt vom Typ *Dozentenabrechnung*. Die Methode *loeschenAbrechnungsposition()* in der Klasse *Dozentenabrechnung* führt die eigentliche Verarbeitung aus, in dem die zur Löschung selektierte Abrechnungsposition in der Zeile 23 aus der Menge der Abrechnungsposition entfernt wird. Falls es sich um eine Honorarzeile handelte, wird auch im korrespondierenden *Lehrveranstaltungstermin*-Objekt das Abrechnungskennzeichen wieder auf *false* gesetzt (vgl. Zeilen 24 und 25). Falls nach dem Löschen noch mindestens eine Abrechnungsposition verbleibt, werden diese gemäß den Anweisungen der Zeilen 30 bis 32 neu durchnummeriert. Alle übrigen Anweisungen folgen bereits bekannten Mustern und werden nicht weiter kommentiert.

Listing 9.12a: Methoden der Klassen *CtrlDlgDozentenabrechnungErfassen*, *Dozentenab-rechnungErfassenHandler* und *Dozentenabrechnung* zur Umsetzung der System-Operation *loeschenAbrechnungsposition ()*

```
1   private void jButtonPositionLoeschenActionPerformed(){
2       try{
3           int selectedRow=dlgDozentenabrechnungErfassen.
                getJTableAbrechnungspositionen().getSelectedRow();
4           JTableModelAbrechnungspositionen model=
                (JTableModelAbrechnungspositionen)
                dlgDozentenabrechnungErfassen
                .getJTableAbrechnungspositionen().getModel();
5           if (selectedRow==-1) {
6               new javax.swing.JOptionPane().showMessageDialog(
            dlgDozentenabrechnungErfassen, "Keine Zeile selektiert");}
7           else {
8               int abrechnungspositionsNummer= ((Integer)
                    model.getValueAt(selectedRow, 0)).intValue();
9               dozentenabrechnungErfassenHandler
                    .loeschenAbrechnungsposition
                    (abrechnungspositionsNummer);
10              aktualisierenAbrechnungssumme();
11              ((JTableModelAbrechnungspositionen)
                    dlgDozentenabrechnungErfassen.
                    getJTableAbrechnungspositionen()
                    .getModel()).fireTableDataChanged(); }
12      }
13      catch(Exception e){
14          new javax.swing.JOptionPane().showMessageDialog(
                dlgAuswahlLehrveranstaltungstermine,e.getMessage());
15          e.printStackTrace();
16  }}
17  public void loeschenAbrechnungsposition(
        int abrechnungspositionsNummer){
18      dozentenabrechnung.loeschenAbrechnungsposition(
            abrechnungspositionsNummer);
19  }
```

Listing 9.12b: Methoden der Klassen *CtrlDlgDozentenabrechnungErfassen, Dozentenab-*
rechnungErfassenHandler **und** *Dozentenabrechnung* **zur Umsetzung der**
System-Operation *loeschenAbrechnungsposition ()*

```
20  public void loeschenAbrechnungsposition(
       int abrechnungspositionsNummer) {
21      for(Abrechnungsposition abrechnungsposition : positionsListe){
22          if(abrechnungsposition.getPosition()
                ==abrechnungspositionsNummer){
23              positionsListe.remove(abrechnungsposition);
24              if(abrechnungsposition.getPositionskategorie()
                   instanceof Lehrveranstaltungstermin){
25                  ((Lehrveranstaltungstermin)abrechnungsposition.get-
                    Positionskategorie()).setAbrechnungskennzeichen(false); }
26              break;
27          }
28      }
29      if(positionsListe.size()>0){
30          int zaehler=0;
31          for(Abrechnungsposition abrechnungsposition : positionsListe){
32              abrechnungsposition.setPosition(++zaehler); } } }
```

9.3.8 Implementierung der System-Operation *freigebenAbrechnung()*

Wenn der Benutzer die Entscheidung getroffen hat, dass alle angezeigten Abrechnungspositionen auch abgerechnet werden sollen, kann er dies durch einen Klick
auf die Schaltfläche *Freigeben* dem System mitteilen. Dadurch wird veranlasst, dass
die Dozentenabrechnung auf der Datenbank gespeichert wird und dass die Lehrveranstaltung als abrechnet gekennzeichnet wird, falls nun alle Lehrveranstaltungstermine dieser Lehrveranstaltung abgerechnet sind. Der Benutzer bekommt
eine Nachricht angezeigt, die er bestätigen muss damit der Dialog das Erfassen
einer weiteren Dozentenabrechnung erlaubt (vgl. Abb. 9.17).

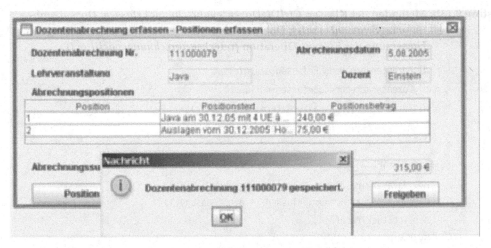

Abb. 9.17: Anwendungsdialog Dozentenabrechnung freigeben

Mit der Anweisung in Zeile 3 des Listing 9.13a wird die fachliche Verarbeitung der Benutzerinteraktion ausgelöst. In der Methode *freigebenAbrechnung()* des Anwendungsfall-Controllers (vgl. Zeilen 17-24 in Listing 9.13b) wird zuerst das Fortschreiben der abgerechneten Lehrveranstaltung veranlasst und mit der Anweisung in Zeile 21 wird die Speicherung mit Hilfe des *Mapper*-Objektes angestoßen. Die Fortschreibung der Lehrveranstaltung im Sinne des eventuellen Setzens des Abrechnungskennzeichens auf *true* erfolgt schlussendlich in der Klasse *Lehrveranstaltung* (vgl. Zeilen 27-32).

Listing 9.13a: Methoden der Klassen *CtrlDlgDozentenabrechnungErfassen, DozentenabrechnungErfassenHandler, Dozentenabrechnung* und *Lehrveranstaltung* zur Umsetzung der System-Operation *freigebenAbrechnungsposition ()*

```
1  public void jButtonFreigebenActionPerformed() {
2      try{
3          int id=dozentenabrechnungErfassenHandler.freigebenAbrechnung();
4          new javax.swing.JOptionPane().showMessageDialog(
               dlgDozentenabrechnungErfassen,"Dozentenabrechnung
               "+id+" gespeichert.");
5          if(dlgReisekostenErfassen!=null){
6              dlgReisekostenErfassen.dispose();
7              dlgReisekostenErfassen=null; }
```

Listing 9.13b: Methoden der Klassen *CtrlDlgDozentenabrechnungErfassen, Dozentenab-*
rechnungErfassenHandler, Dozentenabrechnung **und** *Lehrveranstaltung* **zur**
Umsetzung der System-Operation *freigebenAbrechnungsposition ()*

```
 8        dlgDozentenabrechnungErfassen.dispose();

 9        dlgDozentenabrechnungErfassen=null;

10        dlgAuswahlLehrveranstaltungstermine.dispose();

11        dlgAuswahlLehrveranstaltungstermine=null;

12    }

13    catch(Exception e){

14        new javax.swing.JOptionPane().showMessageDialog(
              dlgDozentenabrechnungErfassen, + e.getMessage());

15        e.printStackTrace();

16        System.exit(0); } }

17 public int freigebenAbrechnung() throws Exception {

18     if(dozentenabrechnung.getPositionsListe().size()==0){

19        throw new Exception("Dozentenabrechnung enthält
              keine Abrechnungspositionen!"); }

20     dozentenabrechnung.fortschreibenLehrveranstaltung();

21     mapper.speichernDozentenabrechnung(dozentenabrechnung);

22     int id=dozentenabrechnung.getDozentenabrechnungsnummer();

23     dozentenabrechnung=null;

24     return id ; }

25 public void fortschreibenLehrveranstaltung() {

26     lehrveranstaltung.fortschreibenLehrveranstaltung(); }

27 public void fortschreibenLehrveranstaltung() {

28     boolean kennzeichen=true;

29     for(Lehrveranstaltungstermin lvaTermin : terminListe){

30        kennzeichen=kennzeichen&&lvaTermin.isAbrechnungskennzeichen();

31     }

32     abrechnungskennzeichen=kennzeichen; }
```

Die Details der Speicherung sind aus den Listings 9.14a, b und c ersichtlich. Zuerst
werden die Spalten der Tabelle *Dozentenabrechnung* mit den Attributwerten des
Objekt vom Typ *Dozentenabrechnung* gefüllt (vgl. Zeilen 2-10 in Listing 9.14a). Im
nächsten Schritt (vgl. Zeilen 11-16) wird das Abrechnungskennzeichen der abgerechneten Lehrveranstaltung überschrieben. Dies wird gemacht, gleichgültig ob
sich dieses geändert hat oder nicht. Ansonsten hätte das System die Änderung
verwalten müssen. In unserem einfachen Fall verursacht dies kein Problem. Mit

Hilfe des Muster **Unit of Work** (vgl. Abschnitt 7.5.2) wäre ein optimales Umgehen mit dieser Problematik möglich. Allerdings würde dies den Einsatz eines komplexen Persistenz-Frameworks voraussetzen.

Als nächstes werden die Abrechnungspositionen gespeichert. Gemäß dem Tabellenschema (vgl. Tab. 9.8) hängen über Fremdschlüssel-Verbindung an einer Zeile der Tabelle *Abrechnungsposition* entweder eine *Lehrveranstaltungstermin*-Zeile, eine *GefahreneKm*-Zeile oder eine *Auslagen*-Zeile. Handelt es sich um eine Honorar-Abrechnungsposition, ist es notwendig, dass das Abrechnungskennzeichen in der korrespondierenden *Lehrveranstaltungstermin*-Zeile geändert wird. Handelt es sich um eine Reisekosten-Abrechnungsposition, so muss entweder eine neue Zeile in der Tabelle *GefahreneKm* oder in der Tabelle *Auslagen* eingefügt werden. Daher arbeitet die Methode *speichernDozentenabrechnung()* (vgl. Listings 9.14a, b und c) mit vier *PreparedStatement*-Objekten (*pstmt, pstmtL, pstmtG* und *pstmtA*). Das Kategorie-Kennzeichen in der Tabelle *Abrechnungsposition* wird in Abhängigkeit der Typeigenschaft des Objektes vom Typ *Abrechnungsposition* (vgl. Zeilen 30, 38, 46 in den Listings 9.14b und 9.14c) gesetzt. Für diese Prüfung wird der Java-Operator *instanceof* verwendet. Eine Besonderheit weisen noch die Zeilen 53 und 56 (vgl. Listing 9.14c) auf. Die Methode *transactionEnd()* beendet die Datenbanktransaktion. Um zu verhindern, dass aufgrund irgendwelcher Datenbankfehler nur Teile der Dozentenabrechnung gespeichert werden, wurde beim Öffnen der Datenbank-Verbindung (siehe Konstruktor der Klasse *DbConnection* im Paket *database*) der *auto-commit*-Modus ausgeschaltet. Das bedeutet, dass nicht jeder Schreibvorgang zu einem Abschließen der Datenbanktransaktion führt, sondern dass dafür ein explizites *commit* notwendig ist, das durch die Methode *transactionEnd()* bewirkt wird. Tritt ein Datenbankfehler auf, so führt dies zu einer *SQLException*, die in dem *catch*-Block (vgl. Zeilen 54 – 57 in Listing 9.14c) bearbeitet wird. Die Methode *transactionRollback()*-Methode bewirkt, dass alle bis dahin veranlassten Änderungen der Datenbank zu keinen Veränderungen der Datenbank führen. Damit ist gewährleistet, dass entweder alle Datenbankänderungen aufgrund des Speicherns einer Dozentenabrechnung erfolgreich ausgeführt werden oder aber keine der Änderungen. Dies gewährleistet die Konsistenz der Datenbank.

Nach erfolgter Speicherung wird dem Benutzer die Nummer der gespeicherten Dozentenabrechnung angezeigt (vgl. Abb. 9.17 und Zeile 4 in Listing 9.13a). In den Anweisungen der Zeilen 5-11 im Listings 9.13a werden die nicht mehr benötigten Dialoge geschlossen und die Objekte werden implizit dadurch gelöscht, dass durch das Zuweisen von *null* zu den entsprechenden Referenzvariablen keine Referenz mehr auf das Objekt besteht, so dass der Garbage-Collector eine Speicherfreigabe durchführen kann.

Listing 9.14a: Methode *speichernDozentenabrechnung* der Klasse *Mapper*

```
1  public void speichernDozentenabrechnung(Dozentenabrechnung
     dozentenabrechnung) throws Exception{
2     String sql="Insert into Dozentenabrechnung (
        dozentenabrechnungsNummer, abrechnungsdatum," +
3        "  fkLehrveranstaltungsNummer) values (?,?,?);";
4     java.sql.PreparedStatement pstmt=writer.insert(sql);
5     try{
6        pstmt.setInt(1, dozentenabrechnung.getDozentenabrechnungsnummer());
7        pstmt.setDate(2, new java.sql.Date(dozentenabrechnung
           .getAbrechnungsdatum().getTime())));
8        pstmt.setInt(3, dozentenabrechnung.getLehrveranstaltung()
           .getLehrveranstaltungsNummer().intValue());
9        pstmt.execute();
10       writer.closeStatement(pstmt);
11       sql="Update Lehrveranstaltung set Abrechnungskennzeichen=
           ? where lehrveranstaltungsNummer=?;";
12       pstmt=writer.update(sql);
13       pstmt.setBoolean(1, dozentenabrechnung
           .getLehrveranstaltung().isAbrechnungskennzeichen());
14       pstmt.setInt(2, dozentenabrechnung.getLehrveranstaltung()
           .getLehrveranstaltungsNummer().intValue());
15       pstmt.execute();
16       writer.closeStatement(pstmt);
17       sql="Insert into Abrechnungsposition (
           fkDozentenabrechnungsNummer, position,
           kategorie, fkId) values (?,?,?,?);";
18       pstmt=writer.insert(sql);
19       String sqlL="Update Lehrveranstaltungstermin
           set abrechnungskennzeichen= ?, id=? where
           fkLehrveranstaltungsNummer=? and position=?;";
20       java.sql.PreparedStatement pstmtL=writer.update(sqlL);
21       String sqlG="Insert into GefahreneKm (id, anzahlKilometer,
         kostensatz, fkLehrveranstaltungsterminId) values (?,?,?,?);";
22       java.sql.PreparedStatement pstmtG=writer.insert(sqlG);
23       String sqlA="Insert into Auslagen (id, auslagenArt, betrag,
           fkLehrveranstaltungsterminId) values (?,?,?,?);";
```

Listing 9.14b: Methode *speichernDozentenabrechnung* der Klasse *Mapper*

```
24        java.sql.PreparedStatement pstmtA=writer.insert(sqlA);
25        for(Abrechnungsposition abrechnungsposition :
             dozentenabrechnung.getPositionsListe()){
26            pstmt.setInt(1, dozentenabrechnung
                  .getDozentenabrechnungsnummer());
27            pstmt.setInt(2, abrechnungsposition.getPosition());
28            pstmt.setInt(4, abrechnungsposition
                  .getPositionskategorie().getId());
29            if(abrechnungsposition.getPositionskategorie()
                  instanceof Lehrveranstaltungstermin){
30                pstmt.setInt(3, 1);
31                pstmt.execute();
32                pstmtL.setBoolean(1, ((Lehrveranstaltungstermin)
                      abrechnungsposition.getPositionskategorie())
                      .isAbrechnungskennzeichen());
33                pstmtL.setInt(2, ((Lehrveranstaltungstermin)
                      abrechnungsposition.getPositionskategorie())
                      .getId());
34                pstmtL.setInt(3, ((Lehrveranstaltungstermin)
                      abrechnungsposition.getPositionskategorie())
                      .getLehrveranstaltung().getLehrveranstaltungs-
                      Nummer().intValue());
35                pstmtL.setInt(4,((Lehrveranstaltungstermin)
                      abrechnungsposition.getPositionskategorie())
                      .getPosition());
36                pstmtL.execute();  }
37            else if(abrechnungsposition.getPositionskategorie()
                  instanceof GefahreneKm){
38                pstmt.setInt(3,2);
39                pstmt.execute();
40                pstmtG.setInt(1, abrechnungsposition
                      .getPositionskategorie().getId());
41                pstmtG.setInt(2, ((GefahreneKm)abrechnungsposition
                      .getPositionskategorie()).getAnzahlKilometer());
42                pstmtG.setDouble(3, ((GefahreneKm)abrechnungsposition
                      .getPositionskategorie()).getKostensatz());
```

Listing 9.14c: Methode *speichernDozentenabrechnung* **der Klasse** *Mapper*

```
43          pstmtG.setInt(4, ((GefahreneKm)
                abrechnungsposition.getPositionskategorie())
                .getLehrveranstaltungstermin().getId() );

44          pstmtG.execute();  }

45      else{

46          pstmt.setInt(3,3);

47          pstmt.execute();

48          pstmtA.setInt(1, abrechnungsposition
                .getPositionskategorie().getId());

49          pstmtA.setString(2, ((Auslagen)abrechnungsposition
                .getPositionskategorie()).getAuslagenArt());

50          pstmtA.setDouble(3, ((Auslagen)abrechnungsposition
                .getPositionskategorie()).getBetrag());

51          pstmtA.setInt(4, ((Auslagen)
                abrechnungsposition.getPositionskategorie())
                .getLehrveranstaltungstermin().getId() );

52          pstmtA.execute(); } }

53      writer.transactionEnd();  }

54  catch(java.sql.SQLException e){

55      e.printStackTrace();

56      writer.transactionRollback();

57      throw new  Exception("Fehler beim Speichern der Dozenten-
            abrechnung. DB Admin benachrichtigen. "+e.getMessage()); } }
```

9.4 Zusammenfassung

Damit haben wir uns die Implementierung aller System-Operationen des System-Sequenzdiagramms aus Abb. 9.2 einschließlich der Dialogschicht und der Datenhaltungsschicht genauer angeschaut. Mit diesem Kapitel haben wir an einem einfachen Beispiel Lösungsansätze des Architektur-Entwurfs mit drei Schichten aus Kapitel 7 angewandt und eine möglichst lose Kopplung dieser Schichten in konkreter Java-Implementierung realisiert. Die konkrete Anwendung der Entwurfsmöglichkeiten des Kapitels 7 haben wir im Abschnitt 9.2 durchgeführt. Hinsichtlich der fachlichen Inhalte haben wir Modelle aufgegriffen, die wir bereits im Kapitel 4 behandelt hatten. Damit sollte auch die konzeptionelle Durchgängigkeit der erlernten Vorgehensweise demonstriert und erlebt werden. Inhaltlich sind wir aufgrund pragmatischer Überlegungen der Vereinfachung ein wenig von den Modellinhalten abgewichen. In Abb. 9.18 sollen das Dialogbild, der Java-Code und das Datenbank-Symbol die drei Architekturschichten darstellen. Bestimmt ist der Inhalt durch die Anforderungen, welche wir u.a. mit Klassendiagramm, System-Sequenzdiagramm und Kommunikationsdiagrammen modellierten Bei der konkreten Implementierung haben wir Entwurfskonzepte der drei Schichten sowie z.T. Entwurfsmuster berücksichtigt.

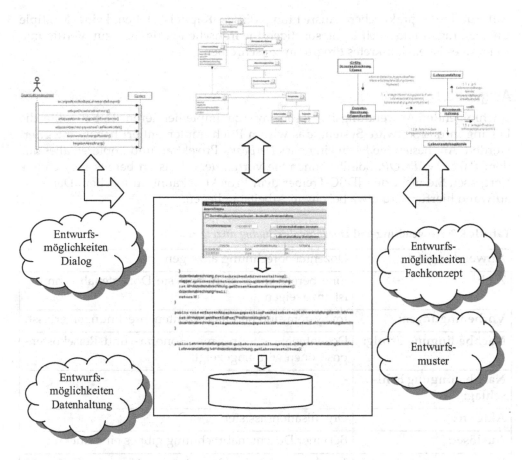

Abb. 9.18: Zusammenfassung

9.5 Wiederholungsfragen und Aufgaben

Die Lösungen zu den nachfolgenden Fragen und Aufgaben finden Sie auf der Webseite zum Buch.

Aufgrund der praktischen Ausrichtung dieses Kapitels stehen keine Multiple Choice Fragen und auch keine sonstigen theoretischen Aufgaben zur Verfügung, sondern es ist ein konkretes Programm zu schreiben.

Aufgabe 9.1

Nachfolgender Anwendungsfall ist in Java zu implementieren. Dabei sollte die Lösung in das Software-System, das wir im Buch implementiert haben, integriert werden. Am besten Sie legen ein neues *NetBeans*-Projekt an und kopieren alles aus dem Paket *WABOOP*. Somit können Sie vorhandene Klassen bereits verwenden. Vergessen Sie nicht den JDBC-Treiber dem Projekt bekannt zu machen. Der Zeitaufwand hierfür wird etwa bei einem Arbeitstag liegen.

Tabelle 9.9: Anwendungsfall *Dozentenabrechnung anzeigen*

Anwendungsfall:	Dozentenabrechnung anzeigen
Ziel:	Eine bereits im System erfasste Dozentenabrechnung ist anzuzeigen.
Vorbedingungen:	Im System sind bereits Dozentenabrechnungen erfasst.
Nachbedingung Erfolg:	Dozentenabrechnung mit Honorar- und Reisekostenpositionen wird angezeigt.
Nachbedingung Fehlschlag:	-
Akteure:	Organisationsassistent
Auslöser:	Bei einer Dozentenabrechnung gibt es eine Rückfrage
Beschreibung:	1. Auswählen des Dozenten 2. Auswählen der anzuzeigenden Dozentenabrechnung des ausgewählten Dozenten 3. Anzeigen der Abrechnung
Alternativen:	keine
Erweiterungen:	keine
Nicht-funktionale Anforderungen:	keine

Priorität:	eher gering
Häufigkeit:	selten
Offene Punkte:	-
Sonstiges:	-

Mit dem Anwender sei folgender Dialog-Entwurf abgestimmt:

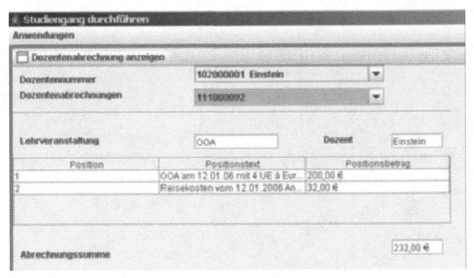

Abb. 9.19: Dialog-Entwurf

Anhang 1 Ausgewählte Elemente der Unified Modeling Language (UML)

A1.1 Überblick

Zusammenfassung

Dieses Kapitel gibt einen Überblick zur Unified Modeling Language (UML). Dem Leser ohne Grundkenntnisse der UML dient dieses Kapitel der Einführung. Dem Leser mit Grundkenntnissen kann es zum Nachschlagen und Wiederholen dienen. Nach einer kurzen Charakterisierung der Entwicklungsgeschichte der UML, werden die wesentlichen Elemente der statischen und dynamischen Modellierungsmöglichkeiten der UML vorgestellt und an einfachen Beispielen erläutert. Im Mittelpunkt der Ansätze zur statischen Strukturmodellierung steht das Klassendiagramm mit seinen vielfältigen Darstellungselementen, wie z.B. Klasse, Attribut, Operation, Assoziation sowie Generalisierungs-Spezialisierungsbeziehung. Zur Strukturierung komplexer Modelle wird das Paketdiagramm vorgestellt. Im Überblick werden das Objekt-, Komponenten- und Verteilungsdiagramm diskutiert. Die Schwerpunkte bei den Verhaltensdiagrammen bilden das Anwendungs-, Aktivitäts- und Zustandsdiagramm sowie das Sequenz- und Kommunikationsdiagramm als Ausprägungen des Interaktionsdiagramms. Das Anwendungsfalldiagramm mit Anwendungsfällen und Akteuren dient zur Modellierung funktionaler Anforderungen aus Benutzersicht. Darüber hinaus stellt das Anwendungsfalldiagramm eine Strukturierungshilfe für das Gesamtsystem dar. Aktivitätsdiagramme dienen der Ablaufbeschreibung und können zur Geschäftsprozess-, Anwendungsfall- und Operationsmodellierung verwendet werden. Zustandsdiagramme können sowohl zur Modellierung möglicher Zustände von Anwendungsfällen als auch von Objekten eingesetzt werden. Während Anwendungsfallmodelle keinen direkten Bezug zu objektorientierten Konzepten, wie Objekt oder Klasse, aufweisen, stellen Interaktionsdiagramme die Brücke zwischen dieser funktionsorientierten und der objektorientierten Sicht dar. Sequenz- und Kommunikationsdiagramme dienen insbesondere dazu, das Zusammenspiel (die Interaktion) zwischen Objekten in Form von Nachrichten zu modellieren. Damit werden insbesondere die Operationen in Klassendiagrammen identifiziert und zugeordnet. In diesem Sinne wird in diesem Anhang das formale Rüstzeug dargestellt, das zur objektorientierten Modellierung komplexer Systeme notwendig ist und in den vorangehenden Kapiteln in einem methodischen Zusammenhang angewandt wurde.

Wichtige Teilgebiete sind:

- Grundlagen zur UML
- Klassendiagramm
- Anwendungsfalldiagramm

- Aktivitätsdiagramm
- Sequenzdiagramm
- Kommunikationsdiagramm

Lernziele

Der Studierende soll:

- einen Überblick über die UML bekommen,
- die Elemente eines Klassendiagramms sachgerecht anwenden können,
- die Elemente eines Anwendungsfalldiagramms sachgerecht anwenden können,
- das Aktivitätsdiagramm zur Geschäftsprozess- und Anwendungsfallmodellierung anwenden können,
- Möglichkeiten der Nutzung des Zustandsdiagramms kennen,
- Sequenz- und Kommunikationsdiagramm zur Modellierung von Anwendungsfällen in Form der Interaktion von Objekten einsetzen können.

A1.2 Grundlagen zur Unified Modeling Language (UML)

Im Fachgebiet des Software Engineerings verstehen wir unter einer Methode eine systematische Vorgehensweise zur Erreichung eines bestimmten Ergebnisses. Bei einer Modellierungsmethode ist das Ergebnis ein Modell (z.B. Klassenmodell). Vor diesem Hintergrund gehören zu einer Methode neben den Vorgehensschritten, eine Menge von Konzepten (z.B. Klasse, Vererbung, Polymorphismus) auch eine Notation zur Darstellung der Modelle (vgl. Balzert, 1999, S. 5). Die Ursprünge der Objektorientierung liegen in der objektorientierten Programmierung. Wegweisend war insbesondere die Entwicklung der Programmiersprache *Smalltalk-80*, die in den Jahren von 1970 bis 1980 am Palo Alto Research Center (PARC) der Firma *Xerox* erfolgte. Die Smalltalk-Entwickler (Alan C. Kay und Adele Goldberg) übernahmen das Klassenkonzept von der Programmiersprache *Simula 67*, die von den Norwegern Kristen Nygaard und O.-J. Dahl entwickelt wurde. In den Folgejahren wurden viele objektorientierte Programmiersprachen (z.B. *Objective C*, *Eiffel*, *C++*, *Java*, *C#*) entwickelt. Während die Programmiersprachen die objektorientierten Konzepte textuell repräsentieren (z.B. *public class Studiengang{}* als eine Klassendeklaration in *Java*) sind Ende der 80er und Anfang der 90er Jahre eine Menge von grafischen Notationen zur Darstellung von objektorientierten Modellen vorgestellt worden. Besonders zu nennen sind P. Coad, und E. Yourdon, J. Martin und J. Odell, S. Shlaer und S. Mellor, R. Wirfs-Brock sowie insbesondere Grady Booch, Ivar Jacobson und James Rumbaugh. Die drei zuletzt genannten werden auch vielfach die 'drei Amigos' genannt. Sie gelten als die Sprachschöpfer der Unified Modeling Language. Sie haben den Vereinheitlichungsprozess vor dem Hintergrund der Vielfalt von Notationen erfolgreich vorangetrieben. Ursprünglich sollte eine 'unified method' entstehen (vgl. Vers. 0.8 in Abb. A1.1), letztlich ist eine Sprache zur

Modellierung und Visualisierung komplexer Software-Systeme entstanden. Mit dem Übergang von der Version 1.1 zur Version 1.3 (Version 1.2 wurde nie veröffentlicht) erfolgte der Schritt zur standardisierten Modellierungssprache. Seit der Version 1.3 betreibt die Object Management Group (OMG) den Prozess der Weiterentwicklung der UML. Mit diesem Gremium, dem heute ca. 800 Mitglieder aus Anwender- und IT-Herstellerunternehmen sowie Wissenschaft und Forschung angehören, hat die UML den Rückhalt, so dass sie heute **der** Modellierungsstandard im objektorientierten Anwendungsbereich darstellt.

OMG Unified Modelling Language 2.0
October 2004

Erfahrungen der Anwender   OMG Unified Modelling Language 1.5
UML Partners 2003

OMG Unified Modelling Language 1.4
UML Partners 2001

**Object Management Group
(OMG) übernimmt
Copyright**   OMG Unified Modelling Language 1.3
UML Partners 1999

XML Metadata Interchange   OMG Unified Modelling Language 1.2
UML Partners 1998

Unified Modelling Language 1.1
UML Partners 9/1997

Integration der Object Constraint Language   Unified Modelling Language 1.0
UML Partners 1/1997

Einsatzerfahrungen der
Sprachschöpfer   Unified Modelling Language 0.9, 0.91
Booch/Rumbaugh/Jacobson

Unified Method 0.8   Objcet-Oriented Software Engineering
Booch/Rumbaugh 1995   (OOSE) von Ivar Jacobson u.a.

Object Modelling Technique (OMT) von   Object Oriented Design (OOD) von Grady   ...
J. Rumbaugh u.a.; 1991   Booch, 1991

Abb. A1.1: Entwicklung der Unified Modeling Language (vgl. Jeckle u.a., 2004, S. 12)

Die UML kennt eine ganze Familie von Diagrammtypen. Im Rahmen dieses Buches beschränken wir uns auf eine zweckgeeignete Auswahl. In der Übersicht in Abb. A1.2 sind die ausgewählten Diagrammtypen kursiv geschrieben. Die Darstellung der einzelnen UML-Diagramme in diesem Kapitel folgt grundsätzlich dem Buch 'UML 2 glasklar' von Jeckle u.a. (vgl. Jeckle u.a., 2004). Neben einer formalen Darstellung erfolgt die Erläuterung vor allem anhand von Beispielen, die aus vereinfachten Fällen der Unternehmenspraxis stammen, z.B. Auftragsbearbeitung oder Mitarbeiterverwaltung u.ä...

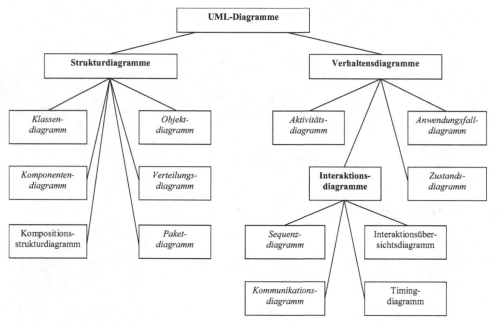

Abb. A1.2: Die Diagrammtypen nach UML 2 (vgl. Jeckle u.a., 2004, S. 16)

A1.3 Strukturmodellierung

Strukturdiagramme dienen dazu, den statischen Aufbau eines Software-Systems angefangen von der einzelnen Klasse mit ihren Attributen, Methoden (Operationen) und Beziehungen, bis zur vollständigen Architektur zu visualisieren. Das Klassen- und Paketdiagramm behandeln wir ausführlicher, im Überblick gehen wir auf das Objekt-, Komponenten- und Verteilungsdiagramm ein.

A1.3.1 Klassendiagramm (class diagram)

Das Klassendiagramm ist das Kernstück des OO-Modells eines zu entwerfenden OO-Systems. Eine **Klasse** definiert für eine Menge von Objekten deren Eigenschaften (**Attribute**) und deren Verhalten (**Operationen** bzw. **Methoden**) und repräsentiert damit eine Menge von Objekten mit gleicher Semantik. In einem Klassendiagramm werden die Objektbeziehungen in Form von **Assoziationen** sowie. Abhängigkeitsbeziehungen und die Klassenbeziehungen in Form von **Generalisierungs-Spezialisierungsbeziehungen** (Vererbung) abgebildet. Damit enthält ein Klassendiagramm folgende Elemente:

- Klassen,
- Schnittstellen,
- Attribute,
- Operationen,
- Assoziationen (mit den Sonderformen Aggregation und Komposition),
- Generalisierungs-Spezialisierungsbeziehungen und
- Abhängigkeitsbeziehungen.

Das Entity-Relationship-Modell nach Peter Chen kann als ein Vorläufer des Klassenmodells gesehen werden. Die in der UML verwendete Notation geht auf die Object Modeling Technique (OMT) von James Rumbaugh u.a. (vgl. Rumbaugh u.a., 1993) zurück. Der Unterschied zur Datenmodellierung besteht im wesentlichen darin, dass jede Klasse auch Operationen enthalten kann, welche Zustandsänderungen bewirken bzw. definierte Reaktionen herbeiführen. Damit ist die Klasse eine Einheit von Daten und darauf operierendem Verhalten.

Im Rahmen der UML wird eine Klasse als Typ interpretiert, dessen Ausprägungen Objekte heißen. Das Objekt ist damit eine konkrete Ausprägung der durch die Klasse vorgegebenen Schablone. In diesem Sinne wird auch vielfach der Begriff Instanz verwendet, der in der Philosophie soviel bedeutet wie Ausprägung eines universellen Allgemeinbegriffs (Universalie). Nachfolgend wollen wir auf die einzelnen Notationselemente eingehen.

Klasse

Die Klasse beschreibt eine Menge von Objekten gleicher Semantik mit Hilfe von Attributen und Operationen. Mehrere Darstellungsarten sind möglich (vgl. Abb. A1.3). Weniger in der Analyse als mehr im Entwurf kann es zweckmäßig sein, abstrakte Klassen (vgl. Abb. A1.4) zu verwenden. Ein Beispiel könnte sein, dass in einem Materialwirtschaftssystem selbstgefertigte Teile (Eigenfertigungsteile) und fremdbezogene Teile (Fremdbezugsteile) gibt, dann wäre es denkbar, dass die gemeinsamen Eigenschaften in einer abstrakten Klasse *Teil* modelliert werden.

Sowohl Attribute als auch Operationen lassen sich nach zweckmäßigen Kriterien gruppieren. Die Gruppierung kann mit einem so genannten Stereotyp benannt

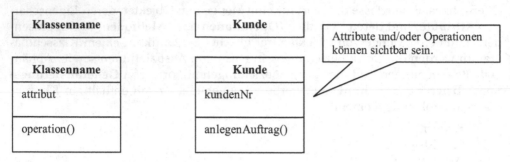

Abb. A1.3: Darstellung einer Klasse

werden. Im Beispiel der Abb. A1.5 werden unterschiedliche Gruppen von Operationen gebildet. In der einen Gruppe werden abhängige Objekte angelegt und in der anderen Gruppe werden irgendwelche Summenwerte ermittelt, die sich aus Attributwerten in abhängigen Objekten ermitteln lassen.

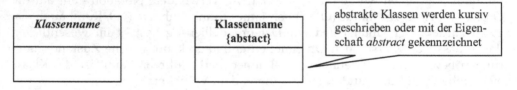

Abb. A1.4: Darstellung einer abstrakten Klasse

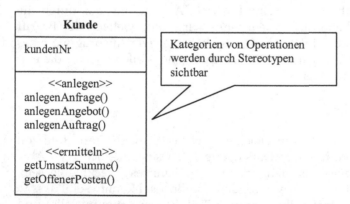

Abb. A1.5: Gruppierung von Operationen und/oder Attributen in einer Klasse

Attribut

In den obigen Beispielen wurden Attribute nur durch ihren Namen spezifiziert, der innerhalb der Klasse eindeutig sein muss. Dies ist im Rahmen der objektorientierten Analyse auch üblich. Die UML spezifiziert jedoch eine allgemeinere Syntax zur Attributdeklaration:

[Sichtbarkeit] [/] Name [: Typ] [Multiplizität] [= Vorgabewert] [{Eigenschaftswert}]

Die **Sichtbarkeit** legt fest, welche Zugriffrestriktion für ein Attribut gilt. Folgende vier Sichtbarkeitsmodi sind möglich. Die Klammerangaben geben die jeweiligen Symbole wieder, die statt des Schlüsselwortes verwendet werden können:

- *public (+)*: Jede andere Systemkomponente hat uneingeschränkten Zugriff.
- *private (-)*: Nur Objekte der gleichen Klasse dürfen zugreifen.
- *protected (#)*: Nur Objekte der gleichen Klasse oder Spezialisierungen davon dürfen zugreifen.
- *package (~)*: Nur Objekte von Klassen im selben Paket dürfen zugreifen.

Der **Name** eines Attributs ist im Gegensatz zu allen anderen Angaben nicht optional. Grundsätzlich bestehen hinsichtlich des Zeichenvorrats keine Beschränkungen. Der Attributname sollte mit Kleinbuchstaben beginnen. Häufig wird die sog. Kamelhöcker-Darstellung angewandt, die Binnenmajuskeln (Großbuchstaben) statt Leerzeichen oder etwa Unterstrich als optischen Trenner verwendet, z.B. angebotenerPreis. Der optionale Schrägstrich vor dem Namen sagt, dass es sich um ein abgeleitetes bzw. **ableitbares Attribut** handelt, dessen Inhalt aus anderen Elementen im System zur Laufzeit ermittelt werden kann. Ein typisches Beispiel ist etwa in einer Klasse Mitarbeiter *betriebszugehoerigkeit*, das sich aus dem Systemdatum und dem Attribut *einstellungsdatum* errechnen lässt.

Der **Typ** eines Attributs gibt an, aus welchem Wertebereich die Werte sein dürfen, die einem Attribut zugewiesen werden können, und legt fest, welche Operationen auf die Werte angewandt werden dürfen. Grundsätzlich bestehen keine Einschränkungen hinsichtlich der verwendbaren Typen. Es können sowohl skalare Datentypen, wie Integer, die keine eigenständige Semantik aufweisen, als auch komplexe Datentypen, die durch andere Klassen im Modell spezifiziert werden, z.B. *angebotenerPreis : Waehrung*.

Mit der Multiplizität können Unter- und Obergrenze der Anzahl von Ausprägungen je Attribut festgelegt werden. Folgende Beispiele verdeutlichen mögliche unterschiedliche Ausprägungen:

- *0..1*: optionales Attribut, für das höchstens ein Wert hinterlegt werden kann.

- *1..1*: Muss-Attribut, für das mindestens und höchstens ein Wert hinterlegt werden muss.
- *0..**: optionales Attribut, für das mehrere Werte hinterlegt werden können.
- *1..**: Muss-Attribut, für das beliebig viele Attributwerte existieren können.
- *n..m*: für das Attribut müssen mindestens n und dürfen höchsten m Werte hinterlegt werden.

Mit Hilfe des **Vorgabewertes** kann spezifiziert werden, dass ein Attribut automatisch auf einen speziellen Wert gesetzt wird. Dieser Wert würde z.B. als Vorbelegung im Konstruktor der entsprechenden Klasse dem Attribut zugewiesen. Der **Eigenschaftswert** erlaubt in geschweiften Klammern besondere Charakteristika des Attributs zu beschreiben. Die Angaben können grundsätzlich frei gewählt werden.

Operation

Wie auch in obigen Beispielen, wird eine Operation, z.B. *getUmsatzSumme()*, mindestens durch ihren Namen spezifiziert. Weitere optionale Angaben sind möglich. Die allgemeine Spezifikation lautet wie folgt:

[Sichtbarkeit] Name ([Parameterliste]) [: Rückgabetyp] [{Eigenschaftswert}]

Hinsichtlich der **Sichtbarkeit** können die gleichen Festlegungen getroffen werden, wie bei Attributen. Die Restriktionen beziehen sich bei Operationen auf die Möglichkeit der Ausführung. Auch hinsichtlich der Namensgebung gelten die gleichen Regeln wie bei Attributen. In der Regel sollte der Name der Operation ein Verb beinhalten, so dass die Verrichtung ausgedrückt werden kann. Vielfach werden auch Kombinationen mit einem Substantiv verwendet, so dass nicht nur die Verrichtung, sondern auch das betroffene Objekt im Namen ausgedrückt wird, z.B. anlegenAuftrag(). Die **Parameterliste** beinhaltet die durch die Operation verarbeiteten Parameter, die beim Aufruf übergeben werden. Die durch Kommata getrennten Einträge haben folgende Struktur:

[Übergaberichtung] Name[: Typ] [Multiplizität] [= Vorgabewert] [{Eigenschaftswert}]

Mit der Übergaberichtung wird festgelegt, ob eine Operation einen Übergabeparameter nur liest (*in*), ihn nur schreibt (*out*) oder ihn liest, verarbeitet und wieder schreibend verwendet (*inout*). Wird keine Übergaberichtung angegeben, so ist dies gleichbedeutend mit *in*. Der Name des Parameters muss bei einer Operation eindeutig sein. Der Typ spezifiziert den Datentyp des Parameters. Die Multiplizität legt fest, wie viele Werte ein Parameter umfasst. Ist ein Vorgabewert angegeben, so bedeutet dies soviel, dass dieser Wert von der Operation dann verwendet wird, wenn kein Parameterwert übergeben wird. Mit dem Merkmal Eigenschaftswert lässt sich der Parameter noch näher charakterisieren.

Der **Rückgabetyp** ist der Datentyp, der nach der Ausführung der Operation zurückgeliefert wird. Die Angaben in geschweiften Klammern erlauben, dass in Form des **Eigenschaftswerts** besondere Merkmale der Methode angegeben werden.

Normalerweise beschreiben Operationen das Verhalten von Objekten einer Klasse und werden im Rahmen der Implementierung durch **Methoden** umgesetzt. Eine Besonderheit stellen so genannte Klassenoperationen dar, für deren Aufruf kein Objekt existieren muss. Zur Aktivierung einer Klassenoperation wird eine Nachricht an die Klasse geschickt. Grafisch werden Klassenoperationen durch Unterstreichen kenntlich gemacht. Eine besondere Rolle nehmen die so genannten get- und set-Operationen ein. Diese haben i.d.R. lediglich die Funktion, auf als *private* deklarierte Attribute zuzugreifen. In diesem Fall bringt eine Modellierung von get- und set-Operationen relativ wenig Erkenntnis und kann damit in der Regel unterbleiben. Get- und set-Operationen können jedoch auch eine weitergehende Funktionalität beinhalten, z.B. *setEAN(ean : int) : boolean* überprüft anhand eines Prüfziffernalgorithmus, ob der übergebene Integer-Wert eine gültige Europäische Artikelnummer ist. Nur in diesem Fall wird er übergebene Parameterwert geschrieben ansonsten wird beispielsweise eine Exception geworfen.

Schnittstelle

Eine Schnittstelle definiert eine Menge von Operationen, die von unterschiedlichen Klassen implementiert werden können. Eine Klasse kann auch mehrere unterschiedliche Schnittstellen implementieren. Die Schnittstelle ist aus konzeptioneller Sicht dem Klassenkonstrukt sehr ähnlich. Die Realisierungsbeziehung zwischen Klasse und Schnittstelle stellt eine besondere Form der Spezialisierung einer abstrakten Klasse dar. Ein Unterschied besteht jedoch darin, dass die abstrakte Klasse durchaus konkrete Methoden für die abgeleiteten Klassen vorgeben kann, während die Schnittstelle nur abstrakte Operationen ohne Methoden im Sinne einer Umsetzung beinhaltet. Zwischen Schnittstellen können Generalisierungs-Spezialisierungsbeziehungen bestehen. Grundsätzlich gibt es zwei Formen der Notation, die in Abb. A1.6 wiedergegeben sind.

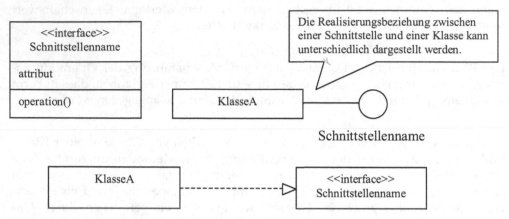

Abb. A1.6: Notation für Schnittstellen und deren Realisierungsbeziehung zu Klassen

Generalisierung

Die Beziehung zwischen Unterklassen und Oberklassen wird als Generalisierung oder auch Generalisierungs-Spezialisierungsbeziehung bezeichnet. Die Generalisierung wird dort eingesetzt, wo es sich um eine so genannte ist-ein-Beziehung (is-a-relationship) handelt. So gilt beispielsweise in der Abb. A1.7, dass eine Handelsware (ein Gut, das von einem Industriebetrieb eingekauft und ohne eigene Bearbeitung wieder verkauft wird), ein Ersatzteil und ein selbsterstelltes Endprodukt eine Art von Verkaufsartikel sind. Die Tatsache, dass alle Verkaufsartikel einen Verkaufspreis haben und im Rahmen eines Kundenauftrags auch eine Beziehung zu einer Auftragsposition haben können, ist in dem Beispiel durch das Attribut *verkaufsPreis* in der abstrakten Klasse *Verkaufsartikel* und der eingezeichneten Assoziation (siehe nächsten Abschnitt) berücksichtigt. Die Tatsache, dass jeder Verkaufsartikel aus der Herkunftssicht ein Teil und u.a. die Eigenschaften *teileNr* und *teileBezeichnung* aufweist, wird über die zweite Generalisierungsbeziehung und den eingezeichneten Assoziationen abgebildet.

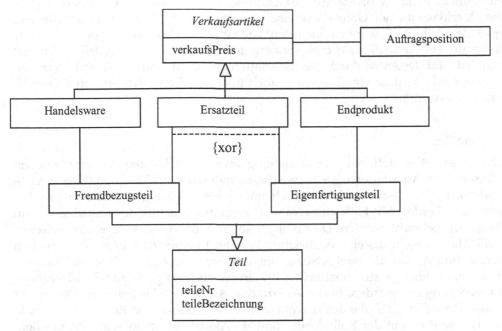

Abb. A1.7: Beispiel für eine Generalisierungs-Spezialisierungsbeziehung

Eine Generalisierungs-Spezialisierungsbeziehung kann durch spezielle Eigenschaften näher charakterisiert werden. Die UML sieht folgende Schlüsselworte vor:

- *complete*: Die aufgeführten Unterklassen stellen alle im Modellkontext denkbaren Spezialisierungen dar.
- *incomplete*: Die aufgeführten Unterklassen stellen nicht alle im Modellkontext denkbaren Spezialisierungen dar.
- *disjoint*: Kein Objekt einer Unterklasse ist gleichzeitig auch Objekt einer anderen Unterklasse.
- *overlapping*: Es kann Objekte geben, die Ausprägungen von mehreren Unterklassen sind.

Bei den in der Abb. A1.7 aufgeführten Generalisierungs-Spezialisierungs-Hierarchien sei unterstellt, dass es sich in beiden Fällen um Generalisierungsbeziehungen handelt, die durch *complete* und *disjoint* charakterisiert sind.

In der Abb. A1.7 handelt es sich in beiden Fällen um eine Einfachvererbung. Grundsätzlich ist es auch denkbar, dass eine Klasse als Unterklasse von mehreren Oberklassen modelliert wird. Es ist zu empfehlen, Mehrfachvererbung möglichst zu vermeiden, da beispielsweise die Gefahr des wiederholten Erbens besteht, wenn die Oberklassen einer Unterklasse eine gemeinsame Oberklasse besitzen. Im Beispiel der Abb. A1.7 wäre es auch denkbar gewesen, dass die Klasse *Endprodukt* nicht nur von *Verkaufsartikel* erbt, sondern auch von *Eigenfertigungsteil* und damit von *Teil*. Stattdessen ist durch die Assoziation zwischen *Endprodukt* und *Eigenfertigungsteil* erfasst, dass ein *Endprodukt* auch über die Eigenschaften von *Eigenfertigungsteils* verfügt.

Assoziation

Eine Assoziation definiert eine Beziehung zwischen Objekten der verbundenen Klassen. Eine Assoziation besteht zwischen mindestens zwei Klassen (binäre Assoziation). Eine Assoziation kann durch unterschiedliche Eigenschaften näher beschrieben werden. Mit Hilfe eines Namens kann die Semantik der Assoziation zum Ausdruck gebracht werden. Dies ist insbesondere dann sinnvoll, wenn zwischen zwei Klassen mehr als eine Assoziation besteht. In Abb. A1.8 bestehen zwischen Person und Artikel die zwei Assoziationen *Anfrage* und *Kauf*. Neben den Assoziationsnamen können zur inhaltlichen Erklärung auch so genannte Rollenbezeichnungen vergeben werden. In der Assoziation *Anfrage* ist das jeweilige Objekt der Klasse *Person* in der Rolle des *Interessenten*, in der Assoziation *Kauf* ist das Objekt der Klasse *Person* in der Rolle *Käufer*. Sowohl Assoziationsnamen als auch Rollenbezeichnungen sollten nur dann verwendet werden, wenn sie zusätzliche Erkenntnis liefern, ansonsten ist im Sinne der Übersichtlichkeit eher darauf zu verzichten. Rollenbezeichnungen sind insbesondere zweckmäßig, wenn es sich um eine so genannte zirkuläre oder reflexive Assoziation handelt. In Abb. A1.9 ist ein einfaches Modell zur Abbildung einer Organisationsstruktur wiedergegeben. In diesem Fall tragen die Rollenbezeichnungen wesentlich mehr zur Erkenntnissteigerung bei, als die Rollenbezeichnungen in Abb. A1.8. Im zweiten Teil der Abb. A1.8 ist die Assoziation zwischen *Auftragsposition* und *Artikel* eingetragen. Der Assoziationsname ist noch durch einen Pfeil ergänzt, der die Leserichtung anzeigt. Dies ist insbesondere dann zweckmäßig, wenn der Assoziationsname nicht für beide Assoziationsrichtungen gleichermaßen treffend ist.

Abb. A1.8: Assoziation mit Assoziationsname und Rollenbezeichnungen

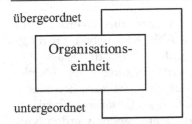

übergeordnet

untergeordnet

Abb. A1.9: Zirkuläre bzw. reflexive Beziehung

Eine wichtige Eigenschaft von Assoziationen sind die so genannten Multiplizitäten. Die **Multiplizität** wird in einer Min-Max-Notation angegeben. Im Beispiel der Abb. A1.10 sagt die Multiplizität beim Auftrag, dass es zu einem Objekt des Typs *Kunde* entweder kein (daher 0) oder viele (daher *) Objekte vom Typ *Auftrags* geben kann. Entsprechend sagt die Multiplizität bei der Klasse *Kunde*, dass es zu einem Objekt der Klasse *Auftrags* mindestens ein und höchstens ein Objekt vom Typ *Kunde*, also genau ein Objekt der Klasse *Kunde*, gibt. Die beiden Darstellungen in Abb. A1.10 sind nach der UML gleichwertig. In Abb. A1.11 sind die möglichen Multiplizitätsangaben zusammengefasst.

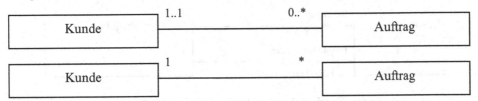

Abb. A1.10: Beispiel für Multiplizitäten

* — Klasse A	kein oder mehrere Objekte der Klasse A
1..* — Klasse A	ein oder mehrere Objekte der Klasse A
0..1 — Klasse A	kein oder ein Objekt der Klasse A
1 — Klasse A	mindestens ein und höchstens ein Objekt der Klasse A
n..m — Klasse A	mindestens n und höchstens m Objekte der Klasse A

Abb. A1.11: Mögliche Multiplizitätsausprägungen

Zwischen Assoziationen können auch Einschränkungen formuliert werden. Die UML sieht insbesondere die Einschränkung *xor* vor. In Abb. A1.7 haben wir diese verwendet. Damit wird sichergestellt, dass ein bestimmtes Objekt der Klasse *Ersatzteil* entweder mit einem Objekt der Klasse *Fremdbezugsteil* oder einem Objekt der Klasse *Eigenfertigungsteil* verbunden wird, da ja nur eine Art zutreffen kann. Neben der *xor*-Einschränkung, die sich auf die Assoziation als Gesamtheit bezieht, können auch noch Einschränkungen am Assoziationsende angegeben werden (vgl. Abb. A1.12).

- *subsets*: Definiert die an der Assoziation teilnehmenden Objekte als Teilmenge der angegebenen anderen Assoziation.
- *union*: Definiert, dass an dieser Assoziation Objekte beteiligt sind, die sich als Vereinigungsmenge von Objekten der Assoziationen ergeben, die mit der Eigenschaft subsets gekennzeichnet sind.
- *ordered*: Definiert, dass die beteiligten Objekte geordnet sind.

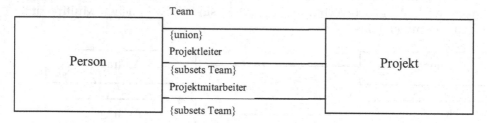

Abb. A1.12: Beispiel für die Einschränkungen {union} und {subsets}

Als Vorarbeit für die Implementierung ist es im Rahmen des Entwurfs notwendig, dass die Entscheidung über die Navigierbarkeit getroffen wird. Die Navigierbarkeit legt fest, welches Objekt einer Assoziation auf welches andere Objekt bzw. welche anderen Objekte einen Verweis besitzen soll. Die UML erlaubt mehrere Alternativen zur Darstellung der Navigationsrichtung. Grundsätzlich wird die Navigationsrichtung durch eine Pfeilspitze am Ende der Assoziationskante dargestellt. In Abb. A1.13 sind die Beispiele A bis E dargestellt. In Beispiel A wird ausgedrückt, dass das jeweilige Objekt des Typs *Auftrag* sein zugehöriges Objekt vom Typ *Kunde* kennt. In Java bedeutet dies beispielsweise, dass in der Klasse *Auftrag* ein Attribut vom Typ *Kunde* deklariert wird, das einen Verweis auf das als Auftraggeber relevante Objekt der Klasse *Kunde* beinhaltet. Die Tatsache, dass auf der Seite von *Auftrag* kein Pfeil eingetragen ist, kann nach UML auf zweierlei Weise interpretiert werden. Zum einen könnte damit ausgedrückt sein, dass die Navigation nicht festgelegt ist, zum anderen könnte es so interpretiert werden, dass das *Kunde*-Objekt seine Objekte vom Typ *Auftrag* nicht kennen muss. Das Beispiel B drückt aus, dass auch das *Kunde*-Objekt alle seine Objekte vom Typ *Auftrag* kennen soll. In Java würde dies z.B. bedeuten, dass in der Klasse *Kunde* ein Attribut (z.B. vom Typ *ArrayList*) definiert werden müsste, das eine Menge von Verweisen auf die möglichen Objekte der Klasse *Auftrag* aufnehmen könnte. Die Notation im Beispiel C kann nach UML in zweierlei Weise interpretiert werden. Die erste Interpretation wäre, dass die Navigation unbestimmt sei, die zweite Interpretation wäre, dass die Navigation in beide Richtungen möglich ist. Damit wären B und C hinsichtlich der Semantik identisch. Im Beispiel D wird ausgedrückt, dass das *Auftragspositions*-Objekt sein *Artikel*-Objekt kennt, jedoch das *Artikel*-Objekt auf jeden Fall sein *Auftragspositions*-Objekt nicht kennt. Für das Beispiel E gilt die gleiche Aussage, wie für A.

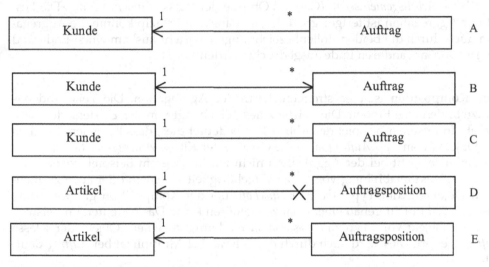

Abb. A1.13: Beispiele für Navigation

Nach UML gibt es die zwei relevanten Darstellungsoptionen (vgl. OMG, 2003, S. 3-73):

- Option 1: Zeige jede Navigationsmöglichkeit mit einem Pfeil an.
- Option 2: Lasse Pfeile dann weg, wenn die Navigation in beide Richtungen möglich sein soll, und verwende einen Pfeil dann, wenn ausgedrückt werden soll, dass die Navigation nur in die angegebene Richtung möglich ist.

Der Einfachheit halber wollen wir der Option 2 folgen. Damit erübrigt sich die Notation mit dem Kreuz (siehe Beispiel D in Abb. A1.13) und es ist auch nicht möglich auszudrücken, dass die Navigation (noch) nicht festgelegt ist. Vor diesem Hintergrund sind für uns die Beispiele B und D in Abb. A1.13 nicht relevant.

Besondere Formen der Assoziation sind die

- Aggregation,
- Kompostion,
- qualifizierte Assoziation und
- n-äre Assoziation.

Eine **Aggregation** drückt eine Ganz-Teil-Beziehung aus. In Abb. A1.14 aggregiert die Klasse *Arbeitsgemeinschaft* (Ganzes) Objekte der Klasse *Student* (Teile). Die Lesart der Aggregation ist festgelegt auf 'besteht aus'. Im Prinzip könnte die Aggregation auch durch die beiden Rollenbezeichnungen 'besteht aus' am einen Ende und 'ist Teil von' am anderen Ende ausgedrückt werden.

Eine **Komposition** ist eine strengere Form der Aggregation. Die Teile und das Ganze bilden eine Einheit. Die Existenz des Teils hängt von der Existenz des Ganzen ab. In unserem Beispiel der Abb. A1.14 bedeutet dies, dass bei einem Löschen des Objekts vom Typ *Auftrag* auch die Objekte der Klasse *Auftragsposition* gelöscht werden. Dies trifft bei der Aggregation nicht zu. In unserem Beispiel existiert das *Student*-Objekt unabhängig von seiner Zugehörigkeit zu einem oder auch zu mehreren Objekten vom Typ *Arbeitsgemeinschaft*. Bei der Komposition gilt weiterhin, dass ein Teil nur zu genau einem Ganzen gehören kann. Das bedeutet, im Beispiel, dass ein Objekt vom Typ *Auftragsposition* eindeutig zu einem Objekt der Klasse *Auftrag* gehört. Dies wird auch durch die 1- bzw. 1..1-Multiplizät bei *Auftrag* deutlich.

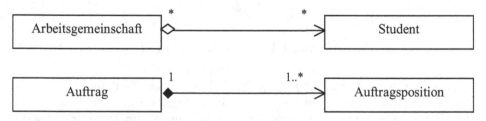

Abb. A1.14: Beispiele für Aggregation und Komposition

Eine **qualifizierte Assoziation** ist dadurch charakterisiert, dass i.d.R. eine Klasse durch ein Attribut bzw. durch eine Attributmenge ergänzt wird. Dies bedeutet, dass einem Objekt der so qualifizierten Klasse in Kombination mit einem Wert des qualifizierenden Attributs eine Teilmenge von Objekten der Klasse auf der anderen Seite der Assoziation zugeordnet ist, deren Mächtigkeit durch die Multiplizität auf der anderen Seite beschränkt ist. Im linken Beispiel der Abb. A1.15 bezieht sich ein Objekt vom Typ *Verkaufaktion* durch die zusätzliche Qualifizierung durch das Attribut *artikelNr* auf genau ein *Artikel*-Objekt. Im rechten Beispiel mit dem qualifizierenden Attribut *artikelKategorie* wird zu jedem Objekt der Klasse *Verkaufsaktion* eine Menge von *Artikel*-Objekten selektiert. Dies wird mit der 0..*-Multiplizität zum Ausdruck gebracht.

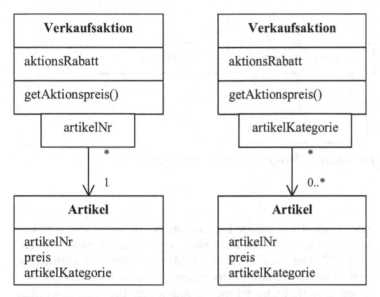

Abb. A1.15: Beispiele für qualifizierte Assoziation

In einem Klassendiagramm ist die binäre Assoziation, bei der zwei Klassen verbunden werden, der Normalfall. Grundsätzlich können jedoch n Klassen über eine Assoziation in Beziehung gesetzt werden. In diesem Fall spricht man von **n-ären Assoziationen**. Grafisch wird eine derartige Assoziation mit Hilfe eines Rautensymbols dargestellt. Bei einer n-ären Assoziation wird grundsätzlich die Navigation zu jeder Klasse unterstellt, ohne dass Navigationspfeile eingetragen werden. Formal können alle möglichen Multiplizitäten verwendet werden. Allerdings ergeben sich aus semantischen Überlegungen grundsätzliche Einschränkungen. Im obigen Beispiel bedeutet beispielsweise die Multiplizität 0..* bei *Hose*, dass es zu jeder *Jacke-Hemd*-Objekt-Kombination entweder kein passendes Objekt vom Typ *Hose* oder mehrere passende Hosen geben kann. Das bedeutet, dass die Multiplizität bei *Hose* immer die Beziehung einer beliebigen Kombination von *Jacke* und *Hemd* zu *Hose* ausdrückt. Damit wird deutlich, dass eine Multiplizität 1..* wenig

Sinn machen würde, da es in diesem Fall zu jeder beliebigen Jacke-Hemd-Kombination eine passende Hose geben müsste. Dies macht in diesem Beispiel wenig Sinn und ist auch allgemein eher selten richtig. Eine Maximalmultiplizität von 1 würde ausdrücken, dass zu einer bestimmten Jacke-Hemd-Kombination nur eine passende Hose möglich wäre. Vor diesem Hintergrund zeigt sich, dass bei n-ären Assoziationen i.d.R. die Multiplizität 0..* verwendet wird. In der Modellierungspraxis sind n-äre Assoziationen nur selten notwendig. Sie treten typischerweise dann auf, wenn beliebige Kombinierbarkeit der beteiligten Klassen möglich ist.

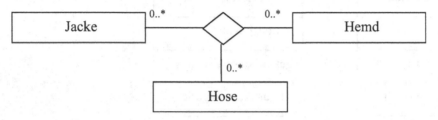

Abb. A1.16: Beispiele n-äre Assoziation (vgl. Jeckle u.a., 2003, S. 88)

Assoziationsklasse

Tritt der Fall ein, dass eine Assoziation eigene Eigenschaften im Sinne von Attributen und Operationen aufweist, so wird dies über eine Assoziationsklasse abgebildet. Im Beispiel der Abb. A1.17 wird deutlich, dass die *Anfrage* eigene Attribute hat, die weder der *Person* noch dem *Artikel* zuzuordnen sind. Unterstellen wir die Geschäftsregel, dass Anfragen innerhalb von fünf Arbeitstagen bearbeitet werden sollen, so wird deutlich, dass auch eigene Operationen (z.B. *getFaelligkeit()*) notwendig sein können. Eine Assoziationsklasse vereinigt damit Eigenschaften einer Assoziation mit Eigenschaften einer Klasse. Formal zeigt sich dies auch darin, dass der Klassenname dem Assoziationsnamen zu entsprechen hat. Ein Objekt der Assoziationsklasse *Anfrage* bezieht sich auf genau ein Objekt der Klasse *Person* und genau ein *Artikel*-Objekt.

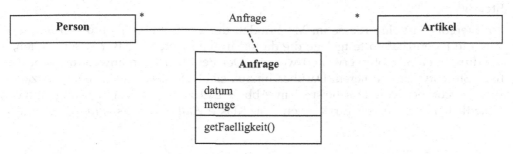

Abb. A1.17: Beispiel für Assoziationsklasse

Abhängigkeitsbeziehung

In der UML wird die Abhängigkeit zwischen zwei Modellelementen, z.B. Klassen durch eine gestrichelte, gerichtete Kante dargestellt. Der Pfeil zeigt auf dasjenige Modellelement, von dem das andere abhängig ist.

Im Beispiel der Abb. A1.18 ist unterstellt, dass die Controllerklasse *AuftragsErfassenHandler* eine Beziehung zur Klasse *Auftrag* besitzt. Zur Anlage eines Auftrags ist jedoch auch ein Objekt vom Typ *Kunde* notwendig. Die Controller-Klasse verfügt beispielsweise in einer Methode *anlegenAuftrag()* über eine lokale Variable vom Typ *Kunde*. Diese Abhängigkeit der Klasse *AuftragsErfassenHandler* von der Klasse *Kunde* wird durch die Abhängigkeitsbeziehung dargestellt. Die Art der Abhängigkeit wird durch den Stereotyp <<use>> gekennzeichnet.

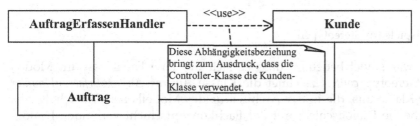

Abb. A1.18: Beispiel für Abhängigkeitsbeziehung

Kommentar

Jedes Modellierungselement kann durch einen Kommentar näher erläutert werden. Der Kommentar dient dazu, dem Leser das Verständnis des Modells zu erleichtern. In Abb. A1.18 erläutert der eingefügte Kommentar die Funktion der Abhängigkeitsbeziehung.

Stereotyp

Ein Stereotyp ist eine Klasse im Metamodell der UML. Im Stereotyp werden bestimmte Eigenschaften festgelegt, die dann für alle Elemente, z.B. Klassen, gelten, die durch den Stereotyp erweitert werden. Der Benutzer kann anwendungsspezifisch Stereotypen definieren. Darüber hinaus sieht die UML schon eine Vielzahl von Stereotypen vor. Das Beispiel in Abb. A1.19 zeigt die Verwendung unterschiedlicher Stereotypen für Klassen. Die Klasse *Auftrag* ist als *entity*-Klasse ge-

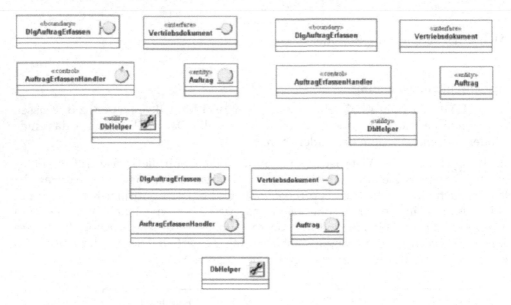

Abb. A1.19: Beispiele für Stereotypen

kennzeichnet, was soviel bedeutet, dass es sich um eine Fachklasse im Modell handelt. Der Stereotyp *control* zeichnet die Klasse *Auftrag AuftragErfassenHandler* als Controller-Klasse aus, die in der Architektur des Modells als eine Schaltstelle fungiert, welche die Dialogschicht mit der Fachkonzeptschicht verbindet. Dialogklassen, welche die Interaktion mit dem Benutzer beinhalten, sind als *boundary*-Klassen ausgezeichnet. Die Klasse *Vertriebsdokument* charakterisiert eine besondere Art von Klasse, die keine Implementierung der Operationen vorgibt und damit als Interface fungiert. Die mit dem Stereotyp *utility* gekennzeichnete Klasse *DbHelper* hat die Eigenschaft, dass von dieser Klasse keine Objekte erzeugt werden. Eine *utility*-Klasse stellt i.d.R. eine Sammlung von Klassen-Attributen und Klassen-Operationen dar, auf die von allen Objekten zugegriffen werden kann. Sie stellen damit Hilfsoperationen für die Objekte anderer Klassen zur Verfügung. Die grafische Kennzeichnung kann auf unterschiedliche Weise geschehen. In Abb. A1.19 erfolgte im Beispiel oben links die Kennzeichnung sowohl in textueller Darstellung, bei welcher der Stereotyp in spitzen Winkelklammern oberhalb des Klassennamens notiert ist, als auch mit grafischen Symbolen. Entsprechend ist oben rechts lediglich die textuelle Darstellung und im unteren Beispiel nur die symbolische Kennzeichnung dargestellt. Modellierungswerkzeuge unterstützen, wie im obigen Beispiel gezeigt, zumeist unterschiedliche Darstellungsweisen.

A1.3.2 Paketdiagramm (package diagram)

Erreicht ein Modellsystem eine gewisse Größe, stellt sich vielfach die Frage der Übersichtlichkeit. Ein generell anwendbares Prinzip zum Erhalten der Übersichtlichkeit ist das Bilden von Teilsystemen. Die UML bietet für diesen Zweck das so genannte Paketdiagramm als Lösung an. Pakete fassen einerseits eng zusammengehörende Modellelemente, z.B. Klassen zusammen, andererseits können auch Pakete in Paketen enthalten sein, so dass eine Hierarchisierung möglich ist. Dabei ist zu beachten, dass ein Element jeweils nur in einem Paket enthalten sein darf. Ein Paket definiert einen eigenen Namensraum. Ein Paketelement kann mit seinem unqualifizierten oder mit seinem qualifizierten Namen identifiziert werden. Der unqualifizierte Name besteht lediglich aus dem Namen des Paketelements, der qualifizierte Name beinhaltet als Ergänzung den Paketnamen. Ist beispielsweise die Klasse *Kunde* im Paket *Stammdatenverwaltungs*, so wird der qualifizierte Name als *Stammdatenverwaltung.Kunde* wiedergegeben. Natürlich können Modellelemente des einen Pakets in einem anderen Paket verwendet werden. Dies zeigt sich im Modell durch die Festlegung der Sichtbarkeit bzw. durch eine Import-Beziehung zwischen Paketen.

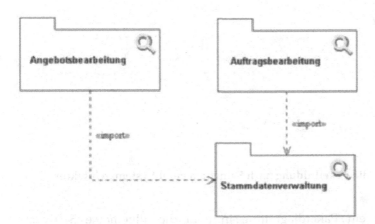

Abb. A1.20: Beispiele für funktionale Gliederung einer Auftragsabwicklung

Grundsätzlich können Pakete nach beliebigen Kriterien gebildet werden. Wir wollen auf die Verwendung von Paketen zur funktionalen Gliederung und zur Definition von Schichten im Rahmen von Architekturüberlegungen beispielhaft eingehen. Das Beispiel in Abb. A1.20 zeigt eine einfache Struktur für ein System zur Auftragsabwicklung, wobei die einzelnen Pakete funktionale Teilsysteme wiedergeben. Diese Paketbildung kann schon sehr früh im Entwicklungsprojekt im Sinne einer Grobplanung von Teilprojekten bzw. Iterationen verwendet werden. Die gerichtete import-Beziehung bringt zum Ausdruck, dass das Quellpaket auf Elemente des Zielpakets Zugriff hat.

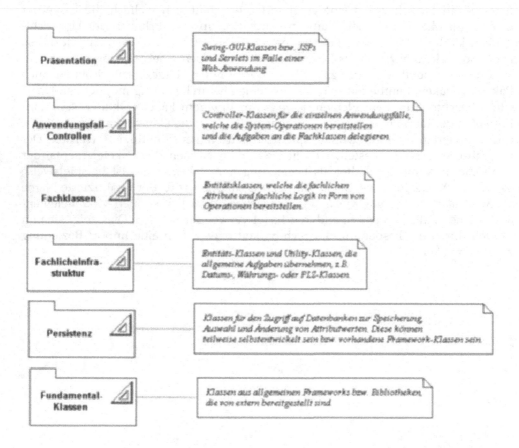

Abb. A1.21: Beispiele für die Paketbildung nach Schichten einer Systemarchitektur

Die Abb. A1.21 zeigt ein Paketdiagramm, in dem die allgemeine Software-Architektur eines Systems wiedergegeben ist. Diese Struktur findet sich bei Larman (vgl. Larman, 2002, S. 451) und liegt auch unseren Überlegungen in diesem Buch zugrunde. Innerhalb dieser grundsätzlichen Struktur lassen sich natürlich auch weitere Unterteilungen nach funktionalen Gesichtspunkten (vgl. Abb. A1.20) vornehmen.

A1.3.3 Weitere Strukturdiagramme im Überblick

Neben dem Klassen- und Paketdiagramm sind folgende Strukturdiagramme zu erwähnen:

- Objektdiagramm,
- Kompositionsstrukturdiagramm,
- Komponentendiagramm und
- Verteilungsdiagramm.

Das **Objektdiagramm** (vgl. Jeckle u.a , 2004, S. 113 ff.) erlaubt, die im Klassenmodell abstrakt formulierten Strukturen durch beispielhafte Ausprägungen zu verdeutlichen. Insofern stellt es eine Momentaufnahme einer Objektkonstellation zu einem bestimmten Zeitpunkt dar. Dargestellt werden das Objekt als Ausprägung einer Klasse, der Link als Ausprägung einer Assoziation und der Wert eines Attributs. In Abb. A1.22 ist ein einfaches Objektdiagramm für den Auftrag *10012* des Kunden *Reich* über 2 Einheiten des Artikels *P4 / 3.8*. In der Regel wird man das Objektdiagramm nur dann einsetzen, wenn es sich um komplexe Strukturen handelt, die man beispielhaft verdeutlichen möchte.

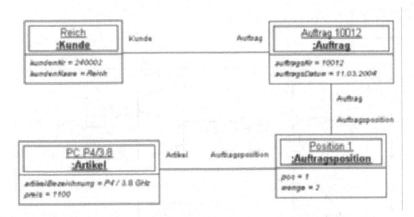

Abb. A1.22: Beispiel für Objektdiagramm

Das in UML 2 neu eingeführte **Kompositionsstrukturdiagramm** kann zur Abbildung innerer Zusammenhänge einer komplexen Struktur genutzt werden. Innerhalb eines Projektes kann das Diagramm in verschiedenen Entwicklungsphasen eingesetzt werden (weitere Details siehe bei Jeckle u.a., 2004, S. 123 ff.).

Die Struktur des Systems zur Laufzeit lässt sich mit einem **Komponentendia-gramm** darstellen. Dabei werden verschiedene Bestandteile eines Systems als Komponenten dargestellt. Komponenten stellen über definierte Schnittstellen zugreifbares Verhalten bereit. Eine Komponente zeichnet sich dadurch aus, dass sie gegen eine andere Komponente, die über dieselben Schnittstellen verfügt, ausgetauscht werden kann, ohne dass weitere Änderungen am System notwendig werden. Solch eine Komponente besteht grundsätzlich aus Klassen oder wiederum Komponenten. Konkrete Ausprägungen können in Form von Quellcode (source), ausführbarem Code (executable, z.B. Maschinencode oder Bytecode) oder als Dokument (document), was weder Quellcode noch ausführbarer Code darstellt (z.B. Tabelle einer relationalen Datenbank oder Textdokument) auftreten. Komponenten erleichtern den Überblick über die Struktur eines Systems durch Zusammenfassung physisch aggregierter Klassen. Im Gegensatz zum Paket stellt eine Komponente eine physische Sicht dar, die auch in der technischen Umsetzung als solche erkennbar ist. Komponentendiagramme werden immer dann eingesetzt, wenn das zu entwickelnde System ausreichend komplex ist. Aufgrund des Tatbestands, dass physische Abhängigkeiten zwischen Komponenten dargestellt werden, stellen Komponentendiagramme wichtige Anhaltspunkte für das Konfigurationsmanagement der Software zur Verfügung. Abb. A1.23 zeigt die Abhängigkeiten (gestrichelte Pfeile) zwischen drei Komponenten einer Java Enterprise Anwendung mit

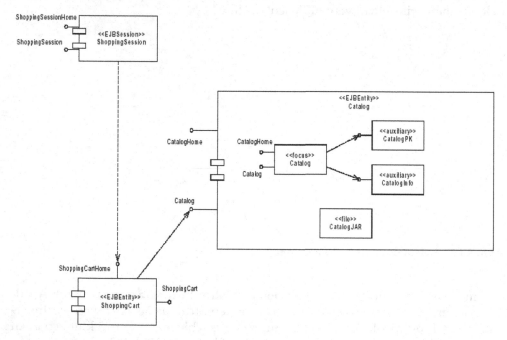

Abb. A1.23: Beispiel für ein Komponentendiagramm (aus OMG, 2003, S. 3-170)

zwei Enterprise-Beans und einer Session-Bean. Die Komponenten stellen jeweils Schnittstellen, z.B. *Catalog* oder *Shopping Session*, zur Verfügung, welche von den anderen Komponenten verwendet werden können.

Ebenso wie das Komponentendiagramm zählt auch das **Verteilungsdiagramm** zur Implementierungssicht. Das Verteilungsdiagramm visualisiert die Zuordnung von Software-Komponenten auf Hardware-Einheiten. Diese stellen die Knoten im Diagramm dar. Zwischen diesen Knoten können Kommunikationsverbindungen und Abhängigkeiten modelliert werden. Daraus wird schon klar, dass das Verteilungsdiagramm nur dann verwendet wird, wenn es sich um ein verteiltes System handelt. Läuft die Anwendung auf einem Rechner, macht diese Diagrammart keinen Sinn. Abb. A1.24 zeigt ein Beispiel, das zur Abb. A1.23 korrespondiert.

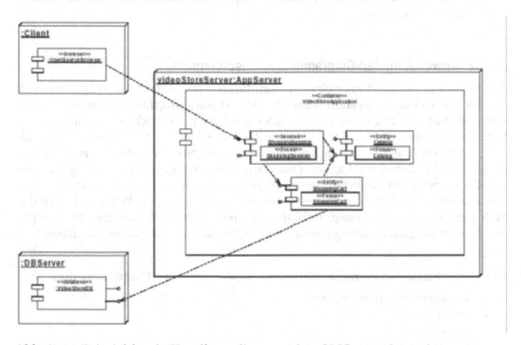

Abb. A1.24: Beispiel für ein Verteilungsdiagramm (aus OMG, 2003, S. 3-172)

A1.4 Verhaltensmodellierung

A1.4.1 Überblick zur Verhaltensmodellierung

Die Strukturmodellierung mit Klassen, Objekten, Komponenten usw. erfasst die statische Struktur eines Systems. Wenn es um die Festlegung von Abläufen und damit um Veränderungen in solchen Systemen geht, sprechen wir von der Verhaltensspezifikation. Es geht also um Interaktionen, Aktivitäten, Zustandsänderungen usw., welche insbesondere durch Ereignisse ausgelöst werden. Im Einzelnen wollen wir uns mit folgenden Diagrammen zur Verhaltensmodellierung beschäftigen:

- Anwendungsfall-Diagramm (use-case-diagram),
- Aktivitätsdiagramm,
- Zustandsautomat bzw. -diagramm sowie
- Interaktionsdiagramm in Form des Sequenzdiagramms und des Kommunikationsdiagramms.

A1.4.2 Anwendungsfall-Diagramm (use-case-diagram)

Am Beginn der Entwicklung eines Anwendungssystems steht die Frage **'Was soll das zu entwickelnde System leisten?'**. Das Anwendungsfall-Diagramm visualisiert die Antwort auf diese Frage. Dabei wird nach Möglichkeit vermieden, im Detail zu versinken, bevor nicht die große Linie klar ist. Das Anwendungsfall-Diagramm repräsentiert das System mit Anwendungsfällen, die als eine Sammlung von Aktionen den Akteuren (Nutzern) Dienstleistungen zur Verfügung stellen. Dabei zeigt ein Anwendungsfall nicht welche Objekte oder Operationen an den Aktionen beteiligt sind. In diesem Sinne wird lediglich das **WAS** und nicht das **WIE** zum Ausdruck gebracht. Im Rahmen einer Auftragsabwicklung sind mögliche Anwendungsfälle *Auftrag erfassen*, *Auftrag bestätigen* oder *Auftrag ausführen*.

Die wesentlichen Notationselemente eines Anwendungsfall-Diagramms sind:

- Anwendungsfall (use-case),
- Akteur (actor),
- System und
- Beziehungen.

Im Beispiel der Abb. A1.25 haben wir in dem System *Auftragsbearbeitung* u.a. die Anwendungsfälle *Barverkauf erfassen*, *Terminauftrag erfassen*, *Auftrag bestätigen* und *Auftrag ausführen* modelliert. Ein **Anwendungsfall** repräsentiert eine Transaktion eines Akteurs mit dem System, wobei jeder Anwendungsfall ein fachliches Ergebnis liefert. Ein Anwendungsfall wird von einem Akteur angestoßen und ein Anwendungsfall-Ablauf ist dann zu Ende, wenn keine Kommunikation zwischen

Akteur und Anwendungsfall mehr erfolgt. In Abb. A1.25 ist eine Generalisierungs-Spezialisierungsbeziehung verwendet worden. Diese bringt zum Ausdruck, dass es unterschiedliche Arten von Auftragserfassungs-Fällen gibt. Analog der Klassenmodellierung bedeutet dies, dass die spezialisierten Anwendungsfälle einerseits durch gemeinsame Schritte charakterisiert sind, die in der Generalisierung beschrieben werden und andererseits auch spezifische Arbeitsschritte beinhalten. In Abb. A1.25 ist das System Auftragsbearbeitung modelliert. Ein **System** ist die Einheit, die das Verhalten, das durch die Anwendungsfälle beschrieben wird, realisiert und anbietet. Die Modellierung des Systems ist nicht zwingend.

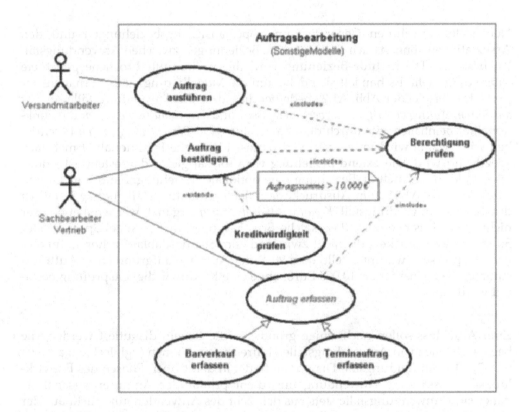

Abb. A1.25: Beispiel für ein Anwendungsfall-Diagramm

Die gebräuchliche Notation für einen Akteur ist das Strichmännchen. Der **Akteur** ist eine Rolle, die mit dem Anwendungsfall interagiert. Es kann sich dabei um eine natürliche Person, aber auch um ein anderes System handeln. Grundsätzlich stößt der Akteur den Anwendungsfall an und steht mit diesem in einem wechselseitigen

Austausch von Signalen bzw. Daten. Die Verbindung zwischen Akteur und Anwendungsfall ist eine Assoziation, die binär ist und auch gerichtet sein kann, darüber hinaus sieht die UML auch vor, dass die Assoziation mit Multiplizitäten, Rollen- und Assoziationsnamen versehen sein können. Da ein Akteur formal eine spezialisierte Klasse darstellt, kann zwischen Akteuren auch eine Generalisierungs-Spezialisierungsbeziehung bestehen. Darüber hinaus können zwischen Akteuren auch Assoziationen modelliert sein. Dies steht jedoch absolut nicht im Vordergrund, da das Anwendungsfall-Diagramm primär dazu dient, das System von der Außensicht zu modellieren und nicht dazu dient das zu modellieren, was außerhalb des Systems ist.

Neben den erwähnten Generalisierungs-Spezialisierungsbeziehungen und den Assoziationen können auch noch spezielle Beziehungen zwischen Anwendungsfällen bestehen. Die **include-Beziehung** wird durch eine unterbrochene gerichtete Kante dargestellt. Es handelt sich dabei um die Modellierung eines Verhaltensimports. Im Beispiel der Abb. A1.25 bedeutet dies, dass die Anwendungsfälle *Auftrag ausführen, Auftrag bestätigen, Barverkauf erfassen* und *Terminauftrag erfassen* die Funktionalität beinhalten, die durch den Anwendungsfall *Berechtigung prüfen* beschrieben wird. Damit wird formal vermieden, dass identische Funktionalität mehrfach spezifiziert wird. Die **extend-Beziehung** wird formal gleich dargestellt, ist jedoch im Vergleich zur include-Beziehung eine optionale Beziehung. Sie bringt im Beispiel der Abb. A1.25 zum Ausdruck, dass der Anwendungsfall *Auftrag bestätigen* durch den Anwendungsfall *Kreditwürdigkeit prüfen* ergänzt werden kann, aber nicht muss. Das bedeutet, dass solche Erweiterungen in der Regel Spezial- oder Sonderfälle ausdrücken, die nicht zwingend zum Standardablauf gehören. Im obigen Beispiel sei etwa unterstellt, dass 90 % der Aufträge aufgrund einer Auftragssumme, die kleiner ist als 10.000 Euro, ohne eine Kreditwürdigkeitsprüfung bestätigt werden.

Zum Abschluss sollen noch einige grundsätzliche Regeln diskutiert werden, die beim Aufstellen von Anwendungsfällen hilfreich sein können (vgl. Jeckle u.a., 2004, S. 197). Das Anwendungsfall-Diagramm findet in den frühen Phasen des Entwicklungsprozesses seine Anwendung und dient primär der Anforderungsanalyse, daher sind Anwendungsfälle stets aus der Sicht des Anwenders und nicht aus der Sicht des Entwicklers zu erstellen. Eine herausragende Eigenschaft des Anwendungsfalldiagramms ist, dass es eine leichte Erfassbarkeit ermöglicht. Dies hat zur Konsequenz, dass man in einem Diagramm nicht zu viele Anwendungsfälle modellieren sollte (z.B. maximal zehn pro Diagramm). In diesem Sinne sollte man auch mit den include- und extend-Beziehungen sparsam umgehen. Auch eine zu starke Aufspaltung der Anwendungsfälle sollte vermieden werden. Der Bezeichner für den Akteur sollte stets in der Einzahl angegeben werden und bezeichnet eine Rolle, damit ist z.B. ausgeschlossen, dass Namen von Mitarbeitern verwendet werden.

A1.4.3 Aktivitätsdiagramm (activity diagram)

Anwendungsfälle stehen für Abläufe und das Anwendungsfall-Diagramm erlaubt eine statische Sicht auf die Funktionalität eines Systems. Soll die Abarbeitung eines Anwendungsfalls, einer komplexen Operation oder sogar eines kompletten Geschäftsprozesses hinsichtlich der zeitlichen und sachlichen Ablauflogik beschrieben werden, ist das Aktivitätsdiagramm ein geeignetes Beschreibungsmittel. Nachfolgend soll auf die wesentlichen Notationselemente des Aktivitätsdiagramms nach UML 2 eingegangen werden (vgl. Jeckle u.a., 2004, S. 212 ff.):

- – Aktion,
- – Aktivität,
- – Objektknoten,
- – Kanten,
- – Kontrollelemente und
- – Aktivitätsbereich.

Das zentrale Element eines Aktivitätsdiagramms ist die **Aktion**. Durch eine Aktion werden z.B. Vergleiche von Daten ausgeführt, Algorithmen abgearbeitet oder weitere Aktionen angestoßen. Die Aktion wird als Rechteck mit abgerundeten Ecken dargestellt. Alle anderen Notationselemente des Aktivitätsdiagramms dienen dem Zweck, den Ablauf der aufeinander folgenden Aktionen zu steuern und den damit verbundenen Datenaustausch zu modellieren. Im Beispiel der Abb. A1.26 ist der Geschäftsprozess für eine vereinfachte Auftragsbearbeitung (vgl. Anwendungsfall-Diagramm in Abb. A1.25) mit einem Aktivitätsdiagramm modelliert. Aktionen sind beispielsweise *Auftragsart ermitteln* und *Terminauftrag erfassen*. Nach UML 2 gibt es neben der normalen Aktion auch noch Signalsender und Ereignisempfänger sowie Zeitereignisse. In der UML 2 wird der Begriff Aktivität aus den früheren Versionen zwar übernommen, allerdings mit einer neuen Bedeutung belegt. Was in früheren Versionen die Aktivität war, ist heute die bereits angesprochene Aktion. Eine **Aktivität** ist nun die Gesamtheit, die in einem Aktivitätsmodell abgebildet wird. Da jede Aktion den Aufruf eines Ablaufs darstellt, der selbst wieder als Aktivität darstellbar ist, können Aktivitäten ineinander geschachtelt sein.

Objektknoten repräsentieren Ausprägungen eines bestimmten Typs innerhalb einer Aktivität. Zumeist handelt es sich dabei um primitive Werte oder Objekte von Klassen. Mit Hilfe von Objektknoten lassen sich somit Ergebnisse einer vorangegangenen Aktion bzw. Eingaben für die direkt nachfolgende Aktion darstellen. Graphisch werden Objektknoten als Rechtecke dargestellt. In Abb. A1.26 ist beispielhaft der Objektknoten *Auftragsbestätigung* als Ergebnis der Aktion *Auftrag bestätigen* modelliert.

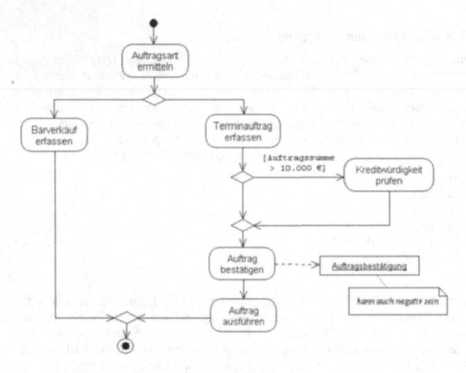

Abb. A1.26: Aktivitätsdiagramm für Geschäftsprozess

Die Übergänge zwischen Knoten (z.B. Aktionen oder Objektknoten) werden in Form gerichteter **Kanten** dargestellt. Aufgrund der unterschiedlichen Knoten, kann zwischen zwei Arten von Kanten unterschieden werden, zum einen der Kontrollfluss und zum anderen der Objektfluss. Ein Kontrollfluss verbindet entweder zwei Aktionen oder eine Aktion mit einem Kontrollelement. Bei einem Objektfluss ist mindestens ein Objektknoten beteiligt, wobei Daten zum oder vom Objektknoten transportiert werden.

Kanten können einerseits Namen tragen, andererseits können Kanten auch mit Bedingungen (guards) belegt werden. Eine Bedingung bringt zum Ausdruck, dass ein Übergang nur möglich ist, wenn die Bedingung erfüllt ist. Kanten können auch gewichtet werden, wobei das Gewicht die Anzahl der Token (Marken) bestimmt, die am Ursprung einer Kante angesammelt sein müssen, damit der Ablauf über die entsprechende Kante geht. Das Token-Konzept, das auf die so genannten Petri-

Netze zurückgeht, wurde in UML 2 neu eingeführt, soll jedoch im Rahmen unserer Betrachtung nicht weiter vertieft werden. Zur Verbesserung der Übersichtlichkeit können Kanten auch unterbrochen werden. Das graphische Hilfsmittel hierzu sind so genannte Sprungmarken, die durch kleine Kreise dargestellt werden (vgl. Abb. A1.27).

Abb. A1.27: Alternative Modellierung mit und ohne Sprungmarke

In einem Aktivitätsdiagramm finden sich i.d.R. mehrere **Kontrollelemente**. Die möglichen Ausprägungen von Kontrollknoten sind in Abb. A1.28 im Überblick dargestellt. Der **Startknoten** markiert den Startpunkt eines Ablaufs. Jede Aktivität kann einen oder mehrere Startknoten besitzen. Mit dem **Endknoten** wird eine Aktivität beendet, dabei können durchaus mehrere Endknoten modelliert sein. Der Endknoten mit dem Kreuz im umschließenden Ring (vgl. Abb. A1.28) beendet lediglich einen bestimmten Kontrollfluss jedoch nicht zwangsläufig die gesamte Aktivität. Im Beispiel der Abb. A1.26 sind ein Start- und ein Endknoten modelliert.

	Startknoten
	Endknoten für Aktivitäten bzw. Kontroll-flüsse
	Verzweigungsknoten
	Verbindungsknoten
	Parallelisierungsknoten
	Synchronisationsknoten

Abb. A1.28: Mögliche Kontrollknoten

331

Verzweigungs- und Verbindungsknoten werden durch Rauten mit einer eingehenden und mehreren ausgehenden bzw. mit mehreren eingehenden und einer ausgehenden Kante modelliert. Der **Verzweigungsknoten** spaltet eine Kante in mehrere Alternativen auf, somit kann die Abhängigkeit eines Ablaufs von bestimmten Bedingungen abgebildet werden. Unter welchen Voraussetzungen welcher Ast gewählt wird, kann mit Bedingungen festgelegt und im Einzelfall damit evaluiert werden. Im Beispiel der Abb. A1.26 ist die Bedingung *Auftragssumme >* *10.000 €* formuliert, aufgrund dessen entschieden wird, ob eine Kreditwürdigkeitsprüfung durchgeführt wird oder nicht. Der **Verbindungsknoten** führt Kanten in der Form eines logischen ODER zusammen. Das bedeutet, dass die nachfolgende Aktion ausgeführt wird, wenn mindestens eine Kante zutrifft. Würden zwei bzw. mehrere Kanten direkt auf eine Aktion geführt, ohne dass ein Verbindungsknoten verwendet wird, würde damit implizit ein logisches UND zum Ausdruck gebracht. Das Verhalten von Verbindungs- bzw. Verzweigungsknoten lässt sich mit Hilfe eines Kommentars näher kennzeichnen. Damit beziehen sich die an den Kanten formulierten Bedingungen auf das Ergebnis dieser Verhaltensbeschreibung. Das obige Beispiel (vgl. Abb. A1.26) könnte folglich auch alternativ modelliert werden (vgl. Abb. A1.29).

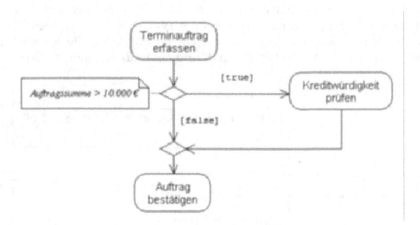

Abb. A1.29: Verzweigungsknoten mit spezifiziertem Verhalten

Mit Hilfe schwarzer Balken lassen sich Parallelisierungs- und Synchronisationsknoten symbolisieren. Ein **Parallelisierungsknoten** spaltet einen eingehenden Ablauf in mehrere parallele Abläufe auf. Sowohl die eingehenden als auch die ausgehenden Kanten können durch Bedingungen gekennzeichnet werden. Der **Synchronisationsknoten** führt eingehende Abläufe zu einem gemeinsamen Ablauf zusammen. Erfolgt keine weitere Spezifikation, so werden die eingehenden Abläufe mit dem logischen UND verknüpft. Sollen andere Regeln gelten, so kann dies in

Form einer Synchronisations-Spezifikation modelliert werden. Im Beispiel der Abb. A1.30 kann das Menü im Fast-Food-Restaurant verspeist werden, entweder wenn die Wahl getroffen wurde und das Menü bezahlt wurde oder wenn statt des Bezahlens ein Gutschein eingelöst wird.

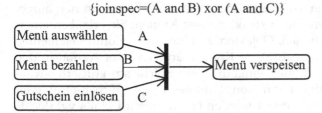

Abb. A1.30: Synchronisation mit Synchronisations-Spezifikation

Es ist jedoch darauf hinzuweisen, dass die Modellierung in Abb. A1.31 nicht alternativ zur Modellierung in Abb. A1.29 ist, da es sich in diesem Fall nicht um eine Synchronisation von mehreren Abläufen handelt. Im Einzelfall gilt ja, dass ein Auftrag entweder mit oder ohne Kreditwürdigkeitsprüfung (positiv oder negativ) bestätigt wird.

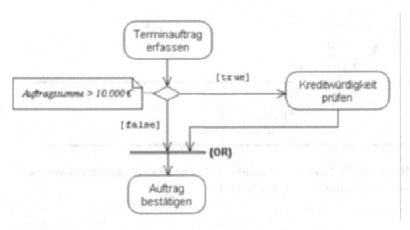

Abb. A1.31: Unrichtige Verwendung des Synchronisationsknotens

Der **Aktivitätsbereich** erlaubt es, eine Aktivität in Bereiche mit gemeinsamen Eigenschaften zu unterteilen. Typische Dimensionen, die zur Gruppierung herangezogen werden können, sind Standort, Organisationseinheit, Rolle oder Verantwortlichkeit. Im Gegensatz zu den so genannten Swimlanes der älteren UML-Versionen (vgl. Abb. A1.32) erlauben die Aktivitätsbereiche der UML 2 auch mehrdimensionale Unterteilungen (vgl. Abb. A1.33). Durch die Verwendung von Aktivitätsbereichen findet keinerlei inhaltliche Veränderung statt. Das Ziel besteht darin, Verantwortungsbereiche schnell erkennen zu können.

Ein weiteres Konzept, das in der UML 2 bei dem Aktivitätsdiagramm neu aufgenommen wurde, sind die so genannten strukturierten Knoten. Sie erlauben einerseits eine Gruppierung von Aktionen, Objekten, Kanten sowie Kontrollelementen und andererseits können sie als ausführbare Knoten, ähnlich einer Aktion in den Kontrollfluss eines Aktivitätsdiagramms eingefügt sein. Solche strukturierten Knoten können insbesondere in der Form von Entscheidungs- (if-then-else) oder Schleifenknoten (for-while-do) verwendet werden (zu weiteren Details vgl. Jeckle u.a., 2004, S. 247 ff.).

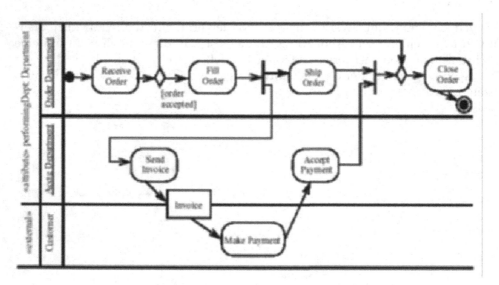

Abb. A1.32: Beispiel für die Anwendung eines eindimensionalen Aktivitätsbereichs (swimlanes) (aus OMG, 2003a, S. 310)

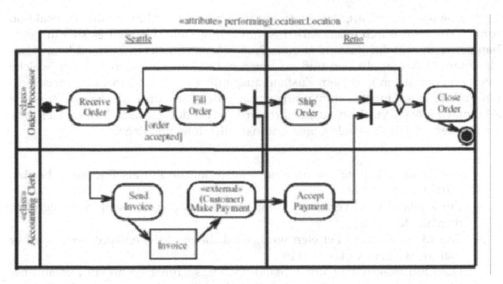

Abb. A1.33: Beispiel für die Anwendung eines mehrdimensionalen Aktivitätsbereichs (aus OMG, 2003a, S. 311)

A1.4.4 Zustandsautomat (state machine)

Ein **Zustandsautomat** gibt grundsätzlich Antwort auf die Frage, wie sich ein System in einem bestimmten Zustand bei gewissen Ereignissen verhält. Zustandsautomaten bzw. -diagramme werden üblicherweise zur Visualisierung möglicher Zustände von Ausprägungen von Klassen (vgl. Abb. A1.34) oder Anwendungsfällen (vgl. Abb. A1.35) verwendet. Anwendungsfälle lassen sich mit Hilfe von Texten, Aktivitätsdiagrammen und eben auch Zustandsautomaten näher beschreiben.

Die Zustandsbeschreibung beginnt mit dem Startzustand, gefolgt von einer Transition. Die **Transition** bewirkt einen Übergang vom Ausgangs- zu einem Zielzustand. Grundsätzlich ist eine Transition gekennzeichnet durch einen oder mehrere Auslöser (Trigger). In Abb. A1.35 wird die Transition mit der Aktivität *verschrotten* durch den Trigger *abgemeldet* ausgelöst, in Abb. A1.34 wird die Aktivität *Bankkarte ausgeben* angestoßen, wenn der Trigger *abgebrochen* eingetreten ist. Die Bedingung *[Karte=keine Bankkarte]* in Abb. A1.34 legt fest, dass diese Transition mit der Aktivität *Karte ausgeben* nur bei Zutreffen dieser Bedingung ausgelöst wird. Sind ein evtl. spezifizierter Trigger und eine evtl. angegebene Bedingung erfüllt, so wird die an der Transition angetragene Aktivität ausgeführt. Mit Hilfe der Raute (siehe Abb. A1.34) wird eine Entscheidung modelliert. Im Beispiel der Abb. A1.34 sind über die Bedingungen der abgehenden Transitionen die Entscheidungen beschrieben. Handelt es sich bei der eingegebenen Karte um keine Bankkarte, wird die Aktivität

Karte ausgeben ausgeführt, was in diesem Fall zu einem Abbruch der Transaktion führt. Dies wird durch einen Austrittspunkt dargestellt. Handelt es sich um eine Bankkarte, so tritt der Zustand *korrekte Bankkarte* ein. Solch ein Zustand kann visuell unterteilt dargestellt sein und im unteren Teil kann definiert werden, welche internen Aktivitäten in diesem Zustand ausgeführt werden können. Im modellierten Fall ist eine Eintrittsaktivität angegeben, die zum Ausdruck bringt, dass die Aktivität *Karte prüfen* dann ausgeführt wird, wenn der Zustand *korrekte Bankkarte* eingetreten ist. Für Zustände gelten grundsätzlich folgende Regeln:

- Ein Zustand tritt ein, wenn eine Transition, die ihn als Endpunkt besitzt, durchlaufen wurde.
- Ein Zustand wird verlassen, wenn eine Transition, die von ihm wegführt, durchlaufen wird.
- Sobald ein Zustand betreten wird, wird dieser aktiv, entsprechend wird er inaktiv, wenn er verlassen wird.
- Die Eintrittsaktivität (*entryActivity*) wird ausgeführt, wenn ein Zustand betreten wird. Entsprechend wird eine abschließende Austrittsaktivität (*exitActivity*) ausgeführt, wenn der Zustand verlassen wird.
- Eine andauernde Aktivität (*doActivity*) eines Zustands wird nach Abschluss der Eintrittsaktivität aufgerufen.

Der **Endzustand** wird als kleiner ausgefüllter Kreis, umgeben von einem unausgefüllten Kreis dargestellt. Im Endzustand werden keine weiteren Aktivitäten mehr ausgeführt. Wird ein Anwendungsfall mit einem Zustandsautomaten beschrieben, so ist die Abarbeitung beendet. Im Falle, dass der Zustandsautomat zur Beschreibung des Verhaltens eines Objektes einer Klasse verwendet wird, ist der Endzustand gleichzusetzen mit dem Ende der Lebensdauer des Objektes. Dies ist bei dem Beispiel der Abb. A1.35 offensichtlich.

Wie schon eingangs erwähnt, ist der Zustandsautomat eine unter mehreren Möglichkeiten Anwendungsfälle zu modellieren. Besonders geeignet sind Zustandsautomaten zur Modellierung des Systemverhaltens von System-Ereignissen im Sinne der System-Operationen (vgl. 8.4). Zustandsautomaten zur Modellierung von Objekten, sind nur dann sinnvoll, wenn es sich um Objekte handelt, die ein komplexes zustandsabhängiges Verhalten aufweisen (vgl. Larman, 2002, S. 441).

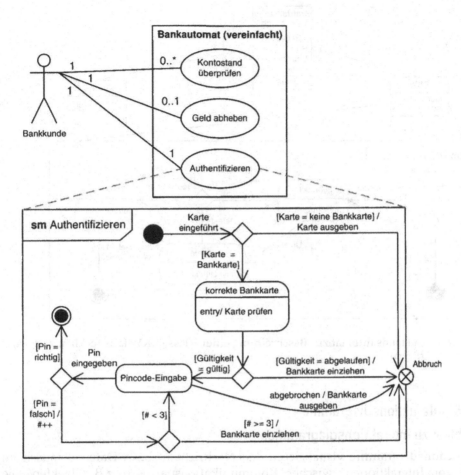

Abb. A1.34: Zustandsautomat zur Beschreibung eines Anwendungsfalls (aus Jeckle u.a., 2004, S. 272)

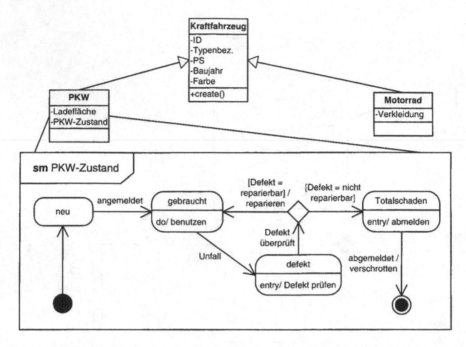

Abb. A1.35: Zustandsautomat zur Beschreibung einer Klasse PKW (aus Jeckle u.a., 2004, S. 273)

A1.4.5 Interaktionsdiagramme

Überblick zu Interaktionsdiagrammen

Interaktionsdiagramme visualisieren den Nachrichten- bzw. Datenaustausch im Sinne von Interaktionen zwischen Kommunikationspartnern, z.B. Objekten. Die Grundelemente einer Interaktion sind die Kommunikationspartner, die durch Lebenslinien repräsentiert sind, sowie Nachrichten, die von einem Kommunikationspartner (Sender) zu einem oder mehreren Empfängern geschickt werden. Eine Nachricht kann dabei Folgendes sein (vgl. Jeckle u.a., 2004, S. 325):

– Aufruf einer Operation,
– Rückantwort als Ergebnis einer Operationsabarbeitung,
– ein Signal, z.B. zur Übertragung eines Zeitereignisses,
– ein Ereignis, z.B. Käufer unterschreibt Vertrag oder
– das Setzen einer Variablen mit einem Wert.

Nachfolgend gehen wir auf das Sequenz- und Kommunikationsdiagramm detaillierter ein.

Sequenzdiagramm (sequence diagram)

Das Sequenzdiagramm visualisiert eine Interaktion in zwei Dimensionen. In der Horizontalen werden die Kommunikationspartner, die Lebenslinien, entsprechend dem zu modellierenden Ablauf sachlich angeordnet und in der Vertikalen lässt sich die zeitliche Abfolge der einzelnen Kommunikationsschritte erkennen. Im Rahmen eines Systementwicklungsprojektes kann das Sequenzdiagramm unterschiedlich eingesetzt werden. Typisch ist die Anwendung zur Detaillierung und Visualisierung von Anwendungsfällen bzw. einzelnen Szenarien eines Anwendungsfalls. Ein Beispiel hierfür ist das Sequenzdiagramm in Abb. A1.36. Mit dem Sequenzdiagramm wird die Brücke zwischen der funktionalen Sicht des Anwendungsfall-Diagramms und der Modellierung von Objekten bzw. Klassen geschlagen.

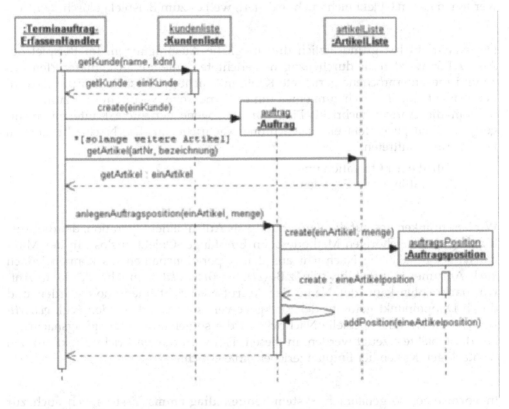

Abb. A1.36: Sequenzdiagramm für den Anwendungsfall *Terminauftrag erfassen*

Wesentliche Notationselemente sind die Lebenslinie (lifeline) und die Nachricht. Die **Lebenslinie** repräsentiert einen Teilnehmer in einer Interaktion. Im rechteckigen Kasten ist der Name zur Identifikation des Kommunikationspartners eingetragen. Die gestrichelte Linie repräsentiert die Lebenszeit des Kommunikationspartners. Im Beispiel der Abb. A1.36, sind dies etwa das Objekt *kundenliste* vom Typ *Kundenliste* oder das anonyme Objekt vom Typ *TerminauftragErfassenHandler*. Die Objektbezeichnung ist in obigem Diagramm unterstrichen, da das verwendete Case-Werkzeug noch den UML-Standard 1.4 unterstützt. Nach UML 2 ist die Unterstreichung nicht mehr vorgesehen. Zur Kennzeichnung, wann ein Kommunikationspartner aktiv ist, kann auf der Lebenslinie eine so genannte Aktionssequenz als weißer oder grauer Balken dargestellt werden. Beim Objekt *auftrag* in Abb. A1.36 wird deutlich, dass solche Aktionssequenzen auch geschachtelt verwendet werden können. Durch ein Kreuz am Ende der Lebenslinie kann gekennzeichnet werden, dass ein Objekt nicht mehr existiert, weil es zum Beispiel gelöscht wurde.

Die **Nachricht** hat grundsätzlich drei mögliche Ausprägungen. Im Beispiel der Abb. A1.36 wurden die durchgezogene gerichtete Kante mit ausgefüllter Pfeilspitze und die unterbrochene gerichtete Kante mit nicht-gefüllter Pfeilspitze verwendet. Dabei handelt es sich zum einen um die synchrone Nachricht und zum anderen um die Antwortnachricht. Eine durchgezogene gerichtete Kante mit nicht-gefüllter Pfeilspitze stellt eine asynchrone Nachricht dar. Die Nachricht kann in zwei Formen auftreten:

- Aufruf einer Operation und
- Übermittlung von Signalen.

Wir beschränken uns auf die Verwendung als Aufruf einer Operation, der die Ausführung der zugehörigen Methode beim Empfänger-Objekt auslöst. In der Minimalsyntax besteht die Nachricht aus dem Operationsnamen. Es können jedoch auch Argumente aufgeführt sein, z.B. *getKunde(name, kdnr)* in Abb. A1.36. In Antwortnachrichten kann der Name der Aufruf-Nachricht wiederholt werden und durch Doppelpunkt getrennt der Rückgabewert spezifiziert werden (vgl. *getArtikel : einArtikel*). Eine spezielle Nachricht ist die so genannte Erzeugungsnachricht mit der Objekte erzeugt werden. In diesem Fall wird die Nachricht direkt auf den rechteckigen Kasten der Empfängerlebenslinie gerichtet.

In Form eines so genannten **System-Sequenzdiagramms** lässt es sich auch zur Systemabgrenzung verwenden. Im Fall eines System-Sequenzdiagramms existieren nur zwei Kommunikationspartner, zum einen der Akteur und zum anderen das System als black-box. Die System-Operationen werden in diesem Fall als Nachrichten dargestellt (vgl. 3.4).

A1.4.6 Kommunikationsdiagramm

Das **Kommunikationsdiagramm** ist eine einfachere Form eines Interaktionsdiagramms und entspricht vom Inhalt und Konzept her dem **Kollaborationsdiagramm** der älteren UML-Versionen. Bestandteile des Kommunikationsdiagramms sind wie im Sequenzdiagramm Lebenslinien, die in der Regel Objekte repräsentieren, und Nachrichten, deren Format grundsätzlich dem bei Sequenzdiagrammen entspricht. Gegenüber dem Sequenzdiagramm zeichnet sich das Kommunikationsdiagramm durch seine Schlichtheit aus (vgl. Abb. A1.37). Im Gegensatz zum Sequenzdiagramm wird die zeitliche Abfolge nicht durch die optische Anordnung der Nachrichten in der Vertikalen ersichtlich, sondern durch eine Nummerierung der Nachrichten. In der Abb. A1.37 wurde das Kommunikationsdiagramm zur Interaktionsmodellierung eines Anwendungsfalls verwendet. Bei komplexen Anwendungsfällen ist es durchaus denkbar, dass für einzelne System-Operationen Kommunikationsdiagramme erstellt werden. Allerdings ist das Kommunikationsdiagramm auch bereits im Rahmen der Geschäftsprozessanalyse verwendbar, um dynamische Zusammenhänge zwischen Kommunikationspartnern darzustellen. Auch in späteren Phasen lassen sich Kommunikationsdiagramme dazu verwenden, um etwa die Interaktion zwischen Komponenten eines komplexen Systems zu modellieren. Wie auch im Sequenzdiagramm, ist es möglich, bedingte und iterative Nachrichten abzubilden. Dies erfolgt über die Formulierung von Bedingungen, die in eckigen Klammern dargestellt werden. In Abb. A1.37 gilt dies für die Nachricht *pruefeKreditwuerdigkeit*. Mit Hilfe des Iteratorsterns kann ausgedrückt werden, dass die Nachricht entsprechend der formulierten Bedingung mehrfach ausgesandt wird. Dies gilt in Abb. A1.37 für die Nachricht *pruefeVerfuegbarkeit* und in Abb. A1.36 für die Nachricht *getArtikel*, wobei in diesem Fall die Iteration für gesamte Interaktionsfolge *getArtikel* und *anlegenAuftragsposition* gilt.

Weitere Ausprägungen von Interaktionsdiagrammen, die in der UML 2 definiert sind, sind das **Timing-Diagramm** und das **Interaktionsübersichtsdiagramm**. Das Timing-Diagramm wird z.B. in der Elektrotechnik für die Beschreibung des zeitlichen Verhaltens digitaler Schaltungen angewandt. Im Interaktionsübersichtsdiagramm lässt sich darstellen, in welcher Reihenfolge und unter welchen Bedingungen die einzelnen Interaktionen stattfinden. Strenggenommen ist es eine Kombination von Aktivitäts- und Interaktionsdiagramm. Im Sinne des 'Teile-und-Herrsche-Ansatzes' ist es dazu geeignet, komplexe Systeme durch einzelne Interaktionsdiagramme zu erfassen und deren Zusammenspiel mit Hilfe eines Ablaufdiagramms (Darstellungsmittel des Aktivitätsdiagramms) darzustellen. Weitere Details zu beiden Diagrammen finden sich bei Jeckle u.a. (vgl. Jeckle u.a., 2004, S. 403 ff.).

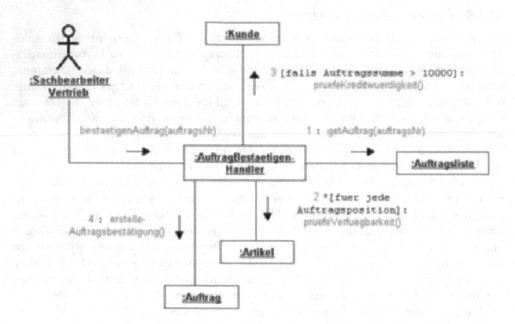

Abb. A1.37: Kommunikationsdiagramm für den Anwendungsfall *Auftrag bestätigen*

Literaturverzeichnis

Abts, Dietmar (2003): Aufbaukurs Java. Client/Server-Programmierung mit JDBC, Sockets, XML-RPC und RMI. Wiesbaden 2003.

Abts, Dietmar (2004): Grundkurs Java. Von den Grundlagen bis zu Datenbank- und Netzanwendungen. 4. Aufl., Wiesbaden 2004.

Backschat M. und Gardon, O. (2002): Enterprise JavaBeans. Grundlagen – Konzepte – Praxis. Heidelberg, Berlin 2002.

Balzert, H. (1998): Lehrbuch der Software-Technik. Software-Management, Software-Qualitätssicherung, Unternehmensmodellierung. Heidelberg, Berlin 1998.

Balzert, H. (1998): Lehrbuch der Software-Technik. Bd. 2, Heidelberg, Berlin 1998.

Balzert, H. (1999): Lehrbuch der Objektmodellierung. Analyse und Entwurf. Heidelberg, Berlin 1999.

Balzert, H. (1999a): Lehrbuch Grundlagen der Informatik. Heidelberg, Berlin 1999.

Balzert, H. (2000CD): Objektorientierung in 7 Tagen. Heidelberg, Berlin 2000 (mitgelieferte CD mit Vollversion des RUP).

Balzert, H. (2000a): Lehrbuch der Software-Technik. Bd. 1. Software-Entwicklung. 2. Aufl., Heidelberg, Berlin 2000.

Balzert, H. (2000b): Objektorientierung in 7 Tagen. Heidelberg, Berlin 2000.

Balzert, H. (2003): JSP für Einsteiger. Dynamische Websites mit JavaServer Pages erstellen. Herdecke, Dortmund 2003.

Balzert, H. (2005): Lehrbuch der Objektmodellierung. Analyse und Entwurf mit der UML 2. 2. Aufl., München 2005.

Beck, K. und Cleal, D. (1999): Optional Scope Contracts. URL: http://www.xprogramming.com/ftp/Optional+scope+contracts.pdf (abgerufen am 06.01.2007).

Boehm,B.; Clark, B.; Horowitz, E.; Westland, C.; Madachy, R.; Selby, R. (1995): Cost Models for Future Software Life Cycle Processes:COCOMO 2.0*, 1995, http://sunset.usc.edu/research/COCOMOII/Docs/C2ASE_submitted.pdf (abgerufen am 06.01.2007).

Bohlen, M. und Starke, G. (2003): MDA entzaubert. In: Objektspektrum, 3/2003, S. 52-56.

Bucholdt, C. (2003): Ökonomische Entscheidungskriterien für den Einsatz der MDA. In: Objektspektrum, 2/2003, S. 20-25.

Buschmann, F.; Meunier, R.; Rohnert, H.; Sommerlad, P. und Stal, P. (1998): Pattern-orientierte Software-Architektur. Ein Pattern-System. Bonn u.a. 1998.

Cockburn, A.: (1998): Basic Use Case Template. Document: TR.96.03a,. (*http://-members.aol.com/acockburn/papers/uctempla.doc*, abgerufen am 06.01.2007).

Cooper, J.W. (1998): The Design Patterns. Java Companion. Boston u.a. 1998, (http://www.patterndepot.com/put/8/JavaPatterns.htm, abgerufen am 06.01.2007).

Dehnhardt, W. (2003): Java und Datenbanken. Anwendungsprogrammierung mit JDBC, Servlets und JSP. München, Wien 2003.

Eberhard, A. und Fischer, S. (2003): Web Services. Grundlagen und praktische Umsetzung mit J2EE und .NET. München, Wien 2003.

Fowler, M. (2003): Patterns of Enterprise Application Architecture. Boston u.a. 2003.

Fowler, M. (2003a): Patterns für Enterprise Application-Architekturen. Übersetzung von R. Engel. Bonn 2003.

Gamma, E.; Helm, R.; Johnson, R. und Vlissides, J. (1996): Entwurfsmuster. Elemente wiederverwendbarer Software. München u.a. 1996.

Grady, R. (1992): Practical Software Metrics for Project Management and Process Improvement. Prentice-Hall, 1992.

Hruschka, P. (2003): Iterationen von 3 Stunden bis 3 Jahre. In: OBJEKTspektrum 1/2003, S. 13-18.

Hubert, R. und Uhl, A. (2004): Quo vadis MDA?. In: Objektspektrum, 1/2004, S. 14-20.

IFPUG (2003): International Function Point User Group, *http://www.ifpug.org/* (abgerufen am 23.9.2003).

Jacobson, I. (1992): Object-Oriented Software Engineering. Wokingham u.a. 1992.

Jacobson, I.; Christerson M.; Jonsson, P. und Övergaard, G. (1992): Object-Oriented Software Engineering – A Use Case Driven Approach. Wokingham u.a. 1992.

Jacobson, I.; Booch, G. und Rumbaugh (1998): The Unified Software Development Process. Reading u.a. 1998.

Jacobson, I.; Booch, G. und Rumbaugh, J. (1999): The Unified Software Development Process. Reading u.a. 1999.

Jeckle, M.; Rupp, C.; Hahn, J.; Zengler, B. und Queins, S. (2004): UML 2 glasklar. München, Wien 2004.

Kruchten, P. (1999): Der Rational Unified Process. München u.a. 1999.

Krüger. W. (1993): Organisation der Unternehmung. 2. Aufl., Stuttgart 1993.

Larman, C. (2002): Applying UML and Patterns. An Introduction to Object-Oriented Analysis and Design. 2. Aufl., Upper Saddle River 2002.

Maciaszek, L.A. und Liong, B.L. (2005): Practical Software Engineering. A Case Study Approach. London u.a. 2005.

Miller, J. und Mukerji, J. (Hrsg.) (2003): MDA Guide Version 1.0.1. Document Number: omg/2003-06-01. 12th June 2003.

Müllner, K.; Rau, K.-H. und S. Schleicher (2002): Java-basierte Datenhaltung - ein kritischer Vergleich (Teil 1). In: JavaSpektrum 9/10/2002. S. 38-43.

Müllner, K.; Rau, K.-H. und S. Schleicher (2002a): Java-basierte Datenhaltung - ein kritischer Vergleich (Teil 2). In: JavaSpektrum 11/12/2002. S. 32-36.

Naur, P. und Randell, B. (Hrsg.)(1969): SOFTWARE ENGINEERING. A Report on a conference sponsored by the NATO SCIENCE COMMITTEE. Garmisch, Germany, 7th to 11th October 1968. January 1969.

Oesterreich, B. (2001): Objektorientierte Softwareentwicklung. Analyse und Design mit der Unified Modeling Language. 5. Aufl., München, Wien 2001.

Oestereich, B.; Weiss, C.; Schröder, C.; Weilkiens, T und A. Lenhard (2003): Objektorientierte Geschäftsprozessmodellierung mit der UML. Heidelberg 2003.

OMG (Hrsg.) (2003): OMG Unified Modeling Language Specification. Version 1.5, March 2003.

OMG (Hrsg) (2003a): UML 2.0 Superstructure Specification. Final Adopted Specification. August 2003.

o.V. (2004): Öffentliche Projekte scheitern an mangelnder IT-Kompetenz. In: Computer Zeitung Nr. 14, 29. März 2004.

Ratz, D.; Scheffler, J.; Seese, D. und Wiesenberger, J. (2006): Grundkurs Programmieren in Java. Band 2: Einführung in die Programmierung kommerzieller Systeme. 2. Aufl., München, Wien 2006.

Ratz, D.; Scheffler, J.; Seese, D. und Wiesenberger, J. (2006a): Grundkurs Programmieren in Java. Band 1: Der Einstieg in Programmierung und Objektorientierung. 3. Aufl., München, Wien 2006.

Rau, K.-H. (1997) Konzeption zur Anwendung des Zielkostenmanagments auf die Entwicklung von Anwendungssoftware. In: Das Rechnungswesen im Spannungsfeld zwischen strategischem und operativem Management. Hrsg. von H.-U. Küpper und E. Troßmann. Berlin 1997, S. 219-240.

Roßbach, P.; Stahl, T. und Neuhaus, W. (2003): Grundlegende Konzepte und Einordnung der Model Driven Architecture (MDA). In: Javamagazin 9.2003, S. 22-25.

Rumbaugh, J.; Blaha, M.; Premerlani, W.; Eddy, F. und Lorensen, W. (1993): Objektorientiertes Modellieren und Entwerfen. München u.a. 1993.

Schmidt, W. (1991): INFORMATION ENGINEERING FACILITY (IEF) – vollintegrierte Software-Produktionsumgebung für komplette Systeme unterschiedlicher Zielumgebungen. In: CASE: Systeme und Werkzeuge, hrsg. von Helmut Balzert, 3. Aufl., Mannheim u.a. 1991, S. 257-283.

Schneider, W. (2000): Grundsätze der Dialoggestaltung (ISO 9241-10). (http://www.sozialnetz.de/go/id/luw) (abgerufen am 06.01.2007).

Shalloway, A. und Trott, J.R. (2003): Entwurfsmuster verstehen. Eine neue Perspektive auf objektorientierte Software-Entwicklung. Bonn 2003.

Standish Group International (1999): Chaos: A Recipe for Success. URL: http://www.velocitystorm.com/resources/chaos.pdf (abgerufen am 06.01.2007).

Standish Group International (2003): Latest Standish Group CHAOS Report Shows Project Success Rates Have Improved by 50%. March 25, 2003, URL: *http://www.pm2go.com/press/article.php?id=2* (abgerufen am 06.01.2007).

Starke, G. (2002): Effektive Software-Architekturen. Ein praktischer Leitfaden. München, Wien 2002.

Stickel, E.; Groffmann, H.-D. u. Rau, K.-H. (Hrsg.) (1997): Gabler-Wirtschaftsinformatik-Lexikon. Wiesbaden 1997.

Trapp, J. (2004): Spracherweiterungen in J2SE 1.5. In JAVASPEKTRUM 3/2004, S. 10-17.

Ullmann, A. und Leßner, J. (2003): Ein Überblick über die am Markt befindlichen UML-Produkte, Teil 1. In: Javamagazin 3.2003, S. 44-50.

Ullmann, A. und Leßner, J. (2003a): Ein Überblick über die am Markt befindlichen UML-Produkte, Teil 2. In: Javamagazin 4.2003, S. 90-94.

Viegenschow, U. und Weiss, C. (2003): Das Essenzschritt-Verfahren: Aufwandsschätzungen auf der Basis von Use-Cases. In: Objektspektrum 2/2003, S. 40-45.

Weilkiens, T.; Oestereich, B. und Stahl, T. (2003): Vom Geschäftsprozess zum Code – ein kurzer Weg mit MDA. In: Javamagazin 9.2003, S. 30-35.

Weßendorf, M. (2006): Struts. Websites mit Struts 1.2 & 1.3 und Ajax effizient entwickeln. Herdecke, Bochum 2006.

Wille, S. (2001): GoTo Java Server Pages. München u.a. 2001.

Wunderlich, L. (2004): Netbeans 3.6 Beta und Eclipse 3.0 M6 im Vergleich. In: Javamagazin, 5/2004, S. 33-39.

Stichwortverzeichnis

A

Abgeleitetes Attribut · 75
Abhängigkeitsbeziehung · 132, 319
ableitbares Attribut · 307
Abstrakte Fabrik · 2, 209, 243
Active Record · 192, 204
Adapter-Muster · 2, 209, 221 ff., 243
Aggregation · 79, 111, 305, 316
Akteur · 42 f., 46, 58, 89, 114, 326 ff., 340
Aktivitätsdiagramm · 28, 60, 61, 302, 326,
    329, 331, 335
Analyse und Entwurf · 12, 20, 66, 101 f., 132,
    134, 164, 180
Analysemuster · 71, 83 ff., 88, 98, 110
Analysierbarkeit · 41
Änderbarkeit · 8, 19, 41, 52, 179 f., 182, 203,
    207
Anforderungsanalyse · 9, 11, 19, 21, 39, 42,
    44, 50, 53, 55, 65 ff., 89 f., 93 f., 101 f.,
    114, 132, 164, 171, 186, 203, 328
anonyme Klasse · 270
Anpassbarkeit · 41
Anwendungs-Controller · 188, 288
Anwendungsfall · 9 f., 19, 21, 28, 30, 33, 39,
    40, 42 ff., 46 f., 49 f., 53 f., 58, 66, 68 ff.,
    89 ff., 95, 98 f., 101 f., 105, 111, 113 f.,
    116 f., 119, 124, 126, 130, 134 f., 138, 155,
    158, 186, 188, 220, 255 f., 258, 260 ff.,
    267 ff., 272, 277, 291, 298, 301, 326 ff.,
    335 f., 339, 341
Architektur-Muster · 210
Assoziation · 65, 71, 75 ff., 86, 88 f., 92 f., 97,
    101 f., 108, 118, 123, 130 ff., 194, 239,
    301, 305, 310, 312 ff., 316 ff., 323, 328
Assoziation, n-äre · 317
Assoziation, qualifizierte · 316
Assoziation, reflexive · 312

Assoziationsklasse · 80, 318
Assoziationsname · 77, 312
Attribut · 33, 65, 68, 70, 72 ff., 80 f., 83, 85,
    91 ff., 97 f., 103, 105 f., 108, 117, 123 f.,
    127 ff., 132, 135, 196, 199, 201, 215, 217,
    226, 246, 257, 267, 276, 301, 305 ff., 314,
    316, 318
Aufgabenangemessenheit · 140 f.
Auftraggeber · 11, 13 ff., 20, 34, 39, 50, 180,
    207, 314
Auftragnehmer · 13 ff., 20, 34

B

Bedienbarkeit · 41
Benutzbarkeit · 8, 19, 40, 52
Beobachter-Muster · 209
Bindung · 101 ff., 124, 132, 134
Budgettreue · 7

C

CASE-Plattform · 164, 166 f., 177
CASE-Umgebung · 163 ff.
CASE-Werkzeuge · 163 ff., 169, 177
Class Table Inheritance-Muster · 200
COCOMO · 53
computation independent model · 170 f., 176
Concrete Table Inheritance-Muster · 201
construction · 10
Controller-Muster · 101 f., 113, 117, 124, 132,
    135, 186, 210, 258

D

Data Mapper · 192, 196, 204, 207
Data Mapper-Muster · 192, 204, 207

Datenbank · 56, 118, 123, 127, 179, 180, 182, 185, 189, 191 ff., 206 f., 255, 257 f., 264, 267 ff., 275, 290, 293, 297, 324
Datenhaltung · 129, 164, 179 f., 183, 191, 194, 204, 255, 264, 272
Datenhaltungsschicht · 179, 182 ff., 188, 191 f., 194, 204, 206 f., 210, 255, 265, 267, 296
Datenmodellierung · 68, 75, 77, 174, 199, 305
Dependent Mapping · 198, 258
Dialogfenster · 147 f., 151, 155
Dialoggestaltung · 137, 140, 147 f., 154, 157, 161
Dialogschicht · 113 ff., 119, 179, 181 ff., 186 ff., 204, 206, 210, 219, 264, 269, 296
Dialogschnittstelle · 137 ff., 155, 159, 180, 187
domain model · 115, 171, 179, 184 ff., 192, 203 f., 206
Drei-Schichten-Modell · 181 f.

E

Effizienz · 8, 41, 52, 83, 180
Ein-/Ausgabeschnittstelle · 138 f.
Einführungsphase · 10
EJB · 171, 173
elaboration · 10
Entwurfsklasse · 72
Entwurfsmodell · 72
Entwurfsmuster · 2, 186, 209 ff., 243 f., 255, 297
Erlernbarkeit · 41, 52
Erwartungskonformität · 140, 144
Erzeuger-Muster · 110 ff., 119, 121, 135
Erzeugungsmuster · 209, 211 f.
Erzeugungsmuster abstrakte Fabrik · 214, 216 f.
Erzeugungsmuster Fabrikmethode · 212
Erzeugungsmuster Singleton · 217
Essenzschritt-Verfahren · 53
Event-Handling · 233

Experten-Muster · 105, 118 f., 123, 135
extend-Beziehung · 43, 328

F

Fabrikmethode · 2, 209, 212, 214, 243 f., 285
Fachklasse · 67 ff., 92, 101, 104, 114 f., 129 f., 134, 186, 191 f., 196, 246, 269, 277
Fachklassenmodell · 47, 65, 68, 70, 79, 82, 101 f., 112, 158, 185, 192
Fachkonzeptmodell · 130, 171, 176, 196
Fachkonzeptschicht · 113 ff., 179, 181 ff., 186 ff., 191 f., 194, 203, 206, 219, 268 f.
Fachmodell · 72 f., 75, 79
Fassade · 113, 186, 209, 220 f., 258
Fassaden-Muster · 2, 209, 219, 221, 288
Fehlerrate · 7, 20
Fehlertoleranz · 40, 52, 140, 144
Fluchtlinien · 150
forward engineering · 164, 177
Front-Controller · 188, 190
Function-Point-Methode · 53
Funktionalität · 5, 8, 14, 23, 40, 43, 52, 76, 95, 107, 122, 124, 132, 138, 155, 157, 171, 182, 186, 197, 210 f., 219 f., 243, 257, 283, 288, 309, 328 f.
Funktionsschnittstelle · 138 f., 159
FURPS-Modell · 39

G

Generalisierungs-Spezialisierungsbeziehung · 65, 82 f., 88, 93, 98, 106, 301, 305, 309, 310 f., 327 f.
Geschäftsanwendungsfall · 23, 25, 27, 30, 32 f., 39, 43 f., 48 ff., 56, 58, 61, 102, 105
Geschäftsprozess · 7, 17, 21, 23 ff., 30, 34, 37, 39, 43, 47, 52, 56, 59, 61, 63, 102 f., 187, 267, 270, 301, 329
Geschäftsprozessmodellierung · 11, 21, 34, 164
Geschäftsprozessziele · 6 f.

Glossar · 21 ff., 34, 39, 53, 56, 67, 90, 171
GRASP · 104

I

Identity Field · 196, 198, 208, 258
Identity Field-Muster · 196, 258
Identity Map · 193, 195, 197 f., 204, 207, 265, 272
Implementierung · 8 f., 12, 19, 72, 75, 104, 110, 124, 129 f., 163 f., 167, 170, 173, 175, 181, 184, 188, 203, 220, 225, 255, 268, 270, 272, 277, 281, 284, 287 f., 290, 296, 309, 314, 320
Implementierungsklasse · 101, 104, 134
inception · 10
Individualisierbarkeit · 140, 145
inkrementell · 9, 18, 50, 165
inlcude-Beziehung · 43
Input-Controller · 188, 206, 264, 267 ff.
Interaktionsdiagramm · 101, 117, 130, 301, 338, 341
Interaktionselemente · 152, 154, 188
Iteration · 9, 13 f., 18 f., 23, 47, 56, 58, 66, 122, 341
iterativ · 9, 14, 50

J

Java · 2, 3, 23, 50, 55 f., 72, 104, 110, 115, 126 ff., 139, 155, 167, 171, 173, 179, 183, 187, 189 f., 194 f., 206, 211, 222, 231, 233, 239, 246, 255, 268, 272, 277, 293, 296, 298, 302, 314, 324, 344
JavaBean · 189
JDBC · 298
JDO · 194, 195, 203
JSP · 56, 115, 126, 188 ff.

K

Kardinalität · 77
Kernprozess · 24
Klassenattribut · 75
Klassendiagramm · 92, 98, 108, 112, 115, 124, 129 f., 132, 265, 285, 297, 301, 305, 317
Klassenmodell · 65, 67 f., 75, 83 f., 87, 93 f., 98, 101, 104 ff., 108, 110 f., 115, 124, 127, 129 f., 132, 167, 179 f., 196, 198, 200, 204, 206, 208 ff., 222, 226, 234, 239, 257, 267, 302, 305, 323
Kommentar · 217, 319
Kommunikationsdiagramm · 107, 111 f., 114, 120 f., 123, 135, 139, 167, 272, 301 f., 338, 341
Komponentendiagramm · 323 ff.
Komposition · 79, 84, 97, 225, 305, 316
Kompositionsstrukturdiagramm · 323
Kompositum-Muster · 2, 87, 98, 209, 224, 227 f., 243
Konfigurations- und Änderungsmanagement · 12, 164
Konstruktionsphase · 10
Kopplung · 101 ff., 114 f., 124, 132, 134, 179, 194, 219, 231, 244, 265, 296

L

Lazy Load · 193, 196, 204
Lernförderlichkeit · 140, 147

M

MDA · *Siehe* Model Driven Architecture
MDI-Anwendung · 148, 151, 159, 271
Meilenstein · 10, 53
Mensch-Computer-Interaktion · 137 f., 154, 157
Menü · 150 f., 186, 268, 270 f., 333
Metadaten Mapping · 202
Mitteilungsfenster · 148, 151, 155, 159

modaler Dialog · 147
Model 1 · 189, 204
Model 2 · 189 f., 204
Model Driven Architecture · 163 f., 168 ff.,
    173, 174 ff.
Model View Controller · 179, 186, 210
Model View Controller-Muster · 186 ff., 190,
    203 f., 233
Modifizierbarkeit · 41
Multiplizität · 77, 81, 84, 86, 97 f., 307 f., 313,
    317, 328
MySQL · 3, 268

N

Navigierbarkeit · 101, 130 ff., 314
nicht-modaler Dialog · 147

O

O/R-Mapping · 194, 203
Objektdiagramm · 323
OMG · 163, 167, 169, 172 ff., 303, 315
OOA · 67 f., 102, 104, 115, 118, 134, 171
OOD · 102, 104, 118, 134, 171
OODB · 193 f.
Operation · 72, 75 f., 90 f., 105, 107 f., 110,
    117 ff., 122, 127 f., 135 f., 197, 233, 258,
    285, 301, 308 f., 329, 338, 340
Organisationsschnittstelle · 138, 159

P

Page-Controller · 188
Paketdiagramm · 301, 304, 321 ff.
platform independent model · 163, 170 f., 176
platform specific model · 163, 170 f., 176
Polymorphismus · 101 f., 108 ff., 132, 135,
    186, 267, 302
Primärdialog · 147
Primärschlüssel · 196, 198 f., 201, 267

Projektmanagement · 12, 19, 164
Prototyp · 2, 9, 22 f., 50, 55 f., 155, 157

Q

Qualitätsmerkmale · 39

R

Register · 148
Restriktion · 79 f., 140, 308
reverse engineering · 164, 168
Rich-Client · 183, 187
round trip engineering · 165
Row Data Gateway · 191 f.

S

Schablonen Sicht Muster · 189
Schablonenmethode-Muster · 209
Schaltfläche · 114, 139, 144, 153, 157, 188,
    272, 277, 287, 290
Schichtenmodell · 181, 183, 191, 203, 210
Schlüsselattribut · 75
Schlüsseltabelle · 197, 267, 277
Schnittstelle · 40, 137, 154, 157, 158, 183,
    194, 215, 219, 221 ff., 225, 264, 272, 309
SDI-Anwendung · 147
Sekundärdialog · 147
Selbstbeschreibungsfähigkeit · 140, 142, 160
Sequenzdiagramm · 89, 99, 105, 107 f., 111,
    113, 117, 130, 135, 167, 257, 297, 302,
    339, 341
Service-Ebene · 186, 188, 206, 258
Servlet · 126
Sichtbarkeit · 101, 127 f., 130, 132, 135, 307
    f., 321
Single Table Inheritance-Muster · 199
Singleton · 129, 209, 215, 217 ff., 243 f., 253
Software Engineering · 6, 102, 104, 163 f.

Software-Entwicklung · 5 f., 8, 18, 33, 165, 169, 173, 177, 207, 209 f.
Software-Entwurf · 180, 187, 211
Softwareklasse · 72, 101, 104, 129
Spezifikationsphase · 10, 13, 23, 34, 47, 50, 53, 55 f., 58, 65 f., 93, 101, 115, 132, 155
Stereotyp · 306, 319 f.
Steuerbarkeit · 140, 143
Strukturmuster · 209, 211, 219, 244
Strukturmuster Adapter · 221
Strukturmuster Fassade · 219
Strukturmuster Kompositum · 224
Systemanwendungsfall · 21, 23, 26 f., 33, 42 ff., 47, 50, 53, 56, 58, 63
Systemarchitektur · 9, 14, 23, 56, 58, 115, 179, 204, 255
System-Operation · 65 f., 90 ff., 95, 101 ff., 105, 115 ff., 119 ff., 124, 132, 134 ff., 210, 255, 258, 264, 269 f., 272, 277, 281, 283 f., 286 ff., 296, 336, 340 f.
System-Sequenzdiagramm · 65 f., 89 f., 107, 114, 132, 258, 296, 340

T

Table Data Gateway · 191
Table Inheritance-Muster · 199
Table Module · 179, 184 f., 203
Termintreue · 7, 19, 207
Test · 12, 19, 164, 232
Timing-Diagramm · 341
Tomcat · 3
Transaction Script · 179, 184 f., 191, 203
transition · 10
Transition · 335 f.
transparenter Speicherung · 194

U

Übertragbarkeit · 8, 19, 41 f., 53

Umgebungsmanagement · 12
Unified Modeling Language · 43, 65, 67, 75, 83, 90, 107, 115, 132, 163, 167 f., 174, 301 ff., 307, 311, 313 ff., 319 ff., 323, 328 f., 331, 334 f., 340f.
Unified Process · 5, 8, 18 ff., 36, 65, 101, 115
Unit of Work · 193 f., 196, 204, 293
Use Case · 42, 102, 344

V

Vererbung · 186, 192, 194, 199, 211, 222, 244, 302, 305
Verhaltensmuster · 209, 211, 231, 233, 244 f.
Verhaltensmuster Beobachter · 231
Verhaltensmuster Schablonenmethode · 233
Verhaltensmuster Zustand · 239
Verständlichkeit · 40, 52, 72, 189
Verteilung · 10, 12, 37, 183, 206
Verteilungsdiagramm · 301, 304, 323 f.
Visions-Dokument · 22, 36 f., 39, 53, 56
Vorbereitungsphase · 10, 13 ff., 21 ff., 33 f., 39, 53, 55 f., 58, 65, 89, 95

W

Wartbarkeit · 179 f., 182, 189, 203, 207
Wasserfallmodell · 8, 13
Wiederherstellbarkeit · 40, 52
Wiederverwendbarkeit · 103, 134, 170, 179 f., 203, 207
Wiederverwendung · 211, 243 f., 264

Z

Zustandsautomat · 326, 335 f.
Zustands-Muster · 98, 209, 239 f., 245
Zuverlässigkeit · 8, 40, 52

Mit Bestsellern aus dem Bereich IT lernen

vieweg

Abraham-Lincoln-Straße 46
65189 Wiesbaden
Fax 0611.7878-400   Stand 1.7.2006. Änderungen vorbehalten.
www.vieweg.de   Erhältlich im Buchhandel oder im Verlag.